21 世 纪 本 科 金 融 学 名 家 经 典

投资项目评估
（第三版）

Investment Project Appraisal

主 编 李桂君 宋砚秋 王瑶琪

中国金融出版社

责任编辑：张菊香
责任校对：李俊英
责任印制：丁淮宾

图书在版编目（CIP）数据

投资项目评估/李桂君，宋砚秋，王瑶琪主编．—3 版．—北京：中国金融出版社，2021.6
21 世纪本科金融学名家经典教科书系
ISBN 978－7－5220－1213－1

Ⅰ.①投…　Ⅱ.①李…②宋…③王…　Ⅲ.①投资项目—项目评价—高等学校—教材　Ⅳ.①F830.59

中国版本图书馆 CIP 数据核字（2021）第 117150 号

投资项目评估（第三版）
TOUZI XIANGMU PINGGU（DI－SAN BAN）

出版	
发行	**中国金融出版社**

社址　北京市丰台区益泽路 2 号
市场开发部　（010)66024766，63805472，63439533（传真）
网 上 书 店　www.cfph.cn
　　　　　　　（010)66024766，63372837（传真）
读者服务部　（010)66070833，62568380
邮编　100071
经销　新华书店
印刷　北京七彩京通数码快印有限公司
尺寸　185 毫米×260 毫米
印张　24
字数　560 千
版次　2001 年 7 月第 1 版　2011 年 12 月第 2 版　2021 年 6 月第 3 版
印次　2024 年 12 月第 2 次印刷
定价　60.00 元
ISBN 978－7－5220－1213－1
如出现印装错误本社负责调换　联系电话（010)63263947

主编简介

　　李桂君，教授，博士生导师，中央财经大学教务处处长，全球经济与可持续发展研究中心主任，中国城市科学研究会城市转型与创新专业委员会主任委员。2003 年于哈尔滨工业大学获得博士学位，并入职中央财经大学管理科学与工程学院。主要研究领域为城市科学与可持续发展、资源系统工程、复杂系统与可持续发展、投资项目管理。已主持或参与国家级、省部级等各级科研项目 20 余项，国内外期刊发表论文 100 余篇。主讲博士生"投资与经济专题"、MBA"运营管理"以及本科生"项目评估""项目管理""系统工程"等课程。为中信银行、北京市发展改革委和诸多大型企业做过管理研发。为国内许多大型企业做过管理培训，包括国家开发银行、中国农业银行、国家大剧院等。

　　宋砚秋，管理学博士，中央财经大学管理科学与工程学院副教授、投资项目管理中心主任；中国城市科学研究会城市更新委员会委员，国家自然科学基金、《银行家》杂志评审专家。研究兴趣为城市科学与系统工程、创新生态系统构建及网络分析、投资项目评估与决策等。先后主持国家自然科学基金、国防科工局"十二五"重大科技专项子课题以及企业、各级地方政府委托课题在内的研究课题 30 余项。在国内外核心杂志上公开发表学术论文 40 多篇；获辽宁省哲学社会科学成果一等奖、辽宁省科技进步三等奖、大连市科技进步二等奖等多项科研奖励。其讲授的"项目评估"课程获"2020 年北京市高校优质本科课程"，本人获评北京高等学校优秀专业课（公共课）主讲教师。

　　王瑶琪，现任中央财经大学校长、党委副书记、教授、博士生导师。1986 年 7 月毕业于中央财政金融学院基建财务与信用专业，获经济学学士学位；1999 年 4 月毕业于中央财经大学投资经济专业，获经济学硕士学位；2003 年 7 月毕业于中央财经大学国民经济学专业，获经济学博士学位。1986 年毕业后留校，在中央财政金融学院基建经济系任教，1992 年任讲师，1999 年任副教授，2005 年任教授。1997 年任中央财经大学投资经济系副系主任，2000 年任教务处副处长，2003 年任投资经济系主任，2005 年任校长助理兼投资经济系主任。2007 年 6 月任中央财经大学副校长，2017 年 9 月任中央财经大学校长、党委副书记。主要研究方向：科技金融、投资管理、项目管理、高等教育管理；主要社会职务：中国投资协会副会长、北京市教育督导学会副会长。

第三版前言

投资是推动我国经济增长的重要手段，投资项目是促进区域平衡充分发展、解决我国社会主要矛盾的重要资金运用方式。伴随着"一带一路"建设、"两新一重"、"双循环新发展格局"等国家重大决策与战略的实施，从国际到国内，对区域、国家发展有重大影响的投资项目数量不断增加，投资金额日益增长。据统计，"十三五"期间，优先布局的十大国家重大科技基础设施项目投资约 255.2 亿元；2020 年，我国 13 个省市区发布的年重点投资项目达到 10326 个；2030 年，全球基础设施投资预计可达到 57 万亿美元。巨大的投资项目规模和日益深化的投资项目社会经济影响，对投资项目管理人才提出了新的要求，投资项目管理者既要懂财政经济，又要懂工程建设，更要具备将工程建设、社会发展和环境保护结合起来进行决策的能力。

经过改革开放四十多年的建设实践，中国投资项目评估体系在消化吸收国际金融机构贷款项目评估框架的基础上，深度结合了中国投融资体制改革的经验，知识体系不断升级，评价理论和评价方法不断完善，形成了包括投资项目市场和战略、资源和环境、工程与技术、财务、经济和社会等多维度的评价框架，并强调对风险和不确定性的分析，综合考虑环境影响和社会稳定性因素。该投资项目评估体系不仅可用于评价单个投资项目的可行性，而且可用于多投资项目方案中最优方案（组合）的选择。

本书在前两版的基础上，对比分析了《投资项目可行性研究指南（第三版）》和《建设项目经济评价方法与参数（第三版）》的评价理论和方法，充分借鉴了《现代咨询方法与实务》（2019 年修订版）、《项目决策分析与评价》（2019 年修订版）的项目评估体系框架，并结合多年教学实践经验，形成了新的投资项目评估教材体系。其中，在第 1 章的"投资项目决策程序"中加入了 2004 年《国务院关于投资体制改革的决定》（国发〔2004〕20 号）颁布后的不同类型投资项目决策程序；将投资项目概况及必要性评估独立成第 2 章，以区别必要性与市场评估的内容；第 3 章增加了部分市场预测方法，同时增加了市场战略分析；将项目生产规模与建设条件评估、项目技术评估和项目组织与人力资源评估重新整合为新版的第 4 章"项目建设方案评估"和第 5 章"项目支撑条件评估"；将资金时间价值与现金流分析独立作为项目财务分析的基础形成第 6 章；第 7 章"项目投资估算"采用了《建设项目经济评价方法与参数（第三版）》的口径，建设投资由工程费用（包括建筑工程费、设备购置费和安装工程费）、工程建设其他费用、

1

预备费（包括基本预备费和涨价预备费）三项内容构成，不包括建设期利息，更贴近工程实践；第 8 章"项目融资方案评估"中根据近年来中国投融资实践调整了项目融资常见模式；将项目财务基础数据估算与项目的财务效益评估合并为第 9 章"项目的财务分析"，使财务分析、经济分析和社会分析三个部分对照独立，便于理解投资项目评估的三个重要方面；第 10 章增加了项目风险分析的新方法；第 11 章更名为"项目的经济分析"；第 12 章重新梳理了项目社会评价的含义和内容，增加了社会评价中公众参与和社会稳定风险评价的内容，突出了投资项目服务于社会民生的定位；第 13 章介绍了项目总评估的框架以及投资项目方案比选的原理和方法。

全书由中央财经大学李桂君、宋砚秋、王瑶琪主编。第 1、第 2、第 13 章由李桂君、王瑶琪编写；第 3、第 4、第 5 章由李桂君、宋砚秋编写；第 6、第 7、第 9、第 12 章由宋砚秋编写；第 8 章由林则夫、宋砚秋编写；第 10、第 11 章由宋砚秋、李桂君、王瑶琪编写。全书由李桂君统稿，试用过程中李玉龙、高婷、杨帆、郭健、谢娜等老师提供了宝贵的意见和建议。在本书写作过程中，中央财经大学的硕士研究生上官灵芝、付洁、杨艾冬、柯军华、倪成博，本科生张铃佼、陆大炜、胡强强、许宁、陈子彦、牛巧、王通拉嘎等收集整理了部分资料与案例。

限于编者水平及阅历，本书难免有不足和遗漏之处，恳请广大读者和专家批评指正。

编者

2021 年 5 月

目 录 Contents

1

第1章
投资项目评估导论

1.1 投资项目

1.1.1 投资及其特征

投资是经济主体（法人和自然人）为获得未来预期收益而在现时投入生产要素，以形成资产并实现其增值的经济活动；或是指经济主体（法人和自然人）为获得未来预期收益而在现时投入的资金或资本，是一个货币转化为资本的过程。投资可以分为实物投资和金融投资。其中，实物投资也称直接投资，是指以投入现金、实物、无形资产等方式建造厂房，购置设备、生产资料。实物投资的目的是形成生产经营活动，通过生产经营活动实现价值增值和经济增长，是货币→实物资产→货币（增值）的过程。金融投资也称间接投资，是指企业投资于金融资产或金融工具。就金融投资本身而言，它并不能增加经济主体的生产能力，是货币→资产凭证→货币（增值）的过程。如果没有特别说明，本书中所涉及的投资仅限于实物投资。

投资不但是一般性经济主体资产增值的手段，还是国民经济发展的重要促进因素。一般而言，投资数量增加意味着现时国民财富的积累，是保证未来经济发展的重要动力；反之，投资数量减少将延缓下一个经济周期的发展速度，可能使经济运行陷入低谷。在结构上，投资具有重要的引导作用，一定时期内投入某个地区或某个行业的资金越多，该地区或行业的发展速度就越快；反之，可能导致地区或行业发展的失衡，最终影响一国经济发展的速度和质量，诱发一定的社会问题。

实物投资的完成过程涉及资产形态的变化，表现为以下主要特征。

1. 资金需求量大。投资是为了实现未来的收益而投入各种生产要素，以期形成经营所需要的各类资产，如建筑物、机器设备等，这些资产的金额通常比较大。而且，资产形成时间相对集中于一个较短的时段，这个时期内投资项目聚集的资金量相对比较大。

2. 占用时间长。从资金的投入到形成资产，再通过资产的运营，实现最终效益的产出，一般要经历相当长的时间。现时投入的资金在一段时期内不能为社会提供有效的产出，投入和回收之间存在着明显的时滞。

3. 实施风险高。由于经历的时间较长，投资在实施过程中会受到诸多风险因素的影响，如政策风险、技术风险、财务风险、市场风险、政治风险、自然风险等。任何一项风险的发生，对计划中的投资活动都将产生一定程度的冲击。由于投资始终面临着失败的潜在可能性，因而未来收益的实现变得不那么可靠。

4. 影响不可逆。投资是组合各种资源形成新的生产能力的过程，是一种资金的物化过程。投入的资金一旦物化，也就被固化在某一场所，具有显著的固定性和不可分割性。如果某项投资行为被证明是错误的，在短期内将难以消除其不良影响。同时，扭转错误投资行为的代价也是巨大的。因而，从相当长的一段时期来说，投资的影响是不可逆的。

 【例1-1】
长江三峡水利枢纽工程

长江三峡水利枢纽工程于1992年由第七届全国人民代表大会第五次会议表决立项，完成了近半个世纪的研究论证和决策，转入实施阶段。

长江三峡水利枢纽工程是当今世界特大水利工程，批准的投资预算近2000亿元，它是具有防洪、发电、航运等综合效益的巨型水利枢纽工程。枢纽主要由大坝、水电站厂房、通航建筑物三部分组成。其中大坝的最大坝高181米，水电站厂房共装机26台，总装机容量为18200兆瓦；通航建筑物由双线连续五级船闸、垂直升船机、临时船闸及上下游引航道组成。长江三峡水利枢纽工程规模宏伟，工程量巨大，其主体工程土石方开挖约1亿立方米，土石方填筑4000多万立方米，混凝土浇筑2800多万立方米，钢筋46万吨，金属结构安装26万吨。长江三峡水利枢纽工程于1993年开始建设，于2009年底全部机组发电和三峡枢纽工程完工。

长江三峡水利枢纽工程分三个阶段实施。

第一阶段工程施工工期为5年。这一阶段的目标和任务是：1994年5月完成施工的前期准备；1995年6月完成场内外交通道路建设；1997年10月导流明渠通航；1997年12月临时船闸通航。

第二阶段工程施工工期为6年。这一阶段的目标和任务是：1999年2月左岸电站厂房及大坝基础开挖结束，并全面开始混凝土浇筑；2002年6月永久船闸完建并开始调试；2003年6月大坝下闸水库开始蓄水，永久船闸通航；2003年12月第一批机组发电。

第三阶段工程施工工期为6年。这一阶段的目标和任务是：2009年12月全部机组发电和三峡枢纽工程完工。2008年10月29日，三峡水电站26台机组全部投产发电。

2009年8月29日，国务院长江三峡三期工程验收委员会枢纽工程验收组同意，正常蓄水（175米水位），验收通过。

⊕ 资料来源：《关于兴建长江三峡工程的决议》（1992年4月3日第七届全国人民代表大会第五次会议通讨）。

1.1.2 投资项目及其分类

投资在宏观上对国民经济的发展有较大影响，而要实现良好的宏观投资效益，必须针对具体的投资行为，采用科学的方法和程序进行管理。无论总体上投资规模多么庞大，都是通过一个个具体的投资项目来实现的，可以说项目是开展投资活动的经济实体。因此，以项目为对象进行投资管理是恰当的选择。如果每个投资项目（或者至少大多数投资项目）都能够取得普遍良好的效益，那么良好的宏观投资效益就比较容易实现；如果投资项目的效益普遍不佳，也就难以取得理想的宏观投资效益。

1.1.2.1 项目及其特征

项目是指一个特殊的将被完成的任务，它是在一定时间内，满足一系列特定目标的诸多相关工作的总称。例如，建造一家工厂、一栋楼房、一座桥梁、一条道路，改建或扩建一个企业，设计制造一套新设备，开展一项科学研究等，都属于项目的范畴。投资项目作为承担具体投资活动的主体，既符合项目的一般要求，也体现了投资固有的特点。通常，投资项目具有以下几个方面的特征。

1. 独特性。投资项目具有独特的活动过程，整体上不具重复性。每个项目都有其区别于其他项目的特殊要求，没有两个项目会是完全相同的。项目的独特性是其区别于运作的主要标志，是项目得以从人类有组织的活动中划分出来的关键所在，是项目一次性的基础。

2. 一次性。投资项目是一次性的任务，有明确的起始点和结束点，一旦完成，项目即告结束，没有完全相同的任务重复出现，即项目不会重复。投资项目是一次性的成本中心；项目经理是一次性得到授权的管理者；项目组织是一次性的组织；项目机会是一次性的。但项目的一次性是对项目的整体而言的，并不排斥在项目中存在重复性工作。

3. 多目标性。投资项目虽然是一次性的活动，但是其目标通常是多样性的。多目标属性的根源是多利益相关者的存在，利益相关者的多元性，导致了项目目标的多样性。项目的多个目标之间可以是相互协调的，也可以是相互制约的。在项目执行过程中必须注意各目标之间的平衡，在使利益相关者满意的前提下，实现系统目标的最优化。

4. 生命周期属性。投资项目有明确的起始点和结束点，都会经历启动、开发、实施、结束这样的过程，这一过程称为"生命周期"。尽管各类项目的生命周期阶段的划分有所不同，但总体来看，可以分为概念阶段、开发阶段、实施阶段和结束阶段四部分。

5. 系统性。投资项目是由若干相互联系、相互依赖的子过程组成的系统。投资项目要取得良好的经济效益，项目的决策要正确；设计技术要先进可行；经济要合理；项目的实施要造价低、工期短、质量符合预定标准；项目使用后要效益好、寿命长。各阶段各环节之间是相互影响、相互依赖的，如果只考虑某一阶段工作的优化，则系统整体不一定是最优的。

【例1-2】

2200亿元巨额资金打造世界第一高铁 ▪▪▪▪▪▪▪▪▪▪▪▪▪▪▪▪▪▪▪▪▪▪▪▪▪▪▪▪▪▪▪▪▪▪▪▪▪

2008年4月18日，在北京市大兴区京沪高速铁路北京特大桥桥址开工典礼现场，时任国务院总理温家宝正式宣布京沪高速铁路全线开工。

京沪高速铁路前期研究工作历时10余年，经过了长期筹划和准备。2006年2月，国务院常务会议批准《京沪高速铁路项目建议书》。2007年8月，国务院常务会议原则同意其可行性研究报告。2008年1月16日，国务院常务会议同意京沪高速铁路开工建设。京沪高速铁路完全由我国自行设计，自主开展系统集成，利用国内技术建设基础工程，装备全部由国内企业生产制造。作为一项举世瞩目的重大工程，京沪高速铁路总投资2209.4亿元人民币，是世界上一次建成线路最长、标准最高的高速铁路。京沪高速铁路的技术含量之高、投资之大、线路之长在世界上都是前所未有的。

该线自北京南站起到上海虹桥站，新建双线铁路全长1318公里，全线共设北京南、天津西、济南西、南京南、虹桥等21个车站。设计时速350公里，初期运营时速300公里，规划输送能力为单向每年8000万人。这条完全由我国自行设计、自行施工，技术装备由国内企业生产制造的世界第一高铁，2011年全线正式通车。

京沪高速铁路桥梁长度约1140公里，占正线长度的86.5%；隧道长度约16公里，占正线长度的1.2%；路基长度约162公里，占正线长度的12.3%；全线铺设无砟轨道约1268正线公里，占线路长度的96.2%；有砟轨道约50正线公里，占线路长度的3.8%。全线用地总计5000平方公里。

京沪高速铁路跨越了四大水系——海河、黄河、淮河、长江，桥梁占到全线长度的80.5%。京沪高速铁路沿线超过100万人口的城市就有11座。

↑ 资料来源：蔡海霄. 2200亿巨额资金打造世界第一高铁——京沪高速铁路正式开工［J］.交通世界，2008（5）.

▪▪

1.1.2.2 投资项目的分类

为了更好地进行投资项目管理，需要根据不同的划分标准将投资项目分类，常见的投资项目分类有以下几种。

1. 经营性项目和非经营性项目。这是按项目的目标进行的分类。经营性项目以实现所有者权益的市场价值最大化为目标，通过投资形成生产资料并提供产品或服务来获得利润。绝大多数生产或流通领域的投资项目都属于这类项目。非经营性项目不以追求盈利为目标，其中包括本身就没有经营活动、没有收益的项目，如城市道路、路灯、公共绿化、航道疏浚、水利灌溉渠道、植树造林等，这类项目的投资一般由政府安排，营运资金也由政府支出。另外，有些项目的产出直接为公众提供基本生活服务，本身有生产经营活动，有营业收入，但产品价格不由市场机制形成。在后一类项目中，有些能回收全部投资成本且略有结余；而有些不能回收全部投资成本，需要政府补贴才能维持运营。

2. 工业投资项目和非工业投资项目。这是按项目的内容进行的分类。工业投资项目简称工业项目，是指国民经济中各工业部门的投资项目，主要包括石油、化工、电力、机械、煤炭、钢铁、有色金属、轻工、纺织、建材等工业部门的投资项目。非工业投资项目简称非工业项目，是指工业投资项目之外的所有投资项目，主要包括农业、林业、水利、水产、交通运输、邮电、公用事业等部门的投资项目。

3. 公共项目和非公共项目。这是按项目的产品（或服务）属性进行的分类。公共项目是指为满足社会公众需要，生产或提供公共物品（包括服务）的项目，如非经营性项目。公共物品的特征是具有非排他性或排他无效率，有很大一类物品无法或不应收费。一般认为，由政府生产或提供公共物品可以增进社会福利，是政府的一项合适的职能。非公共项目是指除公共项目以外的其他项目。与"政府部门提供的公共物品"相对的是"私人部门提供的商品"，其重要特征是供应商能够向那些想消费这种商品的人收费并因此得到利润。

4. 大型项目、中型项目和小型项目。这是按生产规模或投资额的大小进行的分类。这种划分一般是分行业进行的，如建设项目规模的划分，是以《基本建设项目大中小型划分标准》为依据的。

基本建设大中小型项目，是按项目的建设总规模或总投资确定的。新建项目按一个项目的全部设计能力或所需的全部投资（总概算）计算；扩建项目按扩建新增的设计能力或扩建所需投资（扩建总概算）计算，不包括扩建前原有的生产能力。

凡是产品为全国服务，或者对生产新产品、采用新技术等具有重大意义的项目，以及边远的、经济基础比较薄弱的省份和少数民族地区，对发展地区经济有重大作用的建设项目，其设计规模和总投资虽不够规定的标准，经国家发展改革委批准，也可以按大中型建设项目进行管理。

5. 政府投资项目和企业投资项目。这是按投资项目的管理形式进行的分类。政府投资项目是指使用政府性资金的建设项目以及有关的投资活动。政府性资金包括：财政预算投资资金（含国债资金）；利用国际金融组织和外国政府贷款的主权外债资金；纳入预算管理的专项建设资金；法律法规规定的其他政府性资金。政府按照资金来源、项目性质和宏观调控需要，分别采用直接投资、资本金注入、投资补助、转贷、贴息等方式进行投资。不使用政府性资金的投资项目统称企业投资项目。

6. 新建项目和改扩建项目。这是按项目与企业原有资产的关系进行的分类。新建项目是指没有基础、从头开始建设的项目，如建造新电站、新的食品加工厂、新矿井等。改扩建项目是在原有企业基础上进行建设的，在不同程度上利用了原有企业的资源，以增量带动存量，以较小的新增投入取得较大的新增效益，建设期内项目建设与原有企业的生产同步进行。需要注意的是，如果投资项目的原有基础较小，经扩大建设规模后，其新增固定资产价值超过原有固定资产价值三倍，需要重新进行总体设计的建设项目，以及迁移厂址的建设工程，都算作新建项目。

7. 新设法人项目和既有法人项目。这是按项目的融资主体进行的分类。新设法人项目由新组建的项目法人为项目进行融资，项目投资由新的法人筹集的资本金和债务资金构成；由新的项目法人承担融资责任和风险；从项目投产后的财务效益情况考察融资后的偿债能力。既有法人项目要依托现有法人为项目进行融资，拟建项目不组建新的项目法人，由既有法人统一组织融资活动并承担融资责任和风险；拟建项目一般是在既有法人的资产和信用的基础上进行的，并形成增量资产；从既有法人的财务整体状况考察融资后的偿债能力。

除上述几种分类外，投资项目还可以从其他角度进行分类。进行投资项目分类的目的是更好地进行管理，这些分类对经济评价内容、评价方法、效益与费用估算、报表设置等都有重要的影响。然而，没有任何一种分类方法可以涵盖各种属性的项目，实际工作中可以根据需要，综合不同角度的分类进行投资项目评估。

 【例 1 – 3】
不同类型的项目 ▪▪

1. 帕卡公司（Paccar，美国第二大卡车制造企业）

项目：为提高卡车行业的技术水平，将配件采购业务转为在网上进行采购，在每辆卡车上配置网络界面的发动机监测设备，对互联网创业企业进行风险投资。

回报：每年减少配件开支 50 万美元，期望风险投资收益达到 2000 万美元。

系统能监测卡车行驶时的状态，如果诊断出了问题，就会提醒司机和下一个经销商，让其准备好配件。这一系统还包括在线采购，这样就免去了客户、供应商、配件制造商间的文件旅行。

2. 思科（Cisco）

项目：将思科与供应商、制造商、客户联系在一起的销售和库存跟踪系统。

回报：每年节约 8 亿多美元，即 20% 的年利润。

客户直接在网上订购系统下订单，并由外部的供应商完成供应。由于供应商能够看到订单，他们就能与其配件供应商实时地维持库存，做到及时供货。

3. 联合包裹公司（UPS）

项目：从包裹速递扩展到帮助互联网企业做任何事情，从管理库存到跟踪货物。

回报：全球有大约 50 万家公司使用 UPS 的在线物流服务，产生 14 亿美元的收入。

UPS 开发了一个在线电子销售系统，涵盖产品运输和跟踪、库存管理、与供应商打交道以及账单处理。供应链上的参与者，甚至终端客户的开支都大幅下降了。UPS 的系统让竞争者处于追赶的状态。

4. 西南航空公司

项目：让在线订票的吸引力不可阻挡，强调简单和快速。

回报：网上销售占总收入的 30%，节省了 8000 万美元的代理佣金和其他费用。

西南航空公司网站的开发与它们不摆架子、简单明了的商业哲学是一致的。这一系统非常简单，以致有些客户认为他们被骗了。现在在线订票额已占到公司总收入的 30%，而其他大型航空公司却只有 6 ~ 7 个百分点。

5. 北电网络

项目：加速产品开发。主要战术：让开发团队在私人网站上分享思路和文件。

回报：产品开发时间缩短了 90%。

北电网络创造了使用个性化的网络门户来分享思路和文件的小型工作组。举例来说，在印度和加拿大的软件开发人员可以通过该网络进行合作。这一系统将开发新产品的平均时间缩短到了 24 周，以前则是 240 周。

资料来源：［美］克利福德·格雷，埃里克·拉森．项目管理教程［M］．徐涛，张扬，译．北京：人民邮电出版社，2005．

1.2 投资项目决策及其过程

1.2.1 投资项目决策

1.2.1.1 决策的含义

按照现代决策理论，决策是为达到一定的目的，从两个或多个可行的方案中选择一个较优方案的分析判断和抉择的过程。具体地说，决策是指人们为了实现特定的目标，在掌握大量有关信息的基础上，运用科学的理论和方法，系统地分析主客观条件，提出若干预选方案，分析各种方案的优缺点，并从中选出较优方案的过程。决策过程可以分为信息收集、方案设计、方案评价、方案抉择四个相互联系的阶段，这四个阶段相互交织、往复循环，贯穿整个决策过程。

1.2.1.2 投资项目决策

投资项目决策是指最终作出是否投资建设某个项目的决定。投资项目决策的范畴包括：项目目标的确定；项目建设规模和产品（服务）方案的确定；场（厂）址的确定；技术方案、设备方案、工程方案的确定；环境保护方案以及融资方案的确定等。投资项目的决策者不同，其决策的依据就会不同；决策的依据不同，决策的结果就可能会有差异。

1. 企业投资项目决策。企业（包括个人投资者兴办的企业）投资项目决策是指企业根据总体发展战略、自身资源条件、在竞争中的地位以及项目产品所处的生命周期阶段等因素，以获得经济效益、社会效益和提升持续发展能力为目标，作出是否投资建设项目的决定。

2. 政府投资项目决策。政府投资项目决策是指政府有关投资管理部门根据经济和社会发展的需要，以满足社会公共需求，促进经济、社会、环境可持续发展为目标，作出政府是否投资建设项目的决定。

3. 金融机构贷款决策。金融机构贷款决策是指银行等金融机构遵照"独立审贷、自主决策、自担风险"的原则，依据申请贷款的项目法人单位的信用水平、经营管理能力和还贷能力以及项目的盈利能力，作出是否贷款的决定。

投资项目决策对于项目的成败具有决定性的作用。由于项目决策阶段应确定项目建设的必要性、建设规模、产品方案、工艺技术、投资规模、融资方案等关键事项，投资决策一旦有误，项目开始建设，将不可逆转，已完成投资形成的实物工程量难以改变，有可能导致工程废弃，造成损失，甚至项目失败。

1.2.1.3 投资项目决策应遵循的原则

1. 科学决策原则。科学决策原则要求决策者按照规范的程序，采用求实的方法和先进的技术手段，调查研究项目建设的客观条件，依据国家有关政策、技术发展趋势和客观需求状况，对投资项目涉及的重大方案的有关数据进行认真的分析研究，在保证研究结论真实可靠的基础上进行决策。

2. 民主决策原则。民主决策原则要求决策者充分听取专家的意见，善于吸纳各种不同意见，做到先评估、后决策。对于政府投资项目，一般都要经过符合资质要求的咨询机构的评估论证，特别重大的项目还应实行专家评议制度；对于企业投资项目，为了降低投资风险，通常也聘请外部咨询机构提供投资决策咨询服务；对于涉及社会公共利益的项目，要采取适当的公众参与形式，广泛征求意见与建议，以使决策符合社会公众的利益。

3. 多目标综合决策原则。投资项目所产生的影响是多方面的，包括对经济、环境、社会的影响，决策者应综合考虑多种影响因素，从实现经济效益、环境效益和社会效益三者统一的目标出发进行项目决策。

4. 风险责任原则。按照"谁投资、谁决策、谁受益、谁承担风险"的原则，强调投资项目决策的责任制度。企业投资项目由企业进行投资决策，项目的市场前景、经济效益、资金来源和产品技术方案等均由企业自主决策、自担风险，政府仅对企业投资的重大项目和限制类项目从维护社会公共利益的角度进行核准。采用直接投资和资本金注入方式的政府投资项目，由政府进行投资决策，政府要审批项目建议书和可行性研究报告，并对项目的风险承担责任。

5. 可持续发展原则。加快建设资源节约型、环境友好型社会，是我国经济社会可持续发展的基本国策。根据投资体制改革有关规定，对投资建设项目要建立科学的行业准入制度，规范行业环保标准、安全标准、能源消耗标准和产品技术、质量标准，防止低水平重复建设。在企业投资项目核准和政府投资项目审批中，对环境生态保护、土地利用和项目节能等必须先行办理行政许可手续。可持续发展原则已成为投资项目建设必须遵循的基本原则和投资主管部门审批的前置条件。

1.2.2 投资项目决策的程序

2004 年 7 月，国务院决定深化投资体制改革，批准颁发《国务院关于投资体制改革的决定》（国发〔2004〕20 号）。深化投资体制改革的一个基本出发点，就是要改进既有投资项目的决策规则和程序，提高投资决策的科学化、民主化水平。此后，有一系列的投资体制改革文件出台，对于企业投资项目，政府一律不再实行审批制，区别不同情况实行核准制和备案制；对于政府投资项目，采用直接投资和资本金注入方式的，从投资决策的角度只审批项目建议书和可行性研究报告。

1.2.2.1 企业投资项目决策（核准）的程序和内容

企业投资项目决策，特别是投资规模较大的大型项目的投资决策，关系到企业的长远发展，应按照公司法人治理结构的权责划分，经经理层讨论后，报决策层进行审定，特别重大的投资决策还要报股东大会讨论通过。若企业投资项目是由项目的发起人及其他投资人出资，组建具有独立法人资格的项目公司，由出资人或其授权机构对项目进行投资决策。

对于企业投资项目，政府仅对《政府核准的投资项目目录》（以下简称《核准目录》，由国务院投资主管部门会同有关部门提出、报国务院批准后实施）内的项目（重大项目和限制类项目）从维护公共利益的角度进行核准，其他的项目，除国家法律法规和国务院专门规定禁止投资的项目以外，无论规模大小，均改为备案制。项目的市场前景、经济效益、资金来源和产品技术方案等均由企业自主决策、自担风险，并依法办理环境保护、土地利用、资源利用、安全生产、城市规划等许可手续和减免税确认手续。

企业投资建设实行核准制的项目，仅需向政府提交项目申请报告，不再经过批准项目建议书、可行性研究报告和开工报告的程序。企业一般是在完成项目可行性研究后，根据可行性研究的基本意见和结论，委托具备相应工程咨询资格的机构编制项目申请报告，按照事权划分，分别报政府投资主管部门进行核准。由国务院投资主管部门核准的项目，其项目申请报告应由具备甲级工程咨询资格的机构编制。项目申报单位在向项目核准机关报送申请报告时，需根据国家法律法规的规定，附送城市规划、国土资源、环境保护、水利、节能等行政主管部门出具的审批意见和金融机构项目贷款承诺。政府对企业提交的项目申请报告，主要从维护经济安全、合理开发利用资源、保护生态环境、优化重大布局、保障公共利益、防止出现垄断等方面进行核准。对于外商投资项目，政府还要从市场准入、资本项目管理等方面进行核准；对于《核准目录》以外的企业投资项目实行备案制，除国家另有规定外，由企业按照属地原则向地方政府投资主管部门备案。项目核准机关在受理核准申请后，如有需要，应委托符合资质要求的咨询中介机构进行评估。企业投资项目决策（核准）程序如图1-1所示。

1.2.2.2 政府投资项目决策（审批）的程序和内容

政府投资项目仍需按照规定的程序进行决策。这类建设项目必须先列入行业、部门或区域发展规划，由政府投资主管部门审批项目建议书，审查决定项目是否立项；再经过对可行性研究报告的审查，决定项目是否核准建设。为健全政府投资项目决策机制，提高政府投资项目决策的科学化、民主化水平，政府投资项目一般都要经过符合资质要求的咨询中介机构的评估论证，咨询评估要引入竞争机制，并制定合理的竞争规则；特别重大的项目还应实行专家评议制度；逐步实行政府投资项目公示制度，广泛听取各方面的意见和建议。

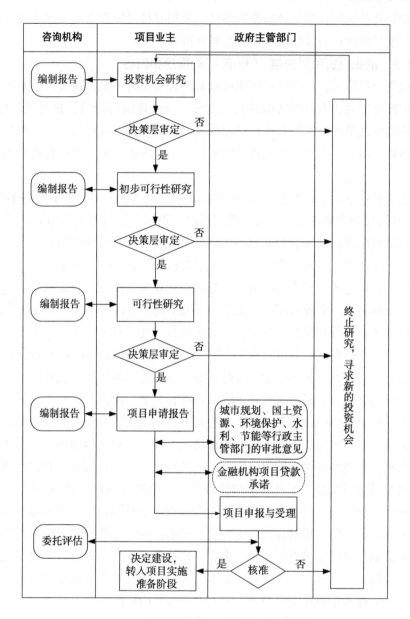

图1-1 企业投资项目决策（核准）程序

采用直接投资和资本金注入方式的政府投资项目，政府投资主管部门从投资决策的角度只审批项目建议书和可行性研究报告。除特殊情况外，不再审批开工报告，同时应严格执行政府投资项目的初步设计、概算审批工作；采用投资补助、转贷和贷款贴息方式的，只审批资金申请报告。政府投资项目决策（审批）程序如图1-2所示。

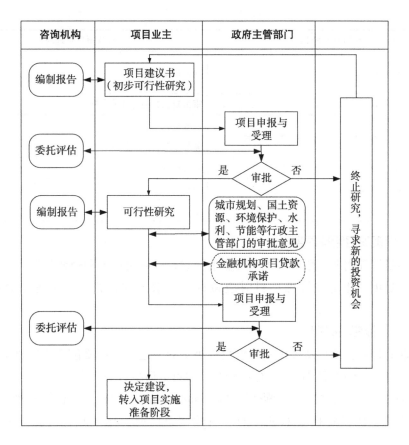

图 1 - 2　政府投资项目决策（审批）程序

1.3　项目管理的周期

为了保证投资项目的顺利实施，需要根据投资项目的特点和项目运行的规律进行管理，首先是按项目周期进行管理。项目周期是指项目从提议、论证、决策、立项到建设运营直至报废清理为止的全过程。项目周期是根据项目发展不同阶段的特点形成的程序性制度，遵从项目周期就是体现项目管理的科学性，对于保证项目实施的质量有着重要的管理意义和经济意义。

根据管理者的出发点和角度不同，项目管理周期可分为投资项目管理周期和贷款项目管理周期（见表 1 - 1）。

表 1 - 1　项目管理周期

投资项目管理周期	贷款项目管理周期
投资机会研究	项目初选，确定备选项目
初步可行性研究（项目建议书）	

续表

投资项目管理周期	贷款项目管理周期
可行性研究 （项目申请报告）	评估论证
初步设计	审批贷款，签订贷款合同
施工图设计	发放贷款
施工	监督检查，继续贷款
项目竣工、生产设备	监督检查
交付使用（投入生产）	回收贷款
项目总结	总结，项目后评估

1.3.1 投资项目管理周期

投资项目管理周期一般应用于项目业主（包括政府投资者和企业投资者）管理项目的全过程，是项目业主在管理项目时应遵循的一般规律，分为以下各个时期和工作阶段。

1.3.1.1 投资前时期

投资前时期是指项目从提议到作出投资决策的全过程，主要包括投资机会研究、初步可行性研究（项目建议书）、可行性研究、项目申请报告等内容。

1. 投资机会研究。投资机会研究（Opportunity Study, OS），也称投资机会鉴别，是指为寻找有价值的投资机会而进行的准备性调查研究，其目的是发现有价值的投资机会。

（1）投资机会研究的分类。投资机会研究可分为一般投资机会研究与具体项目投资机会研究两类。

一般投资机会研究是一种全方位的搜索过程，需要进行广泛的调查，收集大量的数据。一般投资机会研究又可分为三类：①地区投资机会研究，即通过调查分析地区的基本特征、人口及人均收入、地区产业结构、经济发展趋势、地区进出口结构等状况，研究、寻找在某一特定地区内的投资机会。②部门投资机会研究，即通过调查分析产业部门在国民经济中的地位和作用，产业的规模和结构、各类产品的需求及其增长率等状况，研究、寻找在某一特定产业部门的投资机会。③资源开发投资机会研究，即通过调查分析资源的特征、储量、可利用和已利用状况、相关产品的需求和限制条件等情况，研究、寻找开发某项资源的投资机会。

具体项目投资机会研究是一般投资机会研究初步筛选投资方向和投资机会后的内容，比一般投资机会研究更为深入、具体，主要是对投资项目的背景、市场需求、资源条件、发展趋势以及需要的投入和可能的产出等进行研究和分析，并作出大体上的判断。

企业对投资机会的研究，还应结合企业的发展战略和经营目标以及企业内外部资源条件。企业内外部资源条件主要指企业的财力、物力和人力资源，企业的技术和管理水平，以及外部建设条件。

（2）投资机会研究的主要内容。投资机会研究一般包括：①项目可利用的自然资源状况；②项目所在行业的发展现状；③社会对项目提供的产品或服务的未来潜在需求量；④同类产品的跨国贸易对项目可能产生的影响；⑤与项目有关的上游投资状况和下游投资状况；⑥项目的经济规模；⑦一般的投资成本和生产成本费用及主要投入物的供应状况；⑧有关的政府政策和法律制度。

投资机会研究的成果是投资机会研究报告。投资机会研究报告是开展初步可行性研究的根据。在投资机会研究中，项目的建设投资和生产成本一般参照类似项目的数据做粗略的估算，其估算精度为 ±30% 左右，研究经费占投资总额的 0.2% ~1%。

2. 初步可行性研究。初步可行性研究（Pre-feasibility Study，PS），也称预可行性研究，是在投资机会研究的基础上，对项目方案进行初步的技术、经济分析和社会、环境评价，初步判断投资项目是否可行，投资项目是否有生命力，是否值得投入更多人力和资金进行投资项目可行性研究。

（1）初步可行性研究的内容。以工业投资项目为例，初步可行性研究的主要内容包括：①项目建设的必要性和依据；②市场分析与预测；③产品方案、拟建规模和场（厂）址环境；④生产技术和主要设备；⑤主要原材料的来源和其他建设条件；⑥项目建设与运营的实施方案；⑦投资初步估算、资金筹措与投资使用计划初步方案；⑧财务效益和经济效益的初步分析；⑨环境影响和社会影响的初步评价；⑩投资风险的初步分析。

（2）初步可行性研究的重点和深度。初步可行性研究的重点是根据国民经济和社会发展长期规划、行业规划和地区规划以及国家产业政策，经过调查研究、市场预测，从宏观上分析论证项目建设的必要性和可能性。

初步可行性研究的深度介于投资机会研究和可行性研究之间。在初步可行性研究中，项目投资和成本费用主要采用相对粗略的估算指标法，有条件的也可采用分类估算法估算。其估算精度为 ±20% 左右，研究经费占投资总额的 0.25% ~1.25%。

如果通过初步可行性研究认为项目建设是必要的，而且具备了基本的建设条件，就可以编制初步可行性研究报告（项目建议书）。对于企业投资项目，政府不再审批项目建议书，初步可行性研究仅作为企业内部决策层进行项目投资策划、决策的依据；而对于政府投资项目，仍需按基本建设程序要求审批项目建议书（初步可行性研究报告）。如果企业内部判断项目是有生命力的或政府投资项目经投资主管部门批准立项，就可开展下一步的可行性研究。需要指出的是，不是所有项目都必须进行初步可行性研究，小型项目或者简单的技术改造项目，在选定投资机会后，可以直接进行可行性研究。

初步可行性研究的成果是初步可行性研究报告或者项目建议书。它们之间的差别，主要是对研究成果具体阐述的详略。初步可行性研究报告详尽一些，项目建议书简略一些，可根据投资主体以及审批机构的要求确定。

3. 可行性研究。可行性研究（Feasibility Study，FS），一般是在初步可行性研究的基础上进行详细分析、研究。通过对拟建项目的建设方案和建设条件的分析、比较、论证，得出该项目是否值得投资，建设方案是否合理、可行的研究结论，为项目的决策提供依据。可行性研究是建设项目决策分析与评价阶段最重要的工作。可行性研究的过程既是深入调查研究的过程，又是多方案比较选择的过程。

（1）可行性研究的作用。

① 投资决策的依据。可行性研究对项目产品的市场需求、市场竞争力、建设方案、项目需要投入的资金、可能获得的效益以及项目可能面临的风险等都要进行分析并作出结论。企业投资项目可行性研究的结论是企业内部投资决策的依据；企业投资项目中属于《核准目录》内须经政府投资主管部门核准的，其可行性研究还是编制项目申请报告的依据。对于政府投资项目，其可行性研究是政府投资主管部门审批决策的依据。

② 筹措资金和申请贷款的依据。银行等金融机构一般都要求项目业主提交可行性研究报告，通过对可行性研究报告的评估，分析项目产品的市场竞争力、采用技术的可靠性、项目的财务效益和还款能力，然后决定是否对项目提供贷款。

③ 编制初步设计文件的依据。按照项目建设程序，一般只有在可行性研究报告完成后，才能进行初步设计。初步设计文件应在可行性研究的基础上，根据审定的可行性研究报告进行编制。

（2）可行性研究的主要内容。项目可行性研究的内容因项目的性质、行业特点而异。总体上看，可行性研究的内容与初步可行性研究的内容基本相同，但研究的重点有所不同，研究的深度有所提高，研究的范围有所扩大。可行性研究的重点是研究论证项目建设的可行性，必要时还需进一步论证项目建设的必要性。

① 项目建设的必要性。要从两个层面进行分析，一是结合项目功能定位，分析拟建项目对实现企业自身发展，满足社会需求，促进国家、地区经济和社会发展等方面的必要性；二是从国民经济和社会发展的角度，分析拟建项目是否符合合理配置和有效利用资源的要求，是否符合区域规划、行业发展规划、城市规划的要求，是否符合国家产业政策和技术政策的要求，是否符合保护环境、可持续发展的要求等。

② 市场分析。调查、分析和预测拟建项目产品及主要投入品的国际、国内市场的供需状况和销售价格；研究确定产品的目标市场；在竞争力分析的基础上，预测可能占有的市场份额；研究产品的营销策略。

③ 建设方案。主要包括建设规模与产品方案，工艺技术和主要设备方案，场（厂）址选择，主要原材料、辅助材料、燃料供应方案，总图运输和土建方案，公用工程方案，节能、节水措施，环境保护治理措施方案，安全、职业卫生措施和消防设施方案，项目的组织机构与人力资源配置等。

④ 投资估算。在确定项目建设方案工程量的基础上估算项目的建设投资，分别估算建筑工程费、设备购置费、安装工程费、工程建设其他费用、基本预备费、涨价预备费，还要估算建设期利息和流动资金。

⑤ 融资方案。在投资估算确定融资额的基础上，研究分析项目的融资主体，资金来

源的渠道和方式，资金结构及融资成本、融资风险等。结合融资方案的财务分析，比较、选择和确定融资方案。

⑥ 财务分析（也称财务评价）。按规定科目详细估算营业收入和成本费用，预测现金流量；编制现金流量表等财务报表，计算相关指标；进行财务盈利能力、偿债能力以及财务生存能力分析，评价项目的财务可行性。

⑦ 经济分析（也称国民经济评价）。对于财务现金流量不能全面、真实地反映其经济价值的项目，应进行经济分析。从社会经济资源有效配置的角度，识别与估算项目产生的直接和间接的经济费用与效益，编制经济费用效益流量表，计算有关评价指标，分析项目建设对社会经济所作出的贡献以及项目所耗费的社会资源，评价项目的经济合理性。

⑧ 经济影响分析。对于对行业、区域经济及宏观经济影响较大的项目，还应从行业影响、区域经济发展、产业布局及结构调整、区域财政收支、收入分配以及是否可能导致垄断等角度进行分析。对于涉及国家经济安全的项目，还应从产业技术安全、资源供应安全、资本控制安全、产业成长安全、市场环境安全等角度进行分析。

⑨ 资源利用分析。对于高耗能、耗水、大量消耗自然资源的项目，如石油天然气开采、石油加工、发电等项目，应分析能源、水资源和自然资源利用效率；一般项目也应进行节能、节水、节地、节材分析；所有项目都要提出降低资源消耗的措施。

⑩ 土地利用及移民搬迁安置方案分析。对于新增建设用地的项目，应分析项目用地情况，提出节约用地措施。涉及搬迁和移民的项目，还应分析搬迁方案和移民安置方案的合理性。

⑪ 社会评价或社会影响分析。对于涉及社会公共利益的项目，如农村扶贫项目，要在社会调查的基础上，分析拟建项目的社会影响，分析主要利益相关者的需求、对项目的支持和接受程度，分析项目的社会风险，提出需要防范和解决社会问题的方案。

⑫ 敏感性分析与盈亏平衡分析。进行敏感性分析时，应计算敏感度系数和临界点，找出敏感因素及其对项目效益的影响程度；进行盈亏平衡分析时，应计算盈亏平衡点，粗略预测项目适应市场变化的能力。

⑬ 风险分析。对项目主要风险因素进行识别，一般采用定性和定量分析方法估计风险程度，研究提出防范和降低风险的对策措施。

⑭ 结论与建议。在以上各项分析研究之后，应做归纳总结，说明所推荐方案的优点，并指出可能存在的主要问题和可能遇到的主要风险，作出项目是否可行的明确结论，并对项目下一步工作和项目实施中需要解决的问题提出建议。

此外，除了在项目建设方案中提出环境保护治理和保障建设与运行安全的方案外，还应进行环境影响评价和安全预评价，这是由环境影响评价机构和安全预评价机构具体执行的，与项目可行性研究工作并行的重要工作。

由于可行性研究报告是项目申请报告编制的基础，为方便列入《核准目录》的企业投资项目编制项目申请报告，上述内容是针对列入《核准目录》的企业投资项目的可行性研究报告设置的。对于备案的企业投资项目，其可行性研究报告内容可以适当简化。可行性研究对总投资额和生产成本费用等的估算精度为 ±10% 左右，研究经费占总投资额的 1.0%~3.0%（小型项目）或 0.2%~1.0%（大型项目）。

（3）可行性研究的依据。

① 项目建议书（初步可行性研究报告）及其批复文件。

② 国家和地方的经济及社会发展规划、行业或部门的发展规划，如江河流域开发治理规划、铁路公路路网规划、电力电网规划、森林开发规划，以及企业发展战略规划等。

③ 有关的法律、法规和政策。

④ 有关机构发布的工程建设方面的标准、规范、定额。

⑤ 拟建场（厂）址的自然、经济、社会概况等基础资料。

⑥ 合资、合作项目各方签订的协议书或意向书。

⑦ 与拟建项目有关的各种市场信息资料或社会公众要求等。

4. 项目申请报告。项目申请报告是在可行性研究的基础上，对《核准目录》内企业投资的重大项目和限制类项目为获得政府投资主管部门行政许可而报送的项目论证报告。其目的是根据政府关注的公共管理要求，对拟建项目从规划布局、资源利用、征地移民、生态环境、经济和社会影响等方面进行综合论证，为企业投资项目核准提供依据。项目申请报告重点论述项目的外部性、公共性等事项，其作用是维护经济安全、合理开发利用资源、保护生态环境、优化重大布局、保障公众利益、防止出现垄断。

（1）企业投资项目申请报告。按照企业性质的不同，项目申请报告可分为企业投资项目申请报告、外商投资项目申请报告、境外投资项目申请报告等。本书主要介绍企业投资项目申请报告。根据《企业投资项目核准和备案管理办法》（2017）要求，编写项目申请报告一般包括：①项目单位情况；②拟建项目情况，包括项目名称、建设地点、建设内容等；③项目资源利用情况分析，以及对生态环境的影响分析；④项目对经济和社会的影响分析。以及以下附件：①城乡规划行政主管部门出具的选址意见书（仅指以划拨方式提供国有土地使用权的项目）；② 国土资源（海洋）行政主管部门出具的用地（用海）预审意见（国土资源主管部门明确可以不进行用地预审的情形除外）；③ 法律、行政法规规定需要办理的其他相关手续。

（2）项目申请报告与可行性研究报告的关系和区别。项目申请报告与可行性研究报告有着密切的关系。对于企业投资项目中需要由政府核准的，一般是在企业内完成项目可行性研究报告，由企业内部自主决策后，根据可行性研究的基本意见和结论，委托具备相应工程咨询资格的机构编制项目申请报告。因此，编制项目申请报告的基础是可行性研究报告，其深度要求基本相同。但可行性研究报告与项目申请报告也存在着明显的区别，主要体现在以下三个方面。

① 适用范围和作用不同。可行性研究报告是投资建设项目内在规律的要求，是项目决策分析与评价过程中的客观要求，它适用于所有投资建设项目。即使是企业投资项目，

为防止和减少投资失误、保证投资效益，在企业自主决策时，也应以项目可行性研究报告作为企业内部决策的依据。项目申请报告是政府行政许可的要求，它仅仅适用于企业投资建设实行政府核准制的项目，即列入《核准目录》的、不适用于政府投资建设的重大项目和限制类项目。其作用是根据政府关注的公共管理要求，主要从维护经济安全、合理开发利用资源、保护生态环境、优化重大布局、保障公众利益、防止出现垄断等方面进行核准。政府投资项目和实行备案制的企业投资项目，均不需要编制项目申请报告。

② 目的不同。对企业投资项目而言，可行性研究报告的目的是论证项目的可行性，提交企业内部决策机构（如董事会）审查批准；以及提交贷款方（包括内、外资银行以及国际金融组织和外国政府）评估，以便其作出贷款决定。项目申请报告不是对项目财务可行性的研究，而是对政府关注的项目外部影响，涉及公共利益的有关问题进行论证说明，以获得政府投资主管部门的核准（行政许可）。在政府投资主管部门核准之前，企业需要根据规划、环保、国土资源等部门的要求，进行相关分析论证，以获得各有关部门的许可。

③ 内容不同。可行性研究报告不仅要对市场前景、技术方案、设备选型、项目选址、投资估算、融资方案、财务效益、投资风险等进行分析与研究，而且要对政府关注的涉及公共利益的有关问题进行论证。考虑到可行性研究报告是项目申请报告编制的基础，本章前述的可行性研究内容已经扩展，以方便列入《核准目录》的企业投资项目编制项目申请报告。项目申请报告主要是从规划布局、资源利用、征地移民、生态环境、经济和社会影响等方面对拟建项目进行论证，市场、技术、资金来源、财务效益等不涉及政府公权力等的"纯内部"问题不作为主要内容，但需要对项目有关问题加以简要说明，作为对项目核准提供项目背景、外部影响评估的基础材料。如为了便于政府对发展规划、产业政策及行业准入等内容进行审查，需要对采用工艺技术方案的先进性、创新性做简要说明等。

【例 1 – 4】
国外项目投资估算的阶段与精度要求 ∷∷∷∷∷∷∷∷∷∷∷∷∷∷∷∷∷∷∷∷∷∷∷∷∷∷∷∷∷∷

在英国、美国等国家，对一个建设项目从投资设想直至施工图设计，这期间各阶段的项目投资预计额均称估算，只是各阶段的设计深度不同，技术条件不同，对投资估算的准确度要求不同，它们把工程项目的投资估算分为五个阶段。

第一阶段是项目的投资设想时期。在尚无工艺流程图、平面布置图，也未进行设备分析的情况下，即根据假想条件比照同类型已投产项目的投资额，并考虑涨价因素来编制项目所需要的投资额，所以这一阶段称为毛估阶段，这一阶段投资估算的意义是判断一个项目是否需要进行下一步的工作，对投资估算精度的要求是允许误差大于30%。

第二阶段是项目的投资机会研究时期。此时应有初步的工艺流程图、主要生产能力及项目建设的地理位置等条件，故可套用相近规模厂的单位生产能力建设费来估算拟建项目所需要的投资额，据以初步判断项目是否可行，或据以审查项目引起投资兴趣的程度。这一阶段为粗估阶段，其对投资估算精度的要求是允许误差控制在30%以内。

第三阶段是项目的初步可行性研究时期。此时已具备设备规格表、主要设备的生产能力和尺寸、项目的总平面布置、各建筑物的大致尺寸、公共设施的初步位置等条件。此时期的投资估算额可据以决定拟建项目是否可行，或据以列入投资计划。这一阶段称为初步估算阶段，其对投资估算精度的要求是允许误差控制在20%以内。

第四阶段是项目的详细可行性研究时期。此时项目的细节已经清楚，并已经进行了建筑材料、设备的询价。也已进行了设计和施工的咨询，但工程图纸和技术说明尚不完备。可根据此时期的投资估算进行筹款，这一阶段称为确定估算，其对投资估算精度的要求是允许误差控制在10%以内。

第五阶段是项目的工程设计阶段。此时应具有工程的全部设计图纸、详细的技术说明、材料清单、工程现场勘察资料等，故可根据单价逐项计算并汇总出项目所需要的投资额，可据此投资估算控制项目的实际建设。这一阶段称为详细估算，其对投资估算精度的要求是允许误差控制在5%以内。

⬆ 资料来源：汤伟钢，李丽红. 工程项目投资与融资［M］. 北京：人民交通出版社，2008.

1.3.1.2 投资时期

投资时期是实现项目设想的工作时期，又称作项目的执行时期或建设时期，这一时期需要完成项目工程实体的建设形成实际生产经营能力，其特点是工程量大、花费资金多，并且有严格的工期限制和质量要求。投资时期的工作程序可分为四个阶段。

1. 初步设计。初步设计是根据可行性研究报告等前期工作资料，对项目的技术可能性和经济合理性进行具体规划，制订项目实施方案。初步设计一般包括以下内容：设计依据和指导思想；项目范围及占地面积；建设规模及产品方案；主要投入物的数量和来源；工艺流程；主要设备的选型及配置；主要建筑物、构筑物及公共辅助设施的设计；环境保护、防洪、抗震设施；项目组织机构及人力资源配备；各项技术经济指标；项目建设进度计划和完工期限。在编制初步设计文件时需完成项目总概算的编制。初步设计文件是进行有关工程承包、原材料和设备供应招投标工作的重要依据，在完成初步设计以后才能开展招投标工作。此外，根据初步设计文件编制的项目总概算是确定项目投资额、编制年度投资计划、控制投资成本的重要依据。

2. 施工图设计。施工图设计是对初步设计中所确定的各项建筑物、构筑物和非标准设备进行详细的设计，它是进行建筑工程施工、设备安装工程施工以及非标准设备制造的必要依据。在施工图设计阶段需要编制预算，以确定建筑安装工程的造价。因为有施工图作为计算依据，预算的精确度高于概算，是工程承包合同款结算的重要依据。

3. 施工。施工阶段的主要任务是根据施工图设计的内容完成各项建筑工程、设备安装工程和非标准设备的制造。同时，为了保证项目完工后能够及时投入生产和使用，在施工阶段还需要进行投产前的准备工作，如人员的招募和培训，生产技术资料的准备，原材料、燃料、动力的准备，以及部分生产资金的准备等。

4. 竣工验收。竣工验收是在各项工程全部竣工以后，由项目主办者会同有关部门就工程的总体质量、功能实现等方面进行检查，经检查符合有关标准以后，编制竣工验收报告和竣工决算，同时项目交付使用。

1.3.1.3 生产经营时期

项目的生产经营时期也是运营时期，是项目建成投入生产或使用到报废清理为止的全过程。在这一阶段中，一方面，项目要通过初期的运行，逐步达到设计文件中规定的全部生产能力，并在整个营运期中保持良好的经营状态，实现预期的投资效益；另一方面，项目管理者应根据项目的实际经营效果，全面总结和分析项目实施的各个阶段取得的经验和存在的问题，为不断改进项目管理水平积累资料和经验。

1.3.2 贷款项目管理周期

贷款项目管理周期是指银行等金融机构对贷款项目进行管理的全过程。它是从资金供应者的角度出发，关注所投入的资金在项目实施的各个阶段的运行状况，以保证资金的增值和偿还得以顺利实现。贷款项目管理周期在管理的时间间隔上与投资项目管理周期保持一致，但是管理的侧重点有所不同。一般地，对贷款项目管理周期做以下划分。

1.3.2.1 准备时期

准备时期是银行根据自身的经营目标，结合国家的经济发展战略规划和相关政策制度，在充分分析项目主办者提交的项目机会研究报告（或项目建议书）和可行性研究报告的基础上，选定发放贷款的项目，作出贷款决策的过程。准备时期主要分为以下两个阶段。

1. 项目初选。初选是银行进行贷款项目管理的首要阶段，即银行介入项目的最初途径，有利于银行参与项目的投资决策。在初选阶段，银行根据国家的经济发展战略规划和有关政策，在初步调查研究的基础上，分析各个项目主办者提交的项目机会研究报告（或项目建议书），从中挑选出符合银行经营目标和贷款条件的备选项目。

银行对项目进行初选时的评价内容与项目机会研究报告（或项目建议书）的内容基本一致，通过初选表明银行对项目的初步认可，但这并不意味着银行已经作出了贷款决策。实际上银行还需要与项目主办者一起就有关方面进行深入的调查研究和论证，如果进一步的论证表明贷款对银行不利，银行仍然可以在下一阶段中作出否决贷款的决策。

2. 项目评估。评估是银行在项目初选的基础上，对初步认可的项目，全面审查其提交的可行性研究报告，进而编制银行的项目评估报告。在项目评估报告中就是否提供项目贷款作出结论，经过评估认可的项目，银行将与项目主办者签订贷款合同，正式表明银行的贷款决策。

1.3.2.2 执行时期

执行时期是贷款项目的实施阶段，在这一阶段中，银行根据与项目主办者签订的贷款合同中规定的内容，结合项目建设进度，向项目发放贷款。此时，银行对贷款项目的管理进入付款阶段，从项目开始建设起到建成完工为止，银行的主要工作就是为项目提供资金，并对资金的数量和用途进行监督，保证贷款得到合理有效的使用，以促进项目按期建成并投入使用，及时实现投资效益。

1.3.2.3　回收总结时期

回收总结时期是银行在项目投入使用、产出效益后回收全部贷款本金及其利息，结束信贷关系的过程。回收总结时期是银行效益得以实现的关键时期，同时又是为下一个贷款项目周期积蓄实力的时期。根据银行贷款项目数量多、项目管理周期循环频繁的特点，这一时期可分为两个阶段。

1. 回收阶段。回收阶段是银行根据贷款合同规定的期限、还款数量和利率水平从项目逐步收回全部贷款本金和利息的过程。回收阶段的工作是否成功取决于还款的数量和时间两个方面的因素，成功的贷款项目必须做到按时按量地回收。银行在这一阶段中还需要履行积极的监督职能，对项目运行过程中，尤其是运行初期存在的问题提出改进建议，使项目的效益得到顺利实现，进而保证银行贷款回收工作的质量。

2. 后评估阶段。银行收回全部贷款本金和利息之后，应根据实际营运状况对项目进行全面的事后总结性评价，尤其要与准备时期的项目评估报告进行对比，发现问题、总结经验，为以后的贷款项目管理积累资料，不断提高贷款项目管理工作的质量。

对比投资项目管理周期与贷款项目管理周期可以看出，项目评估处于项目前期工作的关键阶段，是银行参与项目投资决策的一项重要工作。它既是银行贷款决策的依据，又会对项目主办者的投资决策产生重大影响。

1.4　投资项目评估

1.4.1　项目评估及其发展历程

项目评估是咨询机构根据政府投资主管部门、金融机构或企业等的委托，在作出投资决策之前，对项目建议书（初步可行性研究报告）、可行性研究报告或项目申请报告，按照项目建设目标和功能定位，采用科学的方法，对项目的市场、技术、财务、经济，以及环境和社会影响等方面开展进一步的分析论证和再评价，权衡各种方案的利弊和潜在风险，判断项目是否值得投资，提出明确的评估结论，并对项目建设方案提出优化建议，从而为决策者进行科学决策或为政府核准项目提供依据的咨询活动。

项目评估作为一门当代的技术经济学科，起源于西方发达国家，在世界范围内得到广泛的应用并收到了显著的效果。20世纪30年代，世界范围内的经济大萧条使西方发达国家的经济政策发生了重大变化，随着自由放任经济体系的崩溃，一些西方发达国家的政府开始实行新经济政策，兴办公共建设工程，于是出现了公共项目评价方法，产生了现代意义的项目评估原理。1936年美国为了有效控制洪水，大兴水利工程，并颁布了《全国洪水控制法》，该法正式规定了运用成本效益分析方法评价洪水控制和水域资源开发项目。其中提出了这样的原则：一个项目只有当其产生的效益（不论受益者是谁）大于其投入的成本时才被认为是可行的。此后，美国还公布了一系列法规，对项目评估的原则和程序做了规定。英国、加拿大等国政府也相继就项目评估作出规定。

现代项目评估的系统方法产生于 20 世纪 60 年代末期，在这期间一些西方发展经济学家致力于发展中国家项目评估的理论研究。英国牛津大学的里特尔教授和米尔里斯教授于 1968 年合作出版了《发展中国家工业项目分析手册》，第一次系统地阐述了项目评估的基本理论和方法。1975 年，世界银行的经济专家思夸尔等编著了《项目经济分析》。1980 年，联合国工业发展组织与阿拉伯工业发展中心联合编著了《工业项目评价手册》。这些著作的出版标志着项目评估理论与方法的成熟发展和广泛应用，20 世纪 80 年代之后，项目评估工作越来越受到各国政府尤其是发展中国家政府的重视，成为银行贷款决策的重要依据。

在项目评估理论与实践的发展过程中，世界银行发挥了巨大的作用。在为成员国提供长期贷款的过程中，世界银行规定所有的贷款项目都必须经过评估，评估的结论是决定贷款与否的主要依据。为了提高各成员国的项目评估水平，世界银行还组织出版了一系列著作，为发展中国家培训专业技术人员，帮助其制定符合本国国情的项目评估办法。

我国于 1980 年恢复了在世界银行的合法席位，1981 年成立了以转贷世界银行贷款为主要业务的中国投资银行。1983 年，中国投资银行首次推出了《工业贷款项目评估手册（试行本）》，以后又经过了多次修订。在发展我国的项目评估理论和方法的过程中，我国政府也给予了高度重视，国家计委于 1987 年首次正式公布了《建设项目经济评价方法与参数》，并于 1993 年进行了修订，形成了《建设项目经济评价方法与参数（第二版）》，2006 年在总结过去实践经验的基础上，完成了《建设项目经济评价方法与参数（第三版）》的修订。现在，我国项目评估的方法越来越成熟，并受到人们的重视，成为实现投资决策科学化、民主化和规范化的重要手段。

目前，在许多国家，无论是私人投资项目还是公共投资项目，都必须得到项目所在国家或地区政府批准才能实施。政府通常要对项目进行评估，评估拟建项目是否符合政府的发展目标、开发规划，项目对本国或本地经济、社会、环境等的影响。同时，投资者在完成项目可行性研究后，为了分析其可靠性，进一步完善项目方案，往往会聘请独立的咨询机构对可行性研究报告进行评估。至于向项目贷款的银行，项目评估是其作出贷款决策的必要程序，评估结论是发放贷款的重要依据。

1.4.2 项目评估的内容

项目建议书、可行性研究是项目投资决策的基础，是项目评估的重要前提。项目评估是可行性研究的延续、深化和再研究，独立地为决策者提供直接的、最终的依据。因此，项目建议书和可行性研究报告及其评估的内容及方法基本一致，目的和要求基本相同，均是为了提高项目投资科学决策的水平，提高投资效益，避免决策失误。它们都是项目前期工作的重要内容，都是对项目是否可行及投资决策的咨询论证工作。

1.4.2.1 项目建议书和可行性研究报告评估

项目建议书和可行性研究报告评估是指在项目建议书和可行性研究报告编制完成

后，由另一家符合资质要求、委托入选的工程咨询单位再一次对拟建项目的技术、财务、经济、环境、社会、资源利用、投资风险等方面进行论证，对项目建议书和可行性研究报告所做结论的真实性及可靠性进行核实和评价，如实反映项目潜在的有利因素和不利因素，对项目建设的必要性、可能性和可行性作出明确的结论，为项目决策者提供依据。

项目建议书和可行性研究报告评估通常在以下几种情况下进行：（1）政府投资项目的项目建议书和可行性研究报告评估，一般都要经过符合资质要求、委托入选的工程咨询单位的评估论证，项目建议书的评估结论是项目立项的依据，可行性研究报告的评估结论是政府投资决策的依据。（2）企业投资者为了分析可行性研究报告的可靠性，进一步完善项目建设方案，往往会聘请另一家工程咨询单位对初步可行性研究报告和可行性研究报告进行评估，作为企业内部决策的依据。（3）拟对项目贷款的银行，一般会自行组织专家组，有时也委托工程咨询单位对可行性研究报告进行评估，评估结论是银行贷款决策的依据。

1.4.2.2 项目申请报告评估

项目申请报告评估是政府投资主管部门根据需要，委托符合资质要求、入选的工程咨询单位对拟建企业投资项目从维护经济安全、合理开发利用资源、保护生态环境、优化重大布局、保障公共利益、防止出现垄断等方面进行评估论证，对项目申请报告中所评估的发展规划、产业政策和行业准入，资源开发及综合利用，项目节能，建设用地、征地拆迁及移民安置，环境和生态影响，经济和社会影响，主要风险等内容的符合性、合理性、真实性和可靠性进行核实和评价。为进一步贯彻投资体制改革精神，规范企业投资项目的核准评估工作，提高咨询评估的质量和水平，2008年国家发展改革委第37号公告颁发了《关于企业投资项目咨询评估报告的若干要求》和《企业投资项目咨询评估报告编写大纲》。

根据该公告的要求，项目咨询评估报告通常包括以下10项内容：（1）申报单位及项目概况；（2）发展规划、产业政策和行业准入评估；（3）资源开发及综合利用评估；（4）节能方案评估；（5）建设用地、征地拆迁及移民安置评估；（6）环境和生态影响评估；（7）经济影响评估；（8）社会影响评估；（9）主要风险及应对措施评估；（10）主要结论和建议。

总体而言，项目申请报告的编制和项目申请报告评估之间的关系，与项目建议书（初步可行性研究）、可行性研究报告的编制和项目建议书（初步可行性研究）、可行性研究评估之间的关系有相似之处，其内容与方法、目的和要求基本相同。例如，项目申请报告的评估与编制项目申请报告一样，都应达到可行性研究同等深度；项目申请报告评估的结构、内容要求，与企业编制、报送的项目申请报告基本相对应。为了防止和规避项目建设对国家经济安全和社会公共利益可能存在的风险，在项目申请报告评估中，特别要求单独列出"主要风险及应对措施评估"的内容。

1.4.3 项目评估应遵循的基本原则

1. 科学性原则。评估结论可靠与否，首先取决于评估方法和指标体系科学与否，不恰当的方法和指标会导致不合理甚至与实际完全相反的结论。随着对项目评估理论的深入研究，一些新的方法和指标可能会替代原有的方法和指标；同时，项目的性质不同，在评估方法和指标体系方面也会有一定的差异，这要求在评估方法和指标体系的选择上力求科学合理。

2. 客观性原则。尽管项目评估的对象是拟建项目，但项目能否成立却不能由人们的主观意志来决定，必须从实际的物质环境、社会环境、经济发展水平、文化传统、民族习俗等方面出发，实事求是地分析项目成立的可能性。任何有违客观实际的项目，最终都将失去根本的基础，甚至对社会造成不可逆转的负面影响。

3. 公正性原则。评估人员的立场对评估结论有相当的影响，为了防止结论的偏差，评估人员应尽可能采取公正的立场，尤其应避免在论证开始以前就产生趋向性意见，更不能采取法律禁止的立场。

4. 面向需求原则。任何项目的产生必须源于社会的需求，不符合需求的项目是没有生命力的。许多事实证明，投入使用后运行不佳的项目往往就是因为失去了社会的需求，项目提供的产品（或服务）不能满足经济生活的需要。

5. 投入与产出相匹配原则。尽管项目在追求投资效益时，会以尽可能低的产出获得尽可能高的回报，但是项目功能的实现，必须要有配套的投资，过分地要求利润最大化将导致对项目辅助投入的忽视，使项目的主要功能无法完全实现，而今后不得已的追加投资只能收到事倍功半的效果。因此，项目的投入必须符合产出的要求。

6. 资金时间价值原则。资金的使用会随着时间的推移而产生不同的价值，投资者对投资的回报都有一定的预期，项目能否在回报投资的同时实现自我增值，是任何项目评估都关注的核心问题，对资金的动态考察是明确项目投资回报和经营业绩的重要途径。

1.4.4 项目评估的程序

根据项目性质的不同，其评估程序也不尽相同，但一般地应经历以下程序。

1. 工作准备。开展项目评估的有关机构，如贷款银行、投资决策部门或中介咨询机构，根据具体评估项目的特点、性质来确定项目评估的任务以后，应开始准备组织人员，了解与项目有关的背景情况。

2. 成立评估小组。根据项目的性质成立项目评估小组或评审专家组，确定项目负责人，就评估的内容配备恰当的专业人员，明确各自的分工。一般地，评估小组中应包括相关的工程技术专家、市场分析专家、财务分析专家、经济分析专家；如果需要的话，还可配备法律专家、环境问题专家、社会问题专家等。评估小组的成员可以完全来自机构内部，但为了使评估结论科学、可靠和全面，更应重视从机构外部寻求专家，尽量使评估小组的每一个成员都是各自领域的权威人士，或至少是专业人士。

3. 制订工作计划。成立评估小组以后，应根据评估工作的目标制订工作计划，包括每一项任务的人员配备、应达到的目的、总体工作进度计划和分项任务的工作进度计划，以保证评估工作的进程符合决策方的要求。

4. 开展调查。尽管在评估的对象即可行性研究报告中，已经提交了相关的文件资料，但是为了保证评估结论的真实、可靠，还应该对所提交的资料进行核实审查。在评估过程中，开展独立的调查工作是必不可少的，通过调查、收集与项目有关的文件资料，以保证资料来源可靠和合法。对于不符合要求的资料，应进行修订和补充，以形成系统、科学的文件资料。

5. 进行评估。根据获得的文件资料，按照项目评估的内容对项目进行全面的技术经济论证。在论证过程中，如果发现有关资料不够完备，应进一步查证核实。

6. 编写评估报告。在完成分析论证的基础上，评估小组应编写出对拟建项目可行性研究报告的评估报告，提出总结性意见，推荐合理的投资方案，对项目实施可能存在的问题提出合理的建议。

7. 报送评估报告并归档。评估小组作为决策的参谋或顾问，在完成评估报告以后，需将评估报告提交决策当局，作为决策者制定最终决策的依据。同时，应将评估报告归入评估机构内部的项目档案，供以后开展类似项目的评估时参考，以不断提高评估工作的质量。

1.4.5　项目评估与可行性研究的关系

因为项目评估和可行性研究都属于投资前期决策工作的组成部分，两者之间存在着一定的共性；同时由于两者分属不同的管理周期，它们又存在着一定的差异。

1.4.5.1　项目评估与可行性研究的共同点

1. 处于项目管理周期的同一时期。两者都是在决策时期对项目进行技术经济的论证和评价，作为投资决策的重要工作内容，它们的结论对项目的命运有决定性作用，直接影响项目投资的成败。

2. 目的一致。项目评估和可行性研究工作的目的都是提高决策的科学化、民主化和规范化水平，减少投资风险，避免决策失误，提高投资的效益。

3. 基本原理、方法和内容相同。两者都是采用国家统一的、规范化的评价方法和经济参数、技术标准等，对项目进行全面的技术经济论证分析，通过统一的评价指标体系，评判项目是否可行。分析的内容都包括项目的建设必要性、生产建设条件、财务效益、国民经济效益和社会效益等。

1.4.5.2　项目评估与可行性研究的区别

1. 行为主体不同。项目评估是由项目的投资决策机构（如国家主管投资计划的部门）或项目的贷款决策机构（如银行）主持负责的。而可行性研究则是项目业主或发起人为了确定投资方案而进行的工作。尽管两者都可以委托中介咨询机构进行，但所代表的行为主体不同，要为不同主体的不同目标服务。

2. 研究的侧重点不同。由于角度不同，两者考察的项目侧重点也有所不同。可行性研究是项目发起人或业主投资决策的依据，侧重于项目建设必要性和生产建设条件分析。而项目评估是为国家主管投资计划的投资决策机构或贷款银行服务的，侧重于分析项目的宏观经济效益和偿债能力。

3. 所起的作用不同。可行性研究是项目投资决策活动中十分重要的步骤，为项目投资决策提供必要的基础，从而成为项目评估的重要前提，但它仍不能为项目投资决策提供最终依据。而项目评估则是投资决策的必备条件，为决策者提供直接的、最终的依据，比可行性研究更具有权威性。

4. 工作的时间不同。按照项目管理的程序，可行性研究在前，项目评估在后，可行性研究报告是项目评估的对象和基础，两者的顺序不能颠倒。

1.5　项目评估报告的要求

1.5.1　项目评估报告的内容和格式

项目评估报告是项目评估人员汇总评估结果的书面文件，也是国家综合部门与项目主管部门对项目作出投资决策的重要依据，是贷款机构与银行参与投资决策和贷款决策的重要依据，是对项目进行监督管理的基础资料。评估报告的格式视项目的类型、规模以及复杂程度等而有所不同。对于大型的复杂项目，要编写详细的评估报告；对于小型的简单项目，可编写简要的评估报告。一个项目评估报告一般包括以下几个部分。

1.5.1.1　项目评估报告的封面

报告的封面上应有"×××项目评估报告"字样，写明评估单位全称及报告完成时间，在第一、第二页上分别说明"评估小组人员名单及分工"和"评估报告目录"。

1.5.1.2　项目评估报告的正文

评估报告在正文之前一般应有一个"提要"，简要说明评估报告的要点，包括企业和项目概况、项目的必要性、市场前景、主要建设内容、生产规模、总投资和资金来源、财务效益、经济效益、社会效益、项目建议书、可行性研究报告和其他有关文件的批复时间及文号等。其目的在于使阅读者对项目的总体情况有一个大致了解。在"提要"之后，一般应按如下顺序编写评估报告。

1. 投资者概况。主要论述发起人的企业法人资格、注册资本、法定地址、在所在行业中的地位、信誉、资产负债情况、人员构成、管理水平，以及近几年的经营业绩和投资者的发展规划与拟建项目的关系等，考察投资者是否有实施同类项目的经验，以判断投资者是否具备实施拟建项目的能力。

2. 项目概况。主要论述项目提出的背景和依据、项目的地理位置、主要负责人、注册资本、产品方案和生产规模，以及投资和效益概况。特别要求用一个综合的表格列出项目的基本技术和技术经济指标。

3. 项目建设必要性分析。要从宏观和微观两大方面进行分析，以考察拟建项目是否有实施的必要，如果是多方案的比较，还要进一步说明选择实施方案与项目建设必要性有什么关系。

4. 市场分析。要求对现有市场情况进行充分的论证。所考察的市场范围决定于项目产品销售市场覆盖面。如果只是在国内销售，只需要考察国内市场的供求状况；如果涉及产品出口或替代进口，还需要对国际市场供求关系进行论证分析；如果属于在国内某个区域内销售产品，除了对国内市场情况进行概括性的分析外，主要侧重于该区域内的市场供求关系分析。在现有市场供求关系分析的基础上，调查和预测目标期产品供求状况。通过分析项目产品的竞争能力，判断项目产品是否有市场，并建议项目适宜的生产规模。

5. 建设条件分析。考察项目的选址、工程地质、水文地质、交通运输条件和水、电、气等配套条件。另外，还要考察工程实施的计划和进度。

6. 生产条件分析。考察项目所需投入物的来源、运输条件、价格等因素，包括项目所需的矿产资源、主要原材料、辅助原材料、半成品、零配件、燃料和动力等的产地、用量、供应厂家、运输方式、质量和供应的保证程度以及价格合理性等。

7. 生产技术、工艺和设备分析。包括拟建项目所用技术的总体水平、技术的来源（投资者所有还是外购，国内还是进口等）、项目总图布置、生产工艺流程和设备选型分析、拟定的生产规模和产品方案等。另外，还要考虑环境保护问题，即应考虑环境保护的工艺和设备。

8. 组织机构和人员培训。包括拟建项目的组织机构设计和人员的来源配套及培训计划。

9. 投资估算与资金筹措。包括拟建项目的整个投资的构成、各项投资估算、资金的筹措方式、计划和各项来源的落实情况，对可行性研究报告中有关数据的修改理由。

10. 财务基础数据的估算。包括计算期、汇率、营业收入、税金及附加、总成本费用、利润、所得税的估算依据和结果，对可行性研究报告中有关数据的修改理由。

11. 财务效益分析。计算一系列技术经济指标，并用这些指标分析、评价项目财务角度的可行性，包括反映项目盈利能力的指标、反映项目清偿能力的指标和反映项目外汇效果的指标。

12. 经济效益分析。鉴别和度量项目的效益和费用，调整价格，确定各项投入物和产出物的影响价格，计算相应的一系列技术经济指标，并用这些指标分析、评价项目国民经济角度的可行性。

13. 不确定性分析。进行盈亏平衡分析、敏感性分析和概率分析（若必要的话），分析拟建项目的风险程度，提出降低风险的措施。

14. 总评估。提出项目是否值得实施，或选择最优方案的结论性意见，并就影响项目可行的关键性问题提出切实可行的建议。

1.5.1.3 项目评估报告的主要附表

项目评估报告的主要附表包括投资估算、资金筹措、财务基础数据、财务效益分析和经济费用效益分析各种基本表格及辅助表格。

1.5.2　项目评估常用报表

1.5.2.1　项目评估的主要分析报表

1. 主要经济数据与经济指标评估前后对比表；

2. 投资估算评估前后对比表；

3. 项目投资现金流量表；

4. 项目资本金现金流量表；

5. 投资各方现金流量表；

6. 利润和利润分配表；

7. 财务计划现金流量表；

8. 资产负债表；

9. 借款还本付息计划表；

10. 项目投资经济费用效益流量表。

1.5.2.2　项目评估的辅助报表

1. 建设投资估算表；

2. 建设期利息估算表；

3. 流动资金估算表；

4. 项目总投资使用计划与资金筹措表；

5. 营业收入、税金及附加和增值税估算表；

6. 总成本费用估算表；

7. 外购材料费用估算表；

8. 外购燃料及动力费用估算表；

9. 工资及福利费估算表；

10. 其他费用估算表；

11. 固定资产折旧费估算表；

12. 无形资产和其他资产摊销费估算表；

13. 经济费用效益分析投资费用估算调整表；

14. 经济费用效益分析经营费用估算调整表；

15. 项目直接效益估算调整表；

16. 项目间接费用估算表；

17. 项目间接效益估算表。

1.5.2.3　项目评估报告的附件

1. 有关项目资源、市场、工程技术、项目实施进度计划等方面的图表、协议、合同等。

2. 各种批复文件，如项目建议书和可行性研究报告批复文件、规划批复文件（如选址意见书等）、偿还贷款担保函和项目的营业执照（若有的话）等。

3. 证明投资者经济技术和管理水平等的文件，包括投资者的营业执照、近几年的主要财务报表、资信证明材料等。

1.5.3　项目评估报告撰写要求

项目评估报告是为政府有关部门、贷款金融机构和社会公众或机构投资者提供投资决策依据的论述性决策文件。要求评估者站在第三者的角度，以公正、客观的立场，依靠各种数据资料，对项目进行具体介绍和评估。报告撰写的文字要求是：语言要简练准确，结构要紧凑严谨，论据要充分可靠，结论要客观明确。要求重点突出、观点明确，提出的建议要有针对性，即根据项目的具体特点，对投资者和决策部门极为关心的问题进行重点论述，作出明确的结论，防止重复、遗漏和千篇一律的现象。项目评估人员必须按照国家规定的《建设项目经济评价方法与参数（第三版）》及其他有关规定，对项目进行严格、认真的评估，并以实事求是的科学态度，按照统一的要求与格式编写评估报告。

1. 结论要科学可靠。项目评估是一项十分严肃的工作，小则关系到投资者的切身利益，大则关系到地区和全国的经济发展。项目评估人员应当坚持科学、公正的态度，实事求是地评估项目，在此基础上进行总评估，作出科学的结论。

2. 建议要切实可行。在总评估中，项目评估人员还应当根据项目的具体情况，提出切实可行的建议，以确保项目的顺利实施和按期投入运行。

3. 对关键内容要做重点分析。通过总评估可以发现，某些内容对于项目的正常实施与投产运营具有十分关键的作用。对于这类内容，项目评估人员要予以特别注意，在总评估中要对此做重点分析，并分析其变化对项目的影响程度，以便引起投资者与有关部门的重视。

4. 语言要简明精练。总评估具有总结的性质，没有必要面面俱到，而应当简明扼要，语言要精练，避免使用高度专业化的术语来表述，以利于决策人员准确理解。从总体来讲，项目评估是一种定量分析方法，需要收集和测算大量的数据，并计算有关技术经济指标。为了表述准确科学，应当尽量用数据和指标说明问题。对于难以量化的内容，要做定性分析，用文字加以说明。

1.6　本章小结

本章定义了投资、投资项目、投资项目管理、项目评估等基本概念。着重介绍了投资项目决策及其过程，尤其是投资体制改革后，关于不同性质的投资项目的决策流程和项目评估所需分析的内容及流程。并分别针对投资项目管理周期和贷款项目管理周期介绍了不同阶段的工作内容。在此基础上，说明了项目评估的内容主要包括建设必要性、生产建设条件、财务效益、经济费用效益分析和社会效益分析等方面。解释了项目评估的原则、项目评估的工作程序；比较了项目评估与可行性研究的异同点；对项目评估报告的要求进行了说明。

第2章

投资项目概况及必要性评估

投资项目概况评估是指项目评估者对项目的整体情况进行评审，包括对项目提出背景、项目发展概况、项目投资环境等内容所做的调查、研究、分析、考核与评价工作。要回答几个关键问题：投资项目的背景条件是否完备？项目的未来发展预期是否能得到保证？项目的投资环境是否有利于项目的建设和经营运作？并根据评估内容得出相应的评估结论。

投资项目建设必要性评估主要是针对所确定的项目目标，分析和评价投资项目是否有必要进行投资建设，以及项目建成投产后所生产的产品或服务能否满足社会需要。必要性评估是对可行性研究报告中提出的项目建设的理由进行重新审查、分析和再评价。

2.1 投资项目概况评估

投资项目概况评估的首要任务是进行项目审查，初步确定项目大致情况。具体的审查内容包括（中远期）发展目标、（现有的和可能达到的）技术水平、（内部）组织机构、（可利用的）人力资源、（当前的）财务状况、（可能的）合作者及其资源。

2.1.1 投资项目宏观背景分析

投资项目宏观背景分析主要是考察和评价项目是否符合国民经济发展的需要，与国家一定时期的方针、政策、规划等是否保持一致，这是项目能否通过评估的基本条件。对投资项目宏观背景的分析主要是从以下两个角度来进行。

2.1.1.1 项目建设对国民经济结构和社会发展目标的符合度

投资作为经济发展的推动力，对国民经济结构和社会发展目标具有一定的调节作用，并主要通过投资方向的调节来实现。投资项目建设顺应国民经济的发展需要，适时调节资源余缺，有利于国民经济结构的稳固，能进一步促进国民经济平衡发展。对于大型、影响力较大的项目，尤其要重视宏观经济评价。主要关注以下政策，并将其作为项目评估的依据。

1. 现阶段政府的总体经济目标与规划，这是项目成立的大前提。

2. 有关的产业政策，主要是挖掘项目所具备的产业优势。

3. 区域经济发展状况与区域经济政策，分析项目所处的地区优势。

4. 与进出口贸易、外汇和资金市场有关的政策，关注点是国际市场的变化情况。

5. 关注税收政策的倾向和变化。

6. 相关的法律、法规和制度，这是兴建任何项目都必须关注的，所有项目的实施都要在法律框架内进行。

2.1.1.2 项目建设与地区和行业发展规划的匹配度

项目所处行业的政策和建设区域的规划对投资项目的建设具有一定的指导和规范作用。事先对行业政策和区域规划进行分析，能够达到事半功倍的效果。具体分析内容包括以下几方面。

1. 项目建设应有利于地区优势的发挥和增强地区的经济实力，合理利用地区的资源。

2. 项目建设要与行业发展规划相适应，避免盲目、重复建设，密切关注产品在行业内的质量是否优先以及效益水平的高低。

3. 项目建设要有利于科技成果转化为生产力，开发应用新技术以弥补新产品的空白。

2.1.2 投资项目微观背景分析

投资项目微观背景分析是指从投资项目的发起人和项目本身入手，分析发起人是否具备项目投资建设能力，分析项目本身是否具有合理性，考察项目投资建设的理由，也包括对投资环境进行分析。

2.1.2.1 投资项目发起人分析

投资项目发起人主要是指投资建设项目的企业、机构或个人。以企业投资项目为例，需要对企业的基础条件、管理水平、财务状况、经营业绩和信用程度等进行分析，判断该企业进行项目建设的能力，具体包括以下几方面。

1. 企业的基础条件。分析企业的历史沿革，对企业规模、组织框架和人员设置、技术水平进行深入研究，结合市场条件和经济体制的变化，充分了解企业的特点，考察企业是否具备投资建设项目的能力。

2. 企业的管理水平。通过对发起人管理能力的考察，可以判断该企业是否具备管理项目的实力。同时还要分析企业的管理机制，包括市场机制和经营机制。了解高层管理人员今后的动向和长期发展计划，观察企业是否具备长期投资和经营的能力。

3. 企业的财务状况。通过对企业的财务数据进行整理，详细分析其最近3年的资产负债表、现金流量表和利润表，从整体上把握企业的资本、负债及所有者权益，以及现金流动和利润状况。

4. 企业的经营业绩。主要是对发起人的投资和经营能力进行分析，包括过去项目的投资利税率、市场占有率、产销率等，从而全面评价发起人的经营业绩。

5. 企业的信用程度。主要是对企业的信用交易活动的全过程和企业诚信经营行为进行分析。通过了解企业的信用管理政策、信用风险管控、信用销售，以及债权保障、回收应收账款等各交易环节的现状，评估企业信用交易和获取信用资源的能力。

2.1.2.2　投资理由及意向分析

在确定了项目发起人的实力之后，还要对提出投资项目的理由和投资意向进行分析评估。主要分析投资项目能否给行业、地区、部门和企业发展带来益处，以及投资能否更充分地利用有限的资源、降低能耗、增加产品的附加价值，能否提高产品的竞争能力、弥补地区空白，抑或能否增加出口或替代进口、扩大就业等。

2.1.3　投资环境分析

投资环境是影响项目投资行为的各种外部因素的总称，包括项目建设地区对建设项目的优惠政策、社会基础设施和协作条件、原料供应状况、交通运输和自然资源条件等。按照具体内容的不同，投资环境通常可以分为软环境和硬环境。软环境一般指吸引投资的政策和措施、政府对投资的态度与办事效率、服务机构设置与科学文化发展程度，以及法律、经济制度、经济结构等社会经济与政治环境。硬环境一般指与项目相关的交通运输条件、邮电通信和城市基础设施、原材料供应条件、自然资源、资金和技术等项目建设的必要条件，以及生产、生活、服务等第三产业的发展状况。对投资环境的分析评估主要从以下三个方面进行。

1. 社会政治环境评估。投资项目建设的社会政治环境评估，主要是对政治环境、社会意识形态和法制建设等进行评估。主要考察与评估国家、地区社会安定、政治稳定程度，政府对投资者的态度，政府的办事效率；项目所在地的风俗习惯、宗教信仰，人们的价值观、生活方式、社会关系和文化素质；以及与项目实施有关的法律是否完善和有效，能否保证投资者的权益等。

2. 经济环境评估。投资项目建设的经济环境评估是对经济发展水平、经济结构和生产要素市场及其结构进行评估。分析考察全国、地区的经济发展现状和趋势，经济发展稳定程度；项目所在地的劳务、资金、生产资料和土地供应等情况；市场机制、市场政策、市场规模与发展趋势，并将其与市场距离、运输条件、税收优惠政策等条件结合起来进行综合评价。

3. 自然、技术和物质环境评估。主要包括对自然环境、技术环境和基础设施的评估。分析考察项目所在地的地理位置、交通、通信、公共设施、地质和气候等条件；各种可满足投资者的物质资源的品种、产量、分布状况和供应条件；人才资源的素质、文化程度、技术水平和供应量；当时的技术政策、科技发展水平、科技人员素质与数量、科技结构与组织机构等。

2.2　投资项目建设必要性评估

2.2.1　投资项目建设必要性评估的作用

1. 保证投资项目规划和投资决策的正确性。投资项目建设必要性评估是项目决策的前提条件，也是投资项目能否成立的重要依据。通过投资项目建设必要性评估，可以确定项目建设的必要性程度，确保投资资金的正确投向，保证投资项目规划和投资决策的正确性。

2. 控制投资项目建设规模。投资项目建设必要性评估需要对相关行业、地区和部门的信息资料进行分析和评价，通过对项目产品未来市场的供求情况进行调查预测，分析论证产品的市场竞争力，从而正确制定项目的生产规模，避免出现重复生产和盲目建设的情况。

3. 增强项目产品竞争力。通过对投资项目产品的生产能力和市场竞争能力的调查预测，分析未来市场的供求状况和项目产品的性能、质量、价格等要素，有利于进一步提高项目的投资效益和市场占有率，降低投资风险。

4. 指导投资者和贷款机构选择正确的投资方向。投资项目建设必要性评估需要对国家的宏观经济政策、行业或地区发展规划进行分析考察，掌握不同时期的经济政策和投资方向等信息。投资者和贷款机构通过对这些资料的了解，能够根据国家的方针政策调整资金投向，择优选择投资项目，实现资源的优化配置，满足国家与地区经济发展的需要。

2.2.2 设立投资项目的宏观经济条件

设立投资项目的宏观经济条件主要是分析项目所在国的整体经济状况、政府的经济政策等，考察拟建项目是否具有建设的必要性条件，从宏观经济条件方面进行考察，主要回答下述三个方面的问题。

1. 项目建设是否符合国民经济均衡发展的需要。国民经济的均衡发展包括总量的均衡和结构的均衡。国民经济的结构均衡，表现为国民经济各部门之间的比例关系协调，产业结构合理。对不合理的产业结构进行调整，无非两条路径：一是调整固定资产存量进行重组；二是调整固定资产增量——合理安排新增投资比例来改善产业结构。这两条路径可以结合使用，但合理调整增量是基本措施。当国民经济出现不均衡时，就要及时地调整投资方向，给"瓶颈"产业以更多的投资，压缩"长线"产业的投资，从而积极地影响国民经济产业结构，促使国民经济转入良性循环，使国民经济趋于均衡发展。此外，随着经济形势的不断发展，市场、技术、资源等条件不断变化，国民经济也不能停留在原有的水平上协调发展，而必须使产业结构不断向高级化、现代化转变。这种转变，也要通过科学地确定和调整国民经济结构才能实现。因此，对投资项目进行评估，应首先从宏观上分析考察项目的建设能否对国民经济均衡发展起到促进作用，如果答案是肯定的，则可认为项目建设是必要的；否则，则认为项目建设的理由是不充分的。这一点对大型投资项目尤为重要。

2. 项目建设是否符合区域经济的需要。由于不同地区的产业之间具有一定的"联系效应"，因而就存在着生产力布局的问题，科学的区域经济布局能够协调整个国民经济的发展。而实现区域经济的合理布局就是根据生产力最佳配置的要求，在一国或一个地区内，选择最适宜的地理位置和最佳的组合形式安排投资项目建设。合理的布局能够减少运输费用和生产成本，可以有效地利用各种资源，加快信息的传递，以同样的投资取得较好的经济效益。另外，合理的布局能够促进分工协作，加快经济发展，这是因为布局经济要求各地区根据自己的资源、技术和经济等方面的优势来发展经济，这样就会形成重点突出、各有特色的经济区域和生产组织，促进地区间和地区内部的分工协作，从而达到加快地区经济和整个国民经济发展的目的。因此，对投资项目进行考察评估，就应将拟建项目放进国家或地区的生产力布局中去，考察项目是否符合区域经济的要求。

3. 项目建设是否符合国家的产业政策要求。产业政策是政府为了实现一定的经济和社会目标而制定的有关产业的一切政策的总和。因此，产业政策在某种意义上最集中地反映了政府希望通过调整投资结构来实现经济发展目标的强烈愿望。产业政策确定了整个国民经济需要优先发展的产业，需要抑制发展的产业。具体讲，如果一个部门属于产业政策中政府鼓励发展的部门，那么它在整个国民经济中所占的比例将会增加；如果是政府限制发展的部门，那么它在整个国民经济中所占的比例将会减少。因此，产业政策对投资项目建设具有一种指导作用，引导投资者把资金投向政府鼓励发展的产业。从这个意义上讲，投资项目是实现国家产业政策的一个重要手段。因此，分析投资项目建设的必要性，就应该深入研究国家同期的产业政策，并把项目建设与产业政策的要求进行对比分析，只有符合国家产业政策要求的项目才能够成立。

2.2.3　设立投资项目的微观经济条件

从微观的角度考察投资项目建设必要性主要从项目发起人（或项目业主）是否具备相应的资格、项目产品是否符合市场的要求、项目建设是否符合企业发展的要求、能否将科研成果转化为社会生产力，以及能否取得预期的经济效益等方面进行考察。

1. 项目发起人的背景条件。项目发起人的资格与未来项目实施的时间、成本、质量密切相关，因此，在评估时需要就发起人的背景条件做全面的分析，分析的主要内容有发起人的经济技术实力（包括发起人的历史、经济实力、技术实力、经营状况等）、发起人的管理水平、资信程度、筹资能力、人力资源等。

2. 项目发展概况。这是对项目自身发展水平的描述，表明项目分析工作的进展程度。它说明了项目在多大程度上可能实现，包括已做过的试验试制工作、有关项目场（厂）址的初选意见、现有的投资环境是否适合项目的进一步发展等。

3. 项目产品是否符合市场的要求。投资项目所生产的产品是不是为社会所需要，从根本上决定了投资项目能否取得良好的经济效益，也就决定了投资项目是不是有必要建设。市场的变化必然引起产品结构的变化，进而引起投资"热点"的变化。只有把资金投向适应市场需求的产品生产，投资才具有必要性。评估人员应透过市场的变化，研究市场的需求情况，通过市场调查来了解和判断目前的市场需求和供给状况，并结合市场预测方法了解市场未来的发展态势，判断项目投产后生产的产品是否符合市场的要求。

4. 项目建设是否符合企业发展的要求。企业的发展有各种途径，包括改变产品结构、扩大生产能力、拓宽经营范围等。无论选择哪种途径，一般都离不开投资。因此，拟建投资项目应该符合企业发展的要求。评估人员首先要了解承担项目的企业的发展规划和要求，把企业的发展与国家的发展规划和地区或部门发展规划结合起来进行分析，判断企业的发展是否与大环境相吻合；然后把项目投资与企业的发展规划和要求结合起来进行分析，看其是否符合企业的发展规划和要求，如果符合要求，则认为项目是必要的。

5. 项目建设能否将科研成果转化为社会生产力。21 世纪是一个科技大爆炸的时代，科学技术发展的新现象、新特点带来了生产力和经济增长的新趋势，即科学技术进步已成为生产发展的主导因素，科学技术以渗透的方式凝结于生产力的实体要素中，使生产力发生了质的变化。投资项目的成功与否在很大程度上取决于是否利用了先进的科学技术。因此，在考察投资项目建设必要性时，要对项目采用的科学技术进行分析和评估，看其是否具有转化为现实的生产力的必要性和可能性。如果存在这种必要性和可能性，则认为项目是必要的。

6. 项目建设能否取得较好的经济效益、社会效益和环境效益。项目建设能否取得较好的经济效益、社会效益和环境效益，而且达到三个效益的统一也是需要考察的一个重要因素。效益是项目建设的根本所在，没有效益的项目就失去了立足之本。

2.3 本章小结

项目评估工作首先要分析投资项目提出的背景，回答项目是在什么条件下提出的，项目的目标是什么，以及是否具备发展的可能性。在此基础上，评估项目建设的必要性。投资项目的背景成立和建设的必要性存在，是项目设立和评估的基础，总体来说，项目应该满足四个方面的要求：（1）国民经济和社会发展的长远规划的需要；（2）经济结构调整的需要；（3）地区经济发展的需要；（4）企业自身发展的需要。

第3章
市场分析和战略分析

市场分析是投资项目分析与评估的基础和前提，通过对项目的产品或服务、投入物和能源的市场容量、供需、价格、竞争格局等进行调查、分析、预测，为确定项目的目标市场、建设规模和产品方案提供依据。企业在决定投资方向与目标市场时，要综合考虑企业整体发展战略，企业在市场竞争中的位置、企业的市场营销策略，都将影响投资项目的成本和收益水平。因此，本章内容就市场调查、市场预测和市场战略分析三个层次依次阐述。

3.1 市场调查

市场调查是指运用科学的方法，有目的、系统准确地收集、记录、整理和分析反映市场状况的历史、现状及发展变化的资料的行为。它是投资项目评估过程中获取市场信息的一种重要手段，是进行市场预测的前提和基础。通过市场调查，可以了解项目产品供需状况，掌握竞争对手在生产能力和战略方面的动向，分析项目产品在国内外市场的竞争能力，以及进入国际市场的前景等，进而为市场预测、论证产品方案和建设规模提供依据。

3.1.1 市场调查的内容

从投资项目分析与评估和市场分析的角度出发，市场调查的主要内容包括市场需求调查、市场供应调查、消费者调查和竞争者调查。市场调查的内容因不同企业的不同需要而异，企业可能进行其中一个方面的调查，也可能进行全面的综合调查。

1. 市场需求调查。市场需求调查包括项目产品或服务市场需求的数量、价格、质量、区域分布等的历史情况、现状和发展趋势。市场需求调查包括三个方面：有效需求、潜在需求、需求增长速度。有效需求是指消费者现阶段能用货币支付的需求。潜在需求是指现时无法实现，随着收入水平的提高或商品价格降低等因素的变化，在今后可以实现的有效需求。需求增长速度是影响项目建成后市场需求的重要因素，是由现时的市场需求推测未来市场需求的关键因素。

2. 市场供应调查。市场供应调查主要调查项目产品的市场供应能力、主要生产或服务企业的生产能力，了解市场供应与市场需求的差距。市场供应调查要调查项目产品供应现状、供应潜力以及正在或计划建设的相同产品项目的生产能力，主要是对一定时期内的生产、库存、进口数量等进行调查，这种调查对于合理确定投资项目建设规模有重要意义。

3. 消费者调查。消费者调查包括项目产品或服务的消费群体、消费者的购买能力和习惯、消费演变历史和趋势等。在经过市场细分明确了项目产品的消费者之后，需要对这部分消费者的收支构成情况、消费层次、消费要求、心理状况、消费动机、消费方式、消费结构，尤其是收入变化所引起的需求变化进行调查和分析。只有了解了消费动机与消费层次，才能在细分市场中把握企业的目标市场，正确预测项目产品市场需求。

4. 竞争者调查。竞争者调查是对同类项目产品生产企业的生产技术水平高低、经营特点和生产规模、主要技术经济指标、市场占有率，以及市场集中度等市场竞争特征进行调查。它包括调查国际市场以及区域内同类及替代项目产品或服务的企业数量，各企业的市场占有率、生产能力、销售数量、销售渠道、成本水平、管理能力、盈利水平、可能的潜在竞争者的情况等。只有充分了解竞争对手，才能制定有效的竞争策略。

3.1.2 市场调查的程序

总体而言，市场调查是一项有目的、有计划、有组织的活动，基本上可以分为调查准备、调查实施、分析总结三个阶段。

3.1.2.1 调查准备阶段

调查准备阶段要研究确定调查的目的、内容、范围、规模、调查力量的组织等问题，并在此基础上设计调查方案。

1. 确定调查目标。要明确通过市场调查来解决的具体问题。调查目标要恰当，既不扩大调查范围，也不为省事而缩小调查范围。根据调查目的的不同，可以采用以下三种方法确定调查目标。

（1）探测性调查。若企业对需要研究的问题和范围不明确，无法确定应该调查哪些内容，只能收集一些资料进行分析，找出症结所在，再做进一步研究。

（2）描述性调查。描述性调查只是从外部联系上找出各种相关因素，并不说明何者为因、何者为果，即描述性调查旨在说明什么、何时、如何等问题，并不解释原因。与因果关系调查相比较，描述性调查需要事先拟订计划，需要确定收集的资料和收集资料的步骤，需要对某一专门问题提出答案。

（3）因果关系调查。这是为了弄清原因与结果之间的关系。例如，关于房价弹性测试，要回答：若房屋价格上涨 10%，销售额是否会下降，下降多少？位置、环境、配套设施、品牌、企业实力、形象中，哪些因素在起主导作用？

2. 确定调查内容。调查内容主要由市场调查人员确定，以保证调查结果的效度。确定调查内容的第一步是收集与调查目标有关的信息资料。第二步是分析研究资料，抽取关键的内容和问题作为调查内容。第三步是与专家和委托人沟通，对初步调查内容进行筛选，去粗取精，去伪存真。最后对内容进行相关检验，对关联性强的内容要做适当取舍，不必列为全部调查内容。

3. 选择调查方法。应根据调查目标和调查内容选择调查方法，即内容决定方法，调查方法应满足准确性、及时性和经济性要求。调查方法还受到调查对象的影响，即计划从哪里获得必要的调查数据，在房地产投资项目中，普通消费者、购房者、房地产专业人士、楼盘或物业管理都有可能成为调查对象。

4. 制订市场调查方案。市场调查的目标、内容和方法全部确定后，还要确定样本量、抽样方法、调查区域、调查执行人员等，这就是市场调查方案。它是市场调查执行的指导文件和计划书，完整的市场调查方案通常包括：（1）调查目标；（2）调查方法；（3）抽样方法；（4）调查时间安排；（5）调查负责人；（6）调查经费预算。

3.1.2.2　调查实施阶段

实施调查计划、落实调查方案是市场调查最重要的环节。这个阶段的主要任务是组织调查人员深入实地，系统地收集各种可靠资料和数据。

1. 收集文案资料。文案资料是市场调查的基础资料，也是市场调查工作的基础。可以分别向各级统计机构、经济管理部门、金融债券机构、生产和销售企业等收集市场信息，也可从各种文献、报刊中取得。

2. 收集第一手资料。在市场调查中，只收集文案资料是不够的，还应收集原始资料，也称第一手资料。收集方法有很多，如实地调查法、问卷调查法以及实验调查法等。

3.1.2.3　分析总结阶段

市场调查的分析总结阶段是得出调查结果的阶段。通过对调查资料的整理加工，使之系统化、条理化，以揭示市场需求和各种因素的内在联系，反映市场的客观规律。

1. 分析整理。市场调查获得的资料多数是分散的、零星的，某些资料是片面的、不准确的，因此需要对资料进行分析比较，剔除错误的信息，进行各种统计分析，并制成统计图表。如进行问卷复核，调查员完成的问卷必须进行复核才可认为是有效的，目的是防止调查员作弊；又如对调查质量进行检验，包括确认抽样是否符合要求，回答的内容是否前后一致等。

2. 综合分析。资料的综合分析是市场调查的核心，通过综合分析，全面掌握资料反映的情况和问题，探索事物之间的内在联系，从而审慎地得出合乎实际的结论。

3. 编写调查报告。调查报告是市场调查成果的最终体现，应按照调查的要求和格式，编写调查报告，以便企业运用调查成果。

3.1.3　市场调查的方法

3.1.3.1　市场调查的类型

按照调查样本的范围大小，可以将市场调查分为市场普查、重点调查、典型调查和抽样调查。

1. 市场普查。市场普查是对市场进行逐一的、普遍的、全面的调查，以获取全面、完整、系统的市场信息。可以确定一定的市场范围进行普查，也可以就市场的某一方面进行专项普查。一般来说，若市场范围较小、母本数量较少、调查时间比较充裕，可以选用市场普查的方法。市场普查有其优点，但由于普查时间长、耗费大、难以深入等原因而受到限制。

2. 重点调查。重点调查是指在市场调查对象中选定一部分在总体中处于十分重要地位的企业，或者在总体某项指标的总量中占绝对比重的一些企业进行调查。重点调查方式常用于产品需求和原材料资源需求的调查。例如，某家电生产企业市场销售中12家主要批发商占总销售量的80%左右，调查了解这12家批发商的需求量，就足以掌握产品的需求情况。重点调查能够以较少的人力和费用开支，较快地掌握调查对象的基本情况。

3. 典型调查。典型调查是在调查对象中选择一些具有典型意义或具有代表性的市场区域或产品进行专门调查。搞好典型调查的关键在于把握调查对象的代表性，它直接关系到调查效果。典型调查对象代表性的具体标准应根据每次市场调查的目的和调查对象的特点来确定。典型调查的调查企业较少或范围较小，人力和费用开支较省，运用比较灵活。

4. 抽样调查。抽样调查是从要研究的某特定现象的总体中随机抽取一部分作为样本，根据对样本的研究结果，在抽样置信水平上，推断总体特性的调查方法。抽样调查工作量小、耗时短、费用低、信度高，应用比较广泛。

3.1.3.2 市场调查的基本方法

1. 文案调查法。文案调查法是指对已经存在的各种资料档案，以查阅和归纳的方式进行的市场调查。文案调查法又称二手资料或文献调查。文案资料来源很多，主要有：(1) 国际组织和政府机构资料；(2) 行业资料；(3) 公开出版物；(4) 相关企业和行业网站；(5) 有关企业的内部资料。

2. 实地调查法。实地调查法是指调查人员通过跟踪、记录被调查事物和人物的行为痕迹来取得第一手资料的调查方法。这种方法是调查人员直接到市场或某些场所（商品展销会、商品博览会、商场等），通过耳闻目睹和触摸的感受方式或借助于某些摄录设备和仪器，跟踪、记录被调查人员的活动、行为和事物的特点，获取所需信息资料。

3. 问卷调查法。问卷调查法是指调查人员通过面谈、电话询问、网上填表或邮寄问卷等方式，了解被调查对象的市场行为和方式，从而收集市场信息的调查方法。问卷调查法是市场调查中常用的方法，尤其在消费者行为调查中大量应用，其核心工作是设计问卷，实施问卷调查。

4. 实验调查法。实验调查法是指调查人员在调查过程中，通过甄别某些影响调查对象的因素，来观察调查对象消费行为的变化，从而获得消费行为和某些因素之间的内在因果关系的调查方法。实验调查法主要应用于消费行为的调查，企业推出新产品、改变产品外形和包装、调整产品价格、改变广告方式时，都可以采用实验调查法。当要推出一种新产品时，可按照调查目标选择一定的地点、对象、规模，开展小范围的实验，对其结果进行全面分析和评价，判断新产品有无推广价值、应如何改进等。此方法的优点是能获得比较正确的实验资料，但时间长、费用高，同时还有一定的局限性，如不利于实验结果比较等。

相对而言，文案调查法是一切调查方法中最简单、最一般和常用的方法，同时也是其他调查方法的基础。实地调查法能够控制调查对象，应用灵活，调查信息充分，但是调查周期长、费用高，调查对象容易受调查的心理暗示影响，存在不够客观的可能性。问卷调查法适用范围广泛、操作简单易行、费用相对较低，因此得到了大量应用。实验调查法是最复杂、费用较高、应用范围有限的方法，但调查结果可信度较高。

3.2 市场预测

市场预测是指以市场调查所获取的信息资料为基础，运用已有的知识、经验和科学方法，对未来一定时期内项目产品市场发展的状态、行为、趋势进行分析并作出推测与判断，其中最为关键的是项目产品需求预测。它是对拟建投资项目产品的供应与需求的发展趋势以及相互联系的各种因素的变化进行分析、预见、判断和测算，其结果将为投资项目决策和经营决策提供依据。

3.2.1 市场预测的内容和程序

3.2.1.1 市场预测要解决的基本问题

市场预测的结果是判断项目建设有无必要的重要依据，是实现社会供需平衡、提高项目的投资效益、促进国民经济协调发展的重要保证，也是项目投资效益分析指标正确与否的重要保证。市场预测要回答以下几个基本问题。

1. 投资项目的方向。分析投资项目的产品方向，生产什么产品有利，产品的目标市场在哪里，销路如何。

2. 投资项目的产品方案。社会需要什么就生产什么，市场不仅决定了投资项目的投资方向，还决定着具体的产品方案和相应的建设内容。

3. 投资项目的生产规模。通过市场分析确定市场需求量，了解竞争对手的情况，最终确定项目建成时的最佳生产规模，使企业在未来能够保持合理的盈利水平和持续发展能力。

3.2.1.2 市场预测的内容

市场预测是市场调查内容在时间上的延伸。

1. 市场需求预测。需求是指在一定价格水平下，在一定时间和空间范围内，消费者愿意并能够购买的某种（类）商品的数量，即对该商品的有购买力的市场需要。市场需求预测一般有近期市场需求预测和远期市场需求预测。一方面，国内市场需求预测主要是预测需求量和销售量。需求量是指未来市场上有支付能力的需求总量。销售量是指拟建项目的产品在未来市场上的销售量。另一方面，要对生产资料和消费资料分别进行预测，因为这两类资料的需求量变化的影响因素是不相同的。生产资料的需求除取决于生产建设规模外，还取决于相关产业的发展速度，而消费资料的需求则取决于居民收入水平的高低。

2. 产品出口和进口替代分析。产品出口和进口替代涉及国外的竞争对手，综合反映项目的生命力。产品出口和进口替代分析一般通过项目产品与有代表性的国外同类产品相对比进行，对比的内容包括产品价格、成本、生产效率、产品设计、质量以及服务等。应当了解国外产品的销量和市场占有率，找出自身产品的优势和劣势以及劣势的原因和对策，并估计产品出口和进口替代可能的数量。

3. 价格预测。在市场经济条件下，产品价格一般以均衡价格为基础，供求关系是价格形成的主要影响因素。价格预测除应考察市场供求状况以外，还应了解影响产品价格的其他因素，主要有产品生产和经营过程中的劳动生产率、成本、利润等。

3.2.1.3 市场预测的程序

市场预测的程序如图 3 – 1 所示。

1. 确定预测目标，制订工作计划。预测目标是指所需预测的具体对象。目标确定后，根据预测目标的难易程度，配置预测人员，编制预测费用预算，安排工作日程，制订预测计划。

2. 收集分析相关资料。通过调查研究，收集市场信息和影响观测目标的各种因素的历史资料及现实资料，如行业（或企业）的历史统计资料、现行政策、当前市场动态等。

3. 选择预测方法，制定模型。为提高预测质量，一般采用几种预测方法，对比验证预测结果，并利用统计、数学方法建立预测模型进行测算。

4. 分析评价预测结果。对预测内容和数值进行分析，找出产生误差的原因，从统计检验和直观判断两个不同方面，对预测结果进行评价，以判定预测结果的可信程度。

5. 选定预测方案，写出预测报告。根据对预测成果的评价意见，选定预测方案，最后编写预测报告。

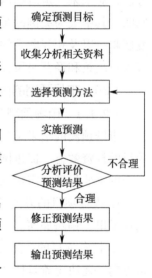

图 3 – 1　市场预测的程序

3.2.2　市场预测的基本方法

3.2.2.1　市场预测方法分类

市场预测方法一般可以分为定性预测和定量预测两大类。市场预测方法的体系如图 3 – 2 所示。

3.2.2.2　定性预测

定性预测是根据所掌握的信息资料，凭借专家个人和群体的经验、知识，运用一定的方法，对市场未来的趋势、规律、状态作出主观的判断和描述。定性预测方法可以分为直观判断法和集合意见法两大类，其核心都是专家预测，都是依据经验、智慧和能力在个人判断的基础上进行预测。

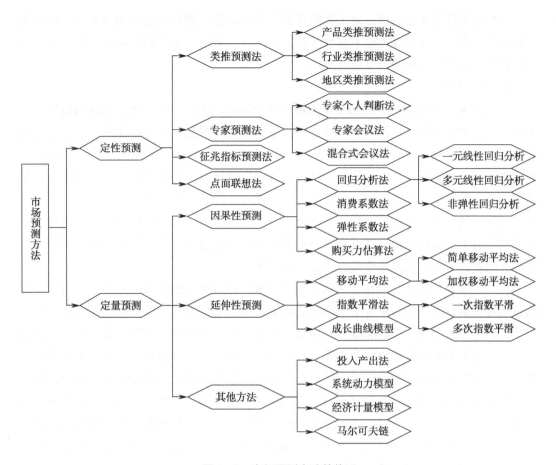

图 3 – 2 市场预测方法的体系

1. 类推预测法。类推预测法是根据市场及其环境的相似性，从一个已知的产品或市场区域的需求和演变情况，推测其他类似产品或市场区域的需求及其变化趋势的一种判断预测方法。它是由局部、个别到特殊的分析推理方法，具有极大的灵活性和广泛性，非常适用于新产品、新行业和新市场的需求预测。

根据预测目标和市场范围的不同，类推预测法又可以分为产品类推预测法、行业类推预测法和地区类推预测法三种。

（1）产品类推预测法，是依据产品在功能、结构、原材料、规格等方面的相似性，推测产品市场发展可能出现的某些相似性。如平板电视机的需求，可以依据彩色电视机的市场发展来推断。

（2）行业类推预测法，是依据相关和相近行业的发展轨迹，推测行业的发展需求趋势。如数码相机的市场需求预测，可以参照家用计算机和照相机的需求发展过程来推测其生命周期发展曲线。

（3）地区类推预测法。通常产品的发展和需求会经历从发达国家和地区，逐步向欠发达的国家和地区转移的过程。这在服装需求的市场变化上更为显著，一款服装的流行，通常先是在沿海，再到内地；先是在城市，再到农村。

类推结果存在非必然性，运用类推预测法需要注意类别对象之间的差异性，特别是进行地区类推时，要充分考虑不同地区政治、社会、文化、民族和生活方面的差异，并加以修正，才能使预测结果更接近实际。

2. 专家预测法。

（1）专家个人判断法，是指专家凭借个人的知识、经验、能力等，对预测目标作出未来发展趋势的判断。这种方法一般先征求专家个人的意见、看法和建议，然后对这些意见、看法和建议加以归纳、整理从而得出一般结论。专家个人判断法成功与否取决于专家个人所掌握的资料，以及分析、综合和逻辑推理能力。这种方法的最大优点是能够最大限度地发挥专家个人的创造力；同时，这种方法能够保证专家在不受外界影响，没有心理压力的条件下进行。但是，专家个人判断法受专家个人的知识面、知识深度、占有资料的多少、信息来源及其可靠性、对预测对象兴趣的大小乃至偏见等因素影响，缺乏相互启发的氛围，因此难免带有一定的局限性。

（2）专家会议法，是指组织有关方面的专家，通过会议的形式，对产品的市场发展前景进行分析预测，然后在专家判断的基础上，综合专家意见，得出市场预测结论。由于个人的专业、学识、经验和能力的局限，专家个人判断法经常难免有失偏颇，特别是对新产品的需求和市场趋势的判断等。因此，对一些重大市场预测，需要召集行业相关专家，利用群体智慧，集思广益，并通过讨论、交流取得共识，为正确决策提供依据。

（3）混合式会议法，也称质疑式头脑风暴法，是对头脑风暴法的改进。它将会议分为两个阶段，第一阶段是非交锋式会议，产生各种思路和预测方案；第二阶段是交锋式会议，对上一阶段提出的各种设想进行质疑和讨论，也可提出新的设想，相互不断启发，最后取得一致的预测结论。

3. 征兆指标预测法。征兆指标预测法就是根据事物的指标联系，从征兆指标判断可能引起的某种事物的出现和变化。或者更贴切地说，要求预测者熟悉被预测事物与征兆指标之间的这种联系，并通过合理的分析和推断从而正确预测事物的变化趋势。许多市场因素都可以成为征兆指标，如商品价格是预计市场销售量的征兆指标，物价指数是市场繁荣的征兆指标等。而一个事物有可能同时有多个征兆指标。

通常可以从以下三个层面来进行分析。

（1）内在因果关系，根据事物之间的因果关系，分析影响事物发生变化的内在联系的因素指标，这些因素指标作为征兆指标往往能带来预测事件的必然性。如与企业当期利润存在着内在联系的征兆指标包括产品的制造成本、销售量和销售价格等。

（2）外在因果关系，根据事物之间的外在因果关系，分析影响事物发生变化的外在影响指标。这类指标是事物的影响因素，而非构成因素。如中国改革开放、全球经济一体化、产业分工等多种因素促成我国对外贸易额持续高速发展，外贸顺差再创新高。

（3）外在现象关系，这类现象关系是经验的总结和现象的归纳，其征兆指标只能带来预测事件的可能性。如根据城市建设预测其富裕文明程度，根据出口产品的多少判断一国产业的竞争力等。

4. 点面联想法。点面联想法是指以调查对象的普查资料或抽样调查资料为基础，通过分析、判断、联想等由点到面来预测的方法。这种方法适用于相似事件、接近事件和具有其他某种关系事件的定性预测，拓展了调查数据的应用范围。点面联想法对于新兴领域、历史数据缺失或不足的预测具有一定的优势。

3.2.2.3 定量预测

定量预测是依据市场历史和现在的统计数据资料，选择或建立合适的数学模型，分析研究其发展变化规律并对未来作出预测。可归纳为因果性预测、延伸性预测和其他方法三大类。

因果性预测是通过寻找变量之间的因果关系，分析自变量对因变量的影响程度，进而对未来进行预测的方法。一个事物的发展变化，经常与其他事物存在直接或间接的联系。如居民收入水平的增加会引起多种物品销售量的增加。这种变量间的相关关系，要通过统计分析才能找到其中的规律，并用确定的函数关系来描述。通过寻找变量之间的因果关系，从而对因变量进行预测，这是广泛采用的因果分析法，包括回归分析法、消费系数法、弹性系数法和购买力估算法，主要适用于存在关联关系的数据预测。

延伸性预测是根据市场上各种变量的历史数据的变化规律，对未来进行预测的定量预测方法。主要包括移动平均法、指数平滑法、成长曲线模型等，适用于具有时间序列关系的数据预测。它是以时间 t 为自变量，以预测对象为因变量，根据预测对象的历史数据，找出其中的变化规律，从而建立预测模型并进行预测。

其他方法还有经济计量模型、投入产出法、系统动力模型、马尔可夫链等，这些预测方法主要借助复杂的数学模型模拟现实经济结构，分析经济现象的各种数量关系，从而提高人们认识经济现象的深度、广度和精确度，适用于现实经济生活中的中长期市场预测。由于这些预测方法比较复杂，本章不再做专门介绍。

本书主要介绍因果性预测中的一元线性回归分析、消费系数法、弹性系数法和购买力估算法，以及延伸性预测中的移动平均法和指数平滑法。

1. 一元线性回归分析。

（1）基本公式。如果预测对象与主要影响因素之间存在线性关系，将预测对象作为因变量 y，将主要影响因素作为自变量 x，即引起因变量 y 变化的变量，则它们之间的关系可以用一元线性回归模型表示为如下形式：

$$y = a + bx + e \qquad\qquad (3-1)$$

其中，a 和 b 是揭示 x 和 y 之间关系的系数，a 为回归常数，b 为回归系数，e 是误差项或称回归余项。

对于每组可以观察到的变量 x、y 的数值 x_i、y_i，满足下面的关系：

$$y_i = a + b x_i + e_i \qquad\qquad (3-2)$$

其中，e_i 是残差项，是用 $a + b x_i$ 去估计因变量 y_i 的值而产生的误差。

在实际预测中，e_i 是无法预测的，回归预测是借助 $a + b x_i$ 得到预测对象的估计值 y_i。通过确定 a 和 b，从而揭示变量 y 与 x 之间的关系，式（3-1）可以表示为

$$y = a + bx \qquad (3-3)$$

式（3-3）是式（3-1）的拟合曲线。可以利用普通最小二乘法原理（OLS）求出回归系数。最小二乘法的基本原则是对于确定的方程，使观察值对估算值偏差的平方和最小。由此求得的回归系数为

$$b = \frac{\sum x_i y_i - \bar{x} \sum y_i}{\sum x_i^2 - \bar{x} \sum x_i} \qquad (3-4)$$

$$a = \bar{y} - b\bar{x} \qquad (3-5)$$

其中，x_i、y_i 分别是自变量 x 和因变量 y 的观察值，$\bar{x}$、$\bar{y}$ 分别为 x 和 y 的平均值，则

$$\bar{x} = \frac{\sum x_i}{n} \qquad (3-6)$$

$$\bar{y} = \frac{\sum y_i}{n} \qquad (3-7)$$

其中，n 为样本数量。

对于每一个自变量 x_i 的数值，都有拟合值：

$$y_i' = a + bx_i \qquad (3-8)$$

y_i' 与实际观察值的差，便是残差项：

$$e_{i=} y_i - y_i' \qquad (3-9)$$

（2）回归检验。在利用回归模型进行预测时，需要对回归系数、回归方程进行检验，以判定预测模型的合理性和适用性。检验方法有方差分析、相关系数检验、t 检验等。对于一元线性回归，这些检验效果是相同的。在一般情况下，选择其中一项检验即可。

① 方差分析。通过推导，可以得出

$$\sum (y_i - \bar{y})^2 = \sum (y_i' - \bar{y})^2 + \sum (y_i - y_i')^2 \qquad (3-10)$$

其中，$\sum (y_i - \bar{y})^2 = \text{TSS}$，称为偏差平方和，反映了 n 个 y 值的分散程度，又称总变差；$\sum (y_i' - \bar{y})^2 = \text{RSS}$，称为回归平方和，反映了 x 对 y 线性影响的大小，又称可解释变差；$\sum (y_i - y_i')^2 = \text{ESS}$，称为残差平方和，根据回归模型的假设条件，ESS 是由残差项 e 造成的，它反映了除 x 对 y 的线性影响之外的一切使 y 变化的因素，其中包括 x 对 y 的非线性影响及观察误差。因为它无法用 x 来解释，故又称未解释变差。所以

$$\text{TSS} = \text{RSS} + \text{ESS} \qquad (3-11)$$

其实际意义是总变差等于可解释变差与未解释变差之和。

在进行检验时，通常先进行方差分析，一方面可以检验在计算上有无错误；另一方面，也可以提供其他检验所需要的基本数据。

定义可决系数 R^2 如下：

$$R^2 = \text{RSS/TSS} \qquad (3-12)$$

R^2 的大小表明了 y 的变化中可以用 x 来解释的百分比，因此，R^2 是评价两个变量之间线性关系强弱的一个指标。可以导出：

$$R^2 = \frac{\sum (y'_i - \bar{y})^2}{\sum (y_i - \bar{y})^2} = 1 - \frac{\sum (y_i - y'_i)^2}{\sum (y_i - \bar{y})^2} \tag{3-13}$$

② 相关系数检验。相关系数是描述两个变量之间的线性相关关系的密切程度的数量指标，用 R 表示：

$$R = \frac{\sum (x_i - \bar{x})(y_i - \bar{y})}{\sqrt{\sum (x_i - \bar{x})^2 \sum (y_i - \bar{y})^2}} \tag{3-14}$$

R 的取值范围在 -1 和 1 之间，当 $R = 1$ 时，变量 x 和 y 完全正相关；当 $R = -1$ 时，为完全负相关；当 $0 < R < 1$ 时，为正相关；当 $-1 < R < 0$ 时，为负相关；当 $R = 0$ 时，变量 x 和 y 没有线性关系。所以 R 的绝对值越接近 1，表明其线性关系越好；反之，R 的绝对值越接近 0，表明其线性关系越不好。只有当 R 的绝对值大到一定程度时，才能采用线性回归模型进行预测。在计算出 R 值后，可以查相关系数检验表。在自由度 $(n-2)$ 和显著性水平 α（一般取 $\alpha = 0.05$）下，若 R 大于临界值，则变量 x 和 y 之间的线性关系成立；否则，两个变量之间不存在线性关系。

③ t 检验。t 检验即回归系数的显著性检验，以判定预测模型变量 x 和 y 之间线性假设是否合理。因为要使用参数 t，故称为 t 检验。回归常数 a 是否为 0 的意义不大，通常只检验参数 b。

$$t_b = \frac{b}{S_b} = b\sqrt{\frac{\sum (x_i - \bar{x})^2}{\sum (y_i - y'_i)^2/(n-2)}} \tag{3-15}$$

其中，S_b 是参数 b 的标准差，$S_b = S_y / \sqrt{\sum (x_i - \bar{x})^2}$，$n$ 为样本个数。

S_y 为回归标准差，则

$$S_y^2 = \sum (y_i - y'_i)^2/(n-2) \tag{3-16}$$

式 (3-15) 也可以表达为

$$t_b = b\frac{\sqrt{\sum (x_i - \bar{x})^2}}{S_y} \tag{3-17}$$

t_b 服从 t 分布，可以通过 t 分布表查得显著性水平为 α，自由度为 $n-2$ 的数值 $t \sim (\alpha/2, n-2)$。与之相比较，若 t_b 的绝对值大于 t，表明回归系数显著性不为 0，参数的 t 检验通过，说明变量 x 和 y 之间线性假设合理；若 t_b 的绝对值小于或等于 t，表明回归系数为 0 的可能性较大，参数的 t 检验未通过，回归系数不显著，说明变量 x 和 y 之间线性假设不合理。

（3）点预测与区间预测。点预测是在给定了自变量的未来值 x_0 后，利用回归模型式 (3-18) 求出因变量的回归估计值 y'_0，也称为点估计。

$$y'_0 = a + b x_0 \qquad (3-18)$$

通常点估计的实际意义并不大，由于现实情况的变化和各种环境因素的影响，预测的实际值总会与预测值产生或大或小的偏移，如果仅根据一点的回归就作出预测结论，这几乎是荒谬的。因此预测不仅要得出点预测值，还要得出可能偏离的范围。于是，以一定的概率 $1-\alpha$ 预测的 y 在 y'_0 附近变动的范围，被称为区间预测。

数理统计分析表明，对于预测值 y'_0 而言，在小样本统计下（样本数据组 n 小于 30 时），置信水平为 $100(1-\alpha)\%$ 的预测区间为

$$y'_0 \pm t\left(\frac{\alpha}{2}, n-2\right)S_0 \qquad (3-19)$$

其中，$t\left(\dfrac{\alpha}{2}, n-2\right)$ 可以查 t 检验表得出。通常取显著性水平 $\alpha = 0.05$。

$$S_0 = S_y \sqrt{1 + \frac{1}{n} + \frac{(x_0 - \bar{x})^2}{\sum (x_i - \bar{x})^2}} \qquad (3-20)$$

此外，根据概率论中的 3α 原则，可以采取简便的预测区间近似解法，当样本 n 很大时，在置信度分别为 68.2%、95.4%、99.7% 的条件下，预测区间分别为

$$(y'_0 - S_y, y'_0 + S_y) \text{、} (y'_0 - 2S_y, y'_0 + 2S_y) \text{、} (y'_0 - 3S_y, y'_0 + 3S_y)$$

（4）一元线性回归预测流程。一元线性回归的预测程序如图 3-3 所示。

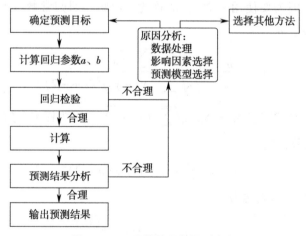

图 3-3　一元线性回归预测流程

【例 3-1】
2015 年某地区镀锌钢板需求预测 ▪▪▪

2010 年某地区镀锌钢板消费量为 15.32 万吨，主要应用于家电业、轻工业和汽车工业等行业。2001—2010 年当地镀锌钢板消费量与同期第二产业产值见表 3-1。按照该地区"十二五"规划，"十二五"期间地方第二产业产值增长速度预计为 12%。请用一元线性回归方法预测 2015 年当地镀锌钢板需求量。

表 3 - 1　2001—2010 年某地镀锌钢板消费量与第二产业产值

年份	镀锌钢板消费量（万吨）	第二产业产值（千亿元）
2001	3.45	1.003
2002	3.50	1.119
2003	4.20	1.260
2004	5.40	1.450
2005	7.10	1.527
2006	7.50	1.681
2007	8.50	1.886
2008	11.00	1.932
2009	13.45	2.028
2010	15.32	2.274

答：

（1）建立回归模型。经过分析，发现该地区镀锌钢板消费量与第二产业产值之间存在线性关系，将镀锌钢板设为因变量 y，以第二产业产值为自变量 x，建立一元线性回归模型：

$$y = a + bx$$

（2）计算参数。采用最小二乘法，计算出相关参数：

各年第二产业产值 x 的平均值 $\bar{x} = \dfrac{\sum\limits_{i}^{n=10} x_i}{n} = 1.62$（千亿元）

各年镀锌钢板消费量的平均值 $\bar{y} = \dfrac{\sum\limits_{i}^{n=10} y_i}{n} = 7.94$（万吨）

$$\sum x_i y_i = 143.33$$

$$\sum x_i^2 = 27.68$$

$$b = \frac{\sum x_i y_i - \bar{x} \sum y_i}{\sum x_i^2 - \bar{x} \sum x_i} = 9.590$$

$$a = \bar{y} - b\bar{x} = -7.55$$

（3）相关系数检验。相关系数为

$$R = \frac{\sum (x_i - \bar{x})(y_i - \bar{y})}{\sqrt{\sum (x_i - \bar{x})^2 \sum (y_i - \bar{y})^2}} = 0.961$$

当 $\alpha = 0.05$ 时，自由度 $= n - 2 = 8$，查相关系数表，得 $R_{0.05} = 0.632$。

因 $R = 0.961 > 0.632 = R_{0.05}$，故在 $\alpha = 0.05$ 的显著性检验水平上，检验通过，说明第二产业产值与镀锌钢板需求量线性关系合理。相关计算见表 3 - 2。

表 3 - 2　相关计算表

年份	x_i（第二产业产值，千亿元）	y_i（实际消费量，万吨）	$x_i - \bar{x}$	$y_i - \bar{y}$	$(x_i - \bar{x})(y_i - \bar{y})$	$(x_i - \bar{x})^2$	$(y_i - \bar{y})^2$
2001	1. 003	3. 45	-0. 61	-4. 49	2. 75	0. 38	20. 18
2002	1. 119	3. 50	-0. 50	-4. 44	2. 21	0. 25	19. 73
2003	1. 26	4. 20	-0. 36	-3. 74	1. 33	0. 13	14
2004	1. 45	5. 40	-0. 17	-2. 54	0. 42	0. 03	6. 46
2005	1. 527	7. 1	-0. 09	-0. 84	0. 07	0. 01	0. 71
2006	1. 681	7. 50	0. 07	-0. 44	-0. 03	0	0. 2
2007	1. 886	8. 50	0. 27	0. 56	0. 15	0. 07	0. 31
2008	1. 931	11	0. 32	3. 06	0. 96	0. 1	9. 35
2009	2. 028	13. 45	0. 41	5. 51	2. 27	0. 17	30. 34
2010	2. 274	15. 32	0. 66	7. 38	4. 86	0. 43	54. 43
合计	16. 16	79. 42			15	1. 56	155. 71
平均值	1. 62	7. 94					

注：本表尾数误差为计算机自动圆整所致，因而手算结果与机算结果会有误差。

（4）t 检验。

$$t = \frac{b}{S_b} = b \sqrt{\frac{\sum (x_i - \bar{x})^2}{\sum (y_i - y_i')^2 / (n - 2)}} = 9.85$$

当 $\alpha = 0.05$ 时，自由度 $= n - 2 = 8$，查 t 检验表，得 $t(\alpha/2, n) = t(0.025, 8) = 2.306$。

因 $t_b = 9.85 > 2.306 = t(0.025, 8)$，故在 $\alpha = 0.05$ 的显著性检验水平上，t 检验通过，说明第二产业产值与镀锌钢板需求量线性关系明显。

（5）需求预测。根据当地经济发展规划，2011—2015 年当地第二产业产值年增长速度为 12%，则 2015 年该地区第二产业产值将达到

$$X_{2015} = (1 + r)^5 X_{(2010)} = (1 + 12\%)^5 \times 2.274 = 4.008（千亿元）$$

于是，2015 年当地镀锌钢板需求点预测为

$$Y_{(2015)} = a + bX_{(2015)} = -7.55 + 9.590 \times 4.008 = 30.88（万吨）$$

区间预测为

$$S_0 = S_y \sqrt{1 + \frac{1}{n} + \frac{(x_0 - \bar{x})^2}{\sum (x_i - \bar{x})^2}} = 2.656$$

于是，在 $\alpha = 0.05$ 的显著性检验水平上，2015 年镀锌钢板需求量的置信区间为

$$y_0' \pm t\left(\frac{\alpha}{2}, n - 2\right) S_0 = 30.88 \pm t(0.025, 8)$$

$$S_0 = 30.88 + 2.306 \times 2.656 = 30.88 + 6.13$$

即有 95% 的可能性在（24.75，37.01）的区间内。

2. 消费系数法。消费系数是指某种产品在各个行业（或部门、地区、人口、群体、

特定的用途等）的单位消费量。消费系数法是对某种产品在各个行业的消费数量进行分析，在了解各个行业规划产量的基础上，汇总各个行业的需求量，从而得出该产品的总需求量。以部门或行业消费为例，预测的具体程序包括以下几方面。

（1）分析产品 x 的所有消费部门或行业，包括现存的和潜在的市场。有时产品的消费部门众多，则需要筛选出主要的消费部门。

（2）分析产品 x 在各部门或行业的消费量与各行业产品的产量，确定在各部门或行业的消费系数。

$$e_i = \frac{x_i}{y_i} \tag{3-21}$$

其中，e_i 为某部门的消费系数；x_i 为某部门产品消费量；y_i 为该部门产品的产量。

（3）确定各部门或行业的规划产量，预测各部门或行业的消费需求量。

$$x'_i = y'_i \times e_i \tag{3-22}$$

其中，x'_i 为部门需求量；y'_i 为部门规划生产规模。

（4）汇总各部门的消费需求量。

$$x' = \sum x'_i \tag{3-23}$$

其中，x' 为产品总需求量。

3. 弹性系数法。弹性系数也称弹性，弹性是一个相对量，它可以衡量某一变量的改变所引起的另一变量的相对变化。弹性总是针对两个变量而言的，一般来说，两个变量之间的关系越密切，相应的弹性值就越大；两个变量越是不相关，相应的弹性值就越小。用弹性分析方法处理经济问题的优点是简单易行，计算方便，计算成本低，需要的数据少，应用灵活广泛。但也存在某些缺点：一是其分析带有一定的局限性和片面性，计算弹性或做分析时，只能考虑两个变量之间的关系，而忽略了其他相关变量所产生的影响；二是弹性分析的结果在许多情况下显得比较粗糙，弹性系数可能随着时间的推移而变化，以历史数据测算出的弹性系数预测未来可能不准确，许多时候要分析弹性系数的变动趋势，对弹性系数进行修正。

（1）需求收入弹性系数法。需求的收入弹性是指由收入变化引起的需求变化程度。大量的经济现象表明，一定时期内消费者的消费水平取决于其收入水平的高低，即收入水平是消费水平的主要决定因素，在这一假定条件下，可以应用需求的收入弹性预测某产品的需求量。需求的收入弹性是用收入弹性系数来表示的。产品需求的收入弹性系数为需求量的相对变化与收入的相对变化之比，一般有点弹性与弧弹性之分。其计算公式为

$$E_1 = \frac{\frac{\Delta Q}{Q}}{\frac{\Delta I}{I}} = \frac{\frac{(Q_2 - Q_1)}{Q_1}}{\frac{(I_2 - I_1)}{I_1}} = \frac{I_1(Q_2 - Q_1)}{Q_1(I_2 - I_1)} \tag{3-24}$$

其中，E_1 为产品需求的收入弹性系数；Q_1 为基期年产品的需求量；Q_2 为观察年产品的需

求量；I_1 为基期年的收入水平；I_2 为观察年的收入水平。

需要指出的是，以不同年份作为观察年与基期年（第一年或上一年）进行比较，往往会得到不同的收入弹性系数，而收入弹性应该是一个相对稳定的常数。这就要求在求出不同观察年对于基期年的收入弹性后，再求出它们的平均值，然后用此平均值预测对某种商品的需求量。预测公式为

$$Q_n = Q_1(1 + \overline{E}_1 \times \Delta I) \tag{3-25}$$

其中，Q_n 为预测年产品的需求量；$\overline{E}_1$ 为产品需求收入弹性系数的平均值；Q_1 为基期年产品的需求量；ΔI 为预测年较基期年收入的增长率。

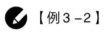

【例 3-2】

通过市场调查，得到某地 1991—1998 年居民人均收入与某种商品的需求量的有关资料及以 1991 年为基期年求得的需求的收入弹性系数，参见表 3-3。

表 3-3 需求的收入弹性系数表

年份	人均收入（元）	需求量（万件）	产品需求收入弹性
1991	2000	1.2	
1992	2400	1.4	0.83
1993	2900	1.7	0.93
1994	3600	2.0	0.83
1995	4400	2.4	0.83
1996	5400	3.0	0.88
1997	6600	3.8	0.94
1998	8000	4.7	0.97

根据表 3-3 计算的结果，可求得该产品需求的收入弹性的平均值：

（0.83 + 0.93 + 0.83 + 0.83 + 0.88 + 0.94 + 0.97）÷ 7 = 0.89

若根据预测该地区在 2002 年居民人均收入将达到 15000 元，即相比 1991 年将增长 6.5 倍，若其他条件不变，则 2002 年该地区对该产品的预测需求量为

产品的预测需求量 = 1.2 × （1 + 0.89 × 6.5）= 8.142（万件）

（2）需求价格弹性系数法。产品需求的价格弹性是指产品价格变动引起需求变动的程度，很显然，商品的价格水平如何，对于消费者愿不愿意购买该商品具有很重要的影响。对一般商品来说，价格越高，对其需求就越小；价格越低，对其需求就越大。所以一般来说价格弹性均为负数，需求的价格弹性用价格弹性系数表示，它是需求变动百分比与价格变动百分比的比率。其计算公式为

$$E_2 = \frac{\frac{\Delta Q}{Q}}{\frac{\Delta P}{P}} = \frac{\frac{(Q_2 - Q_1)}{Q_1}}{\frac{(P_2 - P_1)}{P_1}} = \frac{P_1(Q_2 - Q_1)}{Q_1(P_2 - P_1)} \tag{3-26}$$

其中，E_2 为价格弹性系数；P_1 为原价格水平；P_2 为变动以后的价格水平；Q_1 为原价格水平下的需求；Q_2 为价格变动后的需求。

需要指出的是，以不同年份作为观察年与基期年（第一年或上一年）进行比较，往往会得到不同的价格弹性系数，而收入弹性应该是一个相对稳定的常数。这就要求在求出不同观察年对于基期年的价格弹性后，再求出它们的平均值，然后用此平均值预测对某种商品的需求量。预测公式为

$$Q_n = Q_1(1 + \overline{E_2} \times \Delta P) \tag{3-27}$$

其中，Q_n 为预测年产品的需求量；$\overline{E_2}$ 为产品需求的价格弹性系数的平均值；Q_1 为基期年产品的需求量；ΔP 为预测年较基期年价格的下降率。

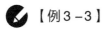 【例 3-3】

某商品 2014 年的单价为 100 元，销售量为 15000 件；2015 年单价为 95 元，销售量为 15800 件，则该商品需求的价格弹性为

$$E_P = (15800 - 15000)/15000 \times 100/(95 - 100) = 1.067$$

若该商品 2021 年的单件价格为 92 元，则 2021 年该商品的预测需求量为

$$15000 \times (1 + 1.067 \times 8\%) = 16280.4 （件）$$

4. 购买力估算法。购买力估算法是通过分析社会居民总购买力来分析购买力投向，从而导出对某种产品的需求量，常用于预测对消费品的需求。

（1）预测居民的预期购买力。

居民的预期购买力 = 居民的预期货币收入 - 税收支付 - 存款净增额 - 其他非商品支出
$$\tag{3-28}$$

（2）分析预测居民对某类商品的购买支出在总商品支出中所占的比例。

（3）分析预测居民对某种商品的购买力支出在某类商品支出中所占的比例，预测期对某种商品的需求量应为

$$\text{预测期某种商品的需求量} = \text{预期居民商品购买力} \times \frac{\text{用于购买某类商品的支出}}{\text{购买商品总支出}}$$

$$\times \frac{\text{用于购买某种商品的支出}}{\text{购买某类商品的支出}} \tag{3-29}$$

5. 移动平均法。移动平均法分为简单移动平均法和加权移动平均法。简单移动平均法是以过去某一段时期的数据平均值作为将来某时期预测值的一种方法。该方法对过去

若干历史数据求算术平均数，并把该数据作为以后时期的预测值。而加权移动平均法是在简单移动平均法的基础上，给不同时期的变量值赋予不同的权重来计算预测值。

（1）简单移动平均法。简单移动平均法是在产品的需求趋势发展平衡的情况下，将观察期的数据自远而近按一定跨越期向前移动，逐一求得各观察期的平均值，并以最后一个移动平均值为依据确定预测期的预测值。在求得某一期的预测值后，可将其视为实际数，依次向后移动一期，继续预测下一期的预测值，预测公式为

$$y = \frac{\sum\limits_{i=1}^{n} y_i}{n} \tag{3-30}$$

其中，$\sum\limits_{i=1}^{n} y_i$ 为第 1 期至第 n 期资料实际数之和；n 为期数；y 为预测值。

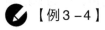 【例 3-4】

表 3-4 展示了某商业企业季末库存的资料，试用简单移动平均法对该企业下一季末的库存进行预测。

表 3-4　某商业企业季末库存资料

观察期季末库存（万元）	$n=3$		$n=5$	
	$M_t^{(1)}$	$|e_t|$	$M_t^{(1)}$	$|e_t|$
10.6	—	—	—	—
10.8	—	—	—	—
11.1	—	—	—	—
10.4	10.83	0.43	—	—
11.2	10.77	0.43	—	—
12	10.9	1.1	10.82	1.18
11.8	11.2	0.6	11.1	0.7
11.5	11.67	0.17	11.3	0.2
11.9	11.77	0.13	11.38	0.52
12	11.73	0.27	11.68	0.32
12.2	11.8	0.4	11.84	0.36
10.7	12.03	1.33	11.88	1.18
10.4	11.63	1.23	11.66	1.26
11.2	11.1	0.1	11.44	0.24

由表 3-4 可以看出，季末库存额总的来说无趋势变动，但有些小的波动。为了消除随机因素引起的不规则变动，对观察值做简单移动平均，并以移动平均值为依据预测库存额的未来变化。为了对比不同移动平均期数的预测误差的不同，分别取跨越期 $n=3$，$n=5$ 同时计算。

当 $n=3$ 时：

（1）计算一次平均值。

$$M_4^{(1)} = \frac{Y_1 + Y_2 + Y_3}{3} = \frac{11.1 + 10.8 + 10.6}{3} = 10.83（万元）$$

$$……$$

$$M_{14}^{(1)} = \frac{Y_{13} + Y_{12} + Y_{11}}{3} = \frac{10.4 + 10.7 + 12.2}{3} = 11.1（万元）$$

（2）计算各期移动平均值与实际观察值的离差绝对值，并计算平均绝对误差。

$$MAE = \frac{\sum |e_i|}{n} = \frac{6.19}{11} = 0.563（万元）$$

当 $n=5$ 时，可同理计算得到预测值和平均绝对误差（见表 3-4），此时

$$MAE = \frac{\sum |e_i|}{n} = \frac{5.96}{9} = 0.662（万元）$$

明显大于 $n=3$ 时的预测误差，所以确定移动平均期数为 3。

（3）对下期库存额进行预测。

第 15 期季末库存额预测值为

$$M_{15}^{(1)} = \frac{Y_{14} + Y_{13} + Y_{12}}{3} = \frac{11.2 + 10.4 + 10.7}{3} = 10.77（万元）$$

从这个例子可以看出，简单移动平均法可以消除偶然因素引起的不规则变动，同时又保留了原时间序列的波动规律。而不是像简单平均法那样，仅用若干个观察值的平均数作为预测值。另外，每一个移动平均值只需几个观察值就可计算，需要存储的数据很少。但是，简单移动平均法也有其局限性：一方面，这种方法只能向未来预测一期；另一方面，对于有明显趋势变动的市场现象时间序列，简单移动平均法是不合适的，因为简单移动平均法大大滞后于现实观察值。

（2）加权移动平均法。不同时期的数据对预测结果的作用是不同的，一般来说，距预测期较近的数据对预测结果影响大，反之则小。加权移动平均法就是利用移动平均法的原理，考虑不同时期数据对预测结果的影响程度（给予加权）的预测方法。其计算公式为

$$y = \frac{\sum_{i=1}^{n} f_i y_i}{\sum f_i} \tag{3-31}$$

其中，y 为预测值；y_i 为第 i 期的实际值；f_i 为第 i 期的权数；n 为期数。

当产品需求既不快速增长也不快速下降，且不存在季节性因素时，加权移动平均法能有效消除预测中的随机波动，是非常有用的，且方法简单，核算工作量小；但如果有一组数据有明显的季节性影响时，用加权移动平均法所得到的预测值可能会出现偏差。

【例3－5】

现仍引用【例3－4】中的情况，令 $n=3$，权数由远到近分别为0.1、0.2、0.7，计算结果见表3－5。

表3－5　某商业企业季末库存资料

观察期季末库存（万元）	$F_{t+1}(n=3)$	$Y_t - F_{t+1}$
10.6	—	—
10.8	—	—
11.1	—	—
10.4	10.99	0.59
11.2	10.58	0.62
12	11.03	0.97
11.8	11.68	0.12
11.5	11.78	0.28
11.9	11.61	0.29
12	11.81	0.19
12.2	11.93	0.27
10.7	12.13	1.43
10.4	11.13	0.73
11.2	10.64	0.56

$$F_4 = \frac{W_3 Y_3 + W_2 Y_2 + W_1 Y_1}{0.7 + 0.2 + 0.1} = 10.99（万元）$$

同理算得 $F_{14}=10.64$ 万元，$F_{15}=10.99$ 万元。F_{15} 为下期预测值。

根据表中计算数据，此问题的预测误差为

$$MAE = \frac{\sum |e_i|}{n} = \frac{6.05}{11} = 0.55（万元）$$

可见，其误差小于简单移动平均法计算的结果。这说明对于这个问题，用加权移动平均法预测更符合实际。

（3）n 的选择。采用移动平均法进行预测，用来求平均数的时期数 n 的选择非常重要，这也是移动平均法的难点。事实上，不同 n 的选择对所计算的平均数影响较大。n 越小，表明对近期观测值预测的作用越重视，预测值对数据变化的反应速度也越快，但预测值的修匀程度越低，估计值的精度也可能降低；反之，n 越大，预测值的修匀程度越高，但对数据变化的反应速度较慢。因此，n 的选择无法二者兼顾，n 一般在3～200，视序列长度和预测目标情况而定，不存在一个确定时期 n 值的规则。对水平型数据，n

的取值较为随意；一般情况下，如果考虑到历史序列的基本发展趋势变化不大，则 n 应取大一点；对于具有趋势性或阶跃性特点的数据，为提高预测值对数据变化的反应速度，减少预测误差，n 取较小一些；如果预测目标的趋势正在不断发生变化，则 n 应选小一点，以使移动平均值更能反映目前的发展变化趋势。

6. 指数平滑法。指数平滑法又称指数加权平均法，实际上是加权移动平均法的一种变化，它是选取各时期权重数值为递减指数数列的均值方法。指数平滑法解决了移动平均法需要 n 个观测值和不考虑 $t-n$ 前时期数据的缺点，通过某种平均方式，消除历史统计序列中的随机波动，找出其中主要的发展趋势。

（1）指数平滑法的公式。根据平滑次数的不同，指数平滑有一次指数平滑、二次指数平滑、三次指数平滑和高次指数平滑。对于时间序列数据 X_1，X_2，X_3，$\cdots$，X_t，第 t 期的预测值可以表示为

$$S_t^{(1)} = \alpha x_t + \alpha(1-\alpha)x_{t-1} + \alpha(1-\alpha)^2 x_{t-2} + \cdots \qquad (3-32)$$

其中，$S_t^{(1)}$ 为第 t 期一次指数平滑值（预测值）；x 为实际数据；α 为指数平滑系数。

同理，第 $t-1$ 期的预测值可以表示为

$$S_{t-1}^{(1)} = \alpha x_{t-1} + \alpha(1-\alpha)x_{t-2} + \alpha(1-\alpha)^2 x_{t-3} + \cdots \qquad (3-33)$$

若已知上期实际数据和预测数（平滑值），可将式（3-33）代入式（3-32），得到

$$S_t^{(1)} = \alpha x_t + (1-\alpha)S_{t-1}^{(1)} \qquad (3-34)$$

一次指数平滑法在计算预测值时对于历史数据的观测值给予不同的权重。这种方法与简单移动平均法相似，都能够提供简单适时的预测。两者之间的区别在于指数平滑法对先前预测结果的误差进行了修正。一次指数平滑法适用于市场观测呈水平波动，无明显上升或下降趋势情况下的预测，它以本期指数平滑值作为下期的预测值，预测模型为

$$x'_{t+1} = S_t^{(1)} = \alpha x_t + (1-\alpha)S_{t-1}^{(1)} \qquad (3-35)$$

（2）平滑系数 α。平滑系数 α 实际上是前一预测值（或观测值）和当前预测值（或观测值）之间的权重。当 α 接近 1 时，新的预测值对前一个预测值的误差进行了较大的修正；当 $\alpha=1$ 时，$S_t^{(1)}=x_t$，即 t 期平滑值就等于 t 期预测值；而当 α 接近 0 时，新的预测值只包含较小的误差修正因素；当 $\alpha=0$ 时，$S_t^{(1)}=S_{t-1}^{(1)}$，即本期预测值就等于上期预测值。研究表明，大的 α 值导致较小的平滑效果，而较小的 α 值会产生客观的平滑效果。因此，在指数平滑法的应用过程中，α 值对预测结果所产生的影响不亚于简单移动平均法中 n 的影响。

一般情况下，观测值呈较稳定的水平发展时，α 值取 $0.1 \sim 0.3$；观测值波动较大时，α 值取 $0.3 \sim 0.5$；观测值波动很大时，α 值取 $0.5 \sim 0.8$。

（3）初始值 S_0 的确定。从指数平滑法的计算公式可以看出，指数平滑法是一个迭代计算过程，用该方法进行预测，首先必须确定初始值 S_0，实质上它应该是序列起点 $t=0$ 以前所有历史数据的加权平均值。由于经过多期平滑，特别是观测期较长时，S_0 的影响作用就相当小，故在预测实践中，一般采用这样的方法处理：当时间序列期数在 20 以

上时，初始值对预测结果的影响很小，可用第一期的观测值代替，即 $S_0 = x_1$；当时间序列期数在 20 以下时，初始值对预测结果有一定影响，可取前 3～5 个观测值的平均值代替，如

$$S_0 = \frac{x_1 + x_2 + x_3}{3}$$

3.3 市场战略分析

市场战略分析是在投资方向和目标市场定位后，为投资项目提供的产品或服务作出战略选择，这种战略选择是在对项目产出物在市场份额占有率、竞争获胜要素、提高品牌知名度等方面进行战略、策略研究的基础上作出的。市场战略选择也会影响投资方的行业长期盈利能力，以及投资企业在行业内的相对市场地位。

3.3.1 市场战略类型

市场战略一般包括三个层面，即总体战略、基本竞争战略和职能战略。投资项目评估阶段主要对投资项目的总体战略和基本竞争战略进行分析。

3.3.1.1 总体战略

总体战略是确定企业的发展方向和目标，明确企业应该进入或退出哪些领域，选择或放弃哪些业务。总体战略可以分为稳定战略、发展战略和撤退战略三大类。稳定战略又称防御型战略，是指限于经营环境和内部条件，只能基本保持在战略起点和范围的战略，包括无变化战略、利润战略等。发展战略又称进攻型战略或增长型战略，它是充分利用企业外部机会，挖掘企业内部优势资源，求得企业更高层次发展的战略。撤退战略也称退却型战略，是在那些没有发展潜力或者发展潜力很小的行业退出的战略，包括紧缩战略、转向战略和放弃战略。

对大多数企业而言，发展战略是基本的战略选择，包括新领域进入战略、一体化战略和多元化战略。发展战略的实现方式有内部发展与外部发展两种途径，包括产品开发、直接投资、并购、战略联盟等方式。投资项目的建设正是发展战略的直接表现。

1. 新领域进入战略。新领域进入战略是企业为了摆脱现有产业的困境，或发现了新的产业成长机会，为培育新的增长点而采取的产业拓展或市场拓展战略，包括进入新的市场、新的行业等。如一家钢铁制造企业进入房地产行业，或是一家中国企业进入美国市场等。

2. 一体化战略。一体化战略包括纵向一体化战略和横向一体化战略。纵向一体化战略又称垂直一体化战略，它是将企业生产的上下游组合起来一起发展的战略。如纺织企业向上延伸到化纤原料生产，向下延伸至服装生产。纵向一体化战略又分后向一体化和前向一体化。前者是指企业进入其上游原料生产领域，如家电企业进入电子元器件生产领域，钢铁制造企业收购铁矿企业；后者是指企业进入其产品的下游消费领域，如钢铁

企业进入汽车制造行业。横向一体化战略又称水平一体化战略，是企业为了扩大生产规模、降低生产成本，巩固企业市场地位，提高竞争能力而与同行业的企业进行联合的一种战略。如海螺水泥收购江西水泥和尖峰水泥等。

3. 多元化战略。多元化战略是著名的战略学家安索夫在 20 世纪 50 年代提出的。多元化包括相关多元化和不相关多元化。相关多元化是以企业现有的设备和技术能力为基础，发展与现有产品或服务不同的新产品和服务。如制造电视机的家电企业扩展到空调、计算机、洗衣机等行业。不相关多元化则是企业进入完全不相关的行业，如房地产企业进入运输、制造、金融等行业。

3.3.1.2　基本竞争战略

基本竞争战略是确定开发哪些产品，进入哪些市场，如何与竞争者展开有效竞争等。基本竞争战略一般包括成本领先战略、差异化战略和重点集中战略三大类。

1. 成本领先战略。成本领先战略（Low – cost Strategy）是指企业通过扩大规模，加强成本控制，在研究开发、生产、销售、服务和广告等环节把成本降到最低限度，成为行业中的成本领先者的战略。其核心就是在追求产量规模经济效益的基础上，降低产品的生产成本，用低于竞争对手的成本优势，赢得竞争的胜利。例如，广东格兰仕公司采用成本领先战略，通过迅速扩大生产规模，大幅度降低生产成本，逐步成为国内微波炉市场的主宰和全球最大规模的微波炉制造企业。

2. 差异化战略。差异化战略（High Differentiation Strategy）是指企业向市场提供与众不同的产品或服务，用于满足客户的不同需求，从而形成竞争优势的一种战略。差异化可以表现在产品设计、生产技术、产品性能、产品品牌、产品销售等方面，实行产品差异化可以培养客户的品牌忠诚度，使企业获得高于同行的平均利润水平。差异化战略包括产品质量差异化战略、销售服务差异化战略、产品性能差异化战略、品牌差异化战略等。例如，索尼公司定位为高品质家用电器的引领者，采用差异化战略，不断推陈出新，推出高品质的影音娱乐产品，以高档次、高质量、新时尚的形象立足市场。

3. 重点集中战略。重点集中战略（Focus Strategy）是指企业把经营战略的重点放在一个特定的目标市场上，为特定的地区或特定的消费群体提供特殊的产品或服务。重点集中战略与其他两个基本竞争战略不同。成本领先战略与差异化战略面向全行业，在整个行业的范围内进行活动。而重点集中战略则是围绕一个特定的目标进行密集型的生产经营活动，要求能够提供比竞争对手更为有效的服务。企业一旦选择了目标市场，便可以通过产品差异化或成本领先的方法，形成重点集中战略。因此，采用重点集中战略的企业，基本上就是特殊的差异化或特殊的成本领先企业。

3.3.2　竞争能力分析

3.3.2.1　行业竞争结构

不同行业竞争结构中，企业竞争的激烈程度和竞争状态有极大的不同，企业竞争策略因而差异极大。行业竞争结构是指行业内企业的数量和规模的分布。20 世纪 80 年代，哈佛大学教授迈克尔·波特在其名著《竞争战略》中，提出了一种结构化的竞争能力分析方法。波特认为一个行业中的竞争，存在五种基本的竞争力量，即新进入者的威胁、替代品的威胁、客户讨价还价的能力、供应商讨价还价的能力以及现有竞争对手之间的抗衡。供应商和购买者讨价还价可视为来自"纵向"的竞争，其他三种竞争力量可视为"横向"的竞争，如图3-4所示。因此，该方法有时也被称为"五力分析"或"五因素模型"。

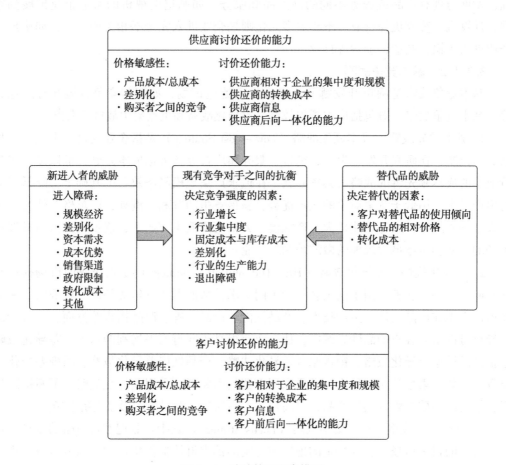

图3-4 波特的五因素模型

从战略形成的角度看，五种竞争力量共同决定了行业的竞争强度和获利能力。对同一行业或不同行业的不同时期，各种力量的作用是不同的。显然，最危险的环境是进入壁垒低、存在替代品、由供应商或客户控制、行业内竞争激烈的产业环境。行业内的领先企业可以通过战略调整来改变行业的竞争格局，谋求相对优势地位，从而获得更高的盈利。

五因素模型可以通过 SWOT 分析方法来进行分析，它是基于企业自身的实力，对比竞争对手，并分析企业外部环境变化及影响可能给企业带来的机会与企业面临的挑战，进而制定企业最佳战略的方法。SWOT 分析即从优势（Strengths）、劣势（Weakness）、机会（Opportunities）和威胁（Threats）四个方面进行分析，实际上是将企业内外部条件各方面内容进行综合和概括，进而分析组织的优势和劣势、面临的机会和威胁的一种方法。其中，优劣势分析主要是着眼于企业自身的实力及其与竞争对手的比较，而机会和威胁分析将注意力放在外部环境的变化及其对企业的可能影响上，但是外部环境的同一变化给具有不同资源和能力的企业带来的机会与威胁却可能完全不同，因此两者之间又有紧密的联系。

3.3.2.2　企业竞争能力分析

企业竞争能力分析主要基于企业内部要素进行分析评价，它取决于行业结构和企业的相对市场地位。企业竞争能力分析的工具有竞争态势矩阵、核心竞争能力分析等。

1. 企业竞争地位。企业竞争能力分析需要考虑：企业战略对企业市场位置的影响；在竞争关键因素以及竞争强势和资源能力的每一个指标上，企业与关键竞争对手的比较；企业相对于竞争对手所处的地位；在行业变革驱动因素、竞争压力下，企业对抗竞争对手、巩固市场地位的能力。企业竞争地位可以通过一些信号反映出来，涉及的因素包括行业竞争分析和竞争对手分析两个层面，前者揭示了行业中各企业关键的成功因素和区别于行业成功者的重要因素，后者提供了判断关键竞争企业强势和能力的信息。具体评价指标包括成本、产品质量、客户服务、顾客满意度、财务强势、技术技能、新产品研发周期、是否拥有对竞争有重要意义的资源和能力（见表 3 - 6）。

表 3 - 6　企业竞争地位的信号

竞争强势的信号	竞争弱势的信号
重要的资源优势	重要资源匮乏
在重要竞争价值的价值链环节上拥有特殊能力	竞争对手正在夺取企业的地位
领先的市场份额	市场占有率逐步下降
产品性能和品质领先	产品性能改进落后，质量投诉增加
客户群壮大，顾客忠诚度高	客户萎缩
超过行业平均水平的利润率	成本高
细分市场	目标市场不突出
差别化产品	产品同质化，无特色
技术创新能力强	缺乏关键技术资源
具有创新精神的管理团队	管理团队流失
财务资源丰富	外部融资困难

以上这些指标中，能否获得成本优势和能否保持成本优势的持久性是决定竞争优势的关键因素；此外，以上指标分析、评价的综合作用效果应能体现企业有别于行业内的其他竞争企业的经营差异化，经营差异化是促使顾客选择企业的产品或服务，并最终获得高于其他企业竞争地位的驱动因素。

2. 竞争态势矩阵。竞争态势矩阵（Competition Position Matrix，CPM），是通过行业内关键战略因素的评价比较，分析企业的主要竞争对手及相对于企业的战略地位、所面临的机会与风险大小，为企业制定战略提供一种竞争优势的分析工具。分析步骤如下。

（1）确定行业中的关键战略因素。如市场份额、生产规模、设备能力、研发水平、财务状况、管理能力、成本水平等，这些是行业中的关键成功因素和竞争优势的决定因素。不同行业的竞争关键因素可能完全不同。例如，对于石化、钢铁、造纸等资源加工行业，占有充分的资源可能是最重要的战略因素；而对于集成电路、计算机、软件等高技术行业，研发能力和高素质人力资源则是最重要的战略因素。

（2）根据每个因素在该行业中成功经营的相对重要程度，确定每个因素的权重，从0（最不重要）到1（最重要），权重和为1。同一因素在不同行业的权重可能是不同的，反映了该指标对不同行业竞争成功的重要性不同。例如，在日用消费产品行业中，相对于竞争对手的低成本可能是最重要的竞争强势决定变量，但是在产品、服务差异化很强的行业中，竞争因素中最重要的指标可能是品牌普及度、广告力度、质量声誉以及分销能力。

（3）筛选出主要竞争对手，按每个指标对企业进行评分。对该行业中各竞争者在每个要素上的能力的相对强弱进行评价，评价分数分别为1、2、3、4、5。1表示最弱，2表示较弱，3表示相同，4表示较强，5表示最强，在特定指标上得分最高的企业就拥有在那个指标上的竞争优势，其得分与其竞争对手得分的差值反映了其优势的大小。

（4）将各要素的评价值与相应的权重相乘，得出各竞争者在相应战略要素上的相对竞争力强弱的加权评分值。

（5）求和得到企业的总加权分，比较总加权分就可以确定处于竞争能力最强地位和最弱地位的公司，以及被评价公司之间的竞争优势的差异。

【例3-6】
XY公司竞争态势矩阵 ▮▮

2008年，个人计算机市场逐步饱和，市场竞争日益激烈，带来了上游零配件生产企业利润下滑。为了制定企业的竞争策略，某零配件企业XY公司对企业的竞争能力与主要竞争对手A公司和B公司进行了对比分析，见表3-7。

表3-7　XY公司竞争态势矩阵

序号	关键竞争因素	权重	XY公司		竞争者A公司		竞争者B公司	
			得分	加权值	得分	加权值	得分	加权值
1	产品质量/性能	0.1	4	0.4	3	0.3	2	0.2
2	声誉/形象	0.1	5	0.5	4	0.4	3	0.3
3	制造能力	0.1	4	0.4	5	0.5	3	0.3
4	技术能力	0.05	3	0.15	4	0.2	5	0.25
5	销售网络	0.05	3	0.15	4	0.2	5	0.25
6	研发能力	0.1	5	0.5	3	0.3	4	0.4
7	财务资源	0.1	3	0.3	4	0.4	2	0.2

序号	关键竞争因素	权重	XY 公司		竞争者 A 公司		竞争者 B 公司	
			得分	加权值	得分	加权值	得分	加权值
8	自然资源占有	0.1	2	0.2	3	0.3	4	0.4
9	区位优势	0.05	1	0.05	3	0.15	5	0.25
10	相对成本地位	0.2	4	0.8	3	0.6	2	0.4
11	客户服务能力	0.05	3	0.15	3	0.15	4	0.2
	加权强势总评分	1		3.6		3.5		3.15

分析结果显示，XY 公司较 A 公司和 B 公司综合竞争能力更强。

3. 核心竞争能力分析。核心竞争能力是一家企业在竞争中比其他企业拥有更具优势的关键资源或活动，具有竞争对手难以模仿、不可移植，也不随员工的离开而流失等特点，它对公司的竞争力、市场地位和盈利能力起着至关重要的作用。核心竞争能力可能是完成某项活动所需要的优秀技能、技术诀窍或是企业的知识管理体系，也可能是那些能够产生具有很大竞争价值的生产能力的一系列具体技能的组合。通常来说，核心竞争能力的产生是组织各不同部分有效组合的结果，是个体资源整合的结果，它植根于技巧、知识和个人的能力中。

在实践中，不同的企业所表现出来的核心竞争能力是多种多样的：独特的企业文化，生产高质量产品的技能，创建和操作一个能够快速而准确地处理客户订单的系统的诀窍，新产品的快速开发，良好的售后服务能力，产品研发和革新能力，采购和产品展销的技能，重要技术上的特有知识，研究客户需求和品位以及准确寻求市场变化趋势的良好方法体系，同客户就产品的新用途和使用方式进行合作的技能，综合使用多种技术创造全新产品的能力等。

核心竞争能力是能给公司带来具有宝贵竞争价值的能力，具有成为公司战略基石的潜力，为公司带来竞争优势。如果在市场竞争中，一家企业拥有其竞争对手没有的关键能力，而竞争对手模仿这种能力的成本很高，且需要花费很长时间，那么这家企业就容易建立起竞争优势。

竞争成功关键因素是指影响企业在市场上的盈利能力的主要因素，是企业在特定市场获利必须拥有的技能、条件或资产。它们可以是产品价格优势、产品性能优势，或是一种资本结构和消费组合，也可以是企业纵向一体化的行业结构，如产品性能、竞争力、能力、市场表现等。

对于不同的行业，企业竞争成功关键因素可能存在较大差异。即使是在同一行业，在不同的发展时期，企业的竞争成功关键因素也会发生变化。如传统的资源产业、制造业和新兴软件产业、生物工程等，其竞争成功关键因素差异极大。常见行业的核心竞争因素见表 3 - 8。

表3-8　常见行业的核心竞争因素

行业	举例	核心竞争因素
技术类	软件开发	创新能力、网络营销能力
制造类	汽车、家电	规模经济、成本领先、生产能力利用率高、劳工技能高、产品设计能力强
资源加工类	石油、煤炭	自然资源的控制能力、财务融资能力、成本控制能力
日常用品制造类	食品、饮料	品质管理、品牌建设、成本控制和销售网络
分销类	超市、网店	强大的批发网络/特约经销商网络、公司控制的零售店、拥有自己的分销渠道和网店、低销售成本、快速配送
服务类	航空、旅游	有利的公司形象/声誉、总成本很低、便利的设施选址、礼貌的员工、融资能力

企业竞争成功关键因素分析主要用来解决以下问题：顾客选择产品的因素、企业竞争成功具备的资源和能力、企业获得持续竞争优势的因素。成功企业一般在行业主要成功关键因素上都会保持竞争力，同时至少要在一项因素上超群。

3.3.3　投资组合分析

对于有多种产品的企业，由于其不同的产品可能具有不同的市场地位和价值优势，要综合评价企业的价值能力就应进行投资组合分析。广泛采用的投资组合分析方法是矩阵分析方法，包括波士顿矩阵、通用矩阵等。

3.3.3.1　波士顿矩阵

1. 概述。波士顿矩阵（BCG Matrix）是波士顿咨询公司1960年为美国米德纸业公司进行经营咨询时提出的分析方法，也称成长—份额矩阵（Growth - share Matrix）、产品（事业）结构分析法（Product Portfolio Management）或事业结构转换矩阵。它以企业经营的全部产品或业务的组合为研究对象，分析企业相关经营业务之间的现金流量的平衡问题，寻求企业资源的最佳组合。波士顿矩阵示意如图3-5所示。

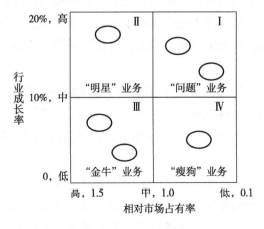

图3-5　波士顿矩阵

在图 3 - 5 中，横坐标表示企业的相对市场占有率，是指企业的某项产品或服务的市场份额与最大的竞争对手的市场份额的比率，以 1.0 为界限划分为高、低两个区域。纵坐标表示企业所在行业的成长性，表示该行业过去两年和今后两年的平均市场销售增长速度，通常以 10% 的增长速度为限划分为两个区域。这样便划分出 4 个象限。

"明星"业务：处于第二象限，产品的相对市场占有率和行业成长率都较高，被形象地称为"明星"业务。这类产品或业务既有发展潜力，企业又具有竞争力，是高速成长市场中的领先者，行业处于生命周期中的成长期，应是企业重点发展的业务或产品。应采取追加投资、扩大业务的策略。

"金牛"业务：处于第三象限，产品的相对市场占有率较高，但行业成长率较低，行业可能处于生命周期中的成熟期，企业生产规模较大，能够带来大量稳定的现金收益，被形象地称为"金牛"业务。企业通常以"金牛"业务支持"明星"业务、"问题"业务或"瘦狗"业务。企业的策略是维持其稳定生产，不再追加投资，以便尽可能地回收资金，获取利润。

"瘦狗"业务：处于第四象限，产品的相对市场占有率较低，同时行业成长率也较低，行业可能处于生命周期中的成熟期或衰退期，市场竞争激烈，企业获利能力差，不能成为利润源泉。如果业务能够经营并维持，则应缩小经营范围；如果企业亏损，难以为继，则应采取措施，进行业务整合或退出经营。

"问题"业务：处于第一象限，行业成长率较高，需要企业投入大量资金予以支持，但产品的相对市场占有率不高，不能给企业带来较高的资金回报。这类产品或业务有发展潜力，但要深入分析企业是否具有发展潜力和竞争优势，以决定是否追加投资、扩大市场份额。

2. 战略应用。波士顿矩阵将企业的不同业务组合到一个矩阵中，可以简单地分析企业在不同业务中的地位，从而针对企业的不同业务制定有效策略，集中企业资源，提高企业在有限领域的竞争能力。企业可以采取三种不同的策略：（1）发展策略。采用这种策略的目的是扩大产品的市场份额，甚至不惜放弃近期利润来达到这一目的。这一策略特别适用于"问题"业务，如果它们要成为"明星"业务，其市场份额必须有较大的增长。发展策略也适用于"明星"业务。（2）稳定策略。采用这种策略的目的是保持产品的市场份额，增加短期现金收入。这一策略适用于"金牛"业务，因为这类产品能够为企业挣得大量的现金。稳定策略也适用于"问题"业务和"瘦狗"业务。（3）撤退策略。采用这种策略的目的在于出售或清理某些业务，以便把资源转移到更有潜力的领域。它适用于"瘦狗"业务和"问题"业务，这些业务常常是亏损的。

应用波士顿矩阵时，产品组合的发展战略应采取正确的战略协调，避免失败，如图 3 -6所示。

3.3.3.2　通用矩阵

通用矩阵是美国通用电气公司和麦肯锡咨询公司为克服波士顿矩阵的局限性而提出的改良分析矩阵，也称 GE/麦肯锡矩阵或行业吸引力—企业实力矩阵。该矩阵在理论上

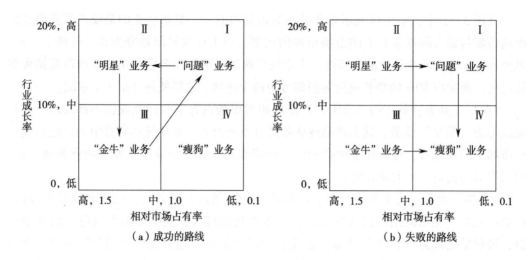

图 3 - 6　波士顿矩阵的应用

与波士顿矩阵类似，但它考虑了更多的因素，对不同的业务进行比较。通用矩阵的纵坐标用行业吸引力代替了行业成长率，横坐标用企业实力代替了相对市场占有率。同时，通用矩阵针对波士顿矩阵坐标尺度过粗的缺陷增加了中间等级。

　　这里的行业吸引力是企业进行行业比较、选择的价值标准，也称为行业价值。行业吸引力的大小是在行业特征分析和主要机会、威胁分析的基础上，找出关键性的行业因素，通过定性、定量的分析来确定的；企业实力则是通过企业内部优势与劣势分析来确定的。

　　该矩阵的实质是把企业外部环境与企业内部实力归纳在一个矩阵内，如图 3 - 7 所示。

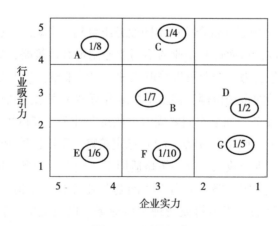

图 3 - 7　通用矩阵

　　图 3 - 7 中标出了某企业的 7 项业务，圆圈的大小表示这些产品的总体市场规模，圆圈中的数字表示企业产品的绝对市场份额，如产品 D 的市场规模中等，其市场份额为 1/2。要建立通用矩阵，需要找出内部因素和外部因素，然后对各因素加权，得出衡量内部因素和行业吸引力外部因素的标准。可以采用行业吸引力分析方法和企业内部评价矩阵，对行业吸引力和企业实力进行评价。

根据业务单元在市场上的实力和所在地市场的吸引力，通用矩阵可以用来对这些业务单元进行评估，评价一个公司的业务单元组合的强弱，并以之为基础进行战略规划。如图3-8（a）所示，通用矩阵可以划分为3部分，9个方格。右下角的3个方格的产品吸引力很低，企业因此采取利用或退出战略，迅速获利，收回投资，放弃该业务。右上角到左下角对角线的3个方格的产品吸引力中等，企业可采取区别对待战略、适当盈利策略。左上角的3个方格上的产品最具有发展前途，企业应采取积极的投资发展战略、选择重点投资发展战略，扩大生产，增加盈利能力。

通用矩阵对于不同行业，往往可以根据行业特点来选取不同的影响因素，同时对各因素按重要性不同赋予不同的权重，而且对两个坐标强、中、弱，大、中、小的档次界限规定也不尽相同，但基本的思路与做法是一致的。通用矩阵在战略选择实践中得到较为广泛的应用，其内容也得到不断的丰富和发展。例如，美国通用汽车公司把通用矩阵9个方格中的标准战略分为扩张战略、维持战略和回收战略三类，如图3-8（b）所示。

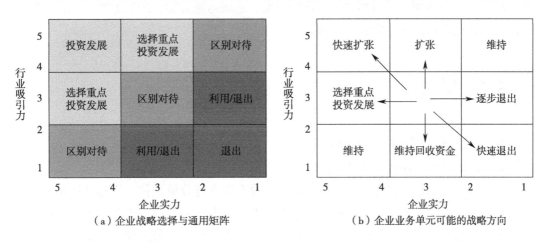

图3-8　通用矩阵的应用

3.4　本章小结

本章充分介绍了市场调查和市场预测的理论和方法，并阐述了市场战略的基本类型以及几种常用的分析方法。市场调查是对现在市场和潜在市场各个方面情况的研究和评价，其目的在于收集市场信息，了解市场动态，把握市场的现状和发展趋势，发现市场机会，为企业投资决策提供科学依据。市场预测则是指运用已有的知识、经验和科学方法，对市场未来的发展状态、行为、趋势进行分析并作出推测与判断，其中最为关键的是产品需求预测。市场战略分析是在投资方向和目标市场定位后，为投资项目提供的产品或服务作出战略选择，这种战略选择是在对项目产出物在市场份额占有率、竞争获胜要素、提高品牌知名度等方面进行战略、策略研究的基础上作出的。

第4章
项目建设方案评估

项目建设方案评估是在市场分析的基础上，通过多方案比选，构造和优化项目建设方案。建设方案是进行项目投资估算、选择融资方案、进行项目经济、环境和社会评价的基础。本章主要介绍建设方案评估的任务、建设规模、产品方案、生产工艺技术方案、场（厂）址方案、原材料和燃料供应方案、总图运输方案、工程方案、配套工程方案以及方案比选和优化等评估内容和要求。

4.1 概述

4.1.1 建设方案评估的任务和内容

4.1.1.1 建设方案评估的任务

建设方案评估是对拟建项目各种可能的建设方案进行分析评估、比选和优化，进而构造相对合理的建设方案的全过程。由于投资项目的内在因素和外部条件不同，构成项目的主体工程及其配套工程的方案具有差异性，可能会存在多种选择。建设方案评估的任务就是要对两种及以上可能的建设方案进行优化选择。选择合理的建设规模和产品方案，选择先进适用的工艺技术，选择性能可靠的生产设备，制订明确的资源供应、运输方案，选择适宜的场（厂）址，选择合理的总图布置以及相应的配套设施方案。建设方案评估是进行投资估算、财务分析、经济分析、环境评价和社会分析的基础。对于占地面积特大（如占地面积达到3~10平方千米或以上）、产业链长、产品方案及工艺路线复杂［如超大型煤基烯烃项目、炼化一体化项目、大型钢铁联合项目、矿山（矿区）开采项目、大型装备制造及其配套项目、煤/电/化/建材一体化项目等］、投资巨大（投资达到数百亿元至上千亿元）的建设项目，一般应先进行项目的总体方案评估。

4.1.1.2 建设方案评估的内容

建设方案评估的内容随行业和项目复杂程度而异。不同阶段的建设方案评估工作深度不同。初步可行性研究阶段的建设方案评估可以比较粗略，而可行性研究阶段的建设方案评估要求全面而深入。大型或复杂工业项目（如轻工、纺织、冶金、有色、建材、电子、机械、石化、医药等）的建设方案一般包括以下内容：（1）产品方案和建设规模；（2）生产工艺技术；（3）场（厂）址；（4）原材料、燃料供应；（5）总图运输；（6）土建工程方案及防震抗震；（7）公用、辅助及厂外配套工程；（8）节能、节水（见本书第 5 章）；（9）环境保护（见本书第 5 章）；（10）资源节约及综合利用评价（见本书第 5 章）；（11）安全预评估（见本书第 5 章）；（12）组织机构与人力资源配置（见本书第 5 章）；（13）项目进度计划（本书略）。

实践中根据行业和项目特点或复杂程度的不同，可对上述建设方案评估的内容进行调整或简化。如铁路项目的工程建设方案一般包括线路方案选择；矿山开采项目建设方案一般包括开采方案、选矿方案；境外投资项目可行性研究报告的编制应按照《境外投资项目核准和备案管理办法》（发改外资〔2014〕947 号）的要求进行，说明中方可获权益等内容。

在进行各种建设方案比选时，建设方案评估将与投资估算及项目财务、经济和社会评价发生有机联系，在不断的再完善过程中，比选产生优化的建设方案。

4.1.2　建设方案评估的作用

建设方案评估是项目评估中的一项重要工作，所构造的项目方案是项目前期工作评估成果的重要组成部分，具有承前启后的作用，具体表现为以下几个方面。

1. 在市场、资源评估的基础上，评估确定产品方案和建设规模。

2. 为投资估算、融资方案评估、成本费用和财务效益、经济效益、社会效益、环境效益等后续分析工作提供条件。

3. 在建设方案构造中反复开展技术、经济比较，在逐步完善建设方案的同时，实现项目优化。

4. 为项目实施阶段的初步（基础）设计提供全面的基础方案和依据。

5. 为编制建设用地预审报告、节能评估报告书、项目选址报告及场（厂）址的安全条件论证、项目安全预评价报告、环境影响报告书（含水土保持方案、项目环境风险评价）、水资源论证报告（水权转让可行性研究）和地震安全性评价、地质灾害危险性评估、职业病危害预评价等相关工作提供基础数据和材料。

6. 为编制项目申请报告、资金申请报告以及金融机构贷款评估等提供基础数据和材料。

7. 为建设资源节约型社会，发展循环经济，提供合理的节能、节水、节材、节地等技术数据，是评价建设项目能耗指标在国际和国内所处的水平，项目核准、备案以及建成后有关节能验收等的依据。

好的项目建设方案是实现项目目标、增加投资效益、规避投资风险的基础，对投资项目的科学决策起着关键作用。

4.1.3　建设方案比选和优化

4.1.3.1　建设方案比选要求与方法

1. 建设方案比选要求。建设方案的比选要在符合国家及行业有关经济建设法规和技术政策的条件下，满足项目决策阶段的深度要求；满足项目业主的发展战略和对该项目的功能、盈利性等方面的要求；满足技术先进、适用，且有一定前瞻性的要求；满足技术具有可得性及技术贸易的合理性要求；满足环境友好和可持续发展的要求；满足资源节约要求；满足风险规避及工程可靠性要求；满足节约投资和成本控制的要求等。

2. 建设方案比选的指标体系。建设方案比选的指标体系包括技术层面、经济层面和社会层面（含环境层面），随项目类别不同而不同，每一个比选层面又包含着若干比选因素。不同类别的项目，其比选重点可不同。即使比选层面相同，比选因素也可能有较大的差别。因此在进行建设方案比选和优化时，不仅要选择比选层面，还要选择比选因素。公共产品类项目，如道路交通、文化卫生、体育场馆、公园绿化、防沙治沙、环境保护、文物保护等项目，其方案比较往往偏重社会层面，要从经济与社会协调发展、人民生活水平提高、方便出行、社会和谐稳定等方面进行比较。当然，为实现既定社会目标，也要进行技术层面和费用层面的比较。竞争类项目，如轻工、纺织、冶金、有色、建材、电子、机械、石化、医药等工业部门的投资项目，其方案比较主要为经济层面和技术层面，通过比较，规避风险，实现其增长性、盈利性、稳定性和竞争性，实现可持续发展。

3. 建设方案基础资料及数据。项目建设方案比选应以可靠、可比的数据为基础，所需要收集的基础资料和数据随投资项目类别不同而不同，主要有：（1）地区资料，如地理、气象、水文、地质、经济、社会发展、交通运输和环保等资料；（2）工程规范资料，如国家、行业和地区颁布的工程、技术、经济方面的规范、标准、定额等；（3）市场调研的资料，如细分市场、目标市场、市场容量等。

4. 建设方案比选方法。在项目建设方案评估过程中，应结合各方面相关因素，开展多层次、多方案分析和比选，应详细说明多方案比选结果，以全面优化项目建设方案，提出推荐方案。建设方案的比选方法包括定性分析与定量分析方法、项目整体方案比选与专项方案比选。

（1）定性分析与定量分析方法。定性分析法是常用的一种方法，它是根据影响建设方案的各种因素，分析这些因素的影响程度，或者是把建设方案的各个方面与对项目的要求进行比较（如项目对企业文化的符合程度、美观程度、工艺可靠性、对城市规划的符合程度、对城市建设的贡献等），分析建设方案对项目目标的满足程度，满足程度较高、负面影响较小的方案即是较优的建设方案。定量分析法的核心是提出建设方案优化的数学模型，在定量的基础上评价建设方案的经济效益、环境效益和社会效益。由于诸多因素如可靠性、社会环境、人文因素等很难量化，因此，在建设方案比选中，往往采用定量分析和定性分析相结合的方法进行评估。

（2）项目整体方案比选与专项方案比选。项目整体方案比选可以采用直接反映项目可盈利性的方法，即建设方案经济比选方法，包括效益比选法（净现值比较法、净年值比较法、差额投资内部收益率法）、费用比选法（费用现值比较法、年费用比较法）等。不能完全用技术经济指标来表达的，通常采用专家评议法，组织专家组进行定性分析和定量分析相结合的评议，采用加权或不加权的计分方法进行综合评价比选。专项方案比选是指针对项目建设方案中的某个部分或某个专业进行的比选。专项比选一般可以用各种技术经济指标来表达，但不直接反映项目可盈利性。如产品质量指标不直接反映项目可盈利性，但可能在选择某种设备时是关键因素。

4.1.3.2　建设方案比选范围及步骤

1. 建设方案比选范围。（1）项目整体方案的比选一般包括建设规模与产品方案、总体技术路线、场（厂）址选择方案、总体布局和主要运输方案、环境保护方案、其他总体性建设方案等。（2）分项工程的方案比选主要包括各车间建设方案、各生产装置建设方案、各专项工程（道路、管线、码头等）建设方案、其他分项工程建设方案等。（3）各专业工程的方案比选主要包括公用工程配套设施建设方案及主要设备选择方案等。

2. 建设方案比选的步骤。重要建设项目方案比选一般包括以下步骤：（1）比选问题的命题和准备，每个比选问题都针对一组特定的条件和要求，应明晰这些条件和要求，作为组织专题方案比选的基础；（2）选择比选的组织形式；（3）对建设方案进行初审；（4）确定比较方法，针对比选专题的特点，提出各参选方案的比较因素，并选择定性分析和定量分析对比的方法；（5）开展参选方案比选工作，专家评议组或咨询人员开展具体分析、计算工作，提出报告。一般项目可由咨询人员自行进行多方案比选；简单的建设方案比选可以适当简化；专业性强的方案比选可由专业工程师承担。

4.2　产品方案和建设规模

4.2.1　产品方案

4.2.1.1　产品方案与产品组合

产品方案（也称产品大纲）即拟建项目的主导产品、辅助产品或副产品及其生产能力的组合方案，包括产品品种、产量、规格、质量标准、生产工艺技术、材质、性能、用途、价格、内外销比例等。产品方案要在产品组合评估的基础上形成。有的项目只生产一种产品，而有的项目则生产多种产品，以其中一种或几种产品为主导。首先需要确定项目的主导产品、辅助产品、副产品的种类及其生产能力的合理组合，使它与技术、设备、原材料及燃料供应等方案协调一致。

4.2.1.2　产品方案评估应考虑的因素

1. 市场需求。应从市场需求导向和目标市场来确定产品品种、数量、质量，项目产品方案应能适应市场多变的要求。

2. 国家产业政策和企业发展战略。项目产品方案应符合国家发布的产品目录，符合企业发展战略，使产品具有先进性或高附加值，有利于提高其在国内外市场的竞争力。

3. 专业化协作。应从社会和区域的角度考察项目产品方案是否符合专业化协作，以及上下游产品链衔接的要求。

4. 资源综合利用。对共生型资源开发或者在生产过程中有副产品的项目，在确定产品方案时，应考虑资源的综合利用，提出主导产品和辅助产品的组合方案。

5. 环境制约条件。应根据当地环境的要求和可能提供的环境容量确定项目产品方案。

6. 原材料、燃料供应。应遵循行业对原材料、燃料供应的相关规定、规范，根据项目所采用的原材料、燃料的可得性及其数量、品质、供应的稳定性来确定项目产品方案。

7. 技术装备条件。项目产品方案应与可能获得的技术装备水平相适应。

8. 运输和储存条件。对运输、储存有特殊要求的产品项目，确定产品方案时，应考虑产品的运输半径（如建材项目），特别是地处边远地区、目标市场距离远，产品需铁路、公路运输的建设项目，或者产品属危险化学品，需要长距离铁路、公路运输的建设项目。

4.2.1.3　产品方案的比选

考虑上述因素，进行产品方案比选后提出推荐方案，说明推荐方案的产品（分牌号）、副产品、中间产品的名称、数量、规格、相态、质量和主要去向，以及依据的产品标准。可以列表说明推荐产品方案，其具体格式参见表4-1。

表4-1　产品方案表

序号	装置名称及规模	主要产品（含副产品、中间产品）	年产量	年商品量	规格	年操作时数	备注
1							
2							
3							

4.2.2　建设规模

建设规模也称生产规模，是指在所设定的正常运营年份项目可能达到的生产或者服务能力。根据市场调查和预测、营销策略以及产品方案的初步评估成果，结合生产工艺技术、原材料和燃料供应、协作配套和项目投融资条件以及规模经济性等因素，提出两个以上可供选择的建设规模，经技术经济比较，推荐合理的建设规模。

4.2.2.1　建设规模评估应考虑的影响因素和内容

1. 合理经济规模。合理经济规模是项目投入产出处于较优状态，资源和资金可以得到充分利用，并可获得最佳经济效益的规模。通常的衡量指标为单位产品投资、单位产品成本、劳动生产率、单位投资的利润等。国家和行业制定了某些重要产品的经济规模标准，国家发展改革委发布的最新版《产业结构调整指导目录》《鼓励外商投资产业目录》《限制用地项目目录》《禁止用地项目目录》以及各省、自治区、直辖市发布的相应规定是确定某些主要产品建设规模的主要依据之一。同时，还应根据技术装备水平和市场需求的变化，参考发达国家公认的经济规模，对项目确定的建设规模予以分析论证。

2. 市场需求。市场对拟建项目的产品品种、规格和数量的需求，从产出方向上规定了拟建项目的建设规模。因此，首先应根据市场调查和预测得出的有关市场容量、目标市场、可能占有的市场份额等结论，考虑拟建项目的建设规模。当产品的市场需求变化快、品种规格多时，应采用中、小规模战略。当产品适应性强、市场需求量大、品种规格变化较小时，可以采用大、中规模战略。同时也要重视关联产品或副产品的受制因素对建设规模的影响。

3. 资源供应及其他外部建设条件。此处所指资源包括土地资源、生物资源、矿产资源、能源、水资源、环境资源、交通资源和人力资源等。各类原材料及燃料供应、动力供应、交通运输（如大件设备运输条件、产品和大宗原材料的运力条件等）、通信、建筑材料、施工能力等，都可能对项目建设规模构成影响，而且资源条件影响其规模的方式是短板原理，即方案的最短板决定方案的规模。

4. 生产技术和设备的先进性及其来源。生产技术与主要设备的制造水平往往与建设规模相关联。建设规模的确定要研究该类产品生产技术的先进性和可得性。按照先进而不可得的技术确定建设规模是不现实的，按照没有工业化的技术确定建设规模也是不可取的。应关注有关法规中对鼓励、限制和禁止采用的技术和设备目录的规定。

5. 资金的可供应量。必须结合资金的可获得性，量力而行考虑建设规模。资金的可获得性还要结合资金投入的时间段考虑，资金投入的总量、不同时期投入的资金量以及可获得性都会影响建设规模。

6. 环境容量。建设项目生产期间排出的污染物不仅要达标排放，而且排出的污染物总量要在环境保护行政主管部门给出的总量控制范围内。因此，建设规模的确定既要考虑当地环境的承受能力，还要考虑企业污染物总量控制的可能性。

7. 社会因素和政策法规。产业政策、投资政策、民族关系、军事国防等都是考虑项目建设规模时的重要因素。

8. 行业因素。不同行业、不同类型的项目，在确定建设规模时应考虑与行业相关的特殊因素。如水利水电项目，应考虑水资源量、占用土地以及移民安置条件等。煤炭、金属与非金属矿山、石油、天然气等矿产资源开发项目，应考虑资源合理开发利用要求和资源可采储量、赋存条件等。铁路、公路项目，应根据拟建项目影响区域内一定时期运输量的需求预测，以及该项目在综合运输系统和本运输系统中的作用确定线路等级、线路长度和运输能力。

一般来说，重工业部门项目的生产规模需大一些；采掘工业的生产规模，主要取决于矿区的地质条件和矿物的储量；冶金工业的规模，主要由高炉以及其他联动设备的能力决定；以农产品为原料的加工工业的规模，主要取决于原料生产、供应能力和产品需求能力；化学工业则要求对原材料进行综合利用和"三废"治理相结合，在工艺技术条件具备、资源供应集中的条件下，项目的生产规模越大，经济效果越好；轻工业是生产最终产品的，其市场性较强。依托老企业进行改扩建与技术改造的项目应充分研究拟建项目生产规模与企业现有生产规模的关系，拟建项目生产规模属于外延型还是外延内涵复合型，以及利用现有场地、公用工程和辅助设施的可能性和依托程度等因素来确定建设规模。

4.2.2.2 建设规模确定方法

1. 经验方法。经验方法是指根据国内外同类或者类似企业的经验数据，考虑生产规模的制约因素和决定因素，确定拟建项目生产规模的一种方法。在实践中，此法用者众多。在确定项目的生产规模之前，首先找出与该项目相同或者类似的企业，特别是要找出几个规模不同的企业，并计算出不同规模企业的主要技术经济指标，如财务内部收益率、投资利润率和投资回收期等。然后综合考虑制约和决定该拟建项目生产规模的各种因素，确定一个适当的规模。

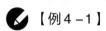 【例4-1】

▪▪

拟建一个生产××产品的项目，同类企业的生产规模分别是年产40万台、60万台、100万台、200万台、300万台和400万台。通过调查并计算，已知各种规模企业的投资额和财务内部收益率数据如表4-2所示。

表4-2　各种规模企业的投资额和财务内部收益率

生产规模（万台/年）	40	60	100	200	300	400
投资额（万元）	10000	13000	16000	22000	27000	31000
财务内部收益率（%）	9.30	10.55	15.45	21.60	27.80	27.20

通过表4-2可以看出，年产300万台的规模是最佳生产规模，但需要的投资比较大，约需要27000万元。通过对影响生产规模的各种制约因素与决定因素进行研究，除资金供给和市场需求因素以外，其他方面都是适应的。该拟建项目可能筹措到的资金只有15600万元，只适应于年产100万台的生产规模。另外，从市场需求情况看，该项目可能的市场份额在100万~150万台，也只能选择年产100万台的规模。当然，对于年产100万台的规模，财务内部收益率达到15.45%，收益水平也是比较高的，可以接受。

▪-▪

运用经验方法时特别要注意选取较多的同类企业，如果样本企业太少，则很难反映出规模与成本、效益间关系的一般规律。同时要考虑到拟建项目与其他企业的不同之处来选择适合拟建项目特定条件的经济规模。

2. 规模效果曲线法。规模效果曲线法是通过研究随着生产规模的不断扩大，企业的销售收入与成本曲线的变化情况，来确定项目的最佳生产规模的一种方法。因为销售收入与成本曲线也叫作规模效果曲线，所以，该种方法称为规模效果曲线法，如图4-1所示。

图4-1中，当规模（产量）达到Q_{e1}时，企业不盈不亏，规模超过Q_{e1}，企业开始取得净收益，当规模（产量）达到Q_{e2}时，企业又处于不盈不亏的状态，超过该规模，

企业又开始亏损。在 Q_{e1} 至 Q_b 之间，企业的规模收益一直是递增的，即收益的增长幅度大于规模（产量）的增长幅度，规模超过 Q_b 后，企业的规模收益递减，即收益的增长幅度小于规模的增长幅度，甚至规模扩大使边际收益为负值。可以认为，Q_{e1} 至 Q_b 的区间是规模经济区间，Q_b 不但是规模经济临界点，也是最佳经济规模点，从理论上讲，应该以 Q_b 作为拟建项目的生产规模，但在实践中，往往受其他制约和决定生产规模的因素影响，不能达到这个规模，一般小于 Q_b。Q_{e1} 是第一个盈亏平衡点，不能选择这样的

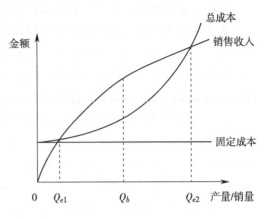

图 4 - 1　规模效果曲线图

规模。可以看出，在选择拟建项目生产规模时，首先应当确定规模经济区间，然后在这个区间内，根据制约和决定生产规模的诸多因素，选择离 Q_b 点最近的规模。

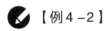【例 4 - 2】

通过市场分析，某拟建项目的产品销售收入模型为 $E(x) = 100x - (1/4)x^2$，市场对该产品的绝对饱和量为 200 件，在市场饱和量范围内产品生产成本函数为 $C(x) = 50x + 1000$。求项目的盈利区间和最优经济规模。

答：$R(x) = E(x) - C(x) = 100x - (1/4)x^2 - (50x + 1000) = -(1/4)x^2 + 50x - 1000$

令 $R(x) = 0$，则 $X_1 = 22.55$（件），$X_2 = 177.46$（件）

令 $R'(x) = 0$，则 $R'(x) = -(1/2)x + 50 = 0$

$x^* = 100$（件）

即当该项目的生产规模在 22.5 件至 177.46 件之间时，项目处于盈利状态，当项目的生产规模为 100 件时，项目盈利最大，100 件即为项目的最优经济规模。

3. 分步法。分步法又叫"逼近法"，其特点是先确定起始生产规模作为所选规模的下限，确定最大生产规模作为所选规模的上限，然后在上下限之间，拟订若干有价值的方案，通过比较，选出合理的生产规模。

（1）确定起始生产规模。起始生产规模也就是项目盈亏平衡时的最小经济规模，即 Q_{e1}。项目起始规模的确定主要采用盈亏平衡分析法，即计算盈亏平衡时的产销量。要计算盈亏平衡时的产销量，首先要研究项目的产销量与产品成本之间的关系（详见本书第 9 章）。在确定了起始生产规模以后，用其作为拟建项目生产规模的下限，然后再确定最大生产规模。

（2）确定最大生产规模。在现实经济生活中，项目生产规模受到很多制约。需要综合考虑各项因素对项目生产规模的限制作用，特别是要对制约项目生产规模的"瓶颈"因素进行分析。在一定的投资条件下，某个因素对项目生产规模的大小可能起决定性作用，即成为项目生产规模的"瓶颈"。往往通过对"瓶颈"因素的分析，确定在可行条件下的最大生产规模，作为所选生产规模的上限。

（3）确定合理的生产规模。起始生产规模与最大生产规模确定以后，就确定了拟建项目生产规模的上限和下限，可在该上下限内拟订若干不同规模的比较方案。在拟订的比较方案中，起决定性作用的是设备能力。可以在最小规模和最大规模之间，选择具有不同能力的设备或者对设备进行不同的组合，以拟订出不同的生产规模方案，然后计算不同生产规模方案的成本费用和效益，再对成本费用和效益进行比较。其中成本费用最低、效益最好的方案的生产规模为最终确定的拟建项目的生产规模。

4.3 生产工艺技术方案评估

4.3.1 概述

投资项目生产工艺技术方案评估是对投资项目实现过程中采用的技术水平和设备进行评估，主要内容包括生产工艺技术选择和设备选型评估。投资项目的建设技术和设备选择会影响项目的战略、选址、资源构成，进而影响投资项目的成本和收益。

4.3.1.1 技术的含义

技术是系统的科学知识、成熟的实践经验和操作技艺综合在一起而形成的一种从事生产的专门学问和手段。技术按其表现形式可以分为两类：一类是体现为机器、设备、基础设施等生产条件和工作条件的物质技术（或者叫作硬技术）；另一类是体现为工艺方法、程序、信息、经验、技巧和管理能力的非物质技术（或者叫作软技术）。对于一般的工业项目而言，其技术条件主要是指以新工艺和新设备为主要方案的技术方案，以及与投资项目的技术方案相适应的设计方案和产品方案。

项目技术方案评估是对项目技术选择、工艺设备、引进技术等诸方面进行技术经济审查分析论证，以判断项目在技术上是否可行。技术评估的过程实际上就是技术选择的过程，项目技术选择的合理性直接决定了项目预期的经济效益能否实现。

4.3.1.2 技术的类型

根据占用资源量的多少技术可以划分为以下几类。

1. 资金密集型技术。该类技术占用和消耗的资金多。其特点有：（1）资金占用较多，周转较慢，投资回收期较长；（2）容纳劳动力较少；（3）劳动生产率高，成本低，产品竞争力强。资金密集型技术的发展要求有较高的物质技术基础和较充裕的资金条件。

2. 劳动密集型技术。该类技术是劳动占用和消耗较多的技术，其特点有：（1）容纳和占用劳动力较多；（2）资金占用较少；（3）技术装备程度低，劳动生产率较低。

3. 技术密集型技术。该类技术是技术含量较高，机械化和自动化程度较高的技术。其特点有：（1）要求劳动者的技术熟练程度和科学技术知识水平较高；（2）劳动生产率较高，创新能力强，为国民经济各部门提供新技术、新材料、新能源、新工艺、新设备。

4. 知识密集型技术。该类技术是高度凝结先进技术成果的技术。其特点有：（1）从事这种技术活动的多是中高级科技人员和管理人员；（2）技术装备复杂，投资费用高；（3）产品科技含量高，占用劳动少，消耗材料少，环境污染少。随着现代科技的发展，知识密集型技术有不断发展的趋势。

4.3.2　生产工艺技术选择

4.3.2.1　生产工艺技术选择的原则

1. 先进性和前瞻性。技术的先进性主要体现在产品质量性能好，工艺水平高，装备自动控制程度和可靠性高。

2. 适用性。适用性主要体现在与项目的生产规模相匹配，与原材料路线、辅助材料和燃料相匹配，与设备（包括国内和国外供应设备，主要设备和辅助设备）相匹配，与资源条件、环保要求、经济发展水平、员工素质和管理水平相适应，与项目的建设规模相适应。

3. 可靠性。可靠性是指生产工艺技术的成熟程度。可靠性体现在可以生产出合格的产品，可以实现建设项目目标，有可借鉴的生产样板厂。对于尚在试验阶段的新技术、新工艺、新设备、新材料，应采取积极和慎重的态度。对于未经生产实践或有遗留技术难题的新技术，生产过程中不能长周期、稳定、可靠运行的工艺技术，不能盲目采用。对已经过工业化试验装置的新技术，应选择经验丰富的工程公司进行可行性研究和工程化设计。

4. 安全性。项目所采用的技术，在正常使用中应确保安全生产运行。核电站、产生有毒有害和易燃易爆物质的危险化学品建设项目，以及地下矿开采、水利水电枢纽、高速铁路、地下轨道、隧道工程等，尤其应注重技术的本质安全性评估。

5. 经济合理性。经济合理性体现在该生产工艺技术工艺流程短、设备配置好、自动化程度高，工序紧凑、均衡、协调，物流输送距离短，投资少，成本低，利润高。

6. 技术来源可靠性。技术来源可靠性体现在技术持有者信誉好，愿意转让技术，且转让条件合理，知识产权经过确认。

7. 符合清洁生产工艺要求。清洁生产体现了循环经济的减量化原则，从源头上减少了污染物的排放，符合建设环境友好型社会的要求。

4.3.2.2　生产工艺技术方案评估的内容

生产工艺技术方案评估就是通过调查评估、专家论证、方案比较、初步技术交流和询价，确定拟建项目所使用的生产技术、工艺流程、生产配方及生产方法、生产过程控制程序、操作规程及程序数据等，以确保生产过程合理、通畅、有序地进行。

1. 生产工艺技术方案比选的主要内容。在评估生产工艺技术方案时，主要包括对各技术方案的先进性、适用性、可靠性、可得性、安全环保性和经济合理性等进行论证。选择生产工艺技术应在遵循上述原则的前提下通过多方案比选来完成，其具体内容与行业特点有关。一般情况下包括技术特点、原料适应性、工艺流程、关键设备的结构及性能、产品物耗和能耗、控制水平、操作弹性、操作稳定性、本质安全和环保、配套条件、建设费用和运营费用、效益等诸多方面。要突出创新性，重视对专利、专有技术的分析。要突出技术特点，具有针对性。生产工艺技术往往与主要设备（专利设备）相关联，因此生产工艺技术方案比选也可能包括关键的主要设备比选。

2. 生产工艺技术方案比选方法。一般采用定性分析和定量分析相结合的方法。（1）需要对比的技术指标有原材料和辅助材料的物耗指标、能源消耗指标、产品生产率、原料损失率、产品质量（包括高附加值产品生产率等）。（2）需要对比的综合指标有占地面积、定员等。（3）生产工艺技术的风险因素分析，包括影响技术先进性、适用性和可靠性的因素，未来被其他新技术替代、淘汰的可能性，国家产业发展和环境保护政策等的影响。（4）需要对比的经济指标有单位产品成本、单位产品投资、技术使用权费用等。（5）全厂性的项目（或联合项目）要进行全厂总工艺流程方案、生产单元及规模、生产单元组成布置、全厂物料平衡对比。（6）选用国内外开发的新技术时，应有符合正式审批程序的工业化技术鉴定和相应的技术许可证。（7）从与建设规模相适应的程度，主要设备之间、主要设备与辅助设备之间能力的相互配套性，以及设备质量、性能等方面，总结各设备配置方案的优缺点。（8）选用技术设备时，应掌握国内外同类技术设备的成交价格；要进行设备软件和硬件的专有技术和专利技术比较，重视设备结构和材质的创新。（9）对利用和改造原有设备的技术改造项目，提出各种对原有设备的改造方案，并分析各方案的效果。（10）对国内外新开发的，并尚未实现工业化的技术和设备，应着重论证其工业化的可行性，并保证其投资估算误差在合理范围内。（11）各设备配置方案的风险分析应从各方案关键设备的制造、运输、安装和项目建设进度的匹配，以及运行中的可靠性和耐用度、安全和环保等方面进行对比。（12）自动化方案应说明自控水平的选择理由和原则，说明控制系统各类输入输出点数；对于新控制方案，应与常用的控制方案进行对比。（13）推荐方案的工艺流程应标明主要设备的名称和主要物料、燃料流量及流向。项目属一次规划，分期建设、分期投产的，应有分期流程的说明和流程图。

3. 推荐生产工艺技术方案。比选后提出推荐方案。对所推荐的工艺技术和设备方案要详细说明理由，包括对产品质量、销售与竞争的影响，对项目效益的影响等。技术改造项目技术方案的比选论证还要和企业原有的技术进行比较。应绘制主要工艺流程图，编制主要物料平衡表，车间（或者装置）组成表，主要原材料、辅助材料及水、电、气等公用工程的消耗定额表。

4.3.3 设备选择评估

在工艺技术方案确定之后，要根据工厂生产规模和工艺程序的要求，选择设备的型号和数量。设备的选择是与工艺技术的选择密切相关的，通常工艺技术的水平和类型决定了相应的设备选择。设备选择的重点是遵循工艺技术和项目的设计生产能力要求，选择所需要的高效能的机器和设备。

4.3.3.1 设备的分类

1. 生产设备。生产设备是指生产车间生产线上能加工生产各种零件和元器件的设备，如各种机械加工设备（车床、铣床、刨床、磨床、钻床和锻压设备等）、各种专用机床（含机器人、机器手）、电器设备、工序传递和运输设备（传送带、电瓶车等）、质量检验器具和设备。

2. 辅助设备。辅助设备是指辅助车间内的生产性设备，如各种供水、供暖、供气的公共设施，运输设备、通信设备、"三废"处理设备、仓库设备等。

3. 服务性设备。服务性设备是指间接为生产服务的设施，如办公设备、安全保卫设备、场地清洁设备、医疗卫生设施、住宅和其他福利设施等。

4. 备件和工具。备件和工具是指生产设备的一些易损易磨件的备用品和一般的通用与专用的工器具。对于引进的设备，在没有国产化之前，要有一定数量的备品备件储备，否则会影响正常生产。

4.3.3.2 设备评估的主要内容

1. 设备生产性评估。设备的生产性是指设备的生产效率，用单位设备在单位时间内的生产能力来衡量。设备的生产能力是由设备生产效率和设备有效工作时间决定的。评估时应核实：（1）设备实际生产能力与项目设计能力的吻合程度。必须从实际出发，既留有余地，又不要造成实际生产能力的过多消费。（2）生产过程中各工序应配置的设备台数。要结合实际情况，确定各工序设备生产能力的配置比例及设备数量。（3）设备达到生产能力的条件是否具备，提高设备生产能力的措施是否切实可行。设备数量的确定方法如下：

$$单台(套)设备生产能力 = 设备有效工作时间 \times 单台(套)设备产量定额$$
$$(4-1)$$

$$某设备应配置台数 = \frac{设计生产能力}{单台(套)设备生产能力} \qquad (4-2)$$

2. 设备可靠性评估。设备的可靠性是指在规定的时间内，在规定的使用条件下，设备无故障地发挥规定功能的程度。设备可靠性越好，发生故障的可能性越小。可靠性高的设备对提高产品质量和保证生产正常进行有重要作用。引进设备存在一个重要问题，就是设备质量的可靠性。有的引进设备是既无商标又无厂家和技术资料的旧设备，无可靠性可言。因此，对引进设备可靠性的评估必须十分重视，以避免给企业生产带来缺陷，造成经济损失。

3. 设备耐用性评估。设备的耐用性是指设备的使用寿命。使用寿命的评估要对设备的物质寿命、技术寿命和经济寿命进行综合考虑。设备的物质寿命，是指设备从开始投入使用，由于物质磨损使设备老化、损坏直到报废为止所经历的时间；设备的技术寿命，即设备从开始使用，到因技术落后而被淘汰所经历的时间；设备的经济寿命，是指设备从开始使用到设备由于老化，要依靠高额使用费来维持及至设备被淘汰所经历的时间。在现代科学技术迅速发展的背景下，新技术、新设备不断出现，使设备的技术寿命、经济寿命不断缩短。因此，在评估设备使用寿命时，一定要对技术发展的趋势给予足够的重视，以便选择使用寿命较长的设备。

4. 设备安全性评估。设备的安全性是指设备对生产安全的保障性能。选择设备时，要考虑设备的安全防护措施，应保证生产人员的安全和工作环境的安全。如给机床安装自动断电的装置、自动停车的装置等以保护操作人员的安全，在煤矿井下设置防爆装置以防止瓦斯爆炸。

5. 设备维修性评估。在运行过程中设备整机和零部件会发生物质磨损，维修是不可避免的。设备的维修性包括设备维修次数、零部件的互换性、标准化和维修的难易程度等。维修性能好的设备，结构合理，易于装卸检验，标准化水平高，互换性好。对引进设备的维修，不仅要考虑维修的难易程度，还应考虑其易损零部件能否在国内制造或需从国外取得。设备的维修性，会影响正常生产，影响项目实际生产能力，因此，在性能、价格接近的情况下，应选择维修性好的设备。

6. 设备配套性评估。设备的配套性是指相关联设备之间的数量、技术参数之间的吻合程度。按规模可分为单机配套、机组配套和项目配套。单机配套是指一台机器的各种工具、附件等要配备齐全；机组配套是指一台机器的主机、辅机等要配备成套；项目配套是指一个投资项目所需的生产、辅助、服务和各种设备要配备成套。评估设备的配套性，不仅要求量上的配套，还要求质上的配套，只有这样才能使设备充分发挥应有的功能。

7. 设备灵活性评估。设备的灵活性即柔性，是指对要加工的原材料等条件要求的严格程度和设备适应生产方案改变的能力。柔性比较大的设备，在未来的生产中，比较容易适应改变后的产品结构，对减少项目的风险很有益处。由于项目投资存在许多不确定性因素，有些风险是难以预测的，项目投产后，可能要根据当时客观情况的变化而改变生产方案，生产方案的改变是生产能力的改变、品种规格的改变，甚至是产品对象的改变，对于生产方案基本不变的项目，单条生产线的生产能力应尽可能大，应尽量选用专用设备，以适应大规模、高效率生产的需要。对于生产方案经常改变的项目，单条生产线的规模不宜太大，应多选用通用设备，选用适应生产方案改变能力较强的设备。

8. 设备费用、能耗评估。采用国内设备或引进国外设备都要求在技术先进、安全可靠的前提下，尽量使设备费用控制在最低限度，以降低投资总额。同时，还应坚持节能原则，项目应尽量选用耗能低的设备，因为节能好的设备，其热效率、能源利用率高，能源消耗量少。

4.3.3.3　设备选择评估的方法

为了选择经济上合理的设备，需要对设备的购置方案进行分析对比，以便从几种性能、功能等条件相似的设备中选择经济性最好的设备。常用的方法有以下几种。

1. 投资回收期法。投资回收期，是指企业使用设备后，每年所得的收益偿还设备的投资所需要的时间。投资回收期的计算方法如下：

$$投资回收期 = \frac{设备的投资额}{年利润 + 年税金 + 年折旧额} \qquad (4-3)$$

式（4-3）假定每年的利润、税金、折旧额均相等。若各年收益不等则逐年累计其金额，再与投资额相比较。在其他条件相同的情况下，以投资回收期短的方案为好。

2. 年费用法。设备费用一般由设备购置费和设备使用费构成。设备购置费包括设备售价、运费和安装费；设备使用费包括能源消耗费、保养维修费、操作工人工资等。

年费用法是将设备的最初购置费，按复利计算原则换算为使用寿命期内平均每年的费用，再与年使用费用（维持费用）相加，求出设备每年的总费用。通过比较不同设备购置方案的年费用，就可选择出最佳方案。年费用的计算公式为

$$设备的年费用 = 初始投资费用 \times 资金回收系数 + 年维修费用 \qquad (4-4)$$

其中，资金回收系数 $= \frac{i(1+i)^n}{(1+i)^n} - 1 = (A/P, i, n)$，可查表求得（详见本书第8章）；$i$ 为利率；n 为使用寿命期。

4.3.3.4　技术设备来源方案评估

技术设备来源方案包括技术来源方案和设备来源方案。

1. 技术来源方案。技术来源方案一般分为五类：（1）在国内有工业化业绩，技术先进、可靠、成熟的条件下，采用国内成套技术建设，即生产工艺技术全部为国产化。（2）采用合作开发技术建设，其工艺技术是国内外合作开发，且有生产业绩，即生产工艺技术部分实现国产化。（3）国内外都有成熟技术，但技术路线不一，或在建设规模上国内尚无大规模运行业绩，可以采用国内外招标，择优选择。（4）引进国外先进技术建设，但仅限于引进工艺包范围，基础设计、详细设计、设备采购均由国内工程公司完成，实现工程技术国产化。（5）技术特别复杂、国内为第一套的建设项目，其工艺技术、工艺包、基础设计均由国外工程公司完成，详细设计、部分设备采购由国内工程公司完成。

2. 设备来源方案。一般来讲，在工业项目建设中，设备投资在项目总投资中占有相当大的比重。利用国产化设备可以大大降低投资，如某石化企业裂解气压缩机组的国产化可以节约设备投资3300万元。在评估设备来源时，要按照技术先进、成熟、可靠的原则来确定。确定设备来源方案时需对项目需要的所有设备进行细分，如石油化工项目，设备细分为主机（如乙烯装置中的"三机"）、静设备（反应器、换热器、容器、塔类等）、动设备（泵、风机、压缩机等）、阀门、挤压造粒机等。按照细分后的设备清单，根据国内设备制造厂家的业绩、研发能力确定设备来源方案。通常设备来源方案可能有：①国内有成熟的制造经验，且有应用业绩的由国内制造；②国内尚无业绩的，可以利用国内外市场资源，通过技贸合作制造。但对国内尚无制造业绩的某些关键设备，在确定由国内制造时，需在行业主管部门与有关制造方的协调下进行技术论证，优化并落

实制造方案，同时评估分析设备国产化带来的风险，提出规避措施。

4.4 项目场（厂）址选择

场（厂）址选择是一项政策性、科学性强，涉及面广的综合性的技术经济工作。场（厂）址选择应进行多方案比较，要依据地区规划与产业布局，结合建设项目近期目标和长远利益综合分析，从中选择符合国家政策，投资省、建设快、运营费低、经济效益和环境效益好的场（厂）址。不同行业项目场（厂）址选择需要评估的具体内容、方法和遵循的规程、规范不同，其称谓也不同。例如，工业项目称厂址选择，水利水电项目称场址选择，铁路、公路、城市轨道交通项目称线路选择，输油气管道、输电和通信线路项目称路径选择等。

4.4.1 影响项目选址的因素

项目选址的影响因素随项目性质的差异有可能不同，也表现为不同工程项目的选址有不同侧重。主要因素有以下几项。

4.4.1.1 自然环境因素

自然环境包括气候条件和生态要求两个方面。

1. 气候条件。气候条件对某些项目而言可能是一个重要因素。除影响项目生产建设外，它将直接影响经营成本。可以从气温、湿度、日照、风向、降水量和飓风风险等方面来加以说明和分析。一般情况下，地理勘查问题对选择场（厂）址关系更大，包括土壤条件、地下水位和自然灾害，如地震、洪水泛滥和山体滑坡、地层下沉或坍塌等，所有这些都会危及项目的安全生产建设。

2. 生态要求。有些项目本身并没有对环境产生不利影响，但对环境影响的结果更为敏感。如农产品加工明显依赖使用的原材料——农产品，若农产品受污染的水和土壤影响，必将影响其产品质量而降低等级。有的项目用水量大而水质要求高，若它附近的工厂将废水排入河中，则该项目将受到损害。

4.4.1.2 社会经济因素

1. 市场因素。市场因素包括产品销售市场、原材料市场、动力供应市场，场（厂）址距市场的远近，不仅直接影响项目的效益，也涉及产品或原料的可运性，在一定程度上会影响产品或原料种类选择。

2. 经济布局政策。考虑到工业集中布局会造成外部的不经济性，政府往往要求工业分散布局。即使公共政策并未过分限制某一特定区域或地区工业的增长，仍有必要了解有关选择建场（厂）地区的政策，以适当地考虑可能获得的各种特许及鼓励政策。

3. 财政及法律因素。对于不同建场（厂）地区的财政、法律条例及程序，需要加以解释，并列出在动力、水的供应，建筑规划、财政问题、安全要求方面各个地区的名单。应了解项目所适用的税种及税率，同时还应弄清新建工业项目所能得到的鼓励和优惠政策。

4. 社会因素。社会因素包括地区分类和市县等级，经济社会发展的总体战略布局，少数民族地区经济发展政策，西部大开发、中部崛起、振兴东北老工业基地政策，发展区域特色经济政策，国家级及地方经济技术开发区政策，东部沿海经济发达地区政策，国防安全等因素，建设项目对公众生存环境、生活质量、安全健康带来的影响及公众对建设项目的支持或反对态度，都影响着项目的场（厂）址选择。

4.4.1.3　基础设施条件

1. 交通运输因素。交通运输因素是指供应和销售过程中用车、船、飞机以及管道、传送带等对物资的运输，包括当地的铁路、公路、水路、空运、管道等运输设施及能力。

2. 劳动力因素。劳动力因素包括劳动力市场与分布、劳动力资源、劳动力素质、劳动力费用等，劳动力因素与生产成本、劳动效率、产品质量密切相关，会影响项目高新技术的应用和投资者的信心。

3. 燃料动力因素。电力供应是工业项目的重要制约因素。动力需要可以按工厂生产能力相应确定，应对不同地区的供应和成本加以分析。还应对燃料的数量、质量、热量值以及化学组成（以确定排污量）、来源、与不同厂址的距离、运输设施以及在不同厂址的成本进行比较分析。

项目所需的用水量可以根据工厂生产能力及工艺确定。首先，必须确定供水的来源，能否满足供应及所要花费的成本；其次，对不同地区的水质，应就其不同用途进行分析。

4. 排污物及废物处理。大多数工厂都会产生废物或排放物，这可能会对环境造成重大影响。这些废物的处理及排放物的净化，对于一个项目的社会经济及财务上的可行性来说，可能成为一个关键因素。

4.4.1.4　工业集聚因素

拟选地区产业的集中布局与分散，反映了拟选地区的经济实力、行业集聚、市场竞争力、发展水平、协作条件、基础设施、技术水平等。集中布局能带来集聚效应，实现物质流和能量流的综合利用，能有效降低产品成本。集中布置使得大型"公用工程岛"的建设成为可能，能最大限度地降低水、电、气成本，有利于"三废"的综合治理，提高环境友好水平等。集聚效应会带来大型化、集约化和资源共享，节约建设投资，缩短建设周期。

4.4.2　选址原则及注意事项

4.4.2.1　选址的基本原则和要求

1. 符合国家和地区规划的要求。要处理好全局与局部的关系，不造成新的布局不合理和新的发展不平衡，做到全面考虑，统筹安排。

2. 符合城市（乡、镇）总体规划、土地利用总体规划、工业园区总体规划、环境保护规划的要求。重视节约用地和合理用地，充分利用荒地、劣地，不占基本农田或尽量少占基本农田。

3. 有可供选择利用的工业固体废弃物存放场地、污水排放口及纳污水体或收纳处置污水的场所（如西北干旱地区采用蒸发塘方案），有的省份规定了危险废弃物处置场所。

4. 有丰富可靠（或靠近）的原料供应（如坑口电站等）市场和产品销售（或靠近）市场，减少运输环节；有充足的水源和电源。

5. 有便利的外部交通运输条件（如通过铁路专用线或地方铁路进入全国铁路系统等）和交通连接条件。对于外向性企业，则要考虑靠近港口。

6. 有利于生产协作和上下游加工一体化，有利于原料资源的合理利用，防止资源浪费（如建设项目位于循环经济园区等）。

7. 场（厂）址地形地貌要适合项目特点。对于适合多层标准厂房生产的工业项目，应进入当地多层标准厂房，一般情况下不宜另选场（厂）址。

8. 有良好的社会经济环境、可依托的基础设施和方便的生活服务设施。

9. 有良好的工程地质、水文地质、气象、防洪防涝、防潮、防台风、防地质灾害、防震等条件。

10. 环境良好，且应有一定的环境容量和纳污能力。工程建设和生产运营不会对公众利益造成损害。

实际上，场（厂）址选择与建设项目类别密切相关，每一个项目都有其自身的特殊要求。如石油化工建设项目要求厂址地势平坦不窝风；民用航空运输机场要求机场净空条件符合有关技术标准，场址的障碍物环境和空运条件及电磁环境能够满足机场安全运行要求等。一般固体废物填埋场及危险废物贮存设施和填埋场选址有特定的要求，应按国家有关规定执行。

4.4.2.2 选址注意事项

1. 要贯彻执行国家的方针政策，遵守有关法规和规定。不得选择的地区和范围有：地震断层和抗震设防烈度高于 9 度的地震区；有泥石流、滑坡、流沙、溶洞等直接危害的地段；采矿陷落（错动）区界限内；爆破危险范围内；坝或堤决溃后可能淹没的地区，大型尾矿库及废料场（库）的坝下方；重要的供水水源卫生保护区；国家规定的风景区及森林和自然保护区；历史文物古迹保护区；对飞机起落、电台通信、电视转播、雷达导航和重要的天文、气象、地震观察以及军事设施等规定有影响的范围内；IV级自重湿陷性黄土、厚度大的新近堆积黄土、高压缩性的饱和黄土和III级膨胀土等工程地质恶劣地区；具有开采价值的矿藏区；有严重放射性物质污染的影响区。

2. 要听取当地政府主管部门如规划、建设、安全消防、土地管理、环境保护、交通（港口、铁路、公路）、地质、气象、水利、电力、文物管理等部门的意见。

3. 优先选在产业性质定位一致的工业园区。

4. 要充分考虑项目法人对场（厂）址的意见。

4.4.3 场（厂）址比选

场（厂）址选择比较的主要内容包括建设条件比较、投资费用（建设费用）比较、运营费用比较、运输条件和运输费用比较（一般含在建设条件、运营费用比较中）、环境保护条件比较和安全条件比较等。但项目不同，所选的比较内容和侧重点也应有所不同。

4.4.3.1 建设条件比较

场（厂）址的建设条件包括地理位置、土地资源、地势条件、工程地质条件、土石方工程量条件、动力供应条件、资源及燃料供应条件、交通运输条件、生活设施及协作条件等。建设条件比较如表4-3所示。

表4-3 场（厂）址方案建设条件比较表

序号	比较内容	场（厂）址			备注
		方案1	方案2	方案3	
一	场（厂）址位置				
1	与土地利用总体规划的关系				
2	与城市总体规划的关系				
3	拆迁工程量				
二	土地资源				
1	用地总规模（公顷）				
1.1	基本农田				
1.2	基本农田以外的耕地				
1.3	其他土地				
2	发展条件				
三	厂区地势				
1	地势走向				
2	地势高差（米）				
四	地质条件				
1	土壤种类				
2	地基承载力（千帕）				
3	地下水深度（米）				
4	区域稳定情况及地震烈度				
五	土石方（填、挖）工程量（万立方米）				
1	挖方工程量（万立方米）				
2	填方工程量（万立方米）				
六	动力供应条件				
1	水源及供水条件				
1.1	自来水				
1.2	地表水				
1.3	地下水（含矿井水）				
2	排水条件				

续表

序号	比较内容	场（厂）址			备注
		方案1	方案2	方案3	
2.1	地区污水处理厂				
2.2	纳污水体（自建蒸发塘）				
2.3	距排污口（自建蒸发塘）的距离（千米）				
3	电力				
3.1	电源点规模				
3.2	电源点至场（厂）址的距离				
4	供热				
4.1	地区热源厂及至场（厂）址的距离				
4.2	燃料种类				
4.3	燃料供应点至场（厂）址的距离				
5	消防站点至场（厂）址的距离				
七	交通运输条件				
1	铁路				主要是有无铁路专用线的建设
1.1	接轨条件				
1.2	专用线长度（千米）				
2	公路				指是否可以衔接现有高速、国道、省道进入国家公路路网
2.1	连接条件				
2.2	连接路线长度（千米）				
3	水运				
4	航空				
5	管道				
八	施工条件				
九	生活条件				

4.4.3.2 投资费用比较

投资费用包括场地开拓工程、基础工程、运输工程、动力供应及其他工程等费用，其比较如表4-4所示。

表4-4 场（厂）址方案投资费用比较表

序号	比较内容	场（厂）址			备注
		方案1	方案2	方案3	
一	场地开拓工程				
1	建设用地费用				
1.1	土地补偿费				

续表

序号	比较内容	场（厂）址			备注
		方案 1	方案 2	方案 3	
1.2	居民搬迁安置补偿费				
1.3	地上附着物和青苗补偿费				
1.4	征地动迁费				
1.5	其他税费				
2	土地出让（转让）金				
3	租地费用以及临时用地补偿费				
4	场地平整费				
4.1	土石方挖方费				
4.2	土石方填方费				
5	场地防洪排涝				
5.1	防潮防浪工程				
5.2	防洪工程				
5.3	排涝工程				
二	基础工程				
1	基础处理费				
2	抗震措施费				
三	运输工程				
1	铁路专用线及工厂编组站				
2	公路				
3	码头				
4	管道				
5	其他运输方式				
四	给排水工程				
1	取水及净化工程				含海水淡化或海水冷却
2	给水管（渠）等				
3	排水工程				含厂外蒸发塘、事故水池或污水缓冲池等
五	供电工程				
1	变电所				含电源边站改造
2	输电线路				
六	供热工程				
1	地区（或工业园区）热电站扩建分摊费用				

续表

序号	比较内容	场（厂）址			备注
		方案1	方案2	方案3	
2	供热管网				
3	自建供热设施				
七	其他				
1	消防设施				
2	环境保护投资				
3	其他保护性工程				
4	临时建筑设施费用				
	合计				

4.4.3.3 运营费用比较

运营费用比较主要包括不同场（厂）址带来的原材料、燃料运输费、产品运输费、动力费、排污费和其他运营费用方面的差别。如不同场（厂）址的原料、产品的运输方案带来的运输费用的差别，不同场（厂）址所在地公用工程的供应方式和价格不同带来的运营费用的差别等，如表4-5所示。

表4-5 场（厂）址方案运营费用比较表

序号	比较内容	场（厂）址			备注
		方案1	方案2	方案3	
一	运输及装卸				
1	原材料				
2	燃料				
3	辅助材料				
4	产品				
二	动力供应				
1	给水（含工业水和饮用水）				
2	排水（含合格污水、清净下水排放）				
3	供电				
4	供热				
5	其他（如工业气体等）				
三	环境总量控制指标交易（或拟选地区减污分摊费用）				
	合计				

4.4.3.4 环境保护条件比较

环境保护条件包括场（厂）址位置与城镇规划的关系、与风向的关系、与公众利益的关系等，见表4-6。

表 4 – 6　场（厂）址方案环境保护条件比较表

序号	比较内容	场（厂）址			备注
		方案 1	方案 2	方案 3	
一	城镇规划				
1	与城镇总体规划的符合性				
2	与工业园区总体规划、产业定位的符合性				
3	与土地利用总体规划的符合性				
4	与环境保护规划的符合性				
二	场（厂）址地理位置与环境敏感区（注）的关系				
1	场（厂）址是否属于特殊保护地区/与保护地区的距离				
2	场（厂）址是否属于生态敏感与脆弱区/与生态敏感与脆弱区的距离				
3	场（厂）址是否属于文物古迹保护区或保护单位/与文物古迹保护区的距离				
4	场（厂）址是否属于社会关注区/与社会关注区的距离				
5	场（厂）址是否为环境质量已达不到环境功能区划要求的地区				
三	土地				
1	场地是否已被污染				
2	场（厂）址周边地区是否被污染				
四	环境条件				
1	大气环境质量（功能区分类和质量标准分级）				
2	水环境质量				
2.1	地下水环境质量（质量分类类别）				
2.2	地表水环境质量（水域功能及标准分类）				
3	声环境质量（功能分类）				
4	固体废弃物处置场（容积/与居民区的距离）				
5	危险废弃物贮存设施（容积/与居民区的距离）				
6	危险废弃物填埋场（容积/与居民区的距离）				
7	环境容量（特征污染物）				
8	环境总量控制指标来源				
五	气象				
1	风向与场（厂）址、居民区的关系				

续表

序号	比较内容	场（厂）址			备注
		方案1	方案2	方案3	
2	不良气象影响				
六	公众利益				
1	公众意见调查				
2	公众影响				
3	公众支持度				
	合计				

注：环境敏感区见环境保护章节内容。

4.4.3.5 场（厂）址的安全条件论证比较

生产、储存有危险化学品的项目，按照《危险化学品建设项目安全许可实施办法》的规定，建设场（厂）址应位于"直辖市及设区的市、地区、盟、自治州人民政府批准的规划区域内"，应当对拟建场（厂）址进行安全条件论证；安全条件论证在场（厂）址选择阶段，可以以比较表的形式进行初步论证，在可行性研究阶段应形成"安全条件论证报告"。主要比较内容如表4-7所示。

表4-7　危险化学品项目安全条件比较表

序号	比较内容	场（厂）址			备注
		方案1	方案2	方案3	
一	场（厂）址地理位置（注）				
1	是否在直辖市及设区的市、地区、盟、自治州人民政府批准的规划区域内建设				
2	场（厂）址边界距城镇规划边界的距离				是否符合国家规定或规范要求
3	与村庄、居民集中区等的距离				
4	与食品、医药等企业的距离				
5	与主要交通干线（铁路、公路、主航道）的距离				
6	与高压线路/通信线路的距离				
7	与相邻企业的距离（同类企业/其他企业）				
二	对周边环境的影响				
1	对居民区、商业中心、公园等人口密集区域的影响				
2	对学校、医院、影剧院、体育场（馆）等公共设施的影响				

序号	比较内容	场（厂）址			备注
		方案 1	方案 2	方案 3	
3	对供水水源、水厂及水源保护区的影响				
4	对车站、码头（按照国家规定，经批准，专门从事危险化学品装卸作业的除外）、机场以及公路、铁路、水路交通干线、地铁风亭及出入口的影响				
5	对基本农田保护区、畜牧区、渔业水域和种子、种畜、水产苗种生产基地的影响				
6	对河流、湖泊、风景名胜区和自然保护区的影响				
7	对军事禁区、军事管理区的影响				
8	对法律、行政法规规定予以保护的其他区域的影响				
三	周边环境对建设项目的影响				
1	居民区、商业中心、公园等人口密集区域对其的影响				
2	学校、医院、影剧院、体育场（馆）等公共设施对其的影响				
3	供水水源、水厂及水源保护区对其的影响				
4	车站、码头（按照国家规定，经批准，专门从事危险化学品装卸作业的除外）、机场以及公路、铁路、水路交通干线、地铁风亭及出入口对其的影响				
5	基本农田保护区、畜牧区、渔业水域和种子、种畜、水产苗种生产基地对其的影响				
6	河流、湖泊、风景名胜区和自然保护区对其的影响				
7	军事禁区、军事管理区对其的影响				
8	法律、行政法规规定予以保护的其他区域对其的影响				
四	建设条件对建设项目的影响				
1	不良地质现象（如崩塌、岩堆移动、滑坡、泥石流、岩溶等）				

续表

序号	比较内容	场（厂）址			备注
		方案1	方案2	方案3	
2	地震（抗震设防烈度或者设计地震动参数、地震地质灾害影响）				
3	地质灾害（如山体崩塌、滑坡、泥石流、地面塌陷、地裂缝、地面沉降等）				
4	恶劣气象条件（风灾、沙尘暴、雪害、雷电、大雾、暴雨等）				
5	台风				
6	潮浪				
7	洪水				

注：卫生防护距离、安全防护距离、防火间距应根据企业性质及相应的国家或行业标准规范确定。

4.4.4 项目选址意见

通过方案比较，编制场（厂）址选择报告，提出的场（厂）址推荐意见应描述推荐方案场（厂）址概况、优缺点和推荐理由，以及项目建设对自然环境、社会环境、交通、公共设施等的影响。选址方案的位置图应标明原料进厂方式和路线、水源地、进厂给水管线、热力管线、发电厂或变电所、电源进线、灰渣场、排污口、铁路专用线、生活区等，供主管部门和项目法人审批。

4.5 原材料与燃料供应

在评估确定建设规模、产品方案、生产工艺技术方案的同时，要明确项目所需主要原材料和燃料的品种、数量、规格、质量的要求，对价格进行分析评估，并结合场（厂）址方案的比选确定其供应方案。

4.5.1 原材料供应分析

1. 原材料的品种、质量、性能。原材料是项目建成后生产运营所需的主要投入物。根据产品方案和生产工艺技术方案，要评估确定所需原材料的品种、质量、性能（含物理性能和化学成分）。

2. 原材料需求量。按照项目产品方案提出的各种产品的品种、规格，以及建设规模和物料消耗定额，分析计算各种物料的年消耗量。根据生产周期、生产批量、采购运输条件等，进一步计算出各种物料的经常储备量、保险储备量、季节储备量和物料总储备量，作为生产物流方案（含运输、仓库等）评估的依据。利用海外资源（如原油、液化天然气、矿石等）的仓储设施规模应考虑国际政治、战争、运输等风险。

3. 原材料供应的多种方案比较。原材料来源必须明确、可靠。外购原材料的项目应对原材料供应和价格进行预测，并分析各种供应方案，即分析供应商的概况，供应周期，原材料供应质量、数量的稳定性与可靠性等情况。原材料由内部供应的项目，应计算说明有关生产单位之间的物料平衡，并提出优选方案。直接以矿产资源为原材料并包括开采的项目，涉及的资源储量、品位及开采厚度、利用条件等须经自然资源部评审备案。

4. 对于稀缺的原材料还应分析原材料来源的风险和安全性，包括原材料质量和数量的变化、原材料市场价格的变化，以及运输安全便捷性与供应的经济合理性分析。

5. 涉及原材料进口的项目，若存在进口配额、贸易权限等法律规定，应当予以说明和分析。

4.5.2 燃料供应分析

项目所需的燃料包括生产工艺、公共设施和辅助设施、其他设施所用燃料。

1. 根据项目对燃料类别的特殊需求以及燃料的可得性，经过技术经济比较，确定燃料类别和质量指标，计算所需燃料数量。选择燃料品种时应满足环境保护的要求。

2. 根据燃料类别、质量指标、燃料数量、燃料供应的稳定性和可靠性，进一步评估燃料来源、价格、运输条件（含距离、接卸方式、运输设备和运输价格等），进行方案比选。对大宗燃料，应与拟选供应商、运输公司签订供应意向书和承运意向书。需要特殊运输方式和特殊保护措施的辅助材料供应方案，须做重点说明。

3. 评估所选辅助材料和燃料被替代的可能性与经济性。对工艺有特殊要求的辅助材料及燃料，必须分析论证其品种、质量和性能能否满足生产要求。

4.5.3 原材料和燃料供应方案比选

主要原材料和燃料的供应方案应通过多方案比较确定。在满足生产要求的类别、质量、性能、数量等条件下，主要比较：（1）采购的可靠性、稳定性、安全性；（2）价格（含运输费）的经济性及可能的风险。经过比选，提出推荐方案。

4.6 总图运输方案评估

总图运输方案评估主要是依据项目建设规模，结合场地、物流、环境、安全、美学等条件和要求对工程总体空间和设施进行合理布置。由于项目性质不同，总图运输方案考虑的侧重点也不同，在设计总图运输方案时，要根据项目特点，考虑其特定因素。

4.6.1 总图运输方案要求

4.6.1.1 总体布置要求与场（厂）区总平面布置要求

1. 总体布置要求。总体布置是对场（厂）址内的功能区、居住区、相邻企业、水源、电源、热源、渣场、运输、平面竖向、防洪排水、外部管线及机械化运输走廊、发展预留用地、施工用地等进行全面规划。大型钢铁联合项目、炼化一体化项目、黑色金属和有色金属共伴生矿产资源综合利用项目、煤/电/化/建材一体化项目、大型煤基烯烃项目、大型装备制造基地项目、造纸/化工一体化项目等应进行总体布置评估。总体布置应符合城镇总体规划、工业园区布局规划，结合工业企业所在区域的自然条件等进行。要满足生产、运输、防震、防洪、防火、安全、卫生、环境保护和职工生活设施的需要，经多方案技术经济比较后择优确定。

2. 场（厂）区总平面布置要求。场（厂）区总平面布置是在总体布置的基础上，根据工厂的性质、规模、生产流程、交通运输、环境保护、防火、防爆、安全、卫生、施工、检修、生产、经营管理、厂容厂貌及发展等要求，结合当地自然条件、场外设施分布、远期发展等因素，紧凑、合理地布置，经方案比较后择优确定。

4.6.1.2 场（厂）区运输要求

场（厂）区运输活动包括供应和销售过程中用车、船、空运及管道、传送带方式对物资的输送。可行性研究阶段要确定原材料供应物流和销售物流的运输方案（场（厂）外运输方案），同时确定生产物流的运输方案（场（厂）内运输方案）。

1. 场（厂）外运输方案。根据场（厂）外运入、场（厂）内运出的实物量、物态特性、包装方式、产地、运距、可能的运输方式，通过经济技术比较，确定并推荐运输方式，编制场（厂）外运输量统计表（见表4-8）。对大宗货物的铁路、水路运输，要分析铁路、航道的运输能力，并附承运部门同意运输的"承运意见函"。

表4-8 场（厂）外运输量统计表

序号	货物名称	货运量（吨/年）	起点	终点	运距（千米）	运输方式	备注
一	场（厂）外运入						
1							
2							
	合计						
二	场（厂）内运出						
1							
2							
	合计						
	总计						

场（厂）外运输方案的技术经济比较随项目而异。仅有一种运输方式时，可不做比较。可能有公路运输、铁路运输、水运、管道运输、皮带运输等多种方式时，要通过技术经济比较确定较优的运输方式。技术经济比较选择的比较因素一般包括运输距离、包装方式、线路能力、运费、运输工具来源、运力、运输可靠程度、安全程度、承运公司资质等。运力评估非常重要，如某西部项目在可行性研究、工程设计阶段，数十万吨产品均按照80%铁路运输、20%公路运输至目标市场（华北或华东地区）。但实际运营中，由于铁路运输紧张，不得不全部改为公路运输，使运输成本大大增加。

2. 场（厂）内运输方案。根据项目生产的特点和生产规模、货物运输的要求、运输距离的长短等，经技术经济比选来确定场（厂）内运输方式。

（1）标准轨距铁路运输主要用于原材料和成品大批量运输的企业，只有当年运输量达到一定规模或有特殊要求时，车间之间采用铁路运输才比较合理。

（2）无轨运输具有方便灵活的特点，是广泛采用的运输方式。无轨运输种类较多，一般的厂内运输都以汽车运输为主。

（3）短运距的厂内运输采用电瓶车和内燃搬运车、叉车运输最为适宜。

（4）带式输送机适用于经常的、大量的松散物料运输。如将煤从受料装置输送到煤仓，从煤仓输送到锅炉房等。

4.6.1.3　场（厂）区道路要求

1. 道路布置要求。

（1）道路布置应符合有关规范，满足生产（包括安装、检修）、运输和消防的要求，使厂内外货物运输顺畅、人行方便，合理分散物流和人流，尽量避免或减少与铁路的交叉，使主要人流、物流路线短捷，运输安全，工程量小。

（2）要求与厂外道路衔接顺畅，便于直接进入国家公路网。

（3）应与厂区的总平面布置、竖向布置、铁路、管线、绿化等布置相协调。

（4）应尽可能与主要建筑物平行布置。一般采用正交和环形式布置，对于运输量少的地区或边缘地带可采用尽头式道路。当采用尽头式布置时，应在道路尽头处设置回车场。

（5）道路等级及其主要技术指标的选用，应根据生产规模、企业类型、道路类别、使用要求、交通量等综合考虑确定。

（6）当人流集中，采用混合交通会影响行人安全时，应设置人行道。人行道一般应结合人流路线和厂区道路统一考虑进行布置，尽量使人行方便。

2. 道路方案设计的内容。可行性研究阶段的厂区道路方案设计的内容包括道路形式、路面宽度、纵坡及道路净空的确定，以及路面结构的选择。其深度需满足总平面布置、土石方量计算和投资估算的要求。

4.6.1.4　绿化要求

场（厂）区绿化布置是总平面布置的内容之一，也是环境保护的重要措施之一。工业项目绿化应按照国土资源部《工业项目建设用地控制指标》（国土资发〔2008〕24号）的规定，严格控制厂区绿化率，用地范围内不得建造"花园式工厂"，同时工厂的绿地率应符合有关标准和规范。场（厂）区绿化系数计算公式如下：

$$厂区绿化系数 = 厂区绿化用地计算面积 \div 厂区占地面积 \times 100\% \qquad (4-5)$$

4.6.1.5　总图技术经济指标

场（厂）区总平面布置的技术经济指标应执行《工业项目建设用地控制指标》的规定。工业项目建设用地控制指标包括投资强度、容积率、建筑系数和行政办公及生活服务设施用地所占比重。严禁在工业项目用地范围内建造成套住宅、专家楼、宾馆、招待所和培训中心等非生产性配套设施，工业企业内部一般不得安排绿地。但因生产工艺等特殊要求需要安排一定比例绿地的，绿地率不得超过20%。这些技术经济指标是贯彻国家供地政策，集约用地、节约用地及对土地资源合理利用的需要，是土地预审报告、项目申请报告中的主要内容之一。

总图技术经济指标可用于多方案比较或与国内外同类先进工厂的指标对比，以及进行企业改扩建时与现有企业的指标对比，可以用于衡量设计方案的经济性、合理性和技术水平。项目用地指标应符合国家、行业和各省、自治区、直辖市颁布的建设用地指标。

1. 工业项目建设用地控制指标计算。按照《工业项目建设用地控制指标》，用地控制指标的含义和计算公式如下。

（1）投资强度，是指项目用地范围内单位面积的固定资产投资额。

$$投资强度 = 项目固定资产总投资 \div 项目总用地面积 \qquad (4-6)$$

其中，项目固定资产总投资包括厂房、设备和地价款、相关税费，按万元计。项目总用地面积按公顷（万平方米）计。

（2）建筑系数，是指项目用地范围内各种建筑物、构筑物、堆场占地面积总和占项目总用地面积的比例。

$$建筑系数 = （建筑物占地面积 + 构筑物占地面积 + 堆场占地面积）$$
$$\div 项目总用地面积 \times 100\% \qquad (4-7)$$

（3）场地利用系数。

$$场地利用系数 = 建筑系数 + [（道路、广场及人行道占地面积 + 铁路占地面积$$
$$+ 管线及管廊占地面积）\div 项目总用地面积 \times 100\%] \qquad (4-8)$$

场地利用系数虽然不在《工业项目建设用地控制指标》规范内，但它和建筑系数一样，都是衡量项目总平面布置水平的重要指标，因此在此一并说明。由于各行业生产性质和条件不同，建筑系数和场地利用系数的大小必然有所差异，就一般工业项目而言，其建筑系数应不低于30%。

（4）容积率，是指项目用地范围内总建筑面积与项目总用地面积的比值。

$$容积率 = 总建筑面积 \div 项目总用地面积 \qquad (4-9)$$

若建筑物层高超过8米，在计算容积率时该层建筑面积加倍计算。

（5）行政办公及生活服务设施用地所占比重，是指项目用地范围内行政办公及生活服务设施占用土地面积（或分摊土地面积）占项目总用地面积的比例。

$$行政办公及生活服务设施用地所占比重 = 行政办公及生活服务设施占用土地面积$$
$$\div 项目总用地面积 \times 100\% \qquad (4-10)$$

当无法单独计算行政办公及生活服务设施占用土地面积时，可以采用行政办公及生活服务设施建筑面积占总建筑面积的比重计算得出的分摊土地面积代替。工业项目所需行政办公及生活服务设施占用土地面积不得超过工业项目总用地面积的7%。

2. 国家和行业颁布的建设用地控制指标。国家和行业颁布的建设用地控制指标可查以下规定：《机械工业工程项目建设用地指标》《原油及天然气工程建设用地指标》《建材工业工程项目建设用地指标》《林产工业工程项目建设用地指标》《工矿企业生活区建设用地指标》《核工业工程项目建设用地指标》《兵器工业工程项目建设用地指标》《电子工程项目建设用地指标》《地面防空雷达站建设用地指标》《通信工程项目建设用地指标》《化学工业工程项目建设用地指标》《公路建设项目用地指标》《新建铁路工程项目建设用地指标》《民用航空运输机场工程项目建设用地指标》《电力工程项目建设用地指标（火电厂、核电厂、变电站和换流站）》《煤炭工业工程项目建设用地指标》《广播电视工程项目建设用地指标》《有色金属工业工程项目建设用地指标》《轻工业工程项目建设用地指标》《林业局工程项目建设用地指标》《林区电力、木材运输、护林防火机场工程项目建设用地指标》《区、乡（镇）林业工作站工程项目建设用地指标》等。

4.6.2 总图运输方案比选

总图运输方案比选一般从技术经济指标和功能两方面进行，择优推荐。

4.6.2.1 技术指标比选

总图运输方案技术指标比较见表 4-9。

表 4-9 总图运输方案技术指标比较

序号	技术指标	单位	方案 1	方案 2	方案 3
1	厂区占地面积	万平方米			
2	建筑物、构筑物占地面积	万平方米			
3	道路和广场占地面积	万平方米			
4	露天堆场占地面积	万平方米			
5	铁路占地面积	万平方米			
6	绿化面积	万平方米			
7	投资强度	万元/万平方米			
8	建筑系数	%			
9	容积率				
10	行政办公及生活服务设施用地所占比重	%			
11	绿化系数	%			
12	场地利用系数	%			
13	土石方挖填工程量	立方米			
14	地上、地下管线工程量	米			
15	防洪措施工程量	立方米			
16	不良地质处理工程量	立方米			
	……				

4.6.2.2 总图运输费用比选

不同的总图运输，会对项目的整体方案产生影响，需在项目方案评估时进行比选。

总图运输费用比选见表4-10。

表4-10　总图运输费用比较表

序号	指标	方案1	方案2	方案3
1	土石方费用			
2	地基处理费用			
3	地下管线费用			
4	防洪抗震设施费用			
	……			

4.6.2.3　其他比选内容

1. 功能比选。主要比选生产流程的短捷、流畅、连续程度，项目内部运输的便捷程度以及安全生产满足程度等。

2. 拆迁方案比选。对拟建项目占用土地内的原有建筑物、构筑物的数量、面积、类型、可利用的面积、需拆迁部分的面积、拆迁后原有人员及设施的去向、项目需支付的补偿费用等进行不同拆迁方案的比选。

3. 运输方案的比选。运输方案主要是在满足生产功能条件的前提下，进行技术经济比选。

4.7　工程方案及配套工程方案比选

4.7.1　工程方案

工程方案选择是在已选定项目建设规模、技术方案和设备方案的基础上，评估论证主要建筑物、构筑物的建造方案。工程方案主要是指土建工程，但不全是土建工程，还可按功能分类，有多种称谓。

4.7.1.1　工程方案选择的基本要求

1. 满足生产和使用的要求。确定项目的工程内容、建筑面积和建筑结构时，应满足生产和使用的要求。分期建设的项目应留有适当的发展余地。

2. 适应已选定的场（厂）址（线路走向）。在已选定的场（厂）址（线路走向）的范围内，合理布置建筑物、构筑物，以及地上、地下管网的位置。

3. 符合工程标准、规范要求。建筑物、构筑物的基础、结构和所采用的建筑材料应符合政府部门或者专门机构发布的技术标准、规范要求，确保工程质量。

4. 经济合理。工程方案在满足使用功能、确保质量的前提下，力求降低造价，节约建设资金。

技术改造项目的工程方案应合理利用现有场地、设施，并力求新增的设施与原有设施相协调。

4.7.1.2　工程方案评估内容

1. 一般工业项目的厂房、工业窑炉、生产装置、公用工程装置及辅助装置等建筑物、构筑物的工程方案主要研究其建筑特征（面积、层数、高度、跨度），建筑物、构筑物的结构形式，以及特殊建筑要求（防火、防爆、防腐蚀、隔音、隔热、防渗等），大型油罐及建筑物、构筑物的基础工程方案，抗震设防措施等。

2. 矿产开采项目的工程方案主要研究开拓方式。根据矿体分布、形态、产状、埋藏深度、地质构造等条件，结合矿产品位、可采资源量确定井下开采或者露天开采的工程方案。这类项目的工程方案将直接转化为生产方案。

井下开采应根据矿床地质条件、储量、地形地貌、生产规模、作业场地和采矿工艺等研究确定开采方式，如采用竖井、斜井、平洞或者混合方式开采等。根据矿体的产状厚度和顶底板岩层的稳固性、矿床水文地质条件、矿石品位高低等研究确定开采方法，如采用综合采掘、机械化或者半机械化方法开采。根据开采方式和开采方法，研究提出相应的工程方案。

露天开采应根据露天矿开采边坡角参数和采剥比，研究提出开采矿段、扩帮开采的工程方案。

油气田开采应根据探明储量、地质条件、油气层结构，研究提出钻井和油气集输等工程方案。

3. 铁路项目工程方案，主要包括线路、路基、轨道、桥涵、隧道、站场以及通信信号等方案。

根据线路各路段的地形地貌、沿线地质条件，研究提出路基填挖高度、加固防护路基以及不良地质处理的方案。根据水文地质和工程地质情况，研究提出全线桥梁、隧道的开挖或者建造方案。对地质条件复杂、工程结构复杂、施工难度大、工程量大的桥梁、隧道分别研究提出相应的工程方案。根据项目设定的运输能力，研究提出线路各车站、货场的工程方案。

4. 水利水电项目工程方案，主要包括防洪、治涝、灌溉、供水、发电等工程方案；水利水电枢纽和水库工程主要研究坝址、坝型、坝体建筑结构、坝基处理以及各种建筑物、构筑物的工程方案。同时，还应研究提出库区移民安置的工程方案。

4.7.1.3　建筑和结构方案比选

在满足生产需要的前提下，按照适用、经济、美观的原则，结合建设场地的具体条件，合理开展土建工程方案评估。应广泛采用新结构、新构件、新材料，充分利用当地材料。对大型建（构）筑物、重要建（构）筑物采用的结构方案应通过技术经济比选确定，以节约投资，做到技术先进、经济合理、安全适用、施工方便。

4.7.1.4　防震抗震与地震安全性评价

1. 防震抗震。根据所在区域地震历史概况，结合工程特点，制定切实可行的防震抗震措施，力求把地震灾害和造成的次生灾害减少到最低限度。可行性研究阶段应当按照抗震设防要求和抗震设计规范，提出抗震设计措施。工程建设项目需按《中华人民共和国防震减灾法》（修订）、《建设工程抗震设防要求管理规定》（中国地震局令第 7 号），以及现行国家标准《中国地震动参数区划图》（GB 18306—2015）、《建筑抗震设计规范》（GB 50011—2010）（2016 年版）、《建筑抗震设计规范》（GB5011—2010）（2016 年版）、《建筑工程抗震设防分类标准》（GB 50223—2008）、《湿陷性黄土地区建筑规范》（GB 50025—2018）及行业标准规范等要求进行抗震设计；新建、扩建、改建建设工程，应按照地震安全性评价要求，针对工程项目特点，制定相应的防震抗震措施，达到抗震设防要求。

2. 地震安全性评价。中华人民共和国国务院令第 709 号《地震安全性评价管理条例》第八条规定，下列建设工程必须进行地震安全性评价国家重大建设工程；受地震破坏后可能引发水灾、火灾、爆炸、剧毒或者强腐蚀性物质大量泄漏或者其他严重次生灾害的建设工程，包括水库大坝、堤防和贮油、贮气、贮存易燃易爆、剧毒或者强腐蚀性物质的设施以及其他可能发生严重次生灾害的建设工程；受地震破坏后可能引发放射性污染的核电站和核设施建设工程；省、自治区、直辖市认为对本行政区域有重大价值或者有重大影响的其他建设工程。地震安全性评价报告应报送国务院地震工作主管部门或者省、自治区、直辖市人民政府负责管理地震工作的部门或者机构审定（国务院地震工作主管部门负责下列地震安全性评价报告的审定：国家重大建设工程，跨省、自治区、直辖市行政区域的建设工程，核电站和核设施建设工程；省、自治区、直辖市负责管理地震工作的部门或者机构负责除前款规定以外的建设工程地震安全性评价报告的审定）。咨询人员应协助地震安全性评价单位做好地震安全性评价。地震安全性评价报告应当包括：工程概况和地震安全性评价的技术要求，地震活动环境评价，地震地质构造评价，设防烈度或者设计地震动参数，地震地质灾害评价，其他有关技术资料。

4.7.2 配套工程

建设项目的配套工程是指公用工程、辅助工程和厂外配套工程等。配套工程方案是项目建设方案的重要部分，必须做到方案优化、工程量明确。应明确水、电、气、热等物质的来源、总用量、供应方案，并计算各分项工程量。位于工业园区的工程建设项目应优先考虑依托园区公用工程岛供应。

公用工程和辅助工程一般包括给水排水工程、供电与通信工程、供热工程、空调系统、采暖通风系统、压缩风（含压缩空气、仪表空气）和氮气等系统以及分析化验、维修设施、仓储设施等。

厂外配套工程通常包括防洪设施（如防潮防浪堤、防洪坝、导洪坝和导洪渠等）、铁路专用线、道路、业主码头、水源及输水管道、排水管道（包括污水管道、雨水和清净废水管道）、供电线路及通信线路、供热及原材料输送管道、厂外仓储及原材料堆场、固体废弃物堆场、危险废物填埋场或处置场、固体物料输送工程等。

4.7.2.1 给水排水工程

1. 给水工程。

（1）水源选择。水源包括城市自来水水源、地表水水源（含江、河、湖、海等）、地下水水源（含矿井水）。要求水源水量充足，水质良好，满足用户生产用水、生活用水、消防用水、冷却用水水量要求和用水水质要求以及建设项目用水保证率要求（可行性研究报告应提出建设项目要求的供水保证率和拟定水源的供水保证率），并具有取水管道和输水管道建设条件。

沿海工业企业，特别是电力、化工、石化等高用水企业应优先利用海水、替代淡水作为冷却水，用海水淡化水作为工业锅炉除盐水。

（2）水资源论证。对于直接从江河、湖泊或地下取水，国际跨界河流、国际边界河流和跨省（自治区）内陆河流取水，需申请取水许可证的新建、改建、扩建的建设项目，建设项目业主单位应当按照有关规定进行建设项目水资源论证，并获得水资源主管部门审批。资源性缺水地区如果通过水权转让获得用水指标，应编制水权转让可行性研究报告，签订水权转让协议并获得水资源流域主管部门审批。

（3）净水厂及给水泵站。根据供水水源水质，确定净水处理方案。如果由园区公用工程岛供应，需对公用工程岛供水能力及净水能力进行说明。净水处理方案包括原水水质、净水处理方块工艺流程、消耗定额、主要设备。以海水淡化制取淡水的项目应说明采用的海水淡化技术、主要设备及主要技术经济指标。

（4）用水量。按照用户要求，计算建设项目小时用水量或年用水量，分别说明新鲜水（含循环水补充水）、直流冷却水、循环冷却水、化学水、生活水等的用水量。

（5）给水系统。建设项目性质不同，给水系统的组成也不同，一般包括生产（低压消防）给水系统、生活给水系统、化学水给水系统。

2. 排水工程。排水工程一般按照清污分流、分质排放的原则设置。排水系统一般包括清净废水系统、生活污水系统、生产污水系统（含污染区的初期雨水）、雨水排水系统等。生产污水系统还可按照项目污水特性进行细分，如造气污水、含盐污水、含酚污水、含油污水等。需按照《关于督促化工企业切实做好几项安全环保重点工作的紧急通知》（安监总危化〔2006〕10 号）的文件精神，设置事故池或缓冲池等事故状态下"清净下水"的收集、处置设施。

3. 污水处理。根据生产过程排出的污水水质、水量及排放标准，通过技术经济比较，确定污水处理工艺、主要设备，并说明污水处理场进水水质、排水水质。如采用新污水处理工艺，需说明技术来源、技术持有者和技术引进方式。国家鼓励在废水处理中应用臭氧、紫外线等无二次污染的消毒技术。开发和推广超临界水处理、光化学处理、新型生物法、活性炭吸附法、膜法等技术在工业废水处理和再利用中的应用。如果由集中污水处理场处理，需对集中污水处理场的能力进行说明，并对污水处理后的回用进行说明。

为节约用水，电力、化工、石化等高用水企业应设置回收用水处理系统。将循环水排污水、化学水装置酸碱中和排水等其他清净废水收集处理。处理后的水作为循环水补充水和道路清洒、绿化用水。水的回收率应保持在 80% 左右。

在资源性缺水地区，应采用先进的污水处理工艺，对生产污水和生活污水进行深度处理，出水应满足工业循环冷却水补充水水质要求（水的回收率应保持在70%～80%）。废水回用装置和污水处理装置排出的浓盐水可以采用蒸发技术进行处理，回收中水（水的回收率应保持在85%左右），减少浓盐水排放量。也可以把外排的高浓度盐水送入结晶装置结晶，结晶盐外运填埋。其处理深度和处理方案均需经过技术经济比较而定。

4. 污水排放口及纳污水体。应提出批准的污水排放口位置和纳污水体名称、现状。在西北地区无纳污水体的情况下，利用当地降雨量小、蒸发量高的气象特点设置蒸发塘时，应选择合理的蒸发折减系数和年蒸发量，根据进入蒸发塘的高浓度含盐废水量计算蒸发塘面积、蓄水池深度。除蒸发塘设计留有一定的富余量外，还应考虑合理容量的事故水池设置。

4.7.2.2 供电工程

1. 供电电源。供电电源包括当地电网、自备电源、电网与自备电源相结合。当从电力系统取得供电电源时，需说明电源变电站名称、规模、电压等级、供电现况以及距建设项目的距离。当建厂地区电力系统容量有限，或受供电距离限制等原因不能从电力系统取得全部电源时，也可自建电厂。电源电压应根据用电量、电源点至企业受电点的距离以及地区电网可能供给的电压等条件与电力部门协商确定。

2. 供电系统的内容。主要包括负荷计算、负荷等级、供电方案、功率因数补偿、防雷、防静电及接地系统、电线和电缆、变配电所布置、容量、供电范围、主要设备选择等，自备电站规模、供电能力及用电平衡、电气主接线、主要电气设备等。电源接入系统（对于电源电压大于或等于110千伏的建设项目，应提供电源接入系统设计，并需由有资质的单位承担，设计完成后，需通过省级电力主管部门的审批）应附供电系统图和供电协议书。

3. 谐波影响。按照《电力系统谐波管理暂行规定》，建设项目要根据其非线性负荷特性确定接入电网的谐波电流允许值，对超过规定允许值的项目提出限制谐波电流措施。

4.7.2.3 通信工程

电信系统与工程类别、规模、自动化程度、生产工艺技术要求等有关。通信系统一般包括行政电话系统、调度电话系统、无线通信系统、扩音对讲系统、火灾报警系统、工业电视监督系统和管理现代化系统等。

4.7.2.4 供热工程

1. 热源选择。热源一般包括余热回收利用形成的热源、集中热源（如集中供热电厂、公用工程岛热源）、企业自备热源。热源选择受区域集中供热、生产装置余热回收利用、燃料供应等影响。选择热源的顺序为：余热利用热源，园区集中供热设施热源富余能力，对集中热源进行改建、扩建和自建热源。

2. 热负荷确定。热负荷主要包括生产热负荷、采暖热负荷、生活热负荷、制冷热负荷、通风空调热负荷等，生产装置副产热负荷及回收的低位热负荷。热负荷一般应按照生产、采暖、生活、制冷和通风空调等热负荷条件及余热回收条件列表计算、汇总，并提出热负荷一览表（包括热源负荷和供热负荷）。

3. 燃料选择。见原材料、燃料供应相关内容。

4. 供热方案。供热工程建设方案评估要贯彻国家的能源政策、合理使用能源、利用节能技术、考虑能量的分级利用和热、电、动的联合利用，技术上先进，经济上合理。热电联供方案须贯彻《关于发展热电联产的规定》（急计基础〔2000〕1268 号）的规定，按照"以热定电和适度规模"的原则提出热电联供设施的热效率和热电比，其热电联供建设规模应符合当地电网规定。

5. 全厂蒸汽系统。对于一些如石油化工等大型项目，蒸汽既是动力，又是热源，二者紧密结合，不可分割。全厂蒸汽系统设置完善与否直接影响着工厂能耗水平和经济效益。全厂蒸汽系统要评估从热源到用户的管网系统组成、蒸汽参数选择（供热参数选择要考虑国产锅炉、供热汽轮机组参数系列）、大型动力设备的蒸汽拖动条件、冷凝水回收率、生产装置的余热利用。论述该系统的合理性并附全厂蒸汽平衡图。对于大型石油化工、化工项目，还应包括不同工况下的蒸汽平衡。如果由厂外集中热源供热，还应附上供热协议书。

4.7.2.5　维修设施

工厂维修设施是保证生产正常运转不可缺少的配套工程，要根据生产规模、设备特点、外协条件等多种因素考虑相应的配置。一般应在保证主要生产设备完好和正常生产的前提下，力求缩小规模，有外协条件的尽量争取外协。

4.7.2.6　仓储设施

1. 仓库的组成。仓库的组成取决于工厂的类型、生产规模、专业化协作程度，以及材料和制品的品种和供应条件等，一般有原材料库（或罐区）、设备库、成品库（或罐区）、生活用品库、备品备件库、电器仪表库、综合材料库、劳保用品库、修缮材料库、包装材料库、化学品库、危险品库、油品库等。

2. 贮存方式。物料贮存应根据物料的特性和存放要求、贮存期的长短、当地气象条件等分别采取封闭库、棚库、露天存放、储罐等方式。

3. 贮存期和贮存量。物料贮存期的长短应根据生产要求、物料特性、年耗量、供应方式、供应地点、运输方式及运距、运输风险，以及国家或行业储运规范等要求确定。按照贮存期和年耗量计算贮存量，并确定储罐大小、仓库面积、仓库（或罐区）建设方式。

4.7.2.7　厂外配套工程

厂外配套工程的面很广，不同类别、不同规模的项目以及项目所在地区条件不同，厂外配套工程都会有很大差异。厂外配套工程的确定往往与场址选择密切相关，因此，必须在选址阶段全面调查了解拟选地区的自然条件、社会环境、基础设施和经济发展状况及其发展规划，结合项目的实际需要，因地制宜予以考虑。

1. 厂外配套工程的内容。

（1）运输配套项目，一般包括厂外铁路专用线、厂外公路、专用水运码头及仓库、重件大件运输改造公路及加固桥涵、运输皮带栈桥、原材料运输管道等。

（2）公用工程配套项目，包括水源地工程及供水管道、厂外高压输电线路、厂外通信线路、厂外供热管道、厂外排水及排污管线等。

（3）环保配套项目，包括污水处理场、固体废弃物堆放场、危险废物填埋场、危险废物处置场、固体废弃物输送栈桥、水力排渣管道、配套"三废"综合利用工程等。

（4）其他配套项目，如防洪、防浪防潮、排洪工程等。

2. 厂外配套工程方案评估。厂外配套工程建设涉及的外部因素较多，必须在充分调查评估的基础上进行技术经济综合分析、论证，选择较优方案。厂外配套工程方案的设计要符合以下要求。

（1）根据项目生产特点和使用要求，结合项目所在地区的具体条件，遵照保证生产、因地制宜、合理配置的原则进行。

（2）厂外配套工程建设应与城市、地区的规划相协调，要统筹安排，保证城市、地区的基础设施的合理布局。

（3）要考虑使用管理方便，同时充分利用当地已有的条件和设施，以及生产协作条件，力求减少工程量，节省投资。

（4）要符合环保要求，防止造成新的污染点（如排渣场、排污场的选择）。

4.8　本章小结

本章介绍了建设方案评估的任务、方案比选和优化的内容和要求，并阐述了建设方案评估的主要内容，包括建设规模、产品方案、生产工艺技术方案、场（厂）址方案、原材料和燃料供应方案、总图运输方案、工程方案以及配套工程方案等。项目建设方案评估应以市场分析为基础，结合实际情况，考虑不同方案的影响，构造和优化项目建设方案，以期实现项目目标、增加投资收益，完成项目的科学决策。

第 5 章
项目支撑条件评估

项目建设方案比选确定后，还需要对项目相关的支撑条件进行分析和评估，支撑条件评估的内容包括环境保护方案评价、资源节约及综合利用评价、安全预评价和项目组织与人力资源评价等内容。这些支撑条件在前述的评估过程中都有考虑，在实际的项目评估过程中，很多要素都要经过反复分析，由粗至细地评估，作为投资项目决策的依据。

5.1　环境保护方案评价

为了预防因开发利用自然资源（如矿产开采等）、项目建设、海岸工程建设和海洋石油勘探开发实施后对环境造成不良影响，防治土壤污染、土地沙化、盐渍化、贫瘠化、沼泽化、地面沉降和防止植被破坏、水土流失、水源枯竭、种源灭绝以及其他生态失调现象的发生和发展，保护各种类型的自然生态系统区域，珍稀、濒危的野生动植物自然分布区域，重要的水源涵养区域，海洋环境，具有重大科学文化价值的地质构造、著名溶洞和化石分布区、冰川、火山、温泉等自然遗迹，以及人文遗迹、古树名木，在项目建设方案评估中必须包括环境保护方案的评估，并形成相应的章节，落实可持续发展战略的要求。

5.1.1　环境保护方案概述

5.1.1.1　环境保护方案评价要求

1. 认真贯彻《中华人民共和国环境影响评价法》（2016 年修正）、《国务院关于落实科学发展观加强环境保护的决定》（国发〔2005〕39 号）、《国务院关于印发节能减排综合性工作方案的通知》（国发〔2007〕15 号）、《规划环境影响评价条例》（国务院令第559 号）、《国民经济和社会发展第十四个五年规划和 2035 年远景目标纲要》等国家和地方政府及行业制定的法规、条例、规定、标准等。坚持把建设资源节约型、环境友好型社会作为加快转变经济发展方式的重要着力点。

2. 实行"预防为主，综合治理，以管促治"的方针，坚决做到保护环境与生产建设同步规划、同步实施、同步发展，实现经济效益、社会效益、环境效益的统一。

3. 坚持科学规划，突出预防为主的方针，从源头防治污染和生态破坏。坚持"可持续发展、资源可循环利用"，提高资源利用效率，从源头上减少和避免污染物的产生，保护和改善环境，保障人类健康，促进经济与社会可持续发展。

4. 坚持清洁生产，强化污染物减排和治理。采用无污染或少污染的先进技术和生产工艺，合理开发和利用各种资源、能源，防治废水、废气、固体废弃物、噪声、振动、烟（粉）尘、恶臭气体以及放射性物质等的污染。坚持"达标排放、总量控制"的原则，加强造纸、印染、化工、制革、规模化畜禽养殖等行业的污染治理；推进火电、钢铁、有色、化工、建材等行业的二氧化硫和氮氧化物治理；强化脱硫脱硝设施稳定运行。

5. 防范环境风险。实行严格的环保准入，依法开展环境影响评价。强化总量控制指标考核，健全重大环境事件和污染事故责任追究制度。

6. 引进国外技术和设备的项目须遵守我国的环境保护法律、法规和政策。严禁将国外、境外列入危险特性清单的有毒、有害废物和垃圾转移到我国境内处置，严防污染转移。

5.1.1.2　执行的标准规范

环境保护方案评估应明确项目所在地区执行的环境质量标准。注明环境功能分类、标准类别、参数及标准值，污染物排放标准包括国家标准、行业标准和地方标准，应说明标准名称、标准号、标准分级、参数及标准值。

5.1.1.3　环境保护方案评价的内容

1. 项目概况。简要描述建设规模、主要生产工艺和公用工程消耗量，给出主要污染源和污染物排放量。

2. 环境质量现状。描述建设地点环境质量现状，内容包括：拟建场（厂）址周边工矿企业分布、生态环境、环境敏感点、自然遗迹、人文遗迹等的现状；项目所在地区地形地貌、气象等自然条件，水环境、空气环境、噪声环境质量现状，固体废弃物储存场、危险废弃物填埋场环境现状，生态环境现状，土地利用现状（包含林地、果园农田、裸地、建设用地及水面分布）等；改、扩建项目依托企业水环境、空气环境、噪声环境质量现状，污水处理设施规模、处理工艺、运行等现状。

3. 污染源和污染因素分析。

（1）污染环境因素分析。

① 废气（含气态污染物和颗粒物，颗粒物包括烟尘、粉尘）。分析废气排放点，计算污染物产生量和排放量、有害成分和浓度，评估排放特征及其对环境的危害程度。

② 废水。分析工业废水（废液）和生活污水的排放点，计算污染物产生量与排放量、有害成分和浓度，评估排放特征、排放去向及其对环境的危害程度。

③ 固体废弃物。分析计算固体废弃物产生量与排放量、有害成分及其对环境的污染程度。

④ 噪声。分析噪声源位置，计算声压等级，评估噪声特征及其对环境的危害程度。

⑤ 其他污染物。分析生产过程中产生的电磁波、放射性物质等污染物的特征，计算其强度值及其对周围环境的危害程度。

（2）破坏环境因素分析。分析项目建设施工和生产运营对环境可能造成破坏的因素，预测其破坏程度，主要包括：对地形、地貌等自然环境的破坏；对森林、草地植被的破坏，如引起土壤退化、水土流失等；对社会环境、自然遗迹、人文遗迹、古树名木的破坏等。

4. 环境污染防治措施方案。环境污染防治措施包括"三废"治理、废物回收利用、环境管理制度、环境监测设施等方面。所提出的环境污染防治措施应与环境影响评价报告中提出的措施协调一致。通常采用的环境污染防治措施主要有：（1）水环境污染防治措施，包括污水处理，中水回用，废液回收处理，废液焚烧，事故状态下"清净下水"的收集、处置措施等及回收利用方案。（2）大气环境污染防治措施，包括气态污染物和颗粒物（工艺废气、焚烧炉废气、锅炉烟气、烟尘和工业粉尘）污染防治措施及回收利用方案。（3）固体废弃物处理措施，包括固体废弃物（化工渣、燃煤灰渣、废矿石、尾矿和其他工业固体废物等）处理措施及回收利用方案。（4）危险废弃物处理措施，包括危险废弃物包装、贮存设施的选址、设计、运行与管理、安全防护与监测等处理措施，并提出危险废弃物再利用或无害化处理方案。（5）噪声防护措施，包括噪声控制及防护措施等。（6）污染防治分区及地下水保护措施，包括对地下水存有潜在污染的生产装置区、灰渣场、填埋场等的地下水保护措施。（7）水土保持措施。根据《中华人民共和国水土保持法》《中华人民共和国水土保持法实施条例》，在山区、丘陵区、风沙区修建铁路、公路、水利工程，开办矿山企业、电力企业和其他大中型工业企业，需采取水土保持措施，对水土保持方案进行论述。环境影响报告书中的水土保持方案必须先经水行政主管部门审查同意。（8）公众参与及公众利益保护措施。为保护公众利益，需针对生产和运输过程中产生的废水、废气、固体废弃物、噪声、振动、烟（粉）尘、恶臭气体以及放射性物质等污染可能对公众的影响，提出保护公众利益的措施。（9）建设项目的环保设施应与主体工程同时设计、同时施工、同时投入生产和使用。

5. 建设项目环境风险评价。需进行环境风险评价的新建化工、石化项目及其他存在有毒有害物质的建设项目，在环境保护内容中应分析建设项目产品、中间产品和原辅材料的规模及物理化学性质、毒理指标和危险性等；针对项目运行期间发生事故可能引起的易燃易爆、有毒有害物质的泄漏，或事故产生的新的有毒有害物质，从水、气、环境安全防护等方面考虑并预测环境风险事故影响范围及其对人身安全及环境的影响和损害；简要说明环境风险事故防范、减缓措施，特别要针对特征污染物提出有效的防止二次污染的应急措施。

6. 环境污染防治措施方案比较及推荐意见。

（1）环境污染防治措施方案比较。对提出的环境污染防治措施方案进行比较，包括：①技术水平比较，包括采用的清洁生产工艺的源头治理技术和末端治理的污染物处理技术，比较各方案的技术水平。②治理效果比较。从治理后的污染物排放浓度、排放量来衡量。③管理及监测方式比较，分析环境污染防治措施方案中拟采取的管理模式和检测手段的优缺点。④污染治理效益比较，包括经济效益、社会效益、环境效益及公众利益保护等方面。

（2）提出推荐方案。比选后，提出推荐技术方案和环境保护设施（包括治理和监测设施）。要列出主要设备、投入物料及公用工程消耗量，为相应公用工程方案设计、投资估算和成本估算提供依据。

7. 环境保护投资。环境保护投资应在建设投资中占有一定的、合理的比例。其投资包括：生产装置为减少"三废"排放和降低噪声而采取的措施投资（包括在工艺生产装置投资中），公用工程装置为减少废物排放和降低噪声而采取的措施投资（包括在公用工程投资中），污水处理投资，废物回收利用设施投资，环境监测投资，废物处理如火炬、焚烧、固体废弃物堆场、危险废物填埋场及危险废物处置场设施等投资，绿化投资等。

8. 环境影响的分析与预测。在环境保护篇（章）的结论中，应给出特征污染物排放总量及总量控制指标来源。应明确指出：建设项目排入环境的污染物是否"达标排放"；排放总量是否在批准的总量控制指标范围内；通过区域平衡等替代措施削减污染负荷的项目是否落实；预测未来环境状况，从保护环境的角度，判断得出该建设项目可行与不可行的结论。

5.1.2 项目环境影响的效益—费用评价方法

根据考虑问题的不同，衡量环境质量价值可以从效益与费用两个方面进行评价：一是从环境质量的效用，即从其满足人类需要的能力，以及人类从中得到好处的角度进行评价；二是从环境质量遭到污染并进行治理所需要花费的费用的角度进行评价。

根据消费环境商品带来的效用来确定环境价值，又可以分为直接根据市场价值或劳动生产率来确定环境价值和应用替代物或相应货物的市场价值来确定环境价值两种，前者使用的评价方法有市场价值法和人力资本法，后者使用的评价方法有资产价值法和工资差额法；而根据补偿环境恶化的费用来确定环境价值的评价方法主要有防护费用法和恢复费用法。两者的详细分类见表 5 – 1。

表 5 – 1　环境影响的效益—费用评价方法分类表

分类标准		适用方法
根据消费环境商品带来的效用来确定环境价值	直接根据市场价值或劳动生产率	市场价值法
		人力资本法
	应用替代物或相应货物的市场价值	资产价值法
		工资差额法
根据补偿环境恶化的费用来确定环境价值		防护费用法
		恢复费用法

5.1.2.1 直接法

市场价值法和人力资本法这两种方法均属于直接效益—费用分析法（简称直接法），

重点描述污染物对自然系统或人工系统影响的效益与费用。

1. 市场价值法。市场价值法将环境质量当作一个生产要素，环境质量的变化导致生产率和生产成本的变化，从而影响生产或服务的利润和产出水平，而产品或服务的价值利润是可以利用市场价格来计量的。市场价值法就是利用环境质量变化而引起的产品或服务产量及利润的变化来评价环境质量变化的经济效果的，用公式可表示为

$$S = V \sum_{i=1}^{n} \Delta R_i \tag{5-1}$$

其中，S 为环境污染或生态破坏的价值损失；V 为受污染或破坏物种的市场价格；ΔR 为某种产品或服务受污染或破坏程度的损失数量；i 为环境污染或破坏的程度，分为轻度污染、严重污染或遭到破坏。

ΔR_i 的计算方法与环境要素的污染或损失过程有关。如计算农田污染要素时可按下式计算：

$$\Delta R_i = M_i (R_0 - R_1) \tag{5-2}$$

其中，M_i 为某类污染程度的面积；R_0 为某类污染程度的单产；R_1 为未受污染或类比区的单产。

2. 人力资本法。环境作为人类社会发展最重要的资源之一，其质量变化对人类健康有很大影响。如果人类的生存环境受到污染或破坏，使原来的环境功能下降，就会给人类的生活质量及健康带来损失，这不仅会使人们的劳动能力和水平下降，而且还会给社会带来负担。人力资本法就是对这种损失的一种估算方法。对人类健康方面所造成的损失主要包括：过早死亡、疾病或病休所造成的收入损失；医疗费用的增加；精神或心理上的代价等。

在项目评估阶段，为了分析上的方便，可将环境污染引起的经济损失分为直接经济损失和间接经济损失两部分。其中，直接经济损失包括预防和医疗费用、死亡丧葬费；间接经济损失包括病人耽误工作造成的经济损失，非医护人员护理、陪住影响工作造成的经济损失等。评价的具体步骤是：通过污染区和非污染区的流行病学进行调查和对比分析，确定环境污染因素在发病原因中占多大比重，调查患病和死亡人数，以及病人和陪住人员耽误的劳动总工作日数，来计算环境污染对人类健康影响的经济损失。

5.1.2.2 替代市场法

当所讨论的产品或服务不能用市场价格表示时，则可采用替代市场法来进行价格分析，即用替代的产品或服务的市场价格来作为该产品或服务价值的依据。

1. 资产价值法。资产价值法与市场价值法的区别在于，它不是利用受环境质量变化所影响的产品或服务的直接市场价格来估计环境效益，而是利用替代或相应物品的价格来估计无市场的环境产品或服务。如清洁空气的价值、不同水平下的环境舒适性价值，都可成为销售商品所提供劳务价格中的一个因素。又如在建设项目环境影响评估中，经常考虑由于建设项目引起周围环境质量发生变化，则附近的房地产价格也受其影响，由此使人们对房产的支付意愿或房地产的效益都发生了变化。因此，若其他条件相同，污

染后的房价要低于未污染时的房价。其一般计算公式为

$$\Delta B = \sum_{i=1}^{n} \Delta P_i (Q_2 - Q_1) \qquad (5-3)$$

其中，ΔB 为效益的变化值，可以是由于项目引起资产效益的减少，也可以是污染防治使资产效益的增加；ΔP_i 为被影响资产的单位环境边际支付意愿，$i=1, 2, \cdots, n$，代表被影响的若干资产；Q_1，Q_2 分别为项目实施前后的环境质量水平。

2. 工资差额法。可利用环境质量不同条件下工人工资的差异来估计环境质量变化造成的经济损失或带来的经济效益。工人的工资受很多因素影响，如工作性质、技术水平、风险程度、工作期限、周围环境质量等。在现实中也存在着这样一种情况，即往往用高工资吸引人们到污染地区工作，如果工人可以自由调换工作，则此工资的差异部分即可归因于工作地点的环境质量。

因此，工资差异的水平可用来估计环境质量变化带来的经济损失或经济效益，即我们可以把类似工作的工资差额看作与工作地点的工作条件、生产条件相关的职业属性的函数，如果可以估计工资水平和上述职业属性之间的函数关系，则隐价格就可以确定（与资产价值法一样）。假定隐价格为一常数，则它可以反映从事较低（高）水平特征属性的职业，收入较高（低）水平的工资的边际支付（或接受）意愿，进而评定职业属性水平改善的效益。

影响工资差额的许多职业属性是可以识别的。大多数实例都涉及两种属性，即生命或健康的风险和城市舒适程度，特别是空气污染。空气污染属性的隐价格提供了一个空气质量与收入之间的权衡价值。

5.1.2.3 环境补偿法

前面介绍的几种方法完全依赖于以意愿为基础的环境质量效益评价方法，但是在很多情况下，要全面估计保护和改善环境质量和经济效益是件很困难的事情。这是因为，一方面受研究技术和资料的限制；另一方面受支付意愿理论不完整的限制。实际上，许多有关环境质量评价是在没有对效益进行货币估算的情况下作出的，是用一些特定目标或某种数量指标来代替被破坏的环境所需的费用来评价环境质量。

1. 防护费用法。防护费用法采取补偿的方法对环境进行估价，也即以生产者和消费者在自愿基础上为消除或减少环境恶化带来的有害影响而承担的防护费用作为环境产品和服务的潜在价值。根据所包含的费用，按照所使用资源的经济价值估计所产生的效益。防护费用法已被广泛应用于环境影响评估中。

2. 恢复费用法。由于建设项目或环境管理措施不当造成环境质量下降以及由此造成其他生产性资产受到损害，而将环境质量或生产性资产恢复到初始状态所需费用作为估计环境效益损失的最低期望值的方法就称为恢复费用法。如水污染引起农、渔业的损失，开矿引起地面下沉而造成建筑物损失的恢复费用，就是这种方法的具体应用。

5.2　资源节约及综合利用评价

推进资源节约集约利用，是经济发展的永恒主题。在项目决策过程中，应树立和弘扬新资源观，深刻认识资源现状，牢固树立节约集约、循环利用资源的原则，大力发展循环经济，全面推动能源、水资源、土地资源、矿产资源等节约集约利用，通过必要的程序和方法，科学协调资源开发与环境保护，优化项目建设条件，提高资源利用综合效率。

5.2.1　概述

5.2.1.1　资源节约及综合利用的要求

1. 我国资源及其利用面临的主要问题。

（1）资源禀赋不足。我国能源、土地、水、矿产等资源人均占有量偏低、质量总体不高。人均占有石油、天然气、铁矿石、铝土矿分别为世界平均水平的 5.4%、7%、17%、11%，且大多分布在生态环境脆弱地区，开发利用代价较高。人均耕地不足世界平均水平的 30%，且质量不断下降。人均淡水资源为世界平均水平的 28%，600 多个城市中有 400 多个缺水。

（2）资源利用效率不高。2017 年，我国单位国内生产总值能耗是世界平均水平的 1.5 倍，远高于发达国家。2014 年，燃煤工业锅炉能效水平和电机系统平均运行效率比世界先进水平低 10 个百分点以上。水资源产出率为世界平均水平的 62%，约为英国和日本的 15%。

（3）资源浪费和生态环境破坏严重。能源、矿产资源的无序开发造成资源浪费问题严重，非法开采、超计划生产、采富弃贫等问题屡禁不止，也造成了植被破坏、地表沉陷、水土流失，并引发了泥石流、山体滑坡等次生灾害。政策法规执行不严、目标责任落实不力、标准建设滞后的情况仍然存在。

2. 国家战略对资源利用的要求。"十四五"时期是我国全面建成小康社会、实现第一个百年奋斗目标之后，乘势而上开启全面建设社会主义现代化国家新征程、向第二个百年奋斗目标进军的第一个五年。必须贯彻落实"创新、协调、绿色、开放、共享"五大发展理念，深化资源领域重大改革，推动资源利用方式的根本转变，大幅提高资源利用综合效益。

5.2.1.2　资源节约及综合利用评价的目的和依据

资源节约及综合利用评价是指在项目决策分析与评价过程中，依据循环经济的基本原则和国家的相关法律法规，采用定性与定量的方法，分析评价项目对资源节约及综合利用所做的贡献，并且提出相应的改进意见和建议。

1. 评价目的。资源节约及综合利用评价的目的，是把循环经济的要求纳入项目评估，通过项目的选择、规划、设计和实施，促使增量资产实现最大限度的资源节约及综合利用，从而实现科学发展、转变经济增长方式，建设资源节约型和环境友好型社会。

2. 评价依据。资源节约及综合利用评价的主要依据是国家相关部门颁布的涉及资源节约及综合利用的法律法规、标准、规定以及强制性指标。开展评价工作，首要的依据是国家法律法规、标准及相关规定，如《中华人民共和国矿产资源法》《中华人民共和国土地管理法》《中华人民共和国水法》等；其次，要依据行业法规、标准及相关规定。此外，还要满足项目所在地的法律法规及相关规定要求。

5.2.1.3 典型资源的评价要求

1. 金属矿产资源开发项目资源利用评价。金属矿产资源开发涉及主金属矿产和伴、共生有价金属资源等产出物。因此对其开发利用方案进行分析评价时，既要考虑是否合理地开发利用了主金属矿产资源，也要分析伴、共生有价金属资源是否得到了综合回收利用，同时还需要对"三废"综合利用方案进行分析评价。

评价指标主要包括：（1）主金属矿产资源利用率指标，即采矿回采率和选矿回收率。（2）伴、共生有价金属资源综合利用评价指标。（3）固体废物的综合利用评价指标。（4）废水（液）的综合利用评价指标，即生产用水循环利用率、选矿回水率。

2. 油气资源开发项目资源综合利用评价。先进的开采工艺可以提高油气资源的采收率，同时在油气产品生产与储运过程中有效地降低烃类放空损耗以及采取回收措施可以提高产品回收率。因此，项目采用先进合理的工艺技术及设备是提高油气资源综合利用水平的关键。

3. 水资源的节约及综合利用评价。按照国家有关规定，建设项目要进行水资源论证。水资源基础评价主要是评价通过工程开发利用的、可更新的地表水和赋存在地下水层中的地下水。新增水资源投资项目，应提供水行政主管部门的取水许可批件。投资项目需对其取水及用水合理性进行分析，其中项目取水合理性需分析项目所属行业、产品、规模、工艺、技术和当地水资源条件等是否符合国家的产业政策；应符合水资源规划、配置和管理的有关要求。项目用水合理性要针对新建项目分析其取水、用水、耗水及退水情况；对于改、扩建项目应分析项目改、扩建前后的用水指标，提出对现有工程采取的改进措施。

5.2.2 资源价值评价方法及应用

5.2.2.1 资源核算

资源核算是对一定时间和空间范围内的某类或若干类自然资源，在真实统计和合理评价的基础上，从实物和价值两个方面，运用核算账户和比较分析，反映其总量和结构以及供需平衡状况的经济活动。对自然资源进行核算，必须首先做好三个方面的基础性工作。第一，必须先界定所要核算的自然资源。自然资源核算的对象是一定空间范围和时间跨度内的自然资源。因此，如果时间和空间发生变化，则自然资源的种类、数量、质量和利用状态等也都会随之发生变化。第二，必须具备有关自然资源数量、质量和利用情况的真实、可靠、连续的统计数据，否则，核算工作就不可能得出可信的结果。第三，必须对自然资源进行合理定价。自然资源定价是自然资源核算的主要组成部分之一，也是核算的主要难点之一，特别是在自然资源的价格存在扭曲的情况下，需要采用经济价格对市场价格进行调整。

自然资源核算的内容，包括自然资源实物量核算和自然资源价值量核算两部分。两者又各自由个量核算和总量核算两部分组成。个量核算又称分类核算，是指对某一类自然资源的数量和价值量的变化进行的核算；总量核算又称综合核算，是指对一个地区或一个部门所有自然资源的价值的变化进行的核算，个量核算或分类核算，是总量核算或综合核算的基础。不论是实物量核算还是价值量核算，都不仅仅是静态存量核算，还包括更为重要的动态流量核算，即进行连续时段的核算。

1. 自然资源实物量核算。自然资源实物量核算，是指在对自然资源及其利用情况进行真实、准确和连续统计的基础上，以账户等形式反映某类自然资源的存量、流量和平衡状况，目的在于直观地反映一个区域、一个部门或一个企业所拥有的某类自然资源的数量及其变化情况。

自然资源实物量核算的一般程序包括：（1）界定待核算自然资源的空间范围和时间跨度；（2）在自然资源基础评价的基础上进行自然资源实物量统计，或者直接运用已有的自然资源实物量统计结果；（3）根据相关自然资源利用情况的数据资料，绘制自然资源利用流程图，说明资源的流向和流量；（4）根据自然资源利用流程图，用账户的形式核算自然资源的数量变化，既可采用 T 式账户，也可采用其他形式的账户；（5）分析实物量核算的结果，应特别关注各种用途的变化及其原因，从中找出平衡资源收支的可能途径。

自然资源实物量核算，只能是针对某类自然资源的核算，而自然资源价值量核算不同，既可针对一类资源，又可针对若干类资源；但是，自然资源实物量核算能直观反映某类自然资源的数量及其变化，更有助于揭示自然资源消长的直接原因，且核算结果不受价值因素的影响，更容易被实际工作者接受和掌握。

2. 自然资源价值量核算。自然资源价值量核算，是指在自然资源实物量核算的基础上，采用适当的价格对资源进行定价，然后，运用账户或比较分析方法，反映一定时空范围内的自然资源价值总量及其收支或增减情况，目的在于以价值量形式，反映一个地区所有种类自然资源的总量水平及其变化。此外，自然资源价值量核算也是使自然资源总量及其变化在经济分析中得以反映的唯一方法。

资源价值应以资源不变价格（或基准价格）为基础，并同时兼顾市场价格。以不变价格计算的自然资源价值，只在各年度之间具有可比性，因而能比较客观地反映自然资源基础在各年度间的消长变化；而以市场价格计算自然资源价值量，更能反映当年或即时自然资源供求关系基础上的自然资源总供给量及其变化。

自然资源价值量核算，既可用账户方法，也可用费用效益法。采用费用效益法时，费用的含义扩大为包括物质资本、人力资本、自然（资源）资本和环境资本；而效益不仅包括经济效益，也应包括资源节约效益和环境改善效益。

5.2.2.2 自然资源定价方法的选用

自然资源定价是自然资源核算的重点和难点。自然资源定价的方法较多，主要有现值法、净价值法、再生产补偿费用法、机会成本法、替代市场价值法等，但是，自然资源定价方法应该以资源费用效益法、资源市场价值法和社会价值法为主。

1. 主要定价方法。

（1）资源费用效益法。资源费用即人们为了生产或获得资源而发生的支出，资源效益即资源对人们欲望的满足和人们福利的增加。假定人是理性的，在其他条件不变的情况下，理性人所作出的是资源净效益最大化的选择，或者说是资源净福利最大化的选择。这种用价值来衡量资源费用与资源效益关系所作出的选择方式，就是资源费用效益法。资源费用效益法也是资源定价的重要方法，因为它有助于确定资源费用并据此判断资源的增加值。

（2）资源市场价值法。资源市场价值法是参照完全市场价格来确定那些无市场或市场发育不完全的资源价格的方法。资源市场价值法主要有以下几种。

① 资源的重置成本法。当所研究的资源本身没有市场价格或其市场价格较低而被使用后，需要重新补偿已经消耗的资源时，这种恢复、保护资源所进行的投入会带来一定的效益，因而可以使用重置的真实费用，即重置成本，来衡量或估计已消耗资源的价格。

② 资源的机会成本法。当所研究的资源没有市场价格时，资源使用的成本可以用所放弃的替代用途的效益来间接计算。例如，禁止开采的矿产资源的价值不是直接用保护该矿产资源所得到的收益来测量的，而是间接采用为保护该矿产资源而牺牲的最大的替代选择的价值来衡量，与此相类似的情况有退耕还林、退耕还湖、退耕还草、禁伐、禁牧、禁渔、禁猎等，均可以用这种可行的机会成本来确定资源的价格。

③ 资源的替代成本法。当所研究的资源本身没有市场，因而也就没有市场价格时，可以寻找替代物的市场价格来间接衡量其价值。这需要在替代市场寻找到恰当的替代物，然后用替代物的市场价格来衡量没有市场价值的资源。如环境资源可以采用这种方法来确定其价格。

④资源的虚拟市场法。当所研究的资源既没有直接市场，也没有替代市场时，可以先为其虚拟一个市场，然后，通过采用调查的形式，了解人们赋予资源环境质量变化的价值。对于许多缺乏市场交易条件或没有市场价格的环境服务，如难以找到可以利用的替代物市场的环境服务，虚拟市场类方法就成为评价其价值的可供使用的方法。对于选择价值的评价，虚拟市场类方法是唯一可供使用的方法。

（3）社会价值法。当所研究的资源不存在市场价格或市场价格不能完全反映资源利用的社会成本时，市场是不能有效地配置资源的。为解决企业的资源配置决策不考虑或较少考虑社会成本，造成资源浪费和环境污染的问题，社会（政府）在作出资源配置决策时必须把资源利用的全部社会成本考虑进来，这种根据资源的社会成本确定资源价格的方法就是社会价值法。资源的社会成本是整个社会进行资源配置时应付出的总的机会成本，它等于企业成本与外部成本之和。外部成本是企业活动对外部造成影响而没有承担的成本，它是社会成本的一部分，而环境成本又是外部成本的重要组成部分。一般来说，外部成本是正数，但也存在由于项目增进社会福利而使得外部成本是负数的情况。

2. 影响资源定价方法选择的因素。由于有多种资源定价方法存在，资源定价时必然要涉及各种方法间的选择。实际上，资源定价方法的选用，受诸多因素影响，不同因素对定价方法选择的影响程度各不相同。

（1）资源存量及其空间分布。资源存量的大小（已探明或确定的资源总量小于其理论存量）是决定资源定价的物质基础，因为它是判定资源稀缺性的客观依据。同时，资源在各地区的空间分布状况是形成资源地区差价的重要原因。与此联系的资源禀赋差异，即资源在量上的集中度和在质上的优劣差异，也是影响资源成本及其定价的客观因素。

（2）资源流量及其时间价值。选择资源定价方法是为了寻找最有效的资源配置途径，实现经济效益最大化。资源使用的规模和速度，决定着资源存量下降的程度；在现实经济生活中，资源的使用又受到时间因素的影响，从而出现资源在不同时间、不同代际之间的选择和优化配置问题，因而必须按一定的折现率来计算，将资源的未来价值折算为现在价值，即所谓现值。这说明，在确定资源成本和选择资源定价方法时，必须考虑资源流量及其时间价值的变化。

（3）资源市场及资源供求关系。资源的市场化程度，是影响资源定价方法选择的重要因素。资源的市场化程度表现在两个方面：资源市场发育程度和资源市场供求状况。一般来说，主要的资源均已进入市场，具有确定的价格，但也有一些资源，其市场尚未发育起来，或者根本没有市场，因而这些资源缺乏参照价格。就资源市场供求状况而言，资源的稀缺程度和资源的消费，分别影响资源的市场供求，形成资源的供给价格和需求价格，并最终决定资源的均衡价格。资源定价方法的选择，既要考虑资源市场发育程度，又要顾及资源市场供求状况，不可偏废任何一方。

（4）资源的国际贸易。在开放经济条件下，资源的国际贸易对国内资源定价方法及资源价格的构成也会产生影响。在国际资源市场上，资源产品价格因受诸多因素影响，处于不断波动变化中。国际资源价格变化，会通过汇率价格传导机制影响资源进口成本，从而影响国内资源价格的构成及国内资源的替代成本和机会成本。如果一国的资源贸易条件发生了变化，则该国资源进出口规模及结构也会随之发生变化，从而在客观上要求调整或重新选择资源定价方法。

（5）资源价格政策与法规。政府是资源定价的重要参与者，因为资源具有公共物品的性质，存在着市场失灵的情况，市场在有效配置资源上的失灵，为政府参与或干预提供了机会和理由。政府参与或干预资源配置的重要途径，就是参与资源定价、界定资源产权，以此保护和管理资源。政府通过制定有关资源的政策（如森林政策、水资源政策、土地政策等）和法规（如《矿产资源法》《野生动物保护法》《环境保护法》等），参与资源价格的制定，如政府实行的资源税政策、排污费和排污许可权交易政策等，都会影响资源的成本价格，从而影响资源的价格构成；特别是对一些重要资源或战略资源，政府可能根据有关的资源法实行不同程度的支持价格或限制价格，从而影响资源的定价方法。可见，资源价格政策和法规，是政府进行资源定价方法选择的主要途径，因而也成为影响资源定价方法选择的重要因素。

5.3　安全预评价

建设项目应按规定进行安全预评价，安全预评价是项目安全评价工作中的重要一环。构建和谐社会、美好生活，保障建设项目从建设到生产的本征安全和过程安全以及建立安全防范体系，是建设项目决策与分析的一项重要内容，也是工程咨询人员的一项重要责任。尽管在建设项目管理程序上，安全预评价已经不再作为项目审批的前置条件（改为部门间征求意见），但咨询与决策人员了解安全预评价的内容和要求，将其贯彻到项目前期咨询成果中，这既是一种责任，也是落实项目前期咨询成果间的安全符合性。

5.3.1　安全评价的概念和分类

为进一步加强安全生产工作，2016 年 12 月 9 日，国务院发布《中共中央　国务院关于推进安全生产领域改革发展的意见》，再次体现了党中央、国务院对安全生产工作的高度重视。应根据国家有关规定进行安全条件论证和安全评价，严格安全评价的概念和分类。当前我国正处在工业化、城镇化持续推进的过程中，生产经营规模不断扩大，传统和新型生产经营方式并存，各类事故隐患和安全风险交织叠加，安全生产基础薄弱、监管体制机制和法律制度不完善、企业主体责任落实不力等问题依然突出，生产安全事故易发多发，尤其是重特大安全事故频发势头尚未得到有效遏制，一些事故发生呈现由高危行业领域向其他行业领域蔓延的趋势，直接危及生产安全和公共安全。

1. 安全评价的内涵。安全评价是以实现安全为目的，应用安全系统工程原理和方法，辨识与分析工程、系统、生产经营活动中的危险、有害因素，预测发生事故或造成职业危害的可能性及其严重程度，提出科学、合理、可行的安全对策措施建议，作出评价结论的活动。安全评价可针对一个特定的对象，也可针对一定区域范围。一般应由具备国家规定资质的安全评价机构科学、公正和合法地自主开展安全评价工作。

2. 安全评价的分类。2010 年 12 月 14 日，国家安全生产监督管理总局发布第 36 号令（2015 年修订），其中第四条规定，建设项目安全设施必须与主体工程"同时设计、同时施工、同时投入生产和使用"。安全设施包括安全监控设施和防瓦斯等有害气体、防尘、排水、防火、防爆等设施。安全设施投资应当纳入建设项目概算。并规定在进行建设项目可行性研究时，应当分别对其安全生产条件进行论证并进行安全预评价。安全评价按照实施阶段的不同分为三类：安全预评价、安全验收评价、安全现状评价。在项目评估阶段主要进行安全预评价。

5.3.2　安全预评价的范围和程序

通过安全预评价形成的安全预评价报告，作为项目前期报批或备案的文件之一，在向政府安全管理部门提供的同时，也提供给建设单位、设计单位、业主，作为项目最终设计的重要依据之一。

5.3.2.1 安全预评价的适用范围

按照国家安全生产监督管理总局第 36 号令（2015 年修订）第七条的规定，在可行性研究时应进行安全预评价的建设项目有以下几种。

1. 非煤矿矿山建设项目。

2. 生产、储存危险化学品（包括使用长输管道输送危险化学品）的建设项目。

3. 生产、储存烟花爆竹的建设项目。

4. 金属冶炼建设项目。

5. 使用危险化学品从事生产并且使用量达到规定数量的化工建设项目（属于危险化学品生产的除外）。

6. 法律、行政法规和国务院规定的其他建设项目。

5.3.2.2 安全预评价的程序

安全预评价的程序为：前期准备；辨识与分析危险、有害因素；划分评价单元；定性、定量评价；提出安全对策措施建议；作出评价结论；编制安全预评价报告等。

5.3.3 安全预评价的基本内容

5.3.3.1 前期准备工作

安全预评价工作的内容主要包括：明确评价对象和评价范围；组建评价组；收集国内外相关法律法规、规章、标准、规范；收集并分析评价对象的基础资料、相关事故案例；对类比工程进行实地调查等。安全预评价应获取的资料如下。

1. 综合性资料，包括：概况；总平面图、工业园区规划图；气象条件、与周边环境关系位置图；工艺流程；人员分布。

2. 设立依据，包括：项目申请书、项目建议书、立项批准文件；地质、水文资料；其他有关资料。

3. 设施、设备、装置，包括：工艺过程描述与说明、工业园区规划说明、活动过程介绍；安全设施、设备、装置描述与说明。

4. 安全管理机构设置及人员配置。

5. 安全投入。

6. 相关安全生产法律、法规及标准。

7. 相关类比资料。

8. 其他可用于安全预评价的资料。

5.3.3.2 实施评估并编制评价报告

1. 结合评价对象的特点，阐述编制安全预评价报告的目的。

2. 列出有关的法律法规、规章、标准、规范和评价对象被批准设立的相关文件及其他有关参考资料等安全预评价的依据。

3. 介绍评价对象的选址、总图布置、水文情况、地质条件、工业园区规划、生产规模、工艺流程、功能分布、主要设施、设备、装置、主要原材料、产品（中间产品）、经济技术指标、公用工程及辅助设施、人流、物流等概况。

4. 辨识和分析评价对象可能存在的各种危险、有害因素；分析危险、有害因素发生作用的途径及其变化规律。

5. 评价单元的划分应考虑安全预评价的特点，以自然条件、基本工艺条件、危险、有害因素分布及状况、便于实施评价为原则进行。

6. 列出选定的评价方法，并做简单介绍。阐述选定此方法的原因。详细列出定性、定量评价过程。明确重大危险源的分布、监控情况以及预防事故扩大的应急预案内容，给出相关的评价结果，并对得出的评价结果进行分析。根据评价的目的、要求和评价对象的特点、工艺、功能或活动分布，选择科学、合理、适用的定性、定量评价方法对危险、有害因素导致事故发生的可能性及其严重程度进行评价。对于不同的评价单元，可根据评价的需要和单元特征选择不同的评价方法。

7. 列出安全对策措施建议的依据、原则、内容。为保障评价对象建成或实施后能安全运行，应从评价对象的总图布置、功能分布、工艺流程、设施、设备、装置等方面提出安全技术对策措施；从评价对象的组织机构设置、人员管理、物料管理、应急救援管理等方面提出安全管理对策措施；从保证评价对象安全运行的需要提出其他安全对策措施。

5.3.3.3 评价结论

安全预评价的结果应给出评价对象在评价时的条件下与国家有关法律法规、标准、规章、规范的符合性结论，给出危险、有害因素引发各类事故的可能性及其严重程度的预测性结论，明确评价对象建成或实施后能否安全运行的结论。安全预评价的结论应简要列出主要危险、有害因素评价结果，指出评价对象应重点防范的重大危险、有害因素，明确应重视的安全对策措施建议，明确评价对象潜在的危险、有害因素在采取安全对策措施后能否得到控制以及受控的程度如何。从安全生产的角度给出评价对象是否符合国家有关法律法规、标准、规章、规范要求的结论。

5.4 项目组织与人力资源评价

合理确定项目的组织机构，科学配置人力资源是项目建设和生产运营顺利进行、提高劳动效率的重要条件。在项目决策阶段，应对项目的组织机构设置、人力资源配置、员工培训等内容进行研究，确定方案的成本，优化比选方案。

5.4.1 组织机构条件评估

组织结构设计是指将构成一个组织的五个部分（生产、生产保障、支持、中级管理层和高级管理层）按照一定的原则进行组合，以确保成功达到预期目标的活动。其实质是按照协调、控制、激励的原则对组织进行分析后，设计组织机构和决策的过程。组织的结构不仅会影响组织的工作效率，而且会对员工的精神面貌、工作态度产生影响。

5.4.1.1　组织结构的构成元素

组织结构由下列元素构成：（1）任务目标及工作描述，组织中的每个成员均有其明确的任务目标及相应的责任；（2）报告系统，包括组织内部各种正式的报告联系制度、所需管理层级数、各层的管理控制跨度等；（3）任务活动的划分，包括根据各工作单位所从事的任务活动，进行从基本单位到整个组织所需人员的划分；（4）各类信息的沟通交流与参与式决策系统的建立，这是保障组织内部信息传递畅通，增强职工的参与意识，使全体人员齐心协力为组织目标奋斗的关键；（5）控制系统，应建立恰当的授权机制，尽量使一些有关的活动在上级监督的基础上由下级完成；（6）奖励机制，通过对员工工作表现的评价，实施奖励，使员工感受到奖励机制的公正，以激励员工的工作热情。

这些组成元素中，任何一项设计出现问题，都将对组织的整体产生严重影响，如员工的工作热情及精神面貌将受到压制，各类决策的速度及质量将受到影响，可能导致各部门之间的工作缺乏协调，产生冲突，或者缺乏对组织内工作的创新和外部环境的应变能力等。

5.4.1.2　组织结构的类型

组织结构是企业的基本架构，是企业管理的重要组成部分，是企业生存和发展的基础。任何企业都要选择特定的组织结构形式。伴随着企业管理实践和理论的发展，企业组织结构不断发生变革，从早期的直线制组织已发展为现代的多样化组织形式。通常来说，企业的组织结构主要有以下几种形式：（1）直线型结构；（2）职能型结构；（3）项目型结构；（4）矩阵型结构，它又分为职能型矩阵结构（弱矩阵式）、平衡型矩阵结构和项目型矩阵结构（强矩阵式）等类型。

组织结构设计是一个决策的过程，这一过程包括组织结构形式的选择以及内部设计。在进行组织结构形式的选择时，应根据各种形式的特点与适用条件来进行。通常普遍采用的组织结构形式有三种：职能型、项目型和矩阵型。其优缺点如表 5－2 所示。

表 5－2　三种组织结构形式的优缺点

形式	优点	缺点
职能型	1. 容易实现对预算、成本的控制。 2. 对所使用技术的控制较好。 3. 内部人员的使用灵活，选择余地大。 4. 按职能约束的连续性较好。政策、程序的制定较容易，责权利清楚。 5. 人事管理简单。 6. 纵向交流渠道畅通，采取措施迅速。 7. 非常适应于从事重复性较强的日常性任务。 8. 每位员工的职业道路清晰。	1. 没有人对整个项目直接负责。 2. 不强调以追求完成项目为中心。 3. 部门间协调机制复杂，对问题的决策时间较长。 4. 所作出的决策常偏重于部门，缺乏整体意识。 5. 不是以业主为中心，对业主的要求反应慢。 6. 由于缺乏总体感，没有直接对项目负责的人，每个人都缺乏强烈的责任感。 7. 员工对工作缺乏激情和创新精神。 8. 各种建议多出于对本部门的考虑，不考虑其他部门或整体的情况。 9. 对各种资源的控制困难。

形式	优点	缺点
矩阵型	1. 项目经理可实现对成本和包括人员在内的所有资源的最大控制。 2. 在不与总的方针、政策相抵触的前提下，不同的项目可分别制定各自的政策、程序。 3. 在与其他项目不发生冲突的前提下，项目经理有权调动使用公司内的一切资源。 4. 对项目出现的变化、冲突能快速反应。 5. 项目结束后，每位员工都有自己的"家"，无后顾之忧，工作热情较高。 6. 可共享骨干人员的使用从而降低项目成本。人员可同时进行多种工作。 7. 适合于技术性较强的项目。 8. 易于对时间、成本以及绩效进行平衡考虑。	1. 由于每个项目之间的人员，特别是管理人员设置重叠，就整个组织来讲，成本费用不经济。 2. 项目之间相互独立，有时造成重复工作。 3. 对各项政策和程序的界定需花费较大力气。 4. 职能部门的经理因权力被削弱而热情不高。 5. 尽管对单个问题的处理反应较快，但对工期时间要求较高的项目，采用矩阵模式较费时。 6. 对职能部门与项目间的权利平衡较为困难，因而造成工作人员工作中的无所适从。 7. 必须对各项目之间的各项工作，如时间安排、成本及进度统一平衡考虑。而这种协调往往很困难。
项目型	1. 对每个项目的控制都很完善。 2. 每个参加项目的人员直接向项目经理负责，以追求效益为最高原则。 3. 交流、沟通系统完整。 4. 能做到专有技术人才专用，鼓励技术的专业化。 5. 对问题的决策反应迅速。 6. 人员对项目的忠诚度高，工作愉快。 7. 强调重视与业主的关系，以业主为中心。 8. 易于平衡考虑对进度、成本、绩效的控制。 9. 由于以项目为单位，组织规模较小，管理较容易。 10. 上级管理人员能有更多的时间考虑主要的问题。	1. 在组织规模大，同时开展几个项目时，运营费用高，不划算。 2. 易造成项目结束后人员安排困难，闲置时间长。因此，上级管理部门必须对组织内部的每一个项目的工作进展有所了解。 3. 由于没有职能部门强有力的支持，技术支持较差。 4. 需要高层对各职能部门统一协调。 5. 项目之间的技术交流较少。 6. 项目参加人员职业发展的连续性差，晋升机会少。

5.4.1.3 组织结构形式的选择

在选择组织结构形式时，通常考虑以下因素。

1. 组织内的各项工作、责任是否需要分解到最小范围？各项工作的责任、分工是否要求保持较强的专业性，以便有利于部门之间的成员具有共同语言易于专业交流？一般情况下，工作性质专业化程度越高、越具体，采用功能型结构的可能性越大。在工作设计时另一个需要考虑的问题是根据人员情况，以最大限度发挥人员工作热情为出发点设计组织结构。

2. 是采用多级管理层，缩小管理跨度，还是减少管理层次，增加管理跨度？在考虑这一问题时，应结合如何强化组织内部的人员沟通、激励机制，降低管理成本进行分析。职能型结构较其他结构的管理层次多，管理跨度小，管理简单，管理费用低。矩阵型结构管理层级较少，各部门之间的协调较好，但管理方式不易掌握，管理费用较高。但从调动员工的工作积极性来讲，矩阵型结构比职能型结构好。

3. 根据组织的特点，考虑是按照专业分工采用职能型结构，还是采用按生产、产品、服务分工的项目型结构？能否采用矩阵型结构，兼顾职能型和项目型管理的特点，发挥其优势？

4. 是否应以追求组织内部的统一协调为第一考虑目的？应建立何种统一协调机制？前者涉及是否应采用矩阵型结构，后者决定采用何种矩阵型结构。

5. 如何实现对项目的有效控制？对组织内的各项决策是采用集权制，还是尽量授权下属进行有关决策？各项政策、措施是否须以书面的正式形式来执行？是否要对下属实行密切监控？所有这些问题均涉及如何设计组织内部分权的程度。

6. 在设计奖励系统时，需要考虑的问题应以最大限度激励员工工作热情为出发点。

表 5-3　三种组织结构形式选择的适用条件

选择条件	职能型	矩阵型	项目型
环境的不确定性	低	高	高
所采用的技术	标准化	复杂	先进
项目的复杂程度	低	一般	高
项目的寿命期	短	中等	长
项目的重要程度	低	中等	高
服务对象	多	一般	少
对内部条件的依赖性	低	中等	高
对外部环境的依赖性	高	中等	低
进度要求的紧迫性	低	中等	高

根据上述标准要求，矩阵型和项目型结构适用于外部条件较为复杂，任务的不确定性较大的项目。对采用新技术的项目，宜采用项目型结构；对需要采用多种技术的项目，矩阵型结构较为合适；而功能型结构常用于技术较为成熟，程序性较强的项目管理。复杂项目的管理，项目型结构优于功能型及矩阵型结构。项目型结构更适合于工期较长的项目。对于项目规模较大，较为重要的项目管理，项目型结构更为适宜。如果项目服务的对象较多，宜采用职能型结构。如果项目内部各部门之间的活动具有较高的相互依赖性，项目型结构比职能型结构要好。采用职能型结构管理的项目对外界的依赖性较强。项目型结构适合对工程完成时间要求较紧的项目管理。对于具有多种产品的项目管理，矩阵型结构最佳。

5.4.1.4　组织结构设计的步骤

1. 对组织的目标进行分析。组织的性质是由组织的目标决定的。组织的性质又决定了需要设置的职能部门、需从事的活动、最佳管理层级及相互间的组织关系。因此，对组织的目标进行分析是确定如何进行工作部门划分、确定各部门工作任务的前提。当整个组织的目标分析确定后，各部门的目标、职能、责任也随之确定。值得注意的是，各部门的目标要与整个组织的目标紧密相关，以便建立恰当的组织结构形式。

2. 明确各职能部门从事工作任务的性质。一个组织是由不同的部门组成的。每个部门都有各自的工作任务、业务活动。一般来讲，所有部门按其工作活动的性质可分成两种类型：任务型和支持型。任务型活动是指与实际生产直接相关的基本活动。其特点是最终的活动具有特定的、可以明确地以产品的形式来表述，包括研制开发、制造、市场开拓营销、融资等活动。支持型活动是指非直接从事与生产有关的，但对直接生产起到支持作用的活动。包括人事管理、计划制订、各种管理服务、质量控制、维修等活动。这两种活动对组织目标的实现通过不同的方式起作用，应严格区分。职能混淆不清会导致结构设计中的关系不顺。

3. 建立部门之间的必要联系。在一个组织中，必须将不同的工作划分到具体部门，并建立部门之间的工作关系。应遵循的原则是，按照工作的相关性，本着有利于信息交流、资源经济利用、控制简便的原则，建立一种逻辑关系，以达到最大限度的信息沟通、共享，避免无效的重复活动。工作的划分可按职能、产品、项目的地点或矩阵组合的方式进行。

4. 框架设计。包括如何设计管理的层级和各级的管理跨度。一般采用组织结构图的方式来表述各项工作的划分、活动的组织、管理层次的设置、部门之间的相互联系等。

5. 分析工作岗位，进行工作具体描述。组织结构图设计完成后，结合所需设置的部门，对关键岗位应赋予的权利、责任和义务进行分析描述，并以书面的形式确定到人。

岗位的描述要反映所处管理层次的特点，做到对不同部门的不同岗位的责、权、利设计合理。工作人员的安排应考虑基本技术技能、人际关系和宏观决策能力等素质要求。一般而言，较低管理层次岗位要求具备较强的基本技术技能；中层管理岗位要求人际关系要强；高层管理岗位要求具备较高的协调能力，对组织发展具有战略观点。

6. 制订职员招聘、员工培训计划。在进行组织结构设计的同时，应着手设计对员工招聘、培训的计划，其目的主要是为设计的岗位选择合适的人员。招聘计划应根据所聘岗位的工作描述，对人才的来源、所需人才的具体要求（如学历、经验、需掌握的技能）进行分析后，提出足够的候选人员名单。工作描述包括必需技能和必要技能，并据此进行对候选人的筛选、面试。

5.4.1.5 组织机构的环境适应性评价

项目的实施是否成功，不仅受到组织内部能力的制约，也受到组织外部环境的影响。判断一个项目是否成功，主要评价该项目是否达到了预期目标，如在预定的工期、概算内建成投产。而在项目实施阶段，这一目标很大程度上取决于外部环境对项目的影响，如项目对外部各种服务的依赖性、各种外部组织对项目的支持程度，以及项目适应外部环境的变化程度等。过去，人们对项目的分析往往侧重于技术、经济、财务等方面，而忽视了项目运行机制问题。项目运行机制是指项目内部的组织机构与影响项目的外部环境，如政府部门、非政府组织、主管部门、信贷机构、供应商、项目竞争者、客户等共同构成的决定项目运行的准则及价值取向的一系列规范和行为模式。项目的外部环境及运行机制分析，是项目组织分析的重要内容。

5.4.2 人力资源配置的评价

在项目决策阶段，要评估项目中对各种技术、管理人员的需求，包括不同层次的管理监督人员、工程技术人员、熟练工人和非熟练工人等。在评估项目的人力资源配置时，必须充分考虑项目所在国的劳动立法、劳动条件、定额、薪金、保险、职业安全、卫生保健和社会安全等因素、对项目不同阶段的人员配置编制定员表，对人力资源的来源进行分析，制订招聘计划和外聘专家人数，并制订人员培训计划，进行人力成本估算。项目的人力资源配置是确保项目成功实施的关键条件之一。

5.4.2.1 人力资源配置的依据

1. 国家、部门、地方的劳动政策法规。

2. 项目建设规模与设备配备数量。

3. 项目工艺复杂程度与自动化水平。

4. 人员素质与劳动生产率水平。

5. 组织机构设置与生产管理制度。

5.4.2.2 人力资源配置的内容

1. 研究制定合理的工作制度与运转班次。根据行业和生产过程的特点，提出项目的工作时间、工作制度、工作班次。

2. 研究员工配置数量。根据先进、科学的岗位定员和劳动定额计算配备各职能部门、各工作岗位所需人员的结构、数量。

3. 对于技术改造项目，应根据改造后技术水平和自动化水平的提高，优化人员配置，所需人员尽量由企业内部调剂解决。

4. 研究确定各类人员应具备的劳动技能和文化素质。

5. 研究测算项目所需职工工资和福利费用。

6. 研究测算项目的劳动生产率。

7. 研究提出员工选拔招聘方案，特别是高层次的管理和技术人员的选拔招聘方案。

5.4.2.3 人力资源配置确定方法

不同行业、不同岗位，人力资源配置的方法不同。主要有以下方法：

1. 按劳动效率计算定员，即根据生产任务和生产人员的劳动效率计算定员人数。

2. 按设备计算定员，即根据机器设备的数量、工人操作设备定额和机器设备开动班次等计算定员人数。

3. 按劳动定额定员，即根据工作量和生产任务、劳动定额等因素计算定员人数。

4. 按岗位计算定员，即根据设备操作岗位和每个岗位需要的工人数计算定员。

5. 按比例计算定员，即按服务人员占职工总数或生产人员数的比例计算所需服务人员人数。

6. 按组织机构职责范围、业务分工计算定员，主要用于计算管理人员的人数。

5.4.2.4 员工培训

可行性研究和项目评估阶段应研究提出员工培训计划，包括职工人数、培训内容、培训目标、培训方法和培训费用。为保证项目顺利投产达产，应重点培训生产线和关键岗位的操作运行人员、管理人员和营销人员。

对上述培训人员应规定各自的培训目标、培训方式、培训时间和培训费用。培训时间应与项目的建筑施工、设备安装、试车投产以及生产运营等各阶段的工作进度相衔接，以保证项目正常生产。

5.5 本章小结

现代投资项目评价和决策不仅要考虑财务效益和经济效益，更要考虑项目对环境的影响、推进资源节约利用情况、项目的安全预评估和组织结构设计及人力资源安排，这些都是保障投资项目顺利实施，实现项目预期目标的重要支撑条件。

建设项目应根据相关法律规定进行环境保护方案评估，具体内容包括项目概况、环境质量现状、污染源和污染因素分析、环境污染防治措施方案、建设项目环境风险评价、环境污染防治措施方案比较及推荐意见、清洁生产分析、环境保护投资、环境影响的分析与预测等。通常采用效益—费用评价方法。

合理确定项目的组织机构，科学配置人力资源是项目建设和生产运营顺利进行、提高劳动效率的重要条件。在项目决策阶段，应对项目的组织机构设置、人力资源配置、员工培训等内容进行研究，优化比选方案。

第6章
现金流量分析

现金流量分析是根据资金时间价值原理开展投资项目经济评价的方法，本章主要介绍资金时间价值的概念和理论基础、等值换算的常用方法、现金流量分析的主要指标及其计算公式，这些内容被广泛应用于投资项目的财务分析和经济分析。

6.1 资金时间价值与等值换算

6.1.1 现金流量与现金流量图

6.1.1.1 现金流量的概念

投资项目可以被抽象为现金流动的系统：资金从分散的所有者手中聚集，达到一定规模后，由一个投资主体进行投资，经过分析选定投资项目，货币形态的资金开始购买人、材、物等，通过建设过程形成固定资产并开始运营，由投资项目提供的产品和服务的销售回笼资金，再根据投资协议分配给分散的资金所有者，形成一个资金的完整循环和增值。

现金流量是指企业在进行项目投资时从项目决策、设计、建造、完工交付使用、正式投产直至项目报废清理为止整个寿命周期内的现金流入和现金流出的数量。这里的"现金"是广义的现金，包括各种货币资金和该项目需要投入的非货币资源（重置成本或变现价值）。凡是在某一时点上由于该项投资而增加的现金收入或现金支出节约额称为现金流入量，记为 CI_t，现金流入是在项目整个计算期内流入项目系统的资金，如营业收入、捐赠收入、补贴收入、期末资产回收收入和回收流动资金等；而现金流出量则是由于该项投资引起的现金支出，记为 CO_t，如项目建设投资、流动资金、税金及附加、借款本金和利息偿还、上缴的罚款、购买原材料和燃料动力、支付的工资等；同一时点上现金流入减去现金流出量的差额（或其代数和）称为净现金流量，记为 NCF_t（或 $CI_t - CO_t$），当现金流入大于现金流出时，净现金流量为正，反之为负。现金流入量、现金流出量及净现金流量统称为现金流或现金流量。

6.1.1.2 现金流量图

进行投资项目经济评价时，经常需要借助现金流量图来分析各种现金流量的流向

（支出或收入）、数额和发生时间，如图 6-1 所示。

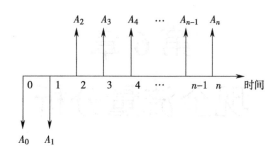

图 6-1 现金流量图

所谓现金流量图，就是一种反映经济系统资金运动状态的图式。其画法如下：

1. 以横轴为时间轴，向右延伸表示时间的延续，轴上每一刻度表示一个时间单位，可取年、半年、季或月等；零表示时间序列的起点。整个横轴可看成是所考察的"系统"。

2. 相对于时间坐标的垂直箭线代表不同时点的现金流量情况，在横轴上方的箭线表示现金流入；在横轴下方的箭线表示现金流出。

3. 在现金流量图中，箭线长短要能适当体现各时点现金流量数值的差异，并在各箭线上方（或下方）注明现金流量的数值。

4. 箭线与时间轴的交点即为现金流量发生的时点。

由此可见，现金流量图有三个要素：现金流量的大小（资金数额）、方向（资金流入或流出）和作用点（资金发生的时间点）。典型投资项目的现金流量如图 6-2 所示。

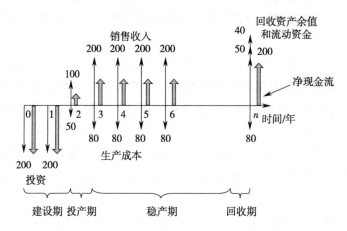

图 6-2 典型投资项目整个寿命周期内的现金流量图（单位：万元）

6.1.2 资金时间价值的概念及理论基础

6.1.2.1 资金时间价值的概念

资金时间价值又称"货币时间价值"，是一定量资金经历了一定时间在不同时点上所形成的价值差。因为任何资金使用者把资金投入生产经营用于购买生产资料与劳动力相结合以后，都会生产新的产品，创造新的价值，带来利润，实现增值。周转使用的时间越长，所获得的利润越多，实现的增值额越大。所以，资金时间价值的实质是资金周转使用后的增值额。

6.1.2.2　资金时间价值的理论基础

在经济学中，一般认为资金具有时间价值是因为资本会产生利息。某人手中的一笔钱，如果自己不使用，即不用来购买消费品，借给别人，或是进行投资，到一定时候收回这笔钱时，除了原有的本金以外，使用资金的人还要给他一笔报酬，即要付出一定的代价，也就是利息。货币只有当它进入生产、流通过程的时候才能称作资本，才会有利息，即时间价值，否则人们手中持有的货币只是一般意义上的交换媒介，是没有时间价值的。从某种意义上讲，这与马克思的劳动价值论也是吻合的。马克思认为，资金作为资本时，就成为剥削剩余价值的工具，资本的不同形式的变换，产生出剩余价值，而利息则是剩余价值的一种转化形式，是职能资本家分给银行（借贷）资本家的一部分工人在生产过程中创造的剩余价值，即职能资本家给予银行资本家的报酬。基于经济学中资本产生利息的理论，长期以来，人们形成了一种时间偏好，即对于不同时期的同等数量、同等质量的财物，估价不同，喜欢近期的，不喜欢远期的，这就是所谓的资金时间价值的概念。

这里所说的资金，不是政治经济学中所说的特殊商品，即作为交换媒介的货币。如果仅仅作为交换媒介，其价值量是不变的。这里所说的资金是资源的价值形态。所谓价值，也不是商品二重性的价值，只是一般概念上的价值，即值得与否。按照马克思关于社会再生产的理论，再生产一般可分为三种形式（见表 6 - 1）。

表 6 - 1　再生产的形式

2004 年 1 月	2005 年 1 月	结果
100 万元一年的再生产	只投入 80 万元	经济萎缩
100 万元一年的再生产	保持 100 万元	经济平稳
100 万元一年的再生产	再投入 120 万元	经济增长

第一种形式下，后一年的生产规模小于前一年的，经济发生了萎缩。第二种形式下，生产维持在原有的水平上，经济也无法增长。一般来说，社会生产总是以扩大再生产的形式进行的，只有这样，生产才能不断地发展。这就要求经过一段时间，原来投入的资金应该增值，数量应该有所增加。增值资金主要来源于劳动者通过劳动为社会创造出的剩余产品，也可以称为利息。因此按政治经济学的解释，资金的时间价值是由于扩大再生产过程而产生的增值，即利息。

6.1.2.3　利息和利率

不论从哪个出发点考虑，利息是占用资金所付出的代价或借出资金所获得的报酬，这是普遍的共识，它是资金时间价值的表现形式之一。通常用利息额作为衡量资金时间价值的绝对尺度，用利息率作为衡量资金时间价值的相对尺度。利息率简称利率，计算公式如下：

$$利息 = 目前应收(应付)总金额 - 原来贷(借)款总金额 \qquad (6-1)$$

$$利率 = \frac{每单位时间增加的利息}{原金额(又称为本金)} \qquad (6-2)$$

1. 利率的决定因素。利率是国家宏观经济管理的重要杠杆之一，是货币政策调控的中介指标，其高低受到诸多因素的影响。包括：（1）利率随社会平均利润率变动。在通常情况下，社会平均利润率是利率的上限，因为如果利率高于社会平均利润率，借款人将无利可图，也就不会发生借款。（2）社会平均利润率不变的情况下，利率高低取决于金融市场上借贷资本的供求情况。若借贷资本供过于求，利率便下降；反之，利率便上升。（3）借出资本要承担一定的风险，风险越大，利率越高；风险越小，利率越低。（4）通货膨胀对利率的波动有直接的影响，通货膨胀会导致资金贬值，可能会使利息无形中成为负值。（5）借出资本的时间长短也是影响因素之一。贷款期限长，不可预见因素多，风险大，利率就高；反之，利率就低。用于表示利率的时间单位称为利息周期（计算期），当包括一个以上的计息周期时，则要考虑"单利"与"复利"的问题。

2. 单利计算。单利是指在计算利息时，仅用最初本金进行计算，而不计入在先前计息周期中所累积的利息，即通常所说的"利不生利"的计息方法。其计算公式如下：

$$I_t = P \times i \qquad (6-3)$$

其中，I_t 为利息；P 为本金；i 为利率。

设 I_n 代表 n 个计息期所付或所收的单利总利息，则有

$$I_n = \sum_{t=1}^{n} I_t = \sum_{t=1}^{n} P \times i = P \times i \times n \qquad (6-4)$$

在以单利计息的情况下，总利息与本金、利率以及计息周期成正比。而 n 期末单利本利和（以下简称本利和）F 等于本金加上利息，即

$$F = P + I_n = P(1 + i \times n) \qquad (6-5)$$

3. 复利计算。某一计息周期的利息由本金加上先前计息周期所累积利息总额之和来计算的，该利息称为复利，即除本金以外，利息也计算下个计息期的利息，俗称"利滚利"。其计算公式如下：

$$I_t = F_{t-1} \times i \qquad (6-6)$$

其中，F_{t-1} 为本金与先前计息周期所积累的利息总额，其他符号同前。

而第 t 年末复利本利和（以下简称复本利和）的表达式如下：

$$F_t = F_{t-1} \times (1 + i) = P \times (1 + i)^n \qquad (6-7)$$

复利计算比较符合资金在社会再生产过程中运动的实际状况。因此，在现实中得到广泛应用，在投资项目评估时通常采用复利计算。

4. 名义利率与有效利率。在复利计算中，计算利率的周期通常以年为单位，但是在实际生活中，贷款的计息方式并不是固定的，可能是一年计息一次，也可能是半年，或是一个季度、一个月，根据合同的规定而有所不同。这种情况下就出现了名义利率与有

效利率的差别。

名义利率 r 是计息周期利率 i 乘以一年内的计息次数 m 所得的年利率，即

$$r = i \times m \qquad (6-8)$$

若按月计息的利率为1%，则年名义利率为12%。显然，计算名义利率时忽略了先前各期累计利息再生的因素，这与单利的计算相同。通常所说的年利率是名义利率。

（1）计息周期利率的计算。由式（6-8）可得计息周期利率 i 的计算公式为

$$i = \frac{r}{m} \qquad (6-9)$$

（2）年有效利率的计算。若用计息周期利率来计算年有效利率，并将年内的利息再生因素考虑进去，此时所得的年利率称为年有效利率（又称年实际利率）。根据利率的概念，年有效利率 i_{eff} 可以理解为按照计息周期利率进行复利计算，即

$$i_{eff} = \left(1 + \frac{r}{m}\right)^m - 1 \qquad (6-10)$$

由此可见，年有效利率和名义利率的关系实质上与复利和单利的关系是一致的。

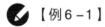 【例6-1】

现已知某贷款的年名义利率 $r=8\%$，则按年、半年、季度、月、日计息时的年有效利率分别是多少？

答：

表6-2　名义利率和年有效利率比较表

名义利率 r	计息期	年计息周期数 m	计息周期利率 i	年有效利率 i_{eff}
8%	年	1	8%	8.00%
	半年	2	4%	8.16%
	季度	4	2%	8.24%
	月	12	0.667%	8.30%
	日	365	0.0219%	8.32%

（1）每年计息周期数 m 越多，i_{eff} 与 r 相差越大；（2）名义利率为8%，按季度结息时，按季度利率2%计息与按年利息8.24%计息两者是等价的。所以，在项目经济评价中，如果各方案的计息周期不同，不能简单地使用名义利率进行评价，而必须换算成有效利率进行比较，否则会导致评价结果的错误。

6.1.3　资金时间价值的表现形式

6.1.3.1　资金等值的概念

资金等值是指在考虑资金时间价值的情况下，绝对值不等的资金在不同时点可以具

有相等的价值量。例如，现在的 100 元，每年资金增值率为 2%，1 年后的价值量是 102元，2 年后的价值量是 104.04 元，3 年后是 106.12 元，4 年后是 108.24 元，……等值是指在资金增值率为 2% 的条件下，现在的 100 元与 1 年后的 102 元、2 年后的 104.04 元、3 年后的 106.12 元和 4 年后的 108.24 元具有相等的价值量，或者说各年的价值量是相等的。同样，现在的一笔资金，在一定的年利率条件下，也可以同若干年前的一笔资金等值。

当各时点的价值量都等于某一时点的价值量时，则各时点的价值量是相等的。因此，在一定利率条件下，任何时点用于偿还现时一笔资金，其一次支付或等额年金支付序列都和现时金额等值。

【例 6-2】
理解经济 "等值" 概念 ▮▮▮

Enrico 刚获得工程学学士学位，并找到了一份年薪 48000 美元的工作。接下来他必须为自己的资金进行一些规划。首先他要开始偿还学校的贷款（总共 20000 美元），还要减少信用卡上的透支（共 5000 美元）。Enrico 为了工作必须买一辆汽车，另外还要存一笔钱为将来买一套公寓，最后也是最重要的是要为将来自己退休后的生活存一笔养老金。

Enrico 选定 10 年来做财务计划。在第 10 年年末他要还清学校的贷款和信用卡欠款，同时要攒够 40000 美元来付购房首付。如果可能，Enrico 希望从工资中提出 10% 作为养老金。他收集以下信息来帮助自己制订财务计划。

• 学校贷款的利率是 8%，Enrico 打算在 10 年中每月等额地偿还贷款，而且贷款也是每月复利一次。

• 信用卡利率差别很大，典型的 APR 接近 17%，并采用 10 年支付期计算每月最低偿还额。Enrico 的信用卡的利率是 18%。

• 购车贷款一般要在 3 年、4 年或 5 年内还清。购车贷款的 APR 最低是 2.9%，最高是12%。由于是初次购买汽车，Enrico 能够获得贷款 15000 美元，并以 9% 的月复利利率在 5 年内还清贷款。

• 30 年期抵押贷款的固定年利率是从 5.75% 上升到 6%。但如果 Enrico 有足够的钱支付20% 的购房首付，那么他可以不用支付每个月的抵押保证金 60 美元。

• 投资机会所提供的回报是不同的。"安全的"投资可保证年回报率是 7%，"高风险"投资的年回报率可能是 30% 甚至更高。

• Enrico 的父母和兄长们提醒他每月的工资要扣除个人所得税和其他扣除项。那么，Enrico所能支配的工资不超过总工资的 80%。

如果你是 Enrico 的朋友，现在被邀请评价 Enrico 的财务计划。Enrico 的目标可行吗？

答：

因为所有欠款都是按月偿还，所以我们采用月为时间单位。Enrico 的现金流量可以分为 5 种类型：贷款偿还、交通支出、租房支出、其他生活支出和储蓄。下面汇总了 Enrico 对各类中每个月费用支出的估计。

（1）贷款偿还。Enrico 的学校贷款总额是 20000 美元，将分 120 个月（10 年）等额偿还，名义利率是 8%，按月复利计算。他的月偿还额应该是

$A_{(学校贷款)}$ =20000 ×（A/P, 8/12%, 120）=20000 ×0.1213 =242.60（美元）

Enrico 的信用卡欠款是 5000 美元，名义利率是 18%，也是分 120 个月等额偿还，假设期间没有其他附加费用，则

$A_{(信用卡)}$ =5000 ×（A/P, 18/12%, 120）=5000 ×0.01802 =90.10（美元）

Enrico 的月偿债总额为 242.60 +90.10 =332.70（美元）。

（2）交通支出。Enrico 计划购买价值 15000 美元的汽车。作为初次购买汽车并且没有资产和信用记录的客户，Enrico 可以享受到的最低贷款利率是 9%。Enrico 打算在 5 年内也就是分 60 个月偿还贷款。根据以上信息，Enrico 每月需要偿还的汽车贷款是

$A_{(汽车)}$ =15000 ×（A/P, 9/12%, 60）=15000 ×0.02076 =311.40（美元）

每年汽车保险费支出是 1200 美元，Enrico 估计每月汽车的燃油和保养支出为 100 美元。因此，Enrico 每个月的交通费总支出是 311.40 +1200/12 +100 =511.40（美元）。

（3）租房支出。在 Enrico 工作地点附近租一套舒适的公寓，每月的租金是 800 美元，每个月的水电费用大约为 150 美元。根据以上信息，对于租房的每月费用是 800 +150 =950（美元）。

（4）其他生活开支。其他的开支科目的估计量最令 Enrico 头疼，因为前面几个计划可以比较简单地直接制订出来，但 Enrico 每天的日常支出是非常不固定的并且很容易发生超支。但是他还是对每月不包括在以上科目的各项开支做了以下估计（见表 6 -3）。

表 6 -3　其他的开支科目估算表

项目	金额（美元）
食物	200
电话	70
娱乐	100
其他杂项（衣服、家用物品）	150
小计	520

（5）储蓄。Enrico 计划在 10 年后存款可以达到 40000 美元，用来作为购买一套公寓的首付款。如果他选择相对安全的投资（定期存款或债券），那么他可以获得 6% 的年利率，按月复利计算。那么他要在 10 年后累计达到 40000 美元的储蓄，就要每月存入：

$A_{(公寓)}$ =40000 ×（A/F, 6/12%, 120）=40000 ×0.00610 =244.00（美元）

Enrico 的月工资是 48000/12 =4000（美元）。根据从其家庭成员处获得的信息，他每月实际的净工资收入是 4000 ×0.80 =3200（美元）。Enrico 每月的养老金储蓄额是 3200 ×0.10 =320（美元）。因此，Enrico 现在每月要向银行存入 244 +320 =564（美元）。

（6）月财务计划。根据前面的计算，现在可以制订出 Enrico 每月的财务计划表（见表 6 -4）。

表 6 – 4　财务计划表

序号	项目	净收入（美元）	费用（美元）
1	工资	3200	
2	偿还贷款		332. 70
3	在汽车方面的费用		511. 40
4	租房费用		950. 00
5	生活开支		520. 00
6	存款		564. 00
	总和	3200	2878. 10

Enrico 意识到他没有考虑 10 年后物价的变化，同时也没有考虑到自己年薪也可能会变化。当然 Enrico 希望通过自己的努力可以保持增加的工资收入至少弥补支出的增加。

我们应该对 Enrico 表示祝贺，从计划中可以看出他除去支出之外还为将来存了钱。同时我们从表 6 – 4 中发现，Enrico 每个月还有 321. 90 美元（3200 – 2878. 10）的余款来应付一些突发事件。有了这些余款，相信 Enrico 可以顺利地实现 10 年后的目标。

6. 1. 3. 2　资金等值换算

在项目经济评价中，为了正确地计算和评价投资项目的经济效益，必须计算项目在整个寿命期内各个时期发生的现金流量的真实价值。但由于资金存在时间价值，项目寿命期内各个时期发生的现金流量不能直接相加减。此时需要将各个时间点上发生的现金流量转换成某个时间点的等值资金，然后进行计算和分析，这个资金转换的过程就是资金的等值计算。

1. 基本概念。

（1）现值 P。现值也称折现值，是指把未来现金流量折算为基准时点的价值，通常用 P 表示。在资金的等值计算中，求现值的情况是最常见的。将一个时点上的资金"从后往前"折算到某个时点上就是求现值，也叫作折现。在项目经济评价中，一般都约定 P 发生在起始时点的初期，如投资发生在第 0 年（即第 1 年年初），折现计算是基础，许多计算都是在折现计算的基础上衍生的。

（2）终值 F。终值也称未来值，是指将现在的现金流量折算为未来某时点的价值，通常用 F 表示。在资金的等值计算中，将一个序列时间点上的资金"从前往后"折算到某一时点上的过程叫求终值。求资金的终值也就是求资金的本利和。在项目经济评价中，一般约定 F 发生在期末，如第 1 年年末、第 n 年年末等。

（3）年值 A。年值表示发生在每年的等额现金流量，即在某个特定时间序列内，每隔相同时间收入或支出的等额资金，通常用 A 表示。在项目经济评价中，如无特别说明，一般约定 A 发生在期末，如第 1 年年末、第 n 年年末等。

2. 一次支付终值公式（整付终值）。一次支付又称整付，是指在项目的整个寿命期内，其现金流量无论流入还是流出都只发生一次。一次支付终值是指现值变换为终值，即在项目的初期投入资金 P，n 个计息周期，在计息周期利率为 i 的情况下，获得多少最终收益才能与初始投入等值，如图 6–3 所示。其公式为

$$F = P(1+i)^n \tag{6-11}$$

图 6–3 一次支付终值现金流量图

该公式与复利本利和的计算公式相同。系数 $(1+i)^n$ 称为一次支付终值系数（Compound Amount Factor，Single Payment），用符号 $(F/P, i, n)$ 表示，即

$$F = P(F/P, i, n) \tag{6-12}$$

3. 一次支付现值公式（整付现值）。终值变换为现值即一次支付现值。也就是说，项目在计息周期利率为 i 的情况下，最终的收益与现在多少投入等值，如图 6–4 所示。

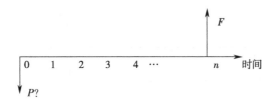

图 6–4 一次支付现值现金流量图

一次支付现值是一次支付终值的逆运算，计算公式为

$$P = \frac{F}{(1+i)^n} \tag{6-13}$$

系数 $1/(1+i)^n$ 称为一次支付现值系数（Present Worth Factor，Single Payment），用符号 $(P/F, i, n)$ 表示，即

$$P = F(P/F, i, n) \tag{6-14}$$

4. 等额支付终值公式。等额支付是指现金流量在各个时点等额、连续发生。等额支付终值是指现金流量相等、连续发生在各个时点上，在考虑资金时间价值的情况下，各个时点的等额资金全部折算到期末，与多少收益等值，也就是求等额年值变换为终值，如图 6–5 所示。

图 6–5 中每个 A 都作为一次支付终值中的一个 P，把每个 A 按照不同计息周期折算成第 n 年年末的终值，然后将所得终值相加，即可得到等额支付的终值 F，即

$$F = A + A(1+i) + A(1+i)^2 + \cdots + A(1+i)^{n-2} + A(1+i)^{n-1} \tag{6-15}$$

利用等比数列求和的方法对式（6–15）求和，得到

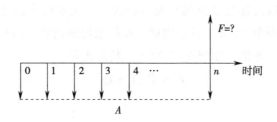

图6-5 等额支付终值现金流量图

$$F = A \frac{(1+i)^n - 1}{i} \tag{6-16}$$

系数 $[(1+i)^n - 1]/i$ 称为等额支付终值系数（Compound Amount Factor, Uniform Series），用符号 $(F/A,i,n)$ 表示，即

$$F = A(F/A,i,n) \tag{6-17}$$

5. 等额支付偿债基金公式。等额支付偿债基金即终值变换为年值，是指将期末一次性支付的终值用每个时点上等额、连续发生的现金流量来偿还，需要每次偿还多少资金。或者说已知终值 F，求与之等值的年值 A，如图6-6所示。

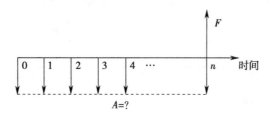

图6-6 等额支付偿债基金现金流量图

等额支付偿债基金是等额支付终值公式的逆运算，由式（6-16）可直接推导出：

$$A = F \frac{i}{(1+i)^n - 1} \tag{6-18}$$

系数 $i/[(1+i)^n - 1]$ 称为等额支付偿债基金系数（Sinking Fund Factor, Uniform Series），用符号 $(A/F,i,n)$ 表示。

6. 等额支付现值公式。等值支付现值即年值 A 变换为现值 P，是指现金流量等额、连续发生在每个时点上的资金，相当于期初一次性发生的多少现金流量。等额支付现值的现金流量如图6-7所示。

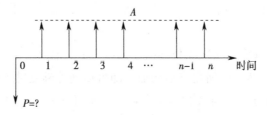

图6-7 等额支付现值现金流量图

由图 6-7 可知，若已知等额年值 A，求现值 P。图中的每个 A 相对于 P 来说都是一个未来值。计算时可以将每个 A 先折算为期初的现值，然后再求和。或者利用前述一次支付终值公式和等额支付终值公式，令式（6-11）与式（6-16）相等，得出

$$P = A\frac{(1+i)^n - 1}{i(1+i)^n} \tag{6-19}$$

系数 $[(1+i)^n - 1]/i(1+i)^n$ 称为等额支付现值系数（Present Worth Factor, Uniform Series），用符号 $(P/A, i, n)$ 表示。

7. 等额支付资金回收公式。等额支付资金回收即现值 P 变换为年值 A，是指期初一次性发生的资金，用每个计息周期等额、连续发生的年值来回收，需要的等额年值是多少，如图 6-8 所示。

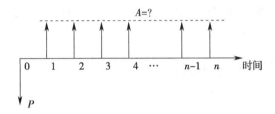

图 6-8　等额支付资金回收现金流量图

等额支付资金回收是等额支付现值的逆运算，由式（6-19）可直接推导出：

$$A = P\frac{i(1+i)^n}{(1+i)^n - 1} \tag{6-20}$$

系数 $i(1+i)^n/[(1+i)^n - 1]$ 称为等额支付资金回收系数（Capital Recovery Factor, Uniform Series），用符号 $(A/P, i, n)$ 表示。

根据上述资金等值计算基本公式可知各公式间的关系如图 6-9 和表 6-5 所示。

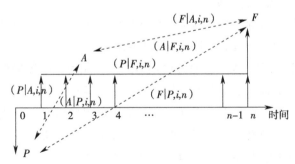

图 6-9　资金等值计算基本公式关系示意图

表 6-5　常用资金等值基本公式小结

公式名称		已知	求解	公式	系数符号	现金流量图
一次支付	终值公式	现值 P	终值 F	$F = P(1+i)^n$	$(F/P, i, n)$	
	现值公式	终值 F	现值 P	$P = F(1+i)^{-n}$	$(P/F, i, n)$	

公式名称		已知	求解	公式	系数符号	现金流量图
等额支付	终值公式	年值 A	终值 F	$F = A \dfrac{(1+i)^n - 1}{i}$	$(F/A, i, n)$	
	偿债基金公式	终值 F	年值 A	$A = F \dfrac{i}{(1+i)^n - 1}$	$(A/F, i, n)$	
等额支付	现值公式	年值 A	现值 P	$P = A \dfrac{(1+i)^n - 1}{i(1+i)^n}$	$(P/A, i, n)$	
	资本回收公式	现值 P	年值 A	$A = P \dfrac{i(1+i)^n}{(1+i)^n - 1}$	$(A/P, i, n)$	

投资项目评估中常用的资金等值计算公式主要有上述 6 种形式，除此之外还有等差支付终值公式、等差支付现值公式、等差支付年值公式、等比支付现值公式等资金等值公式。具体计算时可采用计算机软件进行计算，或者查询复利系数表进行计算。

6.2 现金流量分析指标

现金流量分析是对项目筹资、建设、运行到关闭终止的全寿命周期内，现金流入和现金流出的全部资金活动的分析。现金流量分析是进行投资决策的基础，是项目经济评价的重要工具。进行现金流量分析，首先需要按照项目建设和运行的规划进度和资金计划，计算出整个项目寿命期内各年的净现金流量，并按年排列编制现金流量表；其次需要把各年的现金流量依次累计起来，绘制出累计现金流量图。累计现金流量图可以直观、综合地表达投资项目的经济可行性。

6.2.1 现金流量分析原则和指标分类

6.2.1.1 现金流量分析原则

采用现金流量分析有利于合理地考虑时间价值因素，使得投资决策更加符合客观实际情况。识别并估计现金流量应遵循以下基本原则。

1. 计算口径一致原则。为了正确评价项目的获利能力，必须确保项目的现金流入和现金流出的计算口径一致。如果在投资估算中包括了某项工程，那么因为建设了该工程而使项目增加的效益应该被考虑，否则就会低估了项目的效益；反之，如果考虑了该工程对项目效益的贡献，却没有将工程的费用纳入投资中，则项目的效益会被高估。只有将投入和产出的估算限定在同一范围内，计算出的净现金流量才是投资的真实回报。

2. 费用效益识别的有无对比原则。有无对比是项目评估时通用的费用效益识别原则。所谓"有"是指实施项目后的将来情况，"无"是指不实施项目的将来情况。在识别项目的现金流量时，须注意只有"有无对比"的差额部分才是由于项目的建设增加的效益和费用，即现金流量的增量。因为即使不实施该项目，也不一定能维持现状不变。

3. 基础数据确定的稳妥原则。无论是财务分析还是经济分析的结果准确性均取决于基础数据的可靠性。由于项目处于投资决策阶段，决策分析中所需要的大量基础数据都来自预测和估计，难免有不确定性。为了使分析结果能提供较为可靠的信息，避免人为的乐观估计所带来的风险，更好地满足投资决策需要，在进行现金流量分析时基础数据的确定要遵循稳妥原则。

6.2.1.2　现金流量分析指标分类

投资项目评价主要解决两类问题：第一，评价的项目是否可以满足一定的检验标准，即解决项目的"筛选问题"，可以称为建设项目的"绝对效果评价"；第二，比较某一项目的不同方案优劣或确定不同项目的优先次序，即解决"优序问题"，可以称为"相对效果评价"。绝对效果评价不涉及比较，只需研究单个项目能否通过预定标准即可。

根据是否考虑资金时间价值进行折现运算，可将指标分为静态指标和动态指标。静态指标的最大特点是不考虑时间因素，计算简便。所以在对项目（方案）进行粗略评价，或对短期投资方案进行评价，或对逐年收益大致相等的项目（方案）进行评价时，静态分析指标还是可以采用的。动态指标强调利用复利方法计算资金时间价值，它将不同时间内资金的流入和流出，换算成同一时点的价值，从而为不同项目（方案）的经济比较提供可比基础，能反映项目（方案）在未来时期的变化情况。

此外，根据《建设项目经济评价方法与参数（第三版)》，项目经济评价分为财务分析和经济分析，其对应的指标分别为财务分析指标和经济分析指标。根据评价指标的经济性质可以分为时间性指标、价值性指标和比率性指标三类。详细分类结果见表 6 – 6。

表 6 – 6　现金流量分析指标分类表

划分标准	常用指标	
是否考虑资金时间价值	静态指标	静态投资回收期等
	动态指标	净现值、内部收益率、动态投资回收期等
项目评价层次	财务分析指标	财务净现值、财务内部收益率、投资回收期等
	经济分析指标	经济净现值、经济内部收益率等
指标的经济性质	时间性指标	投资回收期等
	价值性指标	净现值、净年值等
	比率性指标	内部收益率、净现值率、效益费用比等

运用现金流量分析评价投资项目时，要通过计算和判断分析指标来辅助决策。由于投资项目自身的复杂性，任何一种具体的评价方法都可能只是反映了客观事物的某一侧面或某些侧面。项目的目标不同时，也应采用不同的指标予以反映。

6.2.2　时间性指标

6.2.2.1　静态投资回收期

投资回收期（也称投资返本期）是指从项目投建之日起，用项目每年净收益来回收初始投资所需要的时间（通常用年表示，P_t）。它是反映项目投资回收能力的重要指标，在项目的财务分析和经济分析中都会采用。

1. 含义。静态投资回收期是在不考虑资金时间价值的情况下，项目净收益抵偿投资所需要的时间，通常以年为单位，从建设开始年年初算起，其表达式为

$$\sum_{i=1}^{P_t} (CI - CO)_t = 0 \tag{6-21}$$

其中，P_t 为静态投资回收期；CI 为现金流入量；CO 为现金流出量；$(CI - CO)_t$ 为第 t 年的净现金流量。

2. 计算。投资回收期可借助财务现金流量表中的净现金流量和累计净现金流量数据计算，公式如下：

$$P_t = 累计净现金流量开始出现正值的年份数 - 1 + \frac{上一年累计净现金流量的绝对值}{当年净现金流量}$$

$$\tag{6-22}$$

3. 判据。项目投资回收期短，说明投资回收快，抗风险能力强。投资回收期（P_t）要与行业基准投资回收期（P_c）进行比较：若 $P_t \leq P_c$，可以考虑接受该项目；若 $P_t > P_c$，可以考虑拒绝该项目。基准投资回收期的取值可根据行业水平或投资者的要求确定。

4. 优点与不足。静态投资回收期的最大优点是经济意义明确、直观、计算简单，便于投资者衡量建设项目承担风险的能力，同时在一定程度上反映了投资效果的优劣。因此，得到一定的应用。

静态投资回收期的不足主要有两点：一是只考虑投资回收之前的效果，舍弃了回收期以后的收入与支出数据，不能全面反映项目在寿命周期内的真实效益，难免有片面性；二是没有考虑资金时间价值，无法用于正确地辨识项目的优劣。因此，静态投资回收期不是全面衡量建设项目的理想指标，通常只用于粗略评价或者作为辅助指标与其他指标结合起来使用。

6.2.2.2 动态投资回收期

1. 含义。动态投资回收期是指在考虑资金时间价值的情况下，用项目净收益抵偿全部投资所需要的时间，通常以年为单位，从建设开始年年初算起，其表达式为

$$\sum_{i=1}^{P'_t} (CI - CO)_t (1 + i_c)^{-t} = 0 \tag{6-23}$$

其中，P'_t 为动态投资回收期；i_c 为折现率；其他符号与静态投资回收期表达式中符号的含义相同。

2. 计算。动态投资回收期可借助财务现金流量表中的净现金流量折现值和累计净现金流量折现值数据计算，公式如下：

$$P'_t = 累计净现金流量折现值开始出现正值的年份数 - 1$$

$$+ \frac{上一年累计净现金流量折现值的绝对值}{当年净现金流量折现值} \tag{6-24}$$

3. 判据。动态投资回收期的评价准则是：若 $P'_t \leqslant P'_c$（P'_c 表示基准动态投资回收期）时，可以考虑接受该项目，条件是折现率取行业基准收益率 i_c。当有多个方案进行比较时，若每个方案自身条件均满足 $P'_t \leqslant P'_c$，投资回收期越短的方案越好。

4. 优点与不足。动态投资回收期考虑了资金时间价值，优于静态投资回收期，但计算相对复杂。为减少指标数量，简化计算，《建设项目经济评价方法与参数（第三版）》未要求计算动态投资回收期指标，项目评估人员可根据项目特点决定取舍。

6.2.3 价值性指标

6.2.3.1 净现值

1. 含义。净现值（Net Present Value，NPV）是将项目整个计算期内各年的净现金流量按照某个给定的折现率，折算到计算期期初（第 0 年，即第 1 年年初）的现值代数和。当净现值用于财务分析时，将其结果称为财务净现值，记为 $FNPV$；当净现值用于经济分析时，将其结果称为经济净现值，记为 $ENPV$。

2. 计算。净现值指标是对投资项目进行动态经济评价和分析时最常用的指标，其计算公式为

$$NPV(i) = \sum_{t=1}^{n} (CI - CO)_t (1 + i_c)^{-t} \qquad (6-25)$$

其中，$(CI - CO)_t$ 为第 t 年的净现金流量（Net Cash Flow，NCF_t）；n 为计算期年数；i_c 为设定的折现率，通常可选用财务内部收益率的基准值（又称财务基准收益率、最低可接受收益率等）。

由于净现值指标考虑了项目（方案）在计算期内各年的净现金流量，因而预测的准确性至关重要，直接影响项目净现值的大小与正负。净现值可以采用式（6-25）计算，也可以通过构造现金流量表计算，列表计算清楚明了便于检查，而且可以一并计算投资回收期和其他比率性指标。

3. 判据。利用净现值判断项目时，对单一项目而言，若 $NPV \geqslant 0$，则该项目在经济上可以接受；反之，若 $NPV < 0$，则在经济上可以拒绝该项目。

当给定的折现率 $i = i_c$（i_c 为设定的基准收益率）时，若 $NPV(i_c) = 0$，表示项目达到了基准收益率标准，而不是表示该项目盈亏平衡；若 $NPV(i_c) > 0$，则意味着该项目可获得比基准收益率更高的收益；而 $NPV(i_c) < 0$，仅表示该项目不能达到基准收益率标准，不能确定项目是否亏损。

4. 优点与不足。净现值是反映项目投资盈利能力的一个重要的动态评价指标，它广泛应用于项目经济评价中。其优点是它不仅考虑了资金时间价值，对项目进行动态分析，而且考察了项目在整个寿命期内的经济状况，并且直接以货币额表示项目投资的收益性大小，克服了投资回收期的缺点，在理论上比投资回收期更完善。

利用净现值指标进行投资方案的经济效果分析，也存在两个缺点：（1）折现率和各年的收益都是通过前述各章节的分析与预测给定的，由于项目的资金来源渠道很多，各种渠道的资金成本不同，因此折现率和资金成本难以准确确定。（2）在进行方案比较

时，若不同方案的投资额不同，由于比较的基数不同，单纯看净现值的绝对大小，不能直接反映资金的利用效率。

6.2.3.2 净年值

1. 含义。净年值也称净年金（记作 NAV），它是把项目寿命周期内的净现金流量按设定的折现率折算成与之等值的各年年末的等额的净现金流量。

2. 计算。求一个项目的净年值，可以先求该项目的净现值，然后将利用等额支付资金回收公式变换为年值，其表达式为

$$NAV(i) = NPV(i)(A/P, i, n) \tag{6-26}$$

其中，$NAV(i)$ 为净年值；$(A/P, i, n)$ 为等额支付资本回收系数。

3. 判据。对单一项目而言，当 $NAV \geq 0$ 时，项目可行；当 $NAV < 0$ 时，项目不可行。可见，若 $NPV \geq 0$ 时，$NAV \geq 0$；当 $NPV < 0$ 时，$NAV < 0$，用净现值 NPV 和净年值 NAV 对一个项目进行评价，结论是一致的。因此在使用了 NPV 进行经济评价的项目中，很少再计算 NAV。

4. 优点。从统计学观点来看，净现值是总量指标，而净年值是平均指标。总量指标是反映现象在一定的时间、地点、条件下所达到的规模和水平的统计指标。但总量指标只能说明总体的规模，可比较性较差。平均指标是将总体内各单位在某一数量标志值上的具体差异抽象掉，以一个平均水平作为总体的代表值，因而具有较好的可比性。此外，使用净年值指标来评价不同方案时，可以不必考虑统一的计算时间。因此在对寿命周期不同的多个互斥方案进行比选时，净年值法具有较大优势。

6.2.4 比率性指标

6.2.4.1 内部收益率

1. 含义。内部收益率（Internal Rate of Return，IRR）是指使项目净现值为零时的折现率。如图6-10所示，内部收益率 IRR 就是 NPV 曲线与横轴相交处对应的折现率。它是一个同净现值一样被广泛使用的项目经济评价指标，记作 IRR。

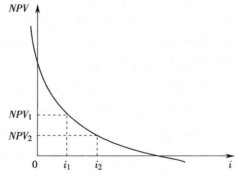

图6-10 内部收益率函数图

2. 计算。内部收益率可以通过 NPV 的表达式来求解，即满足式（6-27）的折现率为内部收益率：

$$\sum_{t=1}^{n} (CI - CO)_t (1 + IRR)^{-t} = 0 \tag{6-27}$$

其中，IRR 为内部收益率；其他符号与 NPV 公式中的相同。

若某项目在第1年年初（零点）投资 I_p，以后每年年末获得相等的净收益 R，则内部收益率可由式（6-28）或式（6-29）表示：

$$(P/A, IRR, n) = \frac{I_p}{R} \qquad\qquad (6-28)$$

或

$$(A/P, IRR, n) = \frac{R}{I_p} \qquad\qquad (6-29)$$

求解内部收益率就是解以折现率为未知数的多项高次方程。当各年的净现金流量不等，且计算期较长时，求解内部收益率是相当复杂的。一般来说，有利用计算机软件函数求解和试算法两种方法。下面主要介绍试算法。

运用试算法计算项目内部收益率的基本步骤是：首先选择折现率 i_1，将其代入净现值公式，如果此时算出的净现值为正，则选择一个高于 i_1 的折现率 i_2，将其代入净现值公式；如果此时净现值仍为正，则增加 i_2 的值后再重新计算净现值，直到净现值为负为止（如果初始选择的折现率使净现值为负，则需要降低折现率直到使净现值为正为止）。根据内部收益率的含义可知，此时内部收益率 IRR 必在 i_1 和 i_2 之间。

通常当试算的折现率 i 使 NPV 在零值左右摆动且先后两次试算的 i 值之差足够小时，可用线性插值法近似求出 $IRR \approx i$。插值公式为

$$IRR = i_1 + (i_2 - i_1)\frac{NPV_1}{NPV_1 + |NPV_2|} \qquad\qquad (6-30)$$

其中，IRR 为内部收益率；i_1 为偏低的试算折现率，使净现值为正值，且接近于零；i_2 为偏高的试算折现率，使净现值为负值，且接近于零；NPV_1 为与 i_1 对应的正净现值；NPV_2 为与 i_2 对应的负净现值。

为了保证 IRR 的计算精度，i_1 与 i_2 之间的差距一般以不超过 2% 为宜，最大不超过 5%。

此外，求解 IRR 可能出现这样几种情况：内部收益率是唯一的；内部收益率有多个，即有多根内部收益率；无实数内部收益率（无解），即现金流量有不确定的内部收益率。多根与无解是内部收益率的重要特性。使用内部收益率指标，需持慎重态度。如果拟建项目是常规项目，即项目计算期内各年净现金流量在开始一年或数年为负值，在以后各年为正值的项目，有唯一实数内部收益率；非常规项目是指项目计算期内各年净现金流量的正负符号的变化超过一次的项目，非常规项目的内部收益率的存在可能不是唯一的，有多根内部收益率或无实数内部收益率时，运用内部收益率指标将会使投资决策误入歧途，在此情况下，应当运用别的指标。

3. 判据。应用 IRR 对单一项目进行经济评价的判别准则是：若 $IRR \geq i_c$（或 i_s），则认为项目在经济上是可以接受的；若 $IRR < i_c$（或 i_s），则项目在经济上应予以拒绝。

内部收益率指标的经济含义是项目对占用资金的恢复能力。也可以说内部收益率是指项目对初始投资的偿还能力或项目对贷款利率的最大承受能力。由于内部收益率不是用来计算初始投资收益的，所以不能用内部收益率指标作为排列多个独立项目优劣顺序的依据。

4. 优点与不足。

（1）内部收益率指标的优点。

① 与净现值指标一样，内部收益率指标考虑了资金时间价值，可用于对项目进行动态分析和评价，并考虑了项目在整个寿命期内的全部情况。

② 内部收益率是由内生性决定的，即由项目的现金流量特征决定的，不是事先外生给定的。这与净现值、净年值、净现值率等指标需要事先设定基准折现率才能进行计算比较起来，操作难度小。因此，在进行财务分析时往往把内部收益率作为最主要的指标。

（2）内部收益率指标的不足。

① 内部收益率指标计算烦琐，非常规项目存在多解现象，分析、检验和判别比较复杂。

② 内部收益率适用于独立方案的经济可行性判断，但不能直接用于互斥方案比选。

③ 内部收益率不适用于只有现金流入或现金流出的项目。对于非投资情况，即先取得收益，然后用收益偿付有关费用（如设备租赁）等情况。虽然可以运用 IRR 指标，但其判别准则与投资情况相反，即只有 $IRR \leqslant i_c$（或 i_s）的方案（或项目）才可行。

5. IRR 与 NPV 的比较。对于单一独立项目的评价，应用 IRR 评价与应用 NPV 评价的结论是一致的。

NPV 指标计算简便，显示出了项目现金流量的时间分配，但得不出投资过程收益程度的大小，且受外部参数（i_c）的影响。IRR 指标计算较为麻烦，但能反映投资过程的收益程度，而 IRR 不受外部参数影响，完全取决于投资过程的现金流量。

IRR 被普遍认为是项目投资的盈利率，反映了投资的使用效率，概念清晰明确。比起 NPV，各行各业的实际项目评估人员更喜欢采用 IRR。

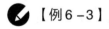 【例 6 - 3】

▪▪

某投资项目的现金流量如表 6 - 7 所示，其内部收益率 IRR = 20%。

表 6 - 7　某投资项目的现金流量

第 t 期期末	0	1	2	3	4	5	6
现金流量 A_t（万元）	−1000	300	300	300	300	300	307

由于已提走的现金是不能再生息的，因此设 F_t 为第 t 期期末尚未回收的投资余额，F_0 即是项目计算期初的投资额 A_0。显然，只要在本周期内取得复利利息 $i \times F_{t-1}$，则第 t 期期末的末回收投资余额为

$$F_t = F_{t-1}(1 + i) + A_t$$

将 $i = IRR = 20\%$ 代入上式，可计算出项目的末收回投资在计算期内的恢复过程，如表 6 - 8 和图 6 - 11 所示。

表6-8　未收回投资在计算期内的恢复过程　　单位：万元

第 t 期期末	0	1	2	3	4	5	6
现金流量 A_t	-1000	300	300	300	300	300	307
第 t 期期初未回收投资 F_{t-1}		-1000	-900	-780	-636	-463.2	-255.84
第 t 期期末的利息 $i \times F_{t-1}$		-200	-180	-156	-127.2	-92.64	-51.168
第 t 期期末未回收投资 F_t	-1000	-900	-780	-636	-463.2	-255.84	0

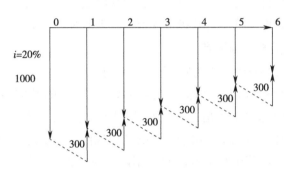

图6-11　未收回投资现金流量示意图（单位：万元）

由此可见，项目的内部收益率是指项目到计算期末正好将未收回的资金全部收回来的折现率，是项目对贷款利率的最大承担能力。

在项目计算期内，由于项目始终处于"偿付"未被回收的投资的状况，内部收益率指标正是项目占用的尚未回收资金的获利能力。它能反映项目自身的盈利能力，其值越高，项目的经济性越好。因此，在项目评价中，内部收益率是考察项目盈利能力的主要动态评价指标。由于内部收益率不是初始投资在整个计算期内的盈利率，因而它不仅受到初始投资规模的影响，而且受到项目计算期内各年流量大小的影响。

6.2.4.2　净现值率

1. 含义。净现值率（Net Present Value Rate，NPVR）是按设定折现率求得的项目计算期的净现值与其全部投资现值的比率，其经济含义是单位投资现值所能带来的净现值，是一个考察项目单位投资盈利能力的指标。净现值率的最大化，将使有限投资取得最大的净贡献，可作为净现值的辅助评价指标进行项目经济评价。

在进行多方案（项目）比选时，若对比的两个方案投资额不同，如果仅以各方案的净现值率大小来选择方案，可能导致不正确的结论，因为净现值率大小只是表明单位投资盈利水平，不能反映总体投资规模的盈利能力。

2. 计算。净现值率的计算公式为

$$NPVR = \frac{NPV}{I_p} = \frac{\sum_{t=1}^{n}(CI-CO)_t(1+i)^{-t}}{\sum_{t=1}^{n}I_t(1+i)^{-t}} \tag{6-31}$$

$$I_p = \sum_{t=1}^{n} I_t(P/F, i, n) \qquad (6-32)$$

其中，I_p 为项目投资现值；I_t 为第 t 年投资额；n 为计算期年数；$(P/F, i, n)$ 为现值系数。

3. 判据。应用净现值率评价项目（方案）时，对于独立方案评价，应使 NPVR ≥ 0，项目才可以接受，若 NPVR < 0，项目不可行，应予以拒绝。对于多方案比选，凡 NPVR < 0 的方案先行淘汰，在余下的方案中，应将净现值率与投资额、净现值结合起来选择方案，而且在评价时应注意计算投资现值与净现值时折现率一致。

6.2.5 现金流量分析基准参数

6.2.5.1 现金流量分析基准参数的含义和作用

现金流量分析指标的判别基准称为基准参数，最重要的基准参数是财务基准收益率，它用于判别财务内部收益率是否满足要求，同时它也是计算财务净现值的折现率。采用财务基准收益率作为折现率，用于计算财务净现值，可使财务净现值大于或等于零与财务内部收益率大于或等于财务基准收益率两者对项目财务可行性的判断结果一致。计算财务净现值的折现率时也可取不同于财务基准收益率的数值。依据不充分或可变因素较多时，可取几个不同数值的折现率，计算多个财务净现值，以给决策者提供全面的信息。

6.2.5.2 基准收益率的确定

1. 财务基准收益率的确定要与指标的内涵相对应。所谓基准，即是设定的投资截止率（国外又称"cut off rate"），收益低于这个水平的不予投资。这也是最低可接受收益率的概念。选取财务基准收益率时，应该明确是对谁而言。不同的人，或者从不同角度去考虑，对投资收益会有不同的最低期望值。因此，在谈到财务基准收益率时应有针对性。也就是说，项目财务分析中不应该总是用同一个财务基准收益率作为各种财务内部收益率的判别基准。

2. 财务基准收益率的确定要与所采用的价格体系相协调。所谓"协调"，是指采用的投入和产出价格是否包含通货膨胀因素，应与指标计算时对通货膨胀因素的处理相一致。如果计算期内考虑了通货膨胀因素，并采用时价计算财务内部收益率，则确定判别基准时也应考虑通货膨胀因素，反之则相反。是否含有通货膨胀因素的财务内部收益率及其基准收益率之间的关系近似为

$$i'_c \cong i_c + f \qquad (6-33)$$

$$IRR' \cong IRR + f \qquad (6-34)$$

其中，i_c 为不含通货膨胀因素的财务基准收益率；i'_c 为含通货膨胀因素的财务基准收益率；IRR 为不含通货膨胀因素的财务内部收益率；IRR' 为含通货膨胀因素的财务内部收益率；f 为通货膨胀率。

3. 财务基准收益率的确定要考虑资金成本。投资获益要大于资金成本，否则该项投资就没有价值。因此通常把资金成本作为财务基准收益率的确定基础，或称第一参考值。

4. 财务基准收益率的确定要考虑资金机会成本。投资获益要大于资金机会成本，否则该项投资就没有比较价值。因此通常也把资金机会成本作为财务基准收益率的确定基础。

5. 财务基准收益率的基准参数。项目投资财务内部收益率的基准参数可采用国家、行业或专业（总）公司统一发布执行的财务基准收益率，或由评价者根据投资方的要求设定。一般可在加权平均资金成本（WACC）的基础上再加上调控意愿等因素来确定财务基准收益率。加权平均资金成本的计算见第 8 章。选择项目投资财务内部收益率的基准参数时要注意所得税前和所得税后指标的不同。

6. 项目资本金财务内部收益率的判别基准。项目资本金财务内部收益率的基准参数应为项目资本金所有者整体的最低可接受收益率。其数值大小主要取决于资金成本、资本收益水平、风险以及项目资本金所有者对权益资金收益的要求，还与投资者对风险的态度有关。通常可采用相关公式计算（详见第 8 章），也可参照同类项目（企业）的净资产收益率确定，《建设项目经济评价方法与参数（第三版）》也给出了项目资本金财务基准收益率的参考值。

7. 投资各方财务内部收益率的判别基准。投资各方财务内部收益率的基准参数为投资各方对投资收益水平的最低期望值，应该由各投资者自行确定，因为不同投资者的决策理念、资本实力和风险承受能力有很大差异。出于某些原因，投资者可能会对不同项目有不同的收益水平要求。

6.3　本章小结

投资项目经济评价是在现金流量分析的基础上对相关经济评价指标进行计算和分析的过程。任何项目的建设与运营，都有一个时间上的延续过程。要客观地评价项目的经济效果，不仅要考虑现金流出与现金流入的数额，还必须考虑每笔现金流量发生的时间。资金时间价值的表现形式是资金等值换算，在进行投资项目评估时主要用到的等值换算包括一次支付终值公式、一次支付现值公式、等额支付终值公式、等额支付偿债基金公式、等额支付现值公式和等额支付资金回收公式。利用现金流量可以对投资项目的经济效果进行时间性、价值性和比率性分析，具体指标包括投资回收期、净现值、净年值、内部收益率、净现值率等。

第 7 章
项目投资估算

　　项目投资估算是在项目的市场分析、建设规模、技术方案、工程方案、设备方案及项目支撑条件等分析和评估的基础上，估算建设投资和分年资金需要量，以及生产运营所需流动资金的过程。估算出的项目投资作为制订融资方案的基础，为经济评价以及下一步编制设计概算提供依据。投资项目的投资估算是项目评估关键的一环，正确地进行项目投资估算，不仅可以合理确定项目投资规模，控制工程项目总造价，而且可以较准确地反映出项目的现金流状况，有助于合理地进行人、财、物等资源分配，以达到投资项目经济效益最大化的目标。

　　本章进行项目投资估算的主要依据是现行的经济法规和价格政策，从项目（或企业）的角度出发，介绍投资估算的内容、要求、依据、程序与方法。

7.1　概述

7.1.1　投资估算的内容

7.1.1.1　项目总投资

项目总投资由建设投资、建设期利息和流动资金构成。

　　1. 建设投资。建设投资是指项目筹建与建设期间所花费的全部建设费用，按概算法分类包括工程费用、工程建设其他费用和预备费用，其中，工程费用包括建筑工程费、设备购置费和安装工程费；预备费用包括基本预备费和涨价预备费。也可将建设投资按照形成资产法分类，分为形成固定资产的费用、形成无形资产的费用、形成其他资产的费用（以下分别简称固定资产费用、无形资产费用、其他资产费用）和预备费用四类。这两种分类方法并不影响建设投资的实质内容和估算值。

　　2. 建设期利息。建设期利息是债务资金在建设期内发生并应计入固定资产原值的利息，包括借款（或债券）利息以及因借款而发生的手续费、承诺费、管理费等其他融资费用。

　　3. 流动资金。流动资金是项目运营期内长期占用并周转使用的营运资金。

　　项目总投资的构成，即投资估算的具体内容如图 7 - 1 或图 7 - 2 所示。

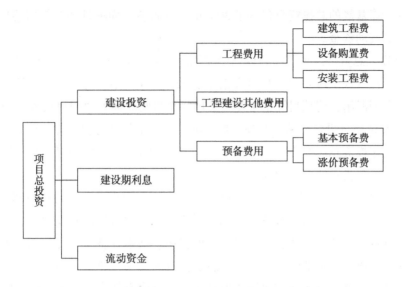

图7-1 项目总投资的构成（按概算法分类）

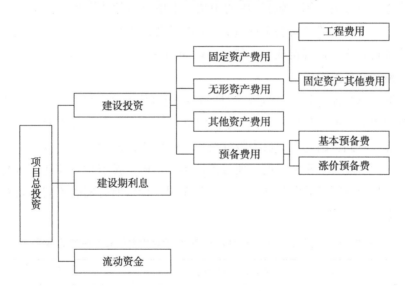

图7-2 项目总投资的构成（按形成资产法分类）

7.1.1.2 投资概念的解析

1. 项目总投资的不同内涵。在实际工作中，"项目总投资"有多种内涵和不同的用法。这里的"项目总投资"是项目评估中用的"项目总投资"，与作为项目资本金比例计算基数的总投资是有区别的。在《国务院关于固定资产投资项目试行资本金制度的通知》中指出，"作为计算资本金基数的总投资，是指投资项目的固定资产投资与铺底流动资金之和"，其中：固定资产投资由建筑工程费、设备购置费、安装工程费、工程建设其他费用、基本预备费、涨价预备费和建设期利息七项内容构成；铺底流动资金指流动资金中的非债务资金，占全部流动资金的30%。可见，两者的区别就在于：作为项目资本金比例计算基数的总投资只包含了30%的流动资金，而项目评估使用的项目总投资则包含了全部流动资金。

2. 项目投入总资金。投资项目评估中使用的"项目总投资"与"项目投入总资金"的含义相同。在《投资项目可行性研究指南（第三版)》中，为了避免与资本金制度中的总投资概念相混淆，将项目评估中使用的项目总投资改称为"项目投入总资金"。

3. 外商投资项目投资总额。对外商投资项目，无论是进行项目评估或是计算注册资本比例，均使用投资总额的称谓，投资总额由建设投资、建设期利息和流动资金构成，与本书中的项目总投资的含义相同。

4. "建设投资"的不同用法。在实际工作中，对"建设投资"也有不同的理解和不同的用法。如《投资项目可行性研究指南（第三版)》中所指的建设投资，由建筑工程费、设备购置费、安装工程费、工程建设其他费用、基本预备费、涨价预备费和建设期利息七项内容构成，并且把建设投资分为静态投资和动态投资两部分，由上述前五项构成静态投资部分，涨价预备费和建设期利息构成动态投资部分。本书采用的是《建设项目经济评价方法与参数（第三版)》中的用法，书中所指的建设投资由工程费用（包括建筑工程费、设备购置费和安装工程费）、工程建设其他费用、预备费（包括基本预备费和涨价预备费）三项内容构成，不包括建设期利息。

7.1.2 投资估算的要求

项目决策分析与评价阶段（投资前时期）一般可分为投资机会研究、初步可行性研究（项目建议书）、可行性研究、项目评估四个阶段。由于不同阶段的工作深度和掌握的资料详略程度不同，因此在项目决策分析与评价的不同阶段，允许投资估算的深度和准确度有所差别。随着工作的进展，项目条件逐步明确，投资估算应逐步细化，准确度应逐步提高，从而对项目投资起到有效的控制作用。投资前时期的不同阶段对投资估算的准确度要求（允许误差率）见表7－1。

表7－1　项目决策分析与评价的不同阶段对投资估算准确度的要求

序号	项目决策分析与评价的不同阶段	投资估算允许误差率
1	投资机会研究阶段	±30%以内
2	初步可行性研究（项目建议书）阶段	±20%以内
3	可行性研究阶段	±10%以内
4	项目评估阶段	±10%以内

尽管投资估算在具体数额上允许存在一定的误差，但必须达到以下要求。

1. 估算的范围应与项目建设方案所涉及的范围、所确定的各项工程内容相一致。

2. 估算的工程内容和费用构成齐全，计算合理，不提高或者降低估算标准，不重复计算或者漏项少算。

3. 估算应做到方法科学、基础资料完整、依据充分。

4. 估算选用的指标与具体工程之间存在标准或者条件差异时，应进行必要的换算或者调整。

5. 估算的准确度应能满足项目决策分析与评价不同阶段的要求。

7.1.3　投资估算的依据与作用

7.1.3.1　建设投资估算的基础资料与依据

建设投资估算的基础资料与依据主要包括以下几个方面。

1. 拟建项目建设方案确定的各项工程建设内容及工程量。

2. 专门机构发布的建设工程造价费用构成、估算指标、计算方法，以及其他有关工程造价的文件。

3. 专门机构发布的工程建设其他费用估算办法和费用标准，以及有关机构发布的物价指数。

4. 部门或行业制定的投资估算办法和估算指标。

5. 拟建项目所需设备、材料的市场价格。

7.1.3.2　投资估算的作用

1. 投资估算是投资决策的重要依据。项目决策分析与评价阶段投资估算所确定的项目建设与运营所需的资金量，是投资者进行投资决策的依据之一，投资者要根据自身的财务能力和信用状况作出是否投资的决策。

2. 投资估算是制订项目融资方案的依据。项目决策分析与评价阶段投资估算所确定的项目建设与运营所需的资金量，是项目制订融资方案、进行资金筹措的依据。投资估算准确与否，将直接影响融资方案的可靠性，直接影响各类资金在币种、数量和时间要求上能否满足项目建设的需要。

3. 投资估算是进行项目经济评价的基础。经济评价是对项目的费用与效益作出全面的分析评价，项目所需投资是项目费用的重要组成部分，是进行经济评价的基础。投资估算准确与否，将直接影响经济评价的可靠性。

在投资机会研究和初步可行性研究阶段，虽然对投资估算的准确度要求相对较低，但投资估算仍然是该阶段的一项重要工作。投资估算完成之后才有可能进行经济效益的初步评价。

4. 投资估算是编制初步设计概算的依据。投资估算是编制初步设计概算的依据，对项目的工程造价起着一定的控制作用。按照项目建设程序，应在可行性研究报告被审定或批准后进行初步设计。经审定或批准的可行性研究报告是编制初步设计的依据，报告中所估算的投资额是编制初步设计概算的依据。

因此，按照建设项目决策分析与评价的不同阶段所要求的内容和深度，完整、准确地进行投资估算是项目决策分析与评价必不可少的重要工作。

7.1.4　投资估算的注意事项

1. 要认真收集整理和积累各种建设项目的竣工决算实际造价资料。这些资料的可靠性越高，则估算出的投资准确度也越高。所以，收集和积累可靠的技术资料是提高投资估算准确度的前提和基础。

2. 选择使用投资估算的各种数据时，不论是自己积累的数据，还是来源于其他方面的数据，都要求估算人员在使用前结合时间、物价、现场条件、装备水平等因素作出充分的分析和调查研究工作。据此，应该做到以下三点：（1）造价指标的工程特征与拟投资项目的工程尽可能相符合；（2）对工程所在地的交通、能源、材料供应等条件做周密的调查研究；（3）做好细致的市场调查和预测。

3. 投资的估算必须考虑建设期物价、工资等方面的动态因素变化。

4. 应留有足够的预备费。并不是预备费留得越多越保险，而是依据估算人员所掌握的情况加以分析、判断、预测等，选定一个适度的系数。通常情况下，对于那些建设工期长、工程复杂或新开发的新工艺流程，预备费所占的比例可高一些；建设工期短、工程结构简单或相对成熟的项目（如在国内已有建成的工艺生产项目和已定型的项目），预备费所占的比例就可以低一些。

5. 对引进国外设备或技术的项目要考虑汇率的变化。进口设备、引进国外先进技术的建设项目和涉外建设项目，其建设投资的估算额与外汇兑换率关系密切。

6. 注意项目投资总额的综合平衡。实际进行项目投资估算时，常常会有从局部上对各单位工程的投资估算来看似乎是合理的，但从估算的建设项目所需的总投资额来看显得并不一定适当的情况。因此，必须从总体上衡量工程的性质、项目所包括的内容和建筑标准等，是否与当前同类工程的投资额相称。还可以检查各单位工程的经济指标是否合适，从而再做一次必要的调整，使得整个建设项目所需的投资估算更为合理。

7. 进行项目投资估算要认真负责、实事求是。进行项目投资估算时，应加强责任感，要认真负责、实事求是、科学地进行投资估算。既不可有意高估冒算，以免积压和浪费资金；也不应故意压价少估，而后进行投资追加，打乱项目投资计划。

7.2　建设投资估算的方法

项目的建设投资估算可采用分类估算和综合估算两种方法。分类估算是根据建设投资的概算分类要求（见图 7-1）分项详细估算；综合估算则是根据与拟建项目建设投资相关的资料和关系进行简单估算。

7.2.1　建设投资的分类估算

进行建设投资分类估算时，应针对其构成，即对工程费用（含建筑工程费、设备购置费和安装工程费）、工程建设其他费用和预备费（含基本预备费和涨价预备费）分类进行估算。

7.2.1.1　估算步骤

1. 分别估算项目建设所需的建筑工程费、设备购置费和安装工程费。

2. 汇总建筑工程费、设备购置费和安装工程费，得出分装置的工程费用，然后加总得出项目建设的总工程费用。

3. 在工程费用的基础上估算工程建设其他费用。

4. 以工程费用和工程建设其他费用为基础估算基本预备费。

5. 在确定工程费用分年投资计划的基础上估算涨价预备费。

6. 加总得出建设投资。

7.2.1.2　建筑工程费估算

1. 估算内容。建筑工程费是指为建造永久性建筑物和构筑物所需要的费用，主要包括以下几部分内容：（1）各类房屋建筑工程和列入房屋建筑工程预算的供水、供暖、卫生、通风、煤气等设备费用及其装设、油饰工程的费用，列入建筑工程的各种管道、电力、电信和电缆导线敷设工程的费用。（2）设备基础、支柱、工作台、烟囱、水塔、水池、灰塔等建筑工程以及各种窑炉的砌筑工程和金属结构工程的费用。（3）建设场地的大型土石方工程、施工临时设施和完工后的场地清理等费用。（4）矿井开凿、井巷延伸、露天矿剥离，石油、天然气钻井，修建铁路、公路、桥梁、水库、堤坝、灌渠及防洪等工程的费用。

2. 估算方法。建筑工程费的估算方法有单位建筑工程投资估算法、单位实物工程量投资估算法和概算指标投资估算法。前两种方法比较简单，后一种方法要以较为详细的工程量资料为基础，工作量较大，实际工作中可根据具体条件和要求选用。

（1）单位建筑工程投资估算法。单位建筑工程投资估算法是以单位建筑工程量投资乘以建筑工程总量来估算建筑工程费的方法，即

$$建筑工程投资额 = 单位建筑工程量投资 \times 建筑工程总量 \qquad (7-1)$$

一般工业与民用建筑以单位建筑面积（平方米）投资，工业窑炉砌筑以单位容积（立方米）投资，水库以水坝单位长度（米）投资，铁路路基以单位长度（公里）投资，矿山掘进以单位长度（米）投资，乘以相应的建筑工程总量即可计算建筑工程费。

（2）单位实物工程量投资估算法。单位实物工程量投资估算法是以单位实物工程量投资乘以实物工程总量来估算建筑工程费的方法，即

$$建筑工程投资额 = 单位实物工程量投资 \times 实物工程总量 \qquad (7-2)$$

土石方工程按每立方米投资，矿井巷道衬砌工程按每延长米投资，路面铺设工程按每平方米投资，乘以相应的实物工程总量即可计算建筑工程费。

（3）概算指标投资估算法。在估算建筑工程费时，对于没有前两种估算指标，或者建筑工程费占建设投资比例较大的项目，可采用概算指标投资估算法。建筑工程概算指标通常是以整个建筑物为对象，以建筑面积、体积等为计量单位来确定人工、材料和机械台班的消耗量标准和造价指标。建筑工程概算指标分别有一般土建工程概算指标、给排水工程概算指标、采暖工程概算指标、通信工程概算指标、电气照明工程概算指标等。采用概算指标投资估算法要有较为详细的工程量资料、建筑材料价格和工程费用指标，工作量较大。具体方法可参照专门机构发布的概算编制办法。

通过建筑工程费的估算，可以编制建筑工程费估算表，如表 7-2 所示。

表7-2 建筑工程费估算表

序号	建筑物、构筑物名称	单位	工程量	单价（元）	费用合计（万元）
	合计				

【例7-1】

某生物农药项目的建筑工程费估算 ┃┃┃┃┃┃┃┃┃┃┃┃┃┃┃┃┃┃┃┃┃┃┃┃┃┃┃┃┃┃┃┃┃

某生物农药项目的建筑工程费估算见表7-3。

表7-3 某生物农药项目建筑工程费估算表

序号	建筑物、构筑物名称	单位	工程量	单价（元）	费用合计（万元）
1	生产车间	平方米	7712	1800	1388.2
2	培育室	平方米	144	1000	14.4
3	原料、成品库	平方米	5783	1000	578.3
4	综合动力站	平方米	1134	1200	136.1
5	地下水池	立方米	1300	750	97.5
6	门卫室	平方米	74	1000	7.4
7	厂区围墙和大门	米	750	200	15.0
8	厂区道路	平方米	9800	120	117.6
9	厂区绿化	平方米	6743	50	33.7
10	综合楼	平方米	3402	1200	408.2
11	食堂等生活设施	平方米	1157	1000	115.7
12	车库	平方米	230	1000	23.0
	合计				2935.1

7.2.1.3 设备购置费估算

设备购置费指全部设备、仪器、仪表等（需要安装和不需要安装的）和必要的备品备件及工器具、生产家具购置费用，其中包括一次装入的填充物料、催化剂及化学药品等的购置费。可按国内设备购置费、进口设备购置费、备品备件购置费和工器具及生产家具购置费分类估算。

1. 国内设备购置费估算。国内设备购置费是指为建设项目购置或自制的、达到固定资产标准的各种国产设备的购置费用，由设备原价和设备运杂费构成。

（1）国产标准设备原价。国产标准设备是指按照主管部门颁布的标准图纸和技术要求，由国内设备生产厂批量生产的、符合国家质量检测标准的设备。国产标准设备原价一般指的是设备制造厂的交货价，即出厂价。设备的出厂价分为两种，一是带有备件的出厂价，二是不带备件的出厂价，在计算设备原价时，一般应按带有备件的出厂价计算。如只有不带备件的出厂价，应按有关规定另加备品备件费用。如设备由设备成套公司供应，还应考虑设备成套费用。国产标准设备原价可通过查询相关价格目录或向设备生产厂家询价得到。

（2）国产非标准设备原价。国产非标准设备是指国家尚无定型标准，设备生产厂不可能采用批量生产，只能根据具体的设计图纸按订单制造的设备。国产非标准设备原价有多种不同的计算方法，实践中也可以采用有关单位公布的参考价格，根据设备类型、材质、规格等要求选用。

（3）设备运杂费。设备运杂费通常由运输费、装卸费、运输包装费、供销手续费和仓库保管费等各项费用构成，一般按设备原价乘以设备运杂费费率计算。设备运杂费费率按部门、行业规定执行。

通过国内设备购置费的估算，可以编制国内设备购置费估算表，如表 7 - 4 所示。

表 7 - 4 国内设备购置费估算表

序号	设备名称	型号规格	单位	数量	设备购置费		
					出厂价	运杂费	总价
	合计						

【例 7 - 2】

某生物农药项目的国内设备购置费估算 ▪▪▪▪▪▪▪▪▪▪▪▪▪▪▪▪▪▪▪▪▪▪▪▪▪▪▪▪▪▪▪▪▪▪▪▪▪

某生物农药项目的国内设备购置费估算见表 7 - 5。

表 7 - 5 某生物农药项目国内设备购置费估算表

序号	设备名称	型号规格	单位	数量	设备购置费		
					出厂价（万元）	运杂费（万元）	总价（万元）
1	工艺设备		台（套）	124	1618.2	129.5	1747.7
	其中：						
	二级种子罐	10 立方米	台	6	120.0		
	发酵罐	80 立方米	台	3	270.0		
	喷雾干燥系统		套	2	180.0		
	包装机		套	6	240.0		
2	通风设备		台	20	6.0	0.5	6.5

续表

序号	设备名称	型号规格	单位	数量	设备购置费		
					出厂价（万元）	运杂费（万元）	总价（万元）
3	自控设备		套	1	300.0	24.0	324.0
4	培育室设备		套	1	40.0	3.2	43.2
5	化验检测仪器		台（套）	44	97.6	7.8	105.4
6	机电仪修设备		套	3	60.0	4.8	64.8
7	综合动力设备		台（套）	15	395.0	31.6	426.6
	其中：						
	空压系统	110 立方米/分钟，1 兆帕	套	2	120.0		
	制冷系统	30 万千卡	套	2	140.0		
8	消防设备		套	1	24.0	1.9	25.9
9	污水处理设备		套	1	30.0	2.4	32.4
10	通信设备				5.0		5.0
11	生产运输车辆		台	6	67.0	5.4	72.4
12	台式计算机		台	30	24.0		24.0
13	工器具及生产家具				5.3	0.4	5.7
	合计				2672.1	211.5	2883.6

2. 进口设备购置费估算。进口设备购置费由进口设备货价、进口从属费用及国内运杂费组成。

（1）进口设备货价。进口设备货价按其所包含的费用内容不同，可分为离岸价（Free on Board，FOB）与到岸价（Cost，Insurance and Freight，CIF）等，通常多指离岸价。离岸价（FOB）是货物成本价，是指出口货物运抵出口国口岸（船上）交货的价格；到岸价（CIF）是指成本 + 运费 + 保险费的价格，从包含的费用内容看，是指进口货物抵达进口国口岸的价格，即包括进口货物的离岸价、国外运费和国外运输保险费。进口设备货价可依据向有关生产厂商的询价、生产厂商的报价及订货合同价等研究确定。

（2）进口从属费用。进口从属费用包括国外运费、国外运输保险费、进口关税、进口环节消费税、进口环节增值税、外贸手续费和银行财务费。

① 国外运费，即从装运港（站）到达我国抵达港（站）的运费。其计算公式为

$$国外运费 = 进口设备离岸价 \times 国外运费费率 \qquad (7-3)$$

或

$$国外运费 = 单位运价 \times 运量 \qquad (7-4)$$

国外运费费率或单位运价参照有关部门或进出口公司的规定执行。

② 国外运输保险费，是被保险人根据与保险人（保险公司）订立的保险契约，为获得保险人对货物在运输过程中发生的损失给予经济补偿而支付的费用。其计算公式为

$$国外运输保险费 = （进口设备离岸价 + 国外运费）\times 国外运输保险费费率$$

$$(7-5)$$

国外运输保险费费率按照有关保险公司的规定执行。

进口设备按到岸价计价时，不必计算国外运费和国外运输保险费。

③ 进口关税。进口关税的计算公式为

$$进口关税 = 进口设备到岸价 \times 人民币外汇牌价 \times 进口关税税率 \qquad (7-6)$$

进口关税税率按照我国海关总署发布的《中华人民共和国海关进出口税则（2021）》的规定执行。

④ 进口环节消费税。进口适用消费税的设备（如汽车），应按规定计算进口环节消费税。

按照相关规定，进口的应税消费品实行从价定率办法计算应纳消费税税额的，按照组成计税价格计算纳税。

$$消费税 = 组成计税价格 \times 消费税税率 \qquad (7-7)$$

$$组成计税价格 = （关税完税价格 + 关税）\div （1 - 消费税税率）\qquad (7-8)$$

关税完税价格是指进口货物以海关审定的成交价格为基础的到岸价格。包括货价、货物运抵我国关境内输入地点起卸前的包装费、运费、保险费和其他劳务费等费用。

可行性研究和项目评估阶段拟建项目尚未与外商正式签订引进商务合同的，进口货物以估算的到岸价格（以人民币表示）暂作为关税完税价格。

$$进口环节消费税 = \frac{进口设备到岸价 \times 人民币外汇牌价 + 进口关税}{1 - 消费税税率} \times 消费税税率$$

$$(7-9)$$

此处，到岸价、离岸价不是标准的贸易术语，只是侧重于对其所包含的费用内容予以描述，以便计算相关投资费用。

消费税税率按《中华人民共和国消费税暂行条例》及相关规定执行。

⑤ 进口环节增值税。进口环节增值税的计算公式为

$$增值税 = 组成计税价格 \times 增值税税率 \qquad (7-10)$$

$$组成计税价格 = 关税完税价格 + 关税 + 消费税 \qquad (7-11)$$

可行性研究和项目评估阶段拟建项目尚未与外商正式签订引进商务合同的，进口货物以估算的到岸价格（CIF）暂作为关税完税价格。

$$进口环节增值税 = （进口设备到岸价 \times 人民币外汇牌价 + 进口关税 + 消费税）$$
$$\times 增值税税率 \qquad (7-12)$$

增值税税率按《中华人民共和国增值税暂行条例》及相关规定执行。

⑥ 外贸手续费。外贸手续费按国家有关主管部门制定的进口代理手续费收取办法计算。其计算公式为

外贸手续费 ＝ 进口设备到岸价 × 人民币外汇牌价 × 外贸手续费费率

(7 – 13)

外贸手续费费率按合同成交额的一定比例收取，成交额度小，费率较高；成交额度大，费率较低，各外贸公司收费也各不相同。可行性研究和项目评估阶段可参照部门、行业的估算规定选取。

⑦ 银行财务费。银行财务费按进口设备货价计取，其计算公式为

银行财务费 ＝ 进口设备货价 × 人民币外汇牌价 × 银行财务费费率 (7 – 14)

银行财务费费率应根据银行要求采用。可行性研究和项目评估阶段一般视货价为离岸价，银行财务费费率可参照部门、行业的估算规定选取。

（3）国内运杂费。国内运杂费通常由运输费、运输保险费、装卸费、包装费和仓库保管费等费用构成。其计算公式为

国内运杂费 ＝ 进口设备离岸价 × 人民币外汇牌价 × 国内运杂费费率

(7 – 15)

国内运杂费费率按部门、行业或省、市的规定执行。

通过进口设备购置费的估算，可以编制进口设备购置费估算表，如表 7 – 6 所示。

表 7 – 6　进口设备购置费估算表

序号	设备名称	台（套）数	离岸价	国外运费	国外运输保险费	到岸价	进口关税	消费税	增值税	外贸手续费	银行财务费	国内运杂费	设备购置费总价
	合计												

注：在项目评估阶段，根据投资估算的深度要求，也允许仅列出主要设备表，难以按单台（套）计算进口设备从属费用和国内运杂费的，可以按进口设备总价估算。

【例 7 – 3】

某公司拟从国外进口一套机电设备，重量为 1500 吨，离岸价为 400 万美元。其他有关费用参数为：国外海运费费率为 4%，海上运输保险费费率为 0.1%；银行财务费费率为 0.15%；外贸手续费费率为 1%；关税税率为 10%；进口环节增值税税率为 17%；人民币外汇牌价为 1 美元 ＝ 6.5 元人民币，设备的国内运杂费费率为 2.1%。试对该套设备的购置费进行估算（保留两位小数）。

答：

根据上述各项费用的计算公式，则有

进口设备离岸价 $=400 \times 6.5 =2600$ （万元）

国外运费 $= 400 \times 6.5 \times 4\% = 104$ （万元）

国外运输保险费 $=（2600 +104）\times 0.1\% =2.70$ （万元）

进口关税 $=（2600 +104 +2.70）\times 10\% =270.67$ （万元）

进口环节增值税 $=（2600 +104 +2.70 +270.67）\times 17\% =506.15$ （万元）

外贸手续费 $=（2600 +104 +2.70）\times 1\% =27.07$ （万元）

银行财务费 $= 2600 \times 0.15\% =3.9$ （万元）

国内运杂费 $=2600 \times 2.1\% =54.6$ （万元）

设备购置费 $=2600 +104 +2.70 +270.67 +506.15 +27.07 +3.9 +54.6$
$=3569.09$ （万元）

3. 工器具及生产家具购置费估算。工器具及生产家具购置费是指按照有关规定，为保证新建或扩建项目初期正常生产必须购置的第一套工卡模具、器具及生产家具的购置费用。一般以国内设备原价和进口设备离岸价为计算基数，按照部门或行业规定的工器具及生产家具购置费费率计算。

4. 备品备件购置费估算。设备购置费在大多数情况下，采用带备件的原价估算，不必另行估算备品备件费用；在无法采用带备件的原价，需要另行估算备品备件购置费时，应按设备原价及有关专业概算指标（费率）估算。

7.2.1.4 安装工程费估算

1. 估算内容。安装工程费一般包括：（1）生产、动力、起重、运输、传动和医疗、实验等各种需要安装的机电设备、专用设备、仪器仪表等设备的安装费；（2）工艺、供热、供电、给排水、通风空调、净化及除尘、自控、电信等管道、管线、电缆等的材料费和安装费；（3）设备和管道的保温、绝缘、防腐，设备内部的填充物等的材料费和安装费。

2. 估算方法。投资估算中安装工程费通常是根据行业或专门机构发布的安装工程定额、取费标准进行估算。具体可按安装费费率、每吨设备安装费指标或每单位安装实物工程量费用指标进行估算。其计算公式为

$$\text{安装工程费 = 设备原价} \times \text{安装费费率} \qquad (7-16)$$

或

$$\text{安装工程费 = 设备吨位} \times \text{每吨设备安装费指标} \qquad (7-17)$$

或

$$\text{安装工程费 = 安装工程实物量} \times \text{每单位安装实物工程量费用指标} \qquad (7-18)$$

附属管道量大的项目，还应单独估算并列出管道费用。

在可行性研究和评估阶段，安装费用也可以按单项工程分别估算。

估算安装工程费后应编制安装工程费估算表。

【例7-4】

某生物农药项目的安装工程费

某生物农药项目的安装工程费估算见表7-7。

表7-7　某生物农药项目安装工程费估算表

序号	安装工程名称	设备原价（万元）	设备安装费费率（占设备原价的百分比）（%）	管道、材料费（万元）	安装工程费（万元）
1	设备				
1.1	工艺设备	1618.2	8		129.5
1.2	通风设备	6.0	10		0.6
1.3	自控设备	300.0	7		21.0
1.4	培育室设备	40.0	3		1.2
1.5	化验检测仪器	97.6	1		1.0
1.6	机修、电修设备	40.0	5		2.0
1.7	仪修设备	20.0	2		0.4
1.8	综合动力设备	395.0	10		39.5
1.9	消防设备	24.0	12		2.9
1.10	污水处理设备	30.0	12		3.6
	设备小计				201.7
2	管线工程				
2.1	供水管道			21.0	21.0
2.2	排水管道			30.0	30.0
2.3	变配电线路			4.8	4.8
2.4	通信线路			10.0	10.0
2.5	厂区动力照明			30.0	30.0
	管线工程小计				95.8
	合计				297.5

【例7-5】

某生物农药项目的工程费用

按【例7-1】【例7-2】【例7-4】给出的条件，求某生物农药项目的工程费用。

答：

某生物农药项目的工程费用 = 建筑工程费 + 设备购置费 + 安装工程费

　　　　　　　　　　　　 = 2935.1 + 2883.6 + 297.5

　　　　　　　　　　　　 = 6116.2（万元）

7.2.1.5 工程建设其他费用估算

工程建设其他费用是指建设投资中除建筑工程费、设备购置费、安装工程费以外的，为保证工程建设顺利完成和交付使用后能够正常发挥效用而发生的各项费用。

1. 建设用地费。建设项目要取得其所需土地的使用权，必须支付征地补偿费或者土地使用权出让（转让）金或者租用土地使用权的费用，主要包括以下几项内容。

（1）征地补偿费。征地补偿费是指建设项目通过划拨方式取得土地使用权，依据《中华人民共和国土地管理法》等法规所应支付的费用，其内容包括：①土地补偿费；②安置补助费；③地上附着物和青苗补偿费；④征地动迁费，包括征用土地上房屋及附属构筑物、城市公共设施等拆除、迁建补偿费、搬迁运输费，企业单位因搬迁而造成的减产、停产损失补贴费、拆迁管理费等；⑤其他税费，包括按规定一次性缴纳的耕地占用税、分年缴纳的城镇土地使用税在建设期支付的部分、征地管理费，征收城市郊区菜地按规定缴纳的新菜地开发建设基金，以及土地复耕费等。项目投资估算中对以上各项费用应按照国家和地方规定的标准计算。

（2）土地使用权出让（转让）金。土地使用权出让（转让）金是指通过土地使用权出让（转让）方式，使建设项目取得有限期的土地使用权，依照《中华人民共和国城镇国有土地使用权出让和转让暂行条例》的规定，支付的土地使用权出让（转让）金。

（3）租用土地使用权的费用。包括在建设期采用租用的方式获得土地使用权所发生的租地费用，以及建设期间临时用地补偿费。

2. 建设管理费。建设管理费是指建设单位从项目筹建之日起至办理竣工财务决算之日止所发生的管理性质支出。包括不在原单位发工资的工作人员工资及相关费用、办公费、办公场地租用费、差旅交通费、劳动保护费、工具用具使用费、固定资产使用费、招募生产工人费、技术图书资料费（含软件）、业务招待费、施工现场津贴、竣工验收费和其他管理性质开支。

建设单位管理费以项目总投资（不含项目建设管理费）扣除土地征用、迁移补偿等为取得或租用土地使用权而发生的费用为基数乘以相应分档费率计算。建设管理费费率按照建设项目的不同性质、不同规模确定。具体费率按照部门或行业的规定执行。

工程代建是受建设单位委托的工程建设技术服务，属于建设管理范畴。实行代建制管理的项目，一般不得同时列支代建管理费和建设管理费，确需同时发生的，两项费用之和不得高于部门或行业规定的建设管理费限额。

3. 前期工作咨询费。前期工作咨询费是指工程咨询机构接受委托，提供建设项目专题研究、编制和评估项目建议书或可行性研究报告，以及其他与建设项目前期工作有关的咨询等服务而收取的费用。前期工作咨询费参照国家有关规定作为政府指导价，实行市场调节价。

4. 研究试验费。研究试验费是指为建设项目提供或验证设计数据、资料等进行必要的研究试验以及按照设计规定在建设过程中必须进行试验、验证所需的费用。研究试验费应按照研究试验内容和要求进行估算。

5. 工程勘察设计费。工程勘察设计费包括工程勘察收费和工程设计收费。工程勘察收费，是指工程勘察机构接受委托，提供收集已有资料、现场勘察、制订勘察纲要，进行测绘、勘探、取样、试验、测试、检测、监测等勘察作业，以及编制工程勘察文件和岩土工程设计文件等服务而收取的费用；工程设计收费，是指工程设计机构接受委托，提供编制建设项目初步设计文件、施工图设计文件、非标准设备设计文件、施工图预算文件、竣工图文件等服务而收取的费用。工程勘察设计费以有关勘察设计收费的相关规定为政府指导价，实行市场调节价。

6. 招标代理费。招标代理费是指招标代理机构接受委托，提供代理工程、货物、服务招标，编制招标文件、审查投标人资格，组织投标人踏勘现场并答疑，组织开标、评标、定标，以及提供招标前期咨询、协调合同的签订等服务而收取的费用。招标代理费以有关招标代理收费的相关规定为政府指导价，实行市场调节价。

7. 工程监理费。工程监理费是指工程监理机构接受委托，提供建设工程施工阶段的质量、进度、费用控制管理和安全生产监督管理、合同、信息等方面协调管理等服务而收取的费用。工程监理费以国家有关规定确定的费用标准为指导价，实行市场调节价，具体收费标准应根据委托监理业务的范围、深度和工程的性质、规模、难易程度以及工作条件等情况而定。

8. 环境影响评价费。环境影响评价费是按照《中华人民共和国环境影响评价法》等相关规定为评价建设项目对环境可能产生的影响所需的费用。包括编制和评估环境影响报告书（含大纲）、环境影响报告表等所需的费用。环境影响评价费以有关环境影响咨询收费的相关规定为政府指导价，实行市场调节价。

9. 场地准备及临时设施费。场地准备及临时设施费是指建设场地准备费和建设单位临时设施费。建设场地准备费是指建设项目为达到工程开工条件所发生的场地平整和对建设场地余留的有碍施工建设的设施进行拆除清理的费用。建设单位临时设施费是指为满足施工建设需要而供到场地界区的、未列入工程费用的临时水、电、气、道路、通信等费用和建设单位的临时建（构）筑物搭设、维修、拆除或者建设期间租赁费用，以及施工期间专用公路养护费、维修费。新建项目的场地准备及临时设施费应根据实际工程量估算，或按工程费用的比例计算。改扩建项目一般只计拆除清理费。具体费率按照部门或行业的规定执行。

10. 引进技术和设备其他费用。引进技术和设备其他费用是指引进技术和设备时发生的未计入设备购置费的费用，包括：（1）引进设备材料国内检验费。以进口设备材料离岸价为基数乘以费率计取。（2）引进项目图纸资料翻译复制费、备品备件测绘费。引进项目图纸资料翻译复制费根据引进项目的具体情况估算或者按引进设备离岸价的比例估算。备品备件测绘费按项目具体情况估算。（3）出国人员费用。包括买方人员出国设计联络、出国考察、联合设计、监造、培训等所发生的旅费、生活费等。出国人员费用依据合同或协议规定的出国人次、期限以及相应的费用标准计算。其中生活费按照财政部、外交部规定的现行标准计算，旅费按中国民航公布的现行标准计算。（4）来华人员费用。包括卖方来华工程技术人员的现场办公费用、往返现场交通费用、接待费用等。来华人员费用依据引进合同或协议有关条款及来华技术人员派遣计划进行计算。来华人员接待费用可按每人次费用指标计算。具体费用指标按照部门或行业的规定执行。（5）银行担保及承诺费。这是指引进技术和设备的项目由国内外金融机构进行担保所发生的费用，以及支付贷款机构的承诺费用。银行担保及承诺费应按担保或承诺协议计取。投资估算时可以担保金额或承诺金额为基数乘以费率计算。已计入其他融资费用的不应重复计算。

11. 工程保险费。工程保险费是指建设项目在建设期间根据需要对建筑工程、安装工程、机器设备和人身安全进行投保而发生的保险费用。包括建筑安装工程一切险、引进设备财产保险和人身意外伤害险等。建设项目可根据工程特点选择投保险种，编制投资估算时可按工程费用的比例估算。工程保险费费率按照保险公司的规定或按部门、行业的规定执行。建筑安装工程费中已计入的工程保险费，不再重复计取。

12. 市政公共设施建设及绿化补偿费。市政公共设施建设及绿化补偿费是指使用市政公共设施的建设项目，按照项目所在省、自治区、直辖市人民政府有关规定建设或者缴纳的市政公共设施建设配套费用以及绿化工程补偿费用。市政公共设施建设及绿化补偿费按项目所在地人民政府规定标准估算。

13. 超限设备运输特殊措施费。超限设备运输特殊措施费是指超限设备在运输过程中需进行的路面拓宽、桥梁加固、铁路设施、码头等改造时所发生的特殊措施费。超限设备的标准遵从行业规定。

14. 特殊设备安全监督检验费。特殊设备安全监督检验费是指在现场组装和安装的锅炉及压力容器、压力管道、消防设备、电梯等特殊设备和设施，由安全监察部门按照有关安全监察条例和实施细则以及设计技术要求进行安全检验，应由项目向安全监察部门缴纳的费用。该费用可按受检设备和设施的现场安装费的一定比例估算。安全监察部门有规定的，从其规定。

15. 联合试运转费。联合试运转费是指新建项目或新增加生产能力的工程，在交付生产前按照批准的设计文件所规定的工程质量标准和技术要求，进行整个生产线或装置的负荷联合试运转或局部联动试车所发生的费用净支出（试运转支出大于收入的差额部分）。联合试运转费一般根据不同性质的项目按需要试运转车间的工艺设备购置费的一定比例估算。具体费率按照部门或行业的规定执行。

16. 安全生产费用。安全生产费用是指建筑施工企业按照国家有关规定和建筑施工安全标准，购置施工安全防护用具、落实安全施工措施、改善安全生产条件、加强安全生产管理等所需的费用。按照有关法规，在我国境内从事矿山开采、建筑施工、危险品生产及道路交通运输的企业以及其他经济组织应提取安全生产费用。其提取基数和提取方式随行业而定。按照相关规定，建筑施工企业以建筑安装工程费为基数提取，并计入工程造价。规定的提取比例随工程类别不同而有所不同。建筑安装工程费中已计入安全生产费用的，不再重复计取。

17. 专利及专有技术使用费。费用内容包括：国外设计及技术资料费、引进有效专利、专有技术使用费和技术保密费；国内有效专利、专有技术使用费；商标使用费、特许经营权费等。专利及专有技术使用费应按专利使用许可协议和专有技术使用合同确定的数额估算。专有技术的界定应以省、部级鉴定批准为依据。建设投资中只估算需在建设期支付的专利及专有技术使用费。

18. 生产准备费。生产准备费是指建设项目为保证竣工交付使用、正常生产运营而进行必要的生产准备所发生的费用。包括生产人员培训费、提前进厂参加施工、设备安装、调试以及熟悉工艺流程及设备性能等人员的工资、工资性补贴、职工福利费、差旅交通费、劳动保护费、学习资料费等费用。生产准备费一般根据需要培训和提前进厂人员的人数及培训时间按生产准备费指标计算。新建项目以可行性研究报告定员人数为计算基数，改扩建项目以新增定员为计算基数。具体费用指标按照部门或行业的规定执行。

19. 办公及生活家具购置费。办公及生活家具购置费是指为保证新建、改建、扩建项目初期正常生产、使用和管理所必须购置的办公和生活家具、用具的费用。该项费用一般按照项目定员人数乘以费用指标估算。具体费用指标按照部门或行业的规定执行。

工程建设其他费用的具体科目及取费标准应根据各级政府物价部门有关规定并结合项目的具体情况确定。上述各项费用并不是每个项目都必定发生的，应根据项目具体情况进行估算。有些行业可能还会发生一些特殊的费用，此处不予一一列举。

工程建设其他费用按各项费用的费率或者取费标准估算后，应编制工程建设其他费用估算表，见【例7-6】。

【例7-6】
某生物农药项目的工程建设其他费用 ▪▪

某生物农药项目的工程建设其他费用估算见表7-8。

表7-8　某生物农药项目工程建设其他费用估算表

序号	费用名称	计算依据	费率或标准	总价（万元）
1	土地使用权费	35000平方米	每平方米176元	616.0
2	建设管理费	工程费用	4.8%	293.6
3	前期工作费	工程费用	1.0%	61.2
4	勘察设计费	工程费用	3.0%	183.5
5	工程保险费	工程费用	0.3%	18.3
6	联合试运转费	工程费用	0.5%	30.6
7	专利费	专利转让协议		240.0
8	人员培训费	项目定员180人	每人2000元	36.0
9	人员提前进场费	项目定员180人	每人5000元	90.0
10	办公及生活家具购置费	项目定员180人	每人1000元	18.0
	合计			1587.2

注：表内的前期工作费包括可行性研究费、环境影响评价费和安全、职业卫生健康评价费。

投资估算中也可按照项目竣工后各项费用形成资产的种类将上述工程建设其他费用直接分为固定资产其他费用、无形资产费用和其他资产费用三部分。

固定资产其他费用是指将在项目竣工时与工程费用一起形成固定资产原值的费用。在投资构成中，固定资产其他费用与工程费用合称为固定资产费用（见图 7 - 2）。主要包括征地补偿和租地费、建设管理费、可行性研究费、勘察设计费、研究试验费、环境影响评价费、场地准备及临时设施费、引进技术和设备其他费用、工程保险费、市政公共设施建设及绿化补偿费、特殊设备安全监督检验费、超限设备运输特殊措施费、联合试运转费和安全生产费用等。

无形资产费用是指按规定应在项目竣工时形成无形资产原值的费用。按照《企业会计准则》规定的无形资产范围，工程建设其他费用中的专利及专有技术使用费、土地使用权出让（转让）金应计入无形资产费用，但房地产企业开发商品房时，相关的土地使用权账面价值应当计入所建造房屋建筑物成本。

其他资产费用是指按规定应在项目竣工时形成其他资产原值的费用。按照有关规定，形成其他资产原值的费用主要有生产准备费、办公及生活家具购置费等开办费性质的费用。有的行业还包括某些特殊的费用。另外，某些行业还规定将出国人员费用、来华人员费用和图纸资料翻译复制费列入其他资产费用。

7.2.1.6　基本预备费估算

基本预备费是指在项目实施中可能发生但在项目决策阶段难以预料的支出，需要事先预留的费用，又称工程建设不可预见费。一般由下列三项内容构成：①在批准的设计范围内，技术设计、施工图设计及施工过程中所增加的工程费用；经批准的设计变更、工程变更、材料代用、局部地基处理等增加的费用。②一般自然灾害造成的损失和预防自然灾害所采取的措施费用。③竣工验收时为鉴定工程质量对隐蔽工程进行必要的挖掘和修复费用。

基本预备费以工程费用和工程建设其他费用之和为基数，按部门或行业主管部门规定的基本预备费费率估算。其计算公式为

$$\text{基本预备费} = （\text{工程费用} + \text{工程建设其他费用}）\times \text{基本预备费费率} \quad （7 - 19）$$

【例 7 - 7】

某生物农药项目的基本预备费 ▪▪

按【例 7 - 5】【例 7 - 6】给出的条件，作出某生物农药项目的基本预备费估算。

答：

参照有关行业规定，基本预备费费率取 10%。

该项目的基本预备费 = （6116.2 + 1587.2）× 10% = 770.3（万元）

▪▪

7.2.1.7　涨价预备费估算

涨价预备费是对建设工期较长的项目，由于在建设期内可能发生材料、设备、人

工、机械台班等价格上涨引起投资增加而需要事先预留的费用，也称价格变动不可预见费。涨价预备费以分年的工程费用为计算基数，其计算公式为

$$PC = \sum_{t=1}^{n} I_t \left[(1+f)^t - 1 \right] \qquad (7-20)$$

其中，PC 为涨价预备费；I_t 为第 t 年的工程费用；f 为建设期价格上涨指数；n 为建设期；t 为年份。

目前涨价预备费有不同的计算方式，式（7-20）所示的计费基数是最小的，计算出的涨价预备费数额最低。国内外也有将工程费用和工程建设其他费用合计作为计费基数的，甚至有将基本预备费也纳入计费基数的情况，按后者计算的涨价预备费数额最高。

建设期价格上涨指数，政府主管部门有规定的按规定执行，没有规定的由工程咨询人员合理预测。根据政府相关部门的规定，目前我国投资项目的建设期价格上涨指数按零计取。

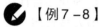 【例 7-8】

某生物农药项目的涨价预备费 ▪▪▪

某生物农药项目的工程费用为 6116.2 万元，建设期为 2 年，按照实施进度，工程费用使用比例第 1 年为 40%，第 2 年为 60%；建设期价格上涨指数参照有关行业规定取 4%。试估算该项目的涨价预备费。

答：

第 1 年的工程费用 = 6116.2 × 40% = 2446.5（万元）

第 1 年的涨价预备费 = 2446.5 × [（1 + 4%）- 1] = 97.9（万元）

第 2 年的工程费用 = 6116.2 × 60% = 3669.7（万元）

第 2 年的涨价预备费 = 3669.7 × [（1 + 4%）² - 1] = 299.4（万元）

该项目的涨价预备费 = 97.9 + 299.4 = 397.3（万元）

7.2.1.8 建设投资中的增值税进项税额

我国自 2009 年开始实施增值税转型改革，由生产型增值税转变为消费型增值税，允许从销项税额中抵扣部分固定资产增值税，同时该可抵扣固定资产进项税额不得计入固定资产原值。

从 2016 年 5 月 1 日起，全面推行营业税改征增值税试点。根据《国务院关于废止〈中华人民共和国营业税暂行条例〉和修改〈中华人民共和国增值税暂行条例〉的决定》（国务院令第 691 号）、《财政部、税务总局关于调整增值税税率的通知》（财税〔2018〕32 号）和《关于全面推开营业税改征增值税试点的通知》（财税〔2016〕36 号）等规定，工程项目投资构成中的安装工程费、设备购置费、工程建设其他费用中所含增值税进项税额，应根据国家增值税相关规定实施抵扣。

但是，为了满足筹资的需要，必须足额估算建设投资，为此建设投资估算应按增值税进项税额的价格估算。同时要将可抵扣固定资产进项税额单独列示，以便在财务分析中正确计算各类资产原值和应纳增值税。

7.2.2 建设投资估算表

建设投资各项费用估算完毕后，应汇总编制建设投资估算表，并对建设投资的合理性进行分析。

7.2.2.1 汇总编制建设投资估算表

编制建设投资估算表，如表 7 - 9 所示。

表 7 - 9 项目建设投资估算表

序号	工程或费用名称	建筑工程费	设备购置费	安装工程费	其他费用	合计	其中：外汇	投资比例（%）
1	工程费用							
1.1	主体工程							
…	……							
1.2	辅助工程							
…	……							
1.3	公用工程							
…	……							
1.4	总图运输工程							
…	……							
1.5	服务性工程项目							
…	……							
1.6	工器具及生产家具							
2	工程建设其他费用							
…	……							
3	预备费							
3.1	基本预备费							
3.2	涨价预备费							
4	建设投资							
其中：可抵扣固定资产进项税额								
比例（%）								

【例 7 - 9】

拟建某工业建设项目，各项数据如下。

（1）主要生产项目 7400 万元（其中，建筑工程费 2800 万元，设备购置费 3900 万元，安装工程费 700 万元）。

（2）辅助生产项目 4900 万元（其中，建筑工程费 1900 万元，设备购置费 2600 万元，安装工程费 400 万元）。

（3）公用工程 2200 万元（其中，建筑工程费 1320 万元，设备购置费 660 万元，安装工程费 220 万元）。

（4）环境保护工程 660 万元（其中，建筑工程费 330 万元，设备购置费 220 万元，安装工程费 110 万元）。

（5）总图运输工程 330 万元（其中，建筑工程费 220 万元，设备购置费 110 万元）。

（6）服务性工程建筑工程费 160 万元。

（7）生活福利工程建筑工程费 220 万元。

（8）厂外工程建筑工程费 110 万元。

（9）工程建设其他费用 400 万元。

（10）基本预备费率为 10%。

（11）建设期各年涨价预备费费率为 6%。

（12）建设期为 2 年，每年建设投资相等。

问题：将以上数据形成建设项目建设投资估算表。计算基本预备费、涨价预备费及贷款利息，并将结果填入估算表。

答：

表 7 – 10　某建设项目建设投资估算表　　　　　　　单位：万元

序号	工程或费用名称	建筑工程费	设备购置费	安装工程费	其他费用	合计	投资比例
1	工程费用	7060	7490	1430		15980	82.01%
1.1	主要生产项目	2800	3900	700		7400	
1.2	辅助生产项目	1900	2600	400		4900	
1.3	公用工程	1320	660	220		2200	
1.4	环境保护工程	330	220	110		660	
1.5	总图运输工程	220	110			330	
1.6	服务性工程	160				160	
1.7	生活福利工程	220				220	
1.8	厂外工程	110				110	
2	工程建设其他费用				400	400	2.05%
3	预备费				3292	3292	15.94%
3.1	基本预备费				1638	1638	
3.2	涨价预备费				1467	1467	
4	建设投资	7060	7490	1430	3505	19485	
其中：可抵扣固定资产进项税额		0	0	0	0	0	
比例		36.23%	38.44%	7.34%	17.99%		

注：基本预备费 =（15980 + 400）× 10% = 1638（万元）

涨价预备费 = 15980 × 50% ×［（1 + 6%）– 1］+ 15980 × 50% ×［（1 + 6%）^{2} – 1］= 1467（万元）

7.2.2.2　建设投资及其构成的合理性分析

1. 建设投资的合理性。建设投资的合理性主要从以下两个方面进行分析：一是单位投资的产出水平，主要分析单位投资所产生的生产能力、产出量，并与同行业其他类似项目进行比较；二是单位产出的投资水平，主要分析项目建设所形成的单位生产能力（或使用效益）需要多少投资（如形成日处理 1 万吨污水生产能力需要多少投资），并与同行业其他类似项目进行比较，分析项目的投资支出是否合理。

2. 建设投资构成的合理性。建设投资构成的合理性主要从以下两个方面进行分析：一是各类工程费用构成的合理性分析，应根据不同行业，结合各类建筑工程、设备购置、安装工程的实物量，分析其货币量的合理性，并将项目的建筑工程费、安装工程费、设备购置费占建设投资的比例以及主要工程和费用占建设投资的比例与同行业其他类似项目进行比较；二是分年投资计划的合理性分析，应结合各年的工程进度、各年的实物工程量、各年实际需要支付的工程建设其他费用等，分析项目分年投资计划的合理性。

7.2.3　建设投资的综合估算

建设投资综合估算的方法有很多，包括单位生产能力估算法、生产能力指数法、比例估算法、系数估算法、估算指标法等，其中估算指标法根据指标制定依据的范围和粗略程度又分为多种。单位生产能力估算法最为粗略，一般仅用于规划、投资机会研究阶段。生产能力指数法相比单位生产能力估算法准确度更高，在不同阶段都有一定应用，但范围受限。初步可行性研究阶段主要采用估算指标法，也可根据具体条件选择其他估算方法。实践中根据所掌握的信息资料和工作深度，可将上述几种方法结合使用。

7.2.3.1　单位生产能力估算法

该方法根据已建成的、性质类似的建设项目的单位生产能力投资（如元/吨、元/千瓦）乘以拟建项目的生产能力来估算拟建项目的投资额，其计算公式为

$$Y_2 = \frac{Y_1}{X_1} \times X_2 \times CF \qquad (7-21)$$

其中，Y_2 为拟建项目的投资额；Y_1 为已建类似项目的投资额；X_1 为已建类似项目的生产能力；X_2 为拟建项目的生产能力；CF 为不同时期、不同地点的定额、单价、费用变更等的综合调整系数。

该方法将项目的建设投资与其生产能力的关系视为简单的线性关系，估算简便迅速，但精确度较差。使用这种方法要求拟建项目与所选取的已建项目相类似，仅存在规模大小和时间上的差异。单位生产能力估算法一般仅用于投资机会研究阶段。

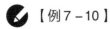【例 7 - 10】

⸰⸰

已知 2006 年建设污水处理能力为 10 万立方米/日的污水处理厂的建设投资为 20000 万元，

2011 年拟建污水处理能力为 16 万立方米/日的污水处理厂一座，工程条件与 2006 年已建项目类似，调整系数 CF 为 1.25，试估算该项目的建设投资。

答：

根据式（7-21），该项目的建设投资为

$$Y_2 = \frac{Y_1}{X_1} \times X_2 \times CF = \frac{20000}{10} \times 16 \times 1.25 = 40000（万元）$$

7.2.3.2 生产能力指数法

该方法根据已建成的、性质类似的建设项目的生产能力和投资额与拟建项目的生产能力来估算拟建项目的投资额，其计算公式为

$$Y_2 = Y_1 \times \left(\frac{X_2}{X_1}\right)^n \times CF \qquad (7-22)$$

其中，n 为生产能力指数。其他符号含义同前。

式（7-22）表明，建设项目的投资额与生产能力呈非线性关系。运用该方法估算项目投资的重要条件是要有合理的生产能力指数。不同性质的建设项目，n 的取值是不同的。在正常情况下，$0 \leqslant n \leqslant 1$。若已建类似项目的规模和拟建项目的规模相差不大，$X_2$ 与 X_1 的比值在 0.5~2，则指数 n 的取值近似为 1；一般认为 X_2 与 X_1 的比值在 2~50，且拟建项目规模的扩大仅靠增大设备规模来达到时，则 n 的取值在 0.6~0.7；若靠增加相同规格设备的数量来达到时，则 n 的取值在 0.8~0.9。

采用生产能力指数法，计算简单、速度快，但要求类似项目的资料可靠，条件基本相同，否则误差就会增大。对于建设内容复杂的项目，在可行性研究中有时也用于分项装置（或生产线）的工程费用估算。

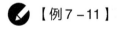
【例 7-11】

已知建设年产 15 万吨聚酯项目的建设投资为 20000 万元，现拟建年产 60 万吨聚酯项目，工程条件与上述项目类似，生产能力指数 n 为 0.8，调整系数 CF 为 1.1，试估算该项目的建设投资。

答：根据式（7-22），该项目的建设投资为

$$Y_2 = Y_1 \times \left(\frac{X_2}{X_1}\right)^n \times CF = 20000 \times \left(\frac{60}{15}\right)^{0.8} \times 1.1 = 66660（万元）$$

7.2.3.3 比例估算法

比例估算法可分为两类。

1. 以拟建项目的设备购置费为基数进行估算。该方法是以拟建项目的设备购置费为基数，根据已建成的同类项目的建筑工程费和安装工程费占设备购置费的百分比，求出相应的建筑工程费和安装工程费，再加上拟建项目的其他有关费用（包括工程建设其他

费用和预备费用等），其总和即为拟建项目的建设投资。其计算公式为

$$C = E(1 + f_1 P_1 + f_2 P_2) + I \qquad (7-23)$$

其中，C 为拟建项目的建设投资；E 为拟建项目根据当时当地价格计算的设备购置费；P_1、P_2 分别为已建项目中建筑工程费和安装工程费占设备购置费的百分比；f_1、f_2 分别为由于时间、地点等因素引起的定额、价格、费用标准等综合调整系数；I 为拟建项目的其他费用。

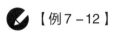

【例7-12】

┉┉┉

　　某拟建项目的设备购置费为 15000 万元，根据已建同类项目统计资料，建筑工程费占设备购置费的 23%，安装工程费占设备购置费的 9%，该拟建项目的其他有关费用估计为 2600 万元，调整系数均为 1.1，试估算该项目的建设投资。

　　答：根据式（7-23），该项目的建设投资为

　　15000 × [1 + (23% + 9%) × 1.1] + 2600 = 22880（万元）

┉┉┉

　　2. 以拟建项目的工艺设备投资为基数进行估算。该方法以拟建项目的工艺设备投资为基数，根据同类型的已建项目的有关统计资料，各专业工程（总图、土建、暖通、给排水、管道、电气、电信及自控等）占工艺设备投资（包括运杂费和安装费）的百分比，求出拟建项目各专业工程的投资，然后把各部分投资（包括工艺设备投资）相加求和，再加上拟建项目的其他有关费用，即为拟建项目的建设投资。计算公式为

$$C = E(1 + f_1 P'_1 + f_2 P'_2 + f_3 P'_3 + \cdots) + I \qquad (7-24)$$

其中，E 为拟建项目根据当时当地价格计算的工艺设备投资；P'_1、P'_2、P'_3 分别为已建项目各专业工程费用占工艺设备投资的百分比。其他符号含义同前。

7.2.3.4 系数估算法

　　1. 朗格系数法。该方法以设备购置费为基础，乘以适当系数来推算项目的建设投资。其计算公式为

$$C = E(1 + \sum K_i) K_c \qquad (7-25)$$

其中，C 为建设投资；E 为设备购置费；K_i 为管线、仪表、建筑物等项费用的估算系数；K_c 为管理费、合同费、应急费等间接费用的总估算系数。

　　建设投资与设备购置费之比为朗格系数 K_L，即

$$K_L = (1 + \sum K_i) K_c \qquad (7-26)$$

　　运用朗格系数法估算投资，方法比较简单，但由于没有考虑项目（或装置）的规模大小、设备材质的影响以及不同地区自然、地理条件差异的影响，所以估算的准确度不高。

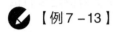
2. 设备及厂房系数法。该方法在拟建项目工艺设备投资和厂房土建投资估算的基础上，其他专业工程的投资参照类似项目的统计资料。与设备关系较大的按设备投资系数计算，与厂房土建关系较大的则按厂房土建投资系数计算，两类投资加起来，再加上拟建项目的其他有关费用，即为拟建项目的建设投资。

【例 7 – 13】

某项目的工艺设备及其安装费用估计为 2600 万元，厂房土建费用估计为 4200 万元，参照类似项目的统计资料，其他各专业工程投资系数如表 7 – 11 所示，其他有关费用为 2400 万元，试估算该项目的建设投资。

表 7 – 11　投资系数表

专业工程	系数	专业工程	系数
工艺设备	1.00	厂房土建	1.00
起重设备	0.09	给排水工程	0.04
加热炉及烟道	0.12	采暖通风	0.03
气化冷却	0.01	工业管道	0.01
余热锅炉	0.04	电器照明	0.01
供电及转动	0.18		
自动化仪表	0.02		
系数合计	1.46	系数合计	1.09

答：

根据上述方法，则该项目的建设投资为

$2600 \times 1.46 + 4200 \times 1.09 + 2400 = 10774$（万元）

7.2.3.5　估算指标法

估算指标法俗称扩大指标法。估算指标是一种比概算指标更为扩大的单项工程指标或单位工程指标，以单项工程或单位工程为对象，综合了项目建设中的各类成本和费用，具有较强的综合性和概括性。单项工程指标一般以单项工程生产能力单位投资表示，如工业窑炉砌筑以"元/立方米"表示；变配电站以"元/千伏安"表示；锅炉房以"元/蒸汽吨"表示。单位工程指标一般用以下方式表示：房屋区别不同结构形式多以"元/平方米"表示；道路区别不同结构层、面层以"元/平方米"表示；管道区别不同材质、管径以"元/米"表示。

估算指标在使用过程中应根据不同地区、不同时期的实际情况进行适当调整，因为地区、时期不同，设备、材料及人工的价格均有差异。估算指标法的精确度比概算指标法低，主要适用于初步可行性研究阶段。项目可行性研究阶段也可采用，主要是针对建筑、安装工程费以及公用工程和辅助工程等配套工程。实质上单位生产能力估算法也可算作一种最为粗略的估算指标法，一般只适用于投资机会研究阶段。

7.3　建设期利息估算

建设期利息是债务资金在建设期内发生并应计入固定资产原值的利息，包括借款（或债券）利息及因借款而产生的手续费、承诺费、发行费、管理费等融资费用。

7.3.1　建设期利息估算的前提条件

进行建设期利息估算必须先完成以下各项工作。

（1）建设投资估算及其分年投资计划。

（2）确定项目资本金（注册资本）数额及其分年投入计划。

（3）确定项目债务资金的筹措方式（银行贷款或企业债券）及债务资金成本率（银行贷款利率或企业债券利率及发行手续费率等）。

7.3.2　建设期利息的估算方法

估算建设期利息应按有效利率计息。项目在建设期内如能用非债务资金按期支付利息，应按单利计息；在建设期内如不支付利息，或用借款支付利息，应按复利计息。

项目评估中，对当年借款额在年内按月、按季度均衡发生的项目，为了简化计算，通常假设借款发生当年均在年中使用，按半年计息，其后年份按全年计息。对借款额在建设期各年年初发生的项目，则应按全年计息。如无特殊说明，可行性报告和项目评估时按照借款发生当年在年中使用。

建设期利息的计算要根据借款在建设期各年年初发生或者在各年年内均衡发生的情况，采用不同的计算公式。

7.3.2.1　借款在建设期各年年初发生

建设期利息的计算公式为

$$Q = \sum_{t=1}^{n} \left[(P_{t-1} + A_t) \times i \right] \tag{7-27}$$

其中，Q 为建设期利息；对于 P_{t-1}，按单利计息时，为建设期第 $t-1$ 年末借款累计；按复利计息时，为建设期第 $t-1$ 年末借款本息累计；A_t 为建设期第 t 年借款额；i 为借款年利率；t 为年份。

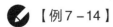【例7-14】

某新建项目，建设期为3年，第1年年初借款200万元，第2年年初借款300万元，第3年年初借款200万元，借款年利率为6%，每年计息1次，建设期内不支付利息。试计算该项目的建

设期利息。

答：

第 1 年的借款利息：$Q_1 = (P_{1-1} + A_1) \times i = 200 \times 6\% = 12(万元)$

第 2 年的借款利息：$Q_2 = (P_{2-1} + A_2) \times i = (212 + 300) \times 6\% = 30.72(万元)$

第 3 年的借款利息：$Q_3 = (P_{3-1} + A_3) \times i = (212 + 330.72 + 200) \times 6\% = 44.56(万元)$

该项目的建设期利息：$Q = Q_1 + Q_2 + Q_3 = 12 + 30.72 + 44.56 = 87.28(万元)$

7.3.2.2 借款在建设期各年年内均衡发生

计算建设期利息时，为了简化计算，通常假定借款均在每年的年中支用，借款第一年按半年计息，其余各年份按全年计息，计算公式为

$$Q = \sum_{t=1}^{n} \left[\left(P_{t-1} + \frac{A_t}{2} \right) \times i \right] \qquad (7-28)$$

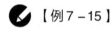【例 7 – 15】

某新建项目，建设期为 3 年，第 1 年借款 200 万元，第 2 年借款 300 万元，第 3 年借款 200 万元，各年借款均在年内均衡发生，借款年利率为 6%，每年计息 1 次，建设期内不支付利息。试计算该项目的建设期利息。

答：

第 1 年的借款利息：$Q_1 = \left(P_{1-1} + \frac{A_1}{2} \right) \times i = \frac{200}{2} \times 6\% = 6(万元)$

第 2 年的借款利息：$Q_2 = \left(P_{2-1} + \frac{A_2}{2} \right) \times i = \left(206 + \frac{300}{2} \right) \times 6\% = 21.36(万元)$

第 3 年的借款利息：$Q_3 = \left(P_{3-1} + \frac{A_3}{2} \right) \times i = \left(206 + 321.36 + \frac{200}{2} \right) \times 6\% = 37.64(万元)$

该项目的建设期利息：$Q = Q_1 + Q_2 + Q_3 = 6 + 21.36 + 37.64 = 65.00(万元)$

在项目决策阶段，一般采用借款在各年年内均衡发生的建设期利息计算公式估算建设期利息；根据项目实际情况，也可采用借款在各年年初发生的建设期利息计算公式估算建设期利息。

有多种借款资金来源、每笔借款的年利率各不相同的项目，既可分别计算每笔借款的利息，也可先计算出各笔借款加权平均的年利率，并以此年利率计算全部借款的利息。

【例 7 – 16】
某生物农药项目的建设期利息估算

（1）该项目分年投资计划、资本金分年投入计划及各年需借款数额见表 7 –12。

表7-12 分年的资金投入计划   单位：万元

序号	工程或费用名称	建设期		合计
		第1年	第2年	
1	建设投资	3907.4	4963.6	8871.0
1.1	工程费用	2446.5	3669.7	6116.2
1.2	工程建设其他费用	1016.7	570.5	1587.2
1.3	基本预备费	346.3	424.0	770.3
1.4	涨价预备费	97.9	299.4	397.3
2	用于建设投资的项目资本金	1563.0	1985.4	3548.4
3	建设投资借款	2344.4	2978.2	5322.6

（2）该项目建设投资借款在各年年内均衡发生，并用项目资本金按期支付建设期利息，年利率为6%，每年计息1次，试计算该项目的建设期利息。

答：

第1年的借款利息：$Q_1 = \left(P_{1-1} + \dfrac{A_1}{2}\right) \times i = \dfrac{2344.4}{2} \times 6\% = 70.3$（万元）

第2年的借款利息：$Q_2 = \left(P_{2-1} + \dfrac{A_2}{2}\right) \times i = \left(2344.4 + \dfrac{2978.2}{2}\right) \times 6\% = 230.0$（万元）

该项目的建设期利息：$Q = Q_1 + Q_2 = 70.3 + 230.0 = 300.3$（万元）

7.4 流动资金估算

流动资金是指项目运营期内长期占用并周转使用的营运资金，不包括运营中临时性需要的资金。项目运营需要流动资产投资，但项目评价中需要估算并预先筹措的是从流动资产中扣除流动负债（短期信用融资，包括应付账款和预收账款）后的流动资金。项目评价中流动资金的估算应考虑应付账款对需要预先筹措的流动资金的抵减作用。对有预收账款的某些项目，还应同时考虑预收账款对需要预先筹措的流动资金的抵减作用。

流动资金估算的基础主要是营业收入和经营成本。因此，流动资金估算应在营业收入和经营成本估算之后进行。流动资金估算可按行业要求或前期研究的不同阶段选用扩大指标估算法或分项详细估算法估算。

7.4.1 扩大指标估算法

扩大指标估算法简便易行，但其准确度不如分项详细估算法，在项目初步可行性研究阶段可采用扩大指标估算法。某些流动资金需要量小的行业项目或非制造业项目在可行性研究阶段也可采用扩大指标估算法。扩大指标估算法是参照同类企业流动资金占营业收入的比例（营业收入资金率）或流动资金占经营成本的比例（经营成本资金率）或

单位产量占用流动资金的数额来估算流动资金。其计算公式分别为

$$流动资金 = 年营业收入额 \times 营业收入资金率 \qquad (7-29)$$

或

$$流动资金 = 年经营成本 \times 经营成本资金率 \qquad (7-30)$$

或

$$流动资金 = 年产量 \times 单位产量占用流动资金额 \qquad (7-31)$$

7.4.2　分项详细估算法

分项详细估算法虽然工作量较大，但是准确度较高，一般项目在可行性研究阶段应采用分项详细估算法。

分项详细估算法是对流动资产和流动负债主要构成要素，即存货、现金、应收账款、预付账款、应付账款、预收账款等内容分项进行估算，最后得出项目所需的流动资金数额。其计算公式为

$$流动资金 = 流动资产 - 流动负债 \qquad (7-32)$$
$$流动资产 = 应收账款 + 预付账款 + 存货 + 现金 \qquad (7-33)$$
$$流动负债 = 应付账款 + 预收账款 \qquad (7-34)$$
$$流动资金本年增加额 = 本年流动资金 - 上年流动资金 \qquad (7-35)$$

流动资金估算的具体步骤是首先确定各分项的最低周转天数，计算出各分项的年周转次数，然后再分项估算占用资金额。

7.4.2.1　各项流动资产和流动负债最低周转天数的确定

采用分项详细估算法估算流动资金，其准确度取决于各项流动资产和流动负债最低周转天数取值的合理性。在确定最低周转天数时要根据项目的实际情况，并考虑一定的保险系数。例如，存货中的外购原材料、燃料的最低周转天数应根据不同来源，考虑运输方式和运输距离等因素分别确定。在产品的最低周转天数应根据产品生产的实际情况确定。

7.4.2.2　年周转次数计算

流动资产和流动负债的年周转次数计算公式如下

$$年周转次数 = \frac{360 \text{ 天}}{最低周转天数} \qquad (7-36)$$

各类流动资产和流动负债的最低周转天数参照同类企业的平均周转天数并结合项目特点确定，或按部门（行业）规定执行。

7.4.2.3　流动资产估算

流动资产是指可以在 1 年（含 1 年）或者超过 1 年的一个营业周期内变现或耗用的资产，主要包括货币资金、短期投资、应收及预付款项、存货等。为简化计算，项目评估时仅考虑存货、应收账款和现金三项，可能发生预付账款的某些项目，还可包括预付账款。

1. 存货估算。存货是指企业在日常生产经营过程中持有以备出售，或者仍然处在生

产过程中，或者在生产或提供劳务过程中将消耗的材料或物料等，包括各类材料、商品、在产品、半成品、产成品等。为简化计算，项目评估时仅考虑外购原材料、外购燃料、在产品和产成品，对外购原材料和外购燃料通常需要分品种分项进行计算。其计算公式为

$$存货 = 外购原材料 + 外购燃料 + 其他材料 + 在产品 + 产成品 \qquad (7-37)$$

$$外购原材料 = \frac{年外购原材料费用}{外购原材料年周转次数} \qquad (7-38)$$

$$外购燃料 = \frac{年外购燃料费用}{外购燃料年周转次数} \qquad (7-39)$$

$$其他材料 = \frac{年外购其他材料费用}{外购其他材料年周转次数} \qquad (7-40)$$

其他材料是指在修理费中核算的备品备件等修理材料，其他材料费用数额不大的项目，也可以不予计算。

$$在产品 = \frac{年外购原材料、燃料、动力费 + 年工资及福利费 + 年修理费 + 年其他制造费用}{在产品年周转次数}$$
$$(7-41)$$

$$产成品 = \frac{年经营成本 - 年其他营业费用}{产成品年周转次数} \qquad (7-42)$$

2. 应收账款估算。项目评估中，应收账款的计算公式为

$$应收账款 = \frac{年经营成本}{应收账款年周转次数} \qquad (7-43)$$

应收账款的计算也可用营业收入替代经营成本。考虑到实际占用企业流动资金的主要是经营成本范畴的费用，因此选择经营成本有其合理性。

3. 现金估算。项目评估中的现金是指货币资金，即为维持日常生产运营所必须预留的货币资金，包括库存现金和银行存款。现金的计算公式为

$$现金 = \frac{年工资及福利费 + 年其他费用}{现金年周转次数} \qquad (7-44)$$

$$其他费用 = 制造费用 + 管理费用 + 营业费用$$
$$- （以上三项费用中所含的工资及福利费、折旧费、摊销费、修理费）$$
$$(7-45)$$

或

$$其他费用 = 其他制造费用 + 其他营业费用 + 其他管理费用$$
$$+ 技术转让费 + 研究与开发费 + 土地使用税 \qquad (7-46)$$

4. 预付账款估算。预付账款是指企业为购买各类原材料、燃料或服务所预先支付的款项。预付账款的计算公式为

$$预付账款 = \frac{预付的各类原材料、燃料或服务年费用}{预付账款年周转次数} \qquad (7-47)$$

7.4.2.4 流动负债估算

流动负债是指将在1年（含1年）或者超过1年的一个营业周期内偿还的债务，包括短期借款、应付账款、预收账款、应付工资、应付福利费、应交税金、应付股利、预提费用等。为简化计算，项目评估时仅考虑应付账款，将发生预收账款的某些项目，还可包括预收账款。

1. 应付账款估算。应付账款是因购买材料、商品或接受劳务等而发生的债务，是买卖双方在购销活动中由于取得物资与支付货款在时间上不一致而产生的负债。应付账款的计算公式为

$$应付账款 = \frac{年外购原材料、燃料、动力和其他材料费用}{应付账款年周转次数} \qquad (7-48)$$

2. 预收账款估算。预收账款是买卖双方协议商定，由购买方预先支付一部分货款给销售方，从而形成销售方的负债。预收账款的计算公式为

$$预收账款 = \frac{预收的营业收入年金额}{预收账款年周转次数} \qquad (7-49)$$

估算流动资金应编制流动资金估算表，如表7-13所示。

表7-13 流动资金估算表

序号	项目	周转天数	周转次数	运营期					
				1	2	3	4	…	N
1	流动资产								
1.1	应收账款								
1.2	存货								
1.2.1	原材料								
1.2.2	燃料								
1.2.3	在产品								
1.2.4	产成品								
1.2.5	……								
1.3	现金								
1.4	预付账款								
2	流动负债								
2.1	应付账款								
2.2	预收账款								
3	流动资金（1-2）								
4	流动资金本年增加额								

注：（1）本表适用于新设法人项目，以及既有法人项目的"有项目""无项目"和增量流动资金的估算。

（2）表中科目可随行业变动。

（3）如发生外币流动资金，应另行估算后予以说明，其数额应包含在本表数额内。

（4）不发生预付账款和预收账款的项目可不列此两项。

7.4.3　流动资金估算注意事项

1. 投入和产出的成本估算中采用不含增值税销项税额和进项税额的价格时，流动资金估算中应注意将该销项税额和进项税额分别包含在相应的收入和成本支出中。

2. 技术改造项目采用有无对比法进行财务分析或经济分析时，其增量流动资金可能出现负值的情况。当增量流动资金出现负值时，对不同方案之间的效益比选应体现流动资金的变化，以客观公正地反映各方案的相对效益，而对选定的方案，其增量流动资金应取零。

3. 项目投产初期所需流动资金在实际工作中应在项目投产前筹措。为简化计算，项目评估时流动资金可从投产第一年开始安排，运营负荷增长，流动资金也随之增加。但采用分项详细估算法估算流动资金时，运营期各年的流动资金数额应依照上述公式分年进行估算，不能简单地按 100% 运营负荷下的流动资金乘以投产期运营负荷估算。

【例 7 – 17】
某生物农药项目的流动资金估算 ▪▪

（1）该项目依据市场开拓计划，确定计算期第 3 年（投产第 1 年）生产负荷为 30%，计算期第 4 年生产负荷为 60%，计算期第 5 年起生产负荷为 100%。

（2）该项目的经营成本数据见表 7 – 14。

表 7 – 14　某生物农药项目的经营成本数据　　　　　　　　　单位：万元

序号	收入或成本项目	第 3 年	第 4 年	第 5 ~ 12 年
1	经营成本（含进项税额）	5646.5	9089.7	13680.5
1.1	外购原材料（含进项税额）	2044.6	4089.2	6815.3
1.2	外购动力（含进项税额）	404.0	808.1	1346.8
1.3	工资及福利费	442.5	442.5	442.5
1.4	修理费	436.4	436.4	436.4
1.5	技术开发费	464.1	928.2	1547.0
1.6	其他制造费用	218.2	218.2	218.2
1.7	其他管理费用	1106.3	1106.3	1106.3
1.8	其他营业费用	530.4	1060.8	1768.0

（3）根据该项目生产、销售的实际情况确定其各项流动资产和流动负债的最低周转天数：应收账款、应付账款均为 45 天；存货中各项原材料平均为 45 天，在产品为 4 天，产成品为 120 天；现金为 30 天；该项目不需外购燃料，一般也不发生预付账款和预收账款。请计算该项目的流动资金。

答：

据此估算的该项目流动资金数额见表 7 – 15。

表7-15　某生物农药项目流动资金估算表　　　　　　单位：万元

序号	项目	最低周转天数（天）	周转次数（次）	运营期		
				第3年	第4年	第5年
1	流动资产			2936.3	4703.3	7059.2
1.1	应收账款	45	8	705.8	1136.2	1710.1
1.2	存货			2000.4	3254.1	4925.6
1.2.1	原材料	45	8	255.6	511.2	851.9
1.2.2	在产品	4	90	39.4	66.6	102.9
1.2.3	产成品	120	3	1705.4	2676.3	3970.8
1.3	现金	30	12	230.1	313.0	423.5
2	流动负债			306.1	612.2	1020.3
2.1	应付账款	45	8	306.1	612.2	1020.3
3	流动资金（1-2）			2630.2	4091.1	6038.9
4	流动资金本年增加额				1460.9	1947.8
5	用于流动资金的项目资本金			789.1	1227.3	1811.7
6	流动资金借款			1841.1	2863.8	4227.2

7.5　项目总投资与分年投资计划

7.5.1　项目总投资估算表的编制

按投资估算内容和估算方法估算上述各项投资并进行汇总，可以编制项目总投资估算表。项目总投资估算表的格式应符合部门和行业相关规定的要求。表7-16示意出一种较为简单的格式。

表7-16　项目总投资估算表

序号	费用名称	投资额		估算说明
		合计	其中：外币	
1	建设投资			
1.1	工程费用			
1.1.1	建筑工程费			
1.1.2	设备购置费			
1.1.3	安装工程费			
1.2	工程建设其他费用			
1.3	基本预备费			
1.4	涨价预备费			
2	建设期利息			
3	流动资金			
	项目总投资（1+2+3）			

7.5.2　分年投资计划表的编制

估算出项目建设投资、建设期利息和流动资金后，应根据项目计划进度的安排，编制分年投资计划表，如表 7 – 17 所示。该表中的分年建设投资可以作为安排融资计划、估算建设期利息的基础，由此估算的建设期利息列入该表。流动资金本来就是分年估算的，可由流动资金估算表转入。分年投资计划表是编制项目资金筹措表的基础。

表 7 – 17　分年投资计划表

序号	项目	人民币			外币		
		第 1 年	第 2 年	……	第 1 年	第 2 年	……
1	建设投资						
2	建设期利息						
3	流动资金						
	项目总投资（1 + 2 + 3）						

实际工作中往往将项目总投资估算表、分年投资计划表和资金筹措表合二为一，编制"项目总投资使用计划与资金筹措表"，如表 7 – 18 所示。

表 7 – 18　项目总投资使用计划与资金筹措表

序号	项目	合计	计算期				
			第 1 年	第 2 年	第 3 年	第 4 年	第 5 年
1	项目总投资						
1.1	建设投资						
1.2	建设期利息						
1.3	流动资金						
2	资金筹措						
2.1	项目资本金						
2.1.1	用于建设投资						
2.1.2	用于支付建设期利息						
2.1.3	用于流动资金						
2.2	银行借款						
2.2.1	用于建设投资						
2.2.2	用于流动资金						

7.6　本章小结

投资项目的经济合理性评价需要具备基础的财务数据，其中项目总投资构成的估算是主要内容，应对项目建设和生产运营所需投入的全部资金进行估算，包括建设投资、建设期利息和流动资金三部分。建设投资估算可采用分类估算和综合估算两种方式。根据建设投资分类估算要求，需要分别估算建筑工程费、设备购置费、安装工程费、工程建设其他费用、基本预备费和涨价预备费；对于建设投资综合估算，常使用单位生产能力估算法、生产能力指数法、比例估算法、系数估算法和估算指标法等。建设期利息是债务资金在建设期内发生并应计入固定资产原值的利息，包括借款（或债券）利息及手续费、承诺费、发行费、管理费等融资费用。需根据建设投资的分年度投资计划和筹资行为进行估算，项目评估时一般采用借款在各年年内均衡发生的建设期利息计算公式估算建设期利息；根据项目实际情况，也可采用借款在各年年初发生的建设期利息计算公式估算建设期利息。项目流动资金的估算可以采用扩大指标估算法和分项详细估算法。

第8章
项目融资方案评估

项目融资方案评估是在已经确定建设方案并完成投资估算的基础上，结合项目实施组织和建设进度计划，进行融资结构、融资成本和融资风险分析，优化融资方案，并作为融资后财务分析的基础。本章主要介绍企业融资和项目融资、资金来源和融资方式、资金成本分析和资金结构分析等内容。

8.1 项目融资概述

8.1.1 项目融资主体

项目融资主体是指进行融资活动并承担融资责任和风险的项目法人单位。根据我国《公司法》相关规定，原国家计划委员会制定了《关于实行建设项目法人责任制的暂行规定》，实行项目法人制，由项目法人对项目的策划、资金筹措、建设实施、生产经营、债务偿还和资产的保值增值，即项目实施全过程负责。按照是否依托项目成立新的法人实体来划分，把投资项目的融资主体分为新设法人融资主体和既有法人融资主体。

8.1.1.1 新设法人融资

新设法人融资是指由项目发起人（企业或政府）发起组建具有独立法人资格的项目公司，由新组建的项目公司承担融资责任和风险，依靠项目自身的盈利能力来偿还债务，以项目投资形成的资产、未来收益或权益作为融资担保的基础。

1. 新设法人融资的特点。

（1）项目投资由新设项目法人筹集的资本金和债务资金构成。

（2）新设项目法人承担融资责任和风险。

（3）以项目投产后的效益情况来考察偿债能力。

2. 新设法人融资主体适用条件。

（1）项目发起人希望拟建项目的生产经营活动相对独立，且拟建项目与既有法人的经营活动联系不密切。

（2）拟建项目的投资规模较大，既有法人财务状况较差，不具有为项目进行融资和承担全部融资责任的经济实力，需要新设法人募集股本金。

（3）项目自身具有较强的盈利能力，依靠项目自身未来的现金流量可以按期偿还债务。

3. 新设法人的融资方式。

（1）项目资本金。新设项目的资本金是指在项目总投资中由投资者认缴的出资额。投资者可以转让其出资，但不能以任何方式抽回。我国除了公益性项目等部分特殊项目外，大部分投资项目都实行资本金制度。

（2）债务资金。新设法人的融资能力取决于股东能对项目公司借款提供多大程度的担保，在项目本身的财务效益好、投资风险可以有效控制的条件下，可以考虑采用负债融资方式。

8.1.1.2 既有法人融资

既有法人融资是指建设项目所需的资金来源于既有法人内部融资新增资本金和新增债务资金。新增债务资金依靠既有法人整体的盈利能力来偿还，并以既有法人整体的资产和信用承担债务担保。

1. 既有法人融资的特点。

（1）由既有法人统一组织融资活动并承担融资责任和风险。

（2）在既有法人资产和信用的基础上进行融资并形成增量资产。

（3）从既有法人的财务整体状况考察融资后的偿债能力。

2. 既有法人融资主体适用条件。

（1）既有法人为扩大生产能力而兴建的扩建项目或原有生产线的技术改造项目。

（2）既有法人为新增生产经营所需水、电、气等动力供应及环境保护设施而兴建的项目。

（3）项目与既有法人的资产以及经营活动联系密切。

（4）既有法人具有为项目进行融资和承担全部融资责任的经济实力。

（5）项目盈利能力较差，但项目对整个企业的持续发展具有重要作用，需要利用既有法人的整体资信获得债务资金。

3. 既有法人的融资方式。

（1）内部融资。

（2）新增资本金。

（3）新增负债。

8.1.2 项目融资的模式

8.1.2.1 项目融资的概念

项目融资（Project Financing）是一个专用的金融术语，和通常所说的"为项目融资"是两个不同的概念，不可混淆。项目融资是指为建设和经营项目而成立新的独立法人——项目公司，由项目公司完成项目的投资建设和经营还贷。项目融资又叫无追索权融资方式(Non-Recourse Financing)。其含义是：项目负债的偿还，只依靠项目本身的资产和未来现金流量来保证，即使项目实际运作失败，债权人也只能要求以项目本身的资产或盈余还债，而对项目以外的其他资产无追索权。因此，利用项目融资方式，项目本身必须具有比较稳定的现金流量，必须具有较强的盈利能力。

在项目评估时，对于采用项目融资模式进行融资的投资项目，应在项目投资估算的基础上对建设项目的资金来源渠道、投融资模式、融资方式、融资结构、融资成本、融资风险等方面的合理性和可靠性进行分析、论证和评估，对拟采取的融资方案进行比选和优化，从中选择资金获取方便、资金来源可靠、融资结构合理、融资模式优化、融资成本最低和融资风险最小的最佳融资方案，并作为资金筹措和财务评估的依据。

8.1.2.2 项目融资的特点

1. 项目导向。主要是依赖于项目的现金流量和资产而不是依赖于项目的投资者或发起人的资产和信用来融资。与传统的融资方式相比，采用项目融资一般可以获得较高的贷款比例，根据项目经济强度的状况通常可以为项目提供占总投资 60% ~ 75% 的贷款，在某些项目中甚至可以做到 100% 的融资。进一步，由于项目导向，项目融资的贷款期限可以根据项目的具体需要和项目的经济生命期来安排和设计，可以做到比一般商业贷款期限长，近几年的实例表明，有的项目贷款期限可以长达 20 年之久。

2. 有限追索。在某种意义上，贷款人对项目借款人的追索形式和程度是区分融资是属于项目融资还是属于传统形式融资的重要标志。对于后者，贷款人为项目借款人提供的是完全追索形式的贷款，即贷款人更主要依赖的是借款人自身的资信情况，而不是项目的经济强度；而前者，作为有限追索的项目融资，贷款人可以在贷款的某个特定阶段（如项目的建设期和试生产期）对项目借款人实行追索，或者在一个规定的范围内（这种规定范围包括金额和形式的限制）对项目借款人实行追索，除此之外，无论项目出现任何问题，贷款人均不能追索到项目借款人除该项目资产、现金流量以及所承担的义务之外的任何形式的财产。

3. 风险分担。为了实现项目融资的有限追索，对于与项目有关的各种风险要素，需要以某种形式在项目投资者（借款人）、与项目开发有直接或间接利益关系的其他参与者和贷款人之间进行分担。一个成功的项目融资结构应该是在项目中没有任何一方单独承担起全部项目债务的风险责任。

4. 融资成本较高。与传统的融资方式相比，项目融资存在的一个主要问题，即相对筹资成本较高，组织融资所需要的时间较长。项目融资的这一特点限制了其使用范围。在实际运作中，除了需要分析项目融资的优势外，也必须考虑到项目融资的规模经济效益问题。除以上特点之外，追求充分利用税务优势降低融资成本，提高项目的综合收益率和偿债能力也是国际上项目融资的一个重要特点。所谓充分利用税务优势，是指在项目所在国法律允许的范围内，通过精心设计的投资结构、融资模式，将所在国政府对投资的税务鼓励政策在项目参与各方中最大限度地加以分配和利用，以此降低筹资成本、提高项目的偿债能力。

在实际操作中，纯粹的无追索权项目融资是无法做到的。由于项目自身的盈利状况受到多种不确定性因素的影响，仅仅依靠项目自身的资产和未来现金流量进行负债融资，债权人的利益往往难以保障。因此往往采用有限追索权融资方式（Limited – Recourse Financing），即要求由项目以外的与项目有利害关系的第三方提供各种形式的担保。

8.1.2.3 常见的项目融资模式

目前常见的项目融资模式有 BOT（Build-Operate-Transfer）、TOT（Transfer-Operate-Transfer）、ABS（Asset-Backed-Securities）等。BOT 融资模式和 TOT 融资模式都属于 PPP（Public-Private Partnerships）融资模式。PPP 模式是指公共部门与私人企业共同合作来完成项目的模式，即政府、营利性企业和非营利性企业基于某个项目而形成的相互合作关系形式，PPP 融资模式经常被应用在大型的基础设施项目的建设中。

1. BOT 融资模式。BOT 融资模式是指由政府对基础设施项目的建设和经营提供一种特许权协议，一般由东道国政府或地方政府通过特许权协议，将项目授予项目发起人为此专设的项目公司，由项目公司负责项目的投融资、建造、经营和维护；在规定的特许期内，项目公司拥有投资建造设施的所有权（但不是完整意义上的所有权），允许向设施的使用者收取适当的费用，并以此回收项目投融资、建造、经营和维护的成本费用，偿还贷款；特许期满后，项目公司将设施无偿移交给东道国政府。

BOT 融资模式主要应用在大型的基础设施建设项目中，由于大型基础设施项目的建设往往需要较多的资金，如果都由政府出资建设的话，政府的财政负担较重。而采用这种模式，可以降低政府的财政负担，减轻政府的负债。此外，项目的建设和前期运营都由私营企业来承担，有助于政府转移和降低风险。企业参与经营能有效提高项目的运作效率，往往可以提前完成项目，提前满足社会和公众的需求。我国有些城市的地铁建设即是采用的这种融资模式。此外，这种模式也可以用于国际间的项目合作，有助于进一步加强国际经济合作，如英法海峡隧道的建设就是采用这种模式。

随着经济的发展，越来越多的其他融资模式由 BOT 演变而来，如 BOOT（Build-Own-Operate-Transfer），即建设—拥有—经营—转让；BLT（Build-Lease-Transfer），即建设—租赁—转让；BT（Build-Transfer），即建设—转让。

2. TOT 融资模式。TOT 融资模式是指政府将已建成投入运行的公共项目移交给投资者运营，政府凭借所移交的公共项目资产未来若干年的收益，一次性地从投资者那里融通到一笔资金，再将这笔资金用于新的公共项目建设；当特许经营期满后，投资者再将公共项目资产移交回政府的方式。

与 BOT 融资模式相比，TOT 融资模式对投资者而言融资风险、建设风险较小，对政府而言，也可以很快地收回投资资金，继续进行其他公共项目的建设，提高政府的工作效率。目前在我国的公路建设中应用较多。

3. ABS 融资模式。ABS 融资模式是以项目所属的资产为支撑的证券化融资方式，即以项目所拥有的资产为基础，以该项目资产可以带来的预期收益为保证，通过在资本市场上发行债券筹集资金的一种项目融资方式。ABS 融资模式的目的在于通过其特有的提高信用等级的方式，使原本信用等级较低的项目进入高信用等级证券市场，利用该市场信用等级高、安全性好、流动性高、利率低的特点大幅度降低发行债券筹集资金的成本。

ABS 融资模式的特点主要有以下几个方面：（1）项目可以在证券市场通过发行债券筹集资金。（2）对投资者而言，可以更大程度地分散投资风险。（3）这种融资模式下，发行的债券通常不受原始权益人资产质量的限制。（4）可以由 SPC（Special Purpose Cooperation）提供信用担保。（5）项目可以通过国际证券市场筹资。（6）这种模式的筹资成本相对较低。

在 ABS 项目融资中，一般将基于一定基础设施或资产的现金流收入与原始权益人完全剥离，并过户给特设信托机构（Special Purpose Vehicle，SPV），SPV 将其通过金融担保、保险及超额抵押等方式取得较高的信用评级，然后以债券的方式发售给资本市场的投资者，融取项目建设所需资金，并以设施的未来收入流作为投资者收益的保证。利用这种模式不需要以发行者自身的信用做债券的偿还担保，目前也已成为国际上基础设施项目融资的重要方式。

4. 产品支付法融资（Production Payment）。这种融资方法广泛而成功地用于英美等国石油、天然气和矿产品等项目的开发融资中。这一方法仍然需要由项目发起人预先创立一个特殊目的公司或特设信托机构（SPV），并由该 SPV 从有关项目公司购买未分割的石油、天然气、矿产品或其他产品的收益。其特点在于：项目的产品是还本付息的唯一来源；贷款偿还期应短于项目预期的可靠经济寿命；贷款人不对运营成本提供资金。

5. 预先购买协议融资（Pre-take Agreement）。这一方法具有产品支付法融资的许多特点，但更为灵活。同样需要建立一个特殊目的公司来购买规定数量的未来产品和/或现金收益，并且项目公司交付产品或收益的进度被设计成与规定的分期还款、偿债计划相配合。同时这里的购销合同通常也要求项目公司必须在这两种方式中选择一种：第一，项目公司买回产品；第二，项目公司作为贷款人的代理人，在公开市场上销售该产品，或者根据与发起人之间的事先合同将产品卖给第三方。

当然，除此之外，还有许多其他形形色色的项目融资类型。而且每一类又有许多变异，其中仅 BOT 就出现了 BT、BOOT 等 20 多种演变方式。但无论哪一种都毫无例外地具有一个共同特点，即"融资不是主要依赖于项目发起人的信贷或其所涉及的有形资产"。

 【例 8 -1】
英法海峡隧道项目 ■■

BOT 方式主要应用于发展收费公路、发电厂、铁路、废水处理设施和城市地铁等基础设施项目。BOT 方式在实际运用过程中，还演化出几十种类似的形式。

英法海峡隧道项目就是采用 BOT 方式融资的。BOT 项目发起人是欧洲隧道公司，它由英国的海峡隧道工程集团（一个由英国银行和承包商共同组建的财团）和法国的法兰西曼彻公司（一个由法国银行和承包商共同组建的财团）联合组成。

该项目特许经营期为 55 年（包括计划为 7 年的施工期）。特许经营权协议是在 1987 年由英法两国政府签订的，欧洲隧道公司要求政府许可的一个条件是 33 年内不设横跨海峡的二次连接设施。该项目的资金来源如表 8 – 1 所示。

表 8 – 1　英法海峡隧道项目资金来源

	来源	金额（亿美元）	备注
股票投资	银行和承包商	0.8	股东发起人
	私营团体	3.7	第 1 部分（1986 年年末）
	公众投资	8.0	第 2 部分（1987 年年末）
	公众投资	2.75	第 3 部分（1988 年年末）
	公众投资	2.75	第 4 部分（1989 年年末）
借款	商业银行	68	主要贷款
	商业银行	17	备用贷款
总计		103	

8.1.3　项目资金来源和融资方式

8.1.3.1　项目资金来源

项目的投资来源主要可分为直接融资和间接融资两种方式。直接融资方式是指融资双方（或通过经纪人）直接协商提供的资金。主要有各种股票、债券等证券融资，投资者对拟建项目的直接投资等。间接融资是指从银行等金融机构借入的资金。具体的资金来源渠道主要包括以下几个方面。

1. 企业自有资金。

2. 各级政府预算内资金和各种预算外资金，以及各种基金。

3. 国内外银行等金融机构的信贷资金。

4. 国内外证券市场资金，即在证券市场上利用各种金融工具募集的资金。

5. 国内外非银行金融机构的资金，如信托投资公司、投资基金公司、风险投资公司、保险公司、租赁公司等机构的资金。

6. 外国政府、境外企业、个人等的资金。

7. 国内外各种机构和个人捐赠的资金。

8.1.3.2　项目的融资方式

项目的主要融资方式是权益融资和债务融资，这也是现代融资的重要分类，是设计融资方案、分析融资结构及财务风险的重要基础。

1. 权益融资。权益融资是指以所有者的身份投入非负债性资金的方式所进行的融资。权益融资形成企业的"所有者权益"和项目的"资本金"。我国的项目资本金制度规定国内投资建设的项目必须按照国务院规定筹集必要的资本金，杜绝"无本项目"的存在。因此，权益融资在我国项目资金筹措中具有强制性。

权益融资具有以下特点：（1）权益融资筹措的资金具有永久性特点，无到期日，不需归还。项目资本金是保证项目投资对资金的最低需求，是维持项目长期稳定运营的基本前提。（2）没有固定的按期还本付息的压力。股利的支付与否和支付多少，视项目投产运营后的实际经营效果而定，因此项目公司法人的财务负担相对较小，融资风险较低。（3）是债务融资的基础。权益融资是项目投资最基本的资金来源，它体现着项目所依托的投资人的实力，是其他融资方式的基础。尤其可为债权人提供保障，增强项目公司的举债能力。

2. 债务融资。债务融资是指通过银行贷款、发行债券等负债融资方式所筹集的资金。债务融资是建设项目资金筹措的重要形式。根据国家有关实行建设项目法人责任制的要求，项目投资所依托的企业法人必须承担为建设项目筹集资金并为债务融资按时还本付息的责任。

债务融资的特点主要体现在：（1）所筹集的资金在使用上具有时间性限制，必须按期偿还；（2）无论项目法人今后经营效果好坏，均需要固定支付债务利息，从而形成项目法人今后的财务负担；（3）资金成本一般比权益融资低，且不会分散对项目未来权益的控制权。

债务资金主要是通过金融机构在金融市场进行各类负债性融资活动来解决的。金融市场是各种信用工具买卖的场所，其职能是把某些组织或个人的剩余资金转移到需要资金的组织或个人并通过利率杠杆在借款者和贷款者之间分配资金。在债务融资方案的设计和分析中，必须根据金融市场的特点、国际金融环境和我国金融体制改革的趋势结合项目自身的实际情况进行审慎分析。

在现代融资方案的设计中，还经常使用一些介于权益融资和债务融资之间的融资方式，如股东附属贷款、可转股债券、认股证等，它们具有"权益"和"负债"的双重特征。在现代市场经济体系中，尤其是在现代金融体系比较健全的融资环境下，无论是权益融资还是债务融资，均可以采用多种方式，现代投资项目管理专业人员必须熟悉各种权益融资和债务融资的方式和技巧，以优化投资项目的融资方案。

8.2　项目资本金的筹措

项目资本金是指由项目权益投资人以获得项目财产权和控制权的方式投入的资金，也称为权益投资。对于提供债务融资的债权人来说，项目资本金可以视为债务融资的一种信用基础，项目的资本金后于负债受偿，可以降低债权人债权的回收风险。在项目的融资方案评估中，应根据项目融资目标的要求，在拟定的融资模式下，研究资本金筹措方案。

通常，企业的权益投资以"注册资本"的形式投入。权益投资额超过注册资本额的部分可以注入资本公积。权益投资是企业的资本投资，构成企业融资的基本信用基础。

项目资本金筹措不仅仅是为了满足国家的资本金制度要求。项目建设资金的权益资金和债务资金结构是融资方案设计中需考虑的重要问题。如果权益资金占比太少，会导致债务融资的难度增加和融资成本提高；如果权益资金占比大，财务杠杆效应会降低，权益投资收益率下降。

8.2.1 项目资本金制度

根据《国务院关于固定资产投资项目试行资本金制度的通知》（国发〔1996〕35号），各种经营性投资项目（包括国有单位的基本建设、技术改造、房地产开发项目和集体投资项目）试行资本金制度，投资项目必须首先落实资本金才能进行建设。个体和私营企业的经营性投资项目参照本通知的规定执行。公益性投资项目不实行资本金制度。外商投资项目（包括外商投资、中外合资、中外合作经营项目）按现行有关法规执行。

投资项目资本金是指在投资项目总投资中由投资者认缴的出资额，对投资项目来说是非债务性资金，项目法人不承担这部分资金的任何利息和债务；投资者可按其出资的比例依法享有所有者权益，也可转让其出资，但不得以任何方式抽回。

投资项目资本金可以用货币出资，也可以用实物、工业产权、非专利技术、土地使用权作价出资。作为资本金的实物、工业产权、非专利技术、土地使用权必须经过有资格的资产评估机构依照法律、法规评估作价，不得高估或低估。以工业产权、非专利技术作价出资的比例不得超过投资项目资本金总额的20%，但国家对采用高新技术成果有特别规定的除外。

投资者以货币方式认缴的资本金，其资金来源有：

（1）各级人民政府的财政预算内资金、国家批准的各种专项建设基金、"拨改贷"和经营性基本建设基金回收的本息、土地批租收入、国有企业产权转让收入、地方人民政府按国家有关规定收取的各种规费及其他预算外资金。

（2）国家授权的投资机构及企业法人的所有者权益（包括资本金、资本公积金、盈余公积金和未分配利润、股票上市收益资金等）、企业折旧资金以及投资者按照国家规定从资金市场上筹措的资金。

（3）社会个人合法所有的资金。

（4）国家规定的其他可以用作投资项目资本金的资金。

根据《国务院关于加强固定资产投资项目资本金管理的通知》（国发〔2019〕26号），各行业固定资产投资项目的最低资本金比例按表8-2中的规定执行。

表8-2　项目资本金占项目总投资的比例

序号	投资行业		最低资本金比例
1	城市和交通基础设施项目	港口、沿海及内河航运、机场项目	20%
		城市轨道交通	20%
		铁路、公路项目	20%

续表

序号	投资行业		最低资本金比例
2	房地产开发项目	保障性住房和普通商品住房项目	20%
		其他项目	25%
3	产能过剩行业项目	钢铁、电解铝	40%
		水泥	35%
		煤炭、电石、铁合金、烧碱、焦炭、黄磷、多晶硅	30%
4	其他工业项目	玉米深加工	20%
		化肥（钾肥除外）项目	25%
5	电力等其他项目		20%

项目资本金的具体比例，由项目审批单位根据投资项目的经济效益以及银行贷款意愿和评估意见等情况，在审批可行性研究报告时核定。经国务院批准，对个别情况特殊的国家重大建设项目，可以适当降低最低资本金比例要求。属于国家支持的中小企业自主创新、高新技术投资项目，最低资本金比例可以适当降低。

投资项目的资本金一次认缴，并根据相关规定按比例逐年到位。

8.2.2　既有法人项目资本金筹措

既有法人项目的资本金由既有法人负责筹集。既有法人可用于项目资本金的资金来源分为内、外两个方面。

8.2.2.1　内部资金来源

内部资金来源主要是既有法人的自有资金，自有资金主要来自以下几个方面。

1. 企业的现金。企业库存现金和银行存款可以由企业的资产负债表得以反映，其中有一部分可以投入项目。即扣除保持必要的日常经营所需的货币资金额后，多余的资金可以用于项目投资。

2. 未来生产经营中获得的可用于项目的资金。在未来的项目建设期间，企业可以从生产经营中获得新的现金，扣除生产经营开支及其他必要开支后，剩余部分可以用于项目投资。需要通过对企业未来现金流量的预测来估算未来企业经营获得的净现金流量，即可以用于项目投资的资金。

3. 企业资产变现。企业可以将现有资产变现，取得现金用于新项目的资本金投资。企业资产变现通常包括短期投资、长期投资、固定资产、无形资产的变现。流动资产中的应收账款、其他应收款等应收款项降低，可以增加企业可以使用的现金，存货降低也有同样的作用，这类流动资产的变现通常体现在上述企业未来的净现金流量估算中。如果没有在未来的企业经营净现金预测中估算，也可以在资产变现中估算。

4. 企业产权转让。企业可以将原拥有的产权部分或全部转让给他人，换取资金用于新项目的资本金投资。

资产变现表现为一个企业资产总额构成的变化，即非现金货币资产的减少，现金货币资产的增加，而资产总额并没有发生变化。产权转让则是企业资产控制权或产权结构发生变化，对于原有的产权人，经转让后其所控制的企业原有资产的总量会减少。

在项目融资方案评估中，应通过分析公司的财务状况和经营状况，预测公司未来的现金流，判断现有企业是否具备足够的自有资金投资于拟建项目。如果不具备足够的资金能力，或者不愿意失掉原有的资产权益，或者不愿意使其自身的资金运用过于紧张，就应该设计外部资金来源的资本金筹集方案。

8.2.2.2　外部资金来源

外部资金来源主要是既有法人通过在资本市场发行股票和企业增资扩股，以及一些准资本金手段（如优先股）来获取外部投资人的权益资金投入，用于新项目的资本金投资。

1. 企业增资扩股。企业可以通过原有股东增资扩股以及吸收新股东增资扩股，包括国家股、企业法人股、个人股和外资股的增资扩股。

2. 优先股。优先股是一种介于股本资金与负债之间的融资方式，优先股股东不参与公司的经营管理，没有公司的控制权。发行优先股通常不需要还本，但要支付固定的股息，固定的股息通常要高于银行贷款利息。优先股相对于其他借款融资通常处于较后的受偿顺序，对于项目公司的其他债权人来说可以视为项目的资本金。而对于普通股股东来说，优先股通常要优先受偿，是一种负债。

8.2.3　新设法人项目资本金筹措

新设法人项目的资本金由新设法人负责筹集。新设法人项目资本金分为两种形式：一种是在新法人设立时由发起人和投资人按项目资本金额度要求提供足额资金，另一种是由新法人在资本市场上发行股票进行融资。

按照资本金制度的相关规定，应由投资人或项目的发起人认缴或筹集足够的资本金提供给新法人。至于投资人或项目的发起人如何筹措这笔资本金，是投资人或项目发起人的自身内部事务。项目发起人和投资人的身份不同（如政府职能部门或控股的国有公司、民营或外资企业等），其用于资本金投资的资金来源也多种多样。

这种形式的资本金通常以注册资本的方式投入。有限责任公司及股份公司的注册资本由公司的股东按股权比例认缴，合作制公司的注册资本由合作投资方按预先约定金额投入。如果公司注册资本的额度要求低于项目资本金额度要求，股东按项目资本金额度要求投入企业的资金超过注册资本的部分，通常以资本公积的形式记账。

有些情况下，项目最初的投资人或项目发起人对投资项目的资本金并没有安排到位，而是要通过初期设立的项目法人进一步进行资本金筹措活动，筹集形式主要有以下两种。

1. 在资本市场募集股本资金。在资本市场募集股本资金可以采取两种基本方式：私募与公开募集。私募是指将股票直接出售给少数特定的投资者，不通过公开市场销售。公开募集是在证券市场上公开向社会发行销售。在证券市场上公开发行股票，需要取得证券监管机关的批准，需要通过证券公司或投资银行向社会推销，需要提供详细的文件，保证公司的信息披露，保证公司的经营及财务透明度，筹资费用较高，筹资时间较长。私募的程序可相对简化，但在信息披露方面仍必须满足投资者的要求。

2. 合资合作。通过在资本投资市场上寻求新的投资者，由初期设立的项目法人与新的投资者以合资合作等多种形式，重新组建新的法人，或者由设立初期项目法人的发起人和投资人与新的投资者进行资本整合，重新设立新的法人，使重新设立的新法人所拥有的资本达到或满足项目资本金投资的额度要求。采用这一方式时，新法人往往需要重新进行公司注册或变更登记。

不论以何种方式筹措资本金，都必须符合国家对资本金来源的要求和限制，符合国家资本金制度的规定。有外商投资的应符合国家有关外商投资的相关规定。

8.3　项目债务资金的筹措

项目债务资金是指项目投资中除项目资本金外，以负债方式取得的资金。

8.3.1　项目债务资金筹措方案评价

8.3.1.1　项目债务资金筹措应考虑的因素

在制订项目债务资金筹措方案时，需要考虑的主要因素有以下几个方面。

1. 债务期限。债务期限应根据资金使用计划和债务偿还计划及融资成本的高低进行合理的设计和搭配。

2. 债务偿还。需要事先确定一个比较稳妥的还款计划。

3. 债务序列。债务安排可以根据其依赖于公司（或项目）资产抵押的程度或者依赖于有关外部信用担保的程度而划分为由高到低不同等级的序列。在公司出现违约的情况下，公司资产和其他抵押、担保权益的分割将严格地按照债务序列进行。

4. 债权保证。债权人为了保障其权益，需要有一些能够巩固其债权人地位的措施，使其权益不受侵犯，到期能收回本息。为此，需要债务人及涉及的第三方对债权人提供履行债务的特殊保证，这就是债权保证。

5. 违约风险。债务人违约或无力清偿债务时，债权人追索债务的形式和手段及追索程度决定了债务人违约风险的大小。根据融资安排的不同，不同的债权人追索债务的程度也是不一样的，比如完全追索、有限追索、无追索。

6. 利率结构。债务资金利率主要有浮动利率、固定利率以及浮动＋固定利率等不同的利率机制。融资中应该采用何种利率结构，需要考虑：（1）项目现金流量的特征；（2）金融市场上利率的走向；（3）借款人对控制融资风险的要求。

7. 货币结构与国家风险。债务资金的货币结构可以依据项目现金流量的货币结构加以设计，以减少项目的外汇风险。为减少国家风险和其他不可预见风险，国际上大型项目的融资安排往往不局限于在一个国家的金融市场上融资，也不局限于一种货币融资。资金来源多样化是减少国家风险的一种有效措施。

8.3.1.2 项目债务资金的基本要素

在项目的融资方案中，除了要明确列出债务资金的资金来源及融资方式外，还必须具体描述债务资金的一些基本要素，以及债务人的债权保证。

1. 时间和数量。要指出每项债务资金可能提供的数量及初期支付时间，贷款期和宽限期，分期还款的类型（等额分期偿还本金、等额分期偿还本息或其他形式）。

2. 融资成本。反映融资成本的基本要素：对于贷款来说是利息，对于租赁来说是租金，对于债券来说是债息。应说明这些成本是固定的还是浮动的，何时调整及如何调整，每年计息几次，对应的年利率是多少，等等。除此之外，有些债务资金还附有一些其他费用，如承诺费、手续费、管理费、牵头费、代理费、担保费、信贷保险费及其他杂费等。对于这些伴随债务资金发生的资金筹集费（或称其他融资费用），应说明其计算办法及数额。

3. 建设期利息的支付。建设期内是否需要支付利息将影响筹资总量，因此需要说明债权人的要求是什么。不同的债权人会有不同的付息条件，一般可分为三种：第一种，投产之前不必付息，但未清偿的利息要和本金一样计息（复利计息）；第二种，建设期内利息必须照付；第三种，不但利息照付，而且贷款时就以利息扣除的方式贷出资金。

4. 附加条件。对于债务资金的一些附加条件应有所说明，如必须购买哪类货物，不得购买哪类货物；借外债时，对所借币种及所还币种有何限制等。

5. 债权保证。应根据所处研究阶段所能做到的深度，对债务人及有关第三方提出的债权保证加以说明。

6. 利用外债的责任。外国政府贷款、国际金融组织贷款、中国银行和其他国有银行统一对外筹借的国际贷款，都是国家统借债务。其中有些借款用于经国家发展改革委、财政部审查确认并经国务院批准的项目，称"统借统还"；其余借款则由实际用款项目本身偿还，称"统借自还"。各部门、各地方经批准向国外借用的贷款，实行谁借谁还的原则，称"自借自还"。统借自还和自借自还的借款，中间都经过国有银行或其他被授权机构的转贷。所以不管以上这些外债的"借与还"在形式上有什么区别，对债权人来讲它们都是中国的国家债务，计入国家外债规模，影响国家债务信用。在项目的融资方案研究中，要注意符合国家外债管理和外汇管理的相关规定。

8.3.2 项目债务资金的资金来源和融资方式

8.3.2.1 信贷方式融资

1. 商业银行贷款。按照贷款期限，商业银行的贷款分为短期贷款、中期贷款和长期贷款。贷款期限在 1 年以内的为短期贷款，超过 1 年至 3 年的为中期贷款，3 年以上的为长期贷款。商业银行贷款期限通常不超过 10 年，超过 10 年的，商业银行需要特别报经人民银行备案。

按资金用途，商业银行贷款在银行内部管理中分为固定资产贷款、流动资金贷款、房地产开发贷款等。项目使用商业银行贷款，需要满足贷款银行的要求，向银行提供必要的资料。银行要求的材料除了一般贷款要求的借款人基本材料外，还有项目投资的有关材料，包括项目的可行性研究报告等前期工作资料、政府对于项目投资核准及环境影响评价批准文件、与项目有关的重要合同、与项目有利害关系的主要方面的基本材料等。

项目投资使用中长期银行贷款的，银行要进行独立的项目评估，评估内容主要包括项目建设内容、必要性、产品市场需求、项目建设及生产条件、工艺技术及主要设备、投资估算与筹资方案、财务盈利性、偿债能力、贷款风险、保证措施等。除了商业银行贷款，信托投资公司等非银行金融机构也提供商业贷款，条件与商业银行类似。

国内商业银行贷款的利率目前受人民银行的调控，人民银行不定期对贷款利率进行调整。已经借入的长期贷款，如遇人民银行调整利率，利率调整在下一年度开始执行。商业银行的贷款利率以人民银行的基准利率为中心可以有一定幅度的上下浮动。

2. 政策性银行贷款。为了支持一些特殊的生产、贸易、基础设施建设项目，国家政策性银行可以提供政策性银行贷款。政策性银行贷款的利率通常比商业银行贷款低。我国的政策性银行有中国进出口银行和中国农业发展银行，此外，国家开发银行原来也是政策性银行，改制后功能定位有所变化。

中国进出口银行的主要任务是：执行国家产业政策和外贸政策，为扩大我国机电产品和成套设备等资本性货物出口提供政策性金融支持。主要为出口提供卖方信贷和买方信贷支持。该行还办理中国政府的援外贷款及外国政府贷款的转贷款业务。

中国农业发展银行的主要任务是：按照国家有关法律、法规和方针、政策，以国家信用为基础，筹集农业政策性信贷资金，承担国家规定的农业政策性金融业务，代理财政性支农资金的拨付。

2008 年 12 月 11 日，国家开发银行整体改制为国家开发银行股份有限公司。完成商业化转型后，国家开发银行不再称政策性银行，而叫开发性金融机构，是商业银行框架下的开发性金融机构，也即国家开发银行的商业化转型是以商业化的机制、手段和工具，为实现国家中长期的发展战略提供投融资服务和开发性金融服务。与一般商业银行不同，国家开发银行是债券类批发银行，主要做中长期的金融服务。国家开发银行将基础设施、基础产业和支柱产业作为重点支持领域，在开拓国际业务，支持企业"走出去"以及国家资源、能源战略方面，国家开发银行也是提供融资支持的主力。另外国家开发银行也承担促进经济结构调整、支持自主创新、推动产业优化升级、促进民生领域和社会事业发展的金融服务。

3. 出口信贷。项目建设需要进口设备的，可以使用设备出口国的出口信贷。出口信贷分为买方信贷与卖方信贷。

买方信贷以设备进口商为借款人，设备进口商作为借款人取得贷款资金用于支付进口设备货款，同时对银行还本付息。买方信贷可以通过进口国的商业银行转贷，也可以不通过本国商业银行转贷。通过本国商业银行转贷时，设备出口国的贷款银行将贷款贷给进口国的一家转贷银行，再由进口国转贷银行将贷款贷给设备进口商。图 8-1 为不经过国内银行转贷的买方信贷示意图。

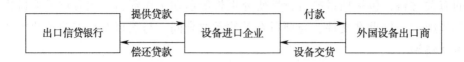

图 8 - 1　不经过国内银行转贷的买方信贷示意图

图 8 - 2 为经过国内银行转贷的买方信贷示意图。

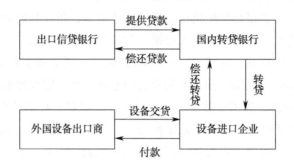

图 8 - 2　经过国内银行转贷的买方信贷示意图

卖方信贷以设备出口商为借款人，从设备出口国的银行取得贷款，设备出口商则给予设备的购买方以延期付款条件。出口信贷通常不能对设备价款全额贷款，只能提供设备价款85%的贷款，其余的15%设备价款需要由进口商以现金支付。出口信贷的利率通常要低于国际上商业银行的贷款利率，但一般需要支付一定的附加费用，如管理费、承诺费、信贷保险费等。

4. 外国政府贷款。项目使用外国政府贷款的需要得到我国政府的安排和支持。外国政府贷款经常与出口信贷混合使用。外国政府贷款有时还伴有一部分赠款。外国政府贷款在实际操作中通常由我国指定代理银行转贷。我国各级财政部门可以为外国政府贷款提供担保。

外国政府贷款的利率通常很低，一般为2%～4%，甚至无息，期限较长，还款平均期限为20～30年，有的甚至长达50年。使用外国政府贷款也要支付管理费，国内代理银行转贷需要收取转贷手续费。有时国内代理银行可能根据项目的经营期要求缩短转贷的期限。

外国政府贷款通常有限制性条件，如限制贷款必须用于采购贷款国的设备。由于贷款使用受到限制，设备进口只能在较小的范围内选择，设备价格可能较高。

5. 国际金融机构贷款。提供项目贷款的主要国际金融机构有世界银行、国际金融公司、欧洲复兴与开发银行、亚洲开发银行、美洲开发银行、亚洲投资银行等全球性或地区性金融机构等。国际金融机构的贷款通常带有一定的优惠性，其贷款利率低于商业银行贷款利率，但也有可能需要支付某些附加费用，如承诺费。贷款期限可以安排得很长。国际金融机构贷款通常要求设备采购进行国际招标。

国际金融机构的贷款通常需要按照这些机构拟定的贷款政策提供，这些机构认为应当支持的发展项目才能得到贷款。使用国际金融机构的贷款需要按照这些机构的要求提供资料，并且需要按照规定的程序和方法进行。

以世界银行为例，贷款的发放及管理按照项目周期进行，包括项目的识别（Identify）、项目的准备（Preparation）、项目评估（Appraisal）、项目谈判（Negotiation）、项目执行（Implementation）、项目后评价（Evaluation）六个阶段。

6. 银团贷款。大型建设项目融资中，由于融资金额巨大，一家银行难以承担巨额贷款的风险，可以由多家甚至数十家银行组成银团贷款。组成银团贷款通常需要有一家或数家牵头安排银行，负责联络其他的参加银行，研究考察项目，代表银团成员谈判和拟定贷款条件、起草法律文件。贷款银团中还需要有一家或数家代理银行，负责监管借款人的账户，监控借款人的资金，划收及划转贷款本息。使用银团贷款时，除了贷款利率外，借款人还要支付一些附加费用，包括管理费、安排费、代理费、承诺费、杂费等。银团贷款可以通过招标方式，在多个投标银行组合中选择银团，优化贷款条件。

7. 股东借款。股东借款是指公司的股东对公司提供的贷款，对于借款公司来说，在法律上是一种负债。项目的股东借款是否后于其他的项目贷款受偿，需要依照预先的约定。如果没有预先约定偿还顺序，股东贷款与其他债务处于同等受偿顺序。只在预先约定了后于项目贷款受偿的条件下，相对于项目的贷款人来说，股东借款可视为项目的资本金（准资本金）。

与其他长期负债融资相比，长期信贷融资的特点如下：（1）筹资速度快。长期借款的手续比发行债券简单，得到借款所花费的时间较短。（2）借款弹性较大。借款时企业与银行直接交涉，有关条件可谈判确定；用款期间发生变动的，也可与银行再协商。而债券融资所面对的是广大社会投资者，协商改善融资条件的可能性很小。（3）融资成本适中。长期信贷融资的长期借款利率一般低于融资租赁、信托产品融资等的融资成本。国内长期借款的利率一般略高于直接发行的债券利率，但附加费用较少，没有发行手续费等附加费用。政策性银行、外国政府贷款、出口信贷等贷款利率较低，甚至低于企业发行债券利率。（4）限制严格。通常长期借款的限制性条款比较多，制约借款的使用，以保证项目借款按计划合理使用。（5）来源可靠。通常银行资信较高，与银行签订贷款合同后，银行一般不会违约中止放款，项目融资资金来源比较可靠。（6）项目的融资主渠道。目前我国资本融资市场中，以银行贷款为主要渠道，银行贷款规模远超过其他所有融资渠道的总和。

8.3.2.2　债券方式融资

债券融资是指项目法人以自身的财务状况和信用条件为基础，通过发行企业债券筹集资金，用于项目建设的融资方式。除了一般债券融资外，还有可转换债券融资。

1. 企业债券。企业债券融资是一种直接融资，是从资金市场直接获得资金，资金成本（利率）一般低于银行借款。由于有较为严格的证券监管，只有实力强、资信良好的企业才有可能发行企业债券。

在国内发行企业债券需要经过国家证券监管机构及金融监管机构的审批。债券的发行需要由证券公司或银行承销，承销的证券公司或银行要收取承销费，发行债券还要支付发行手续费、兑付手续费。有第三方提供担保的，要为此支付担保费。在国外资本市场上也可以发行债券。

发行债券通常需要取得债券资信等级的评级。国内债券由国内的评级机构评级，国外发行债券通常需要由一些知名度较高的评级机构评级。债券评级较高的，可以以较低的利率发行。而较低评级的债券，则利率较高。债券发行与股票发行相似，可以在公开的资本市场上发行，也可以以私募方式发行。

2. 可转换债券。可转换债券是企业发行的一种特殊形式的债券。在预先约定的期限内，可转换债券的持有人有权选择按照预先规定的条件将债权转换为发行人公司的股权。在公司经营业绩变好时，股票价值上升，可转换债券的持有人倾向于将债权转为股权；而当公司业绩下降或者没有达到预期效益时，股票价值下降，则倾向于兑付本息。

现有公司发行可转换债券，通常并不设定后于其他债权受偿，对于其他向公司提供贷款的债权人来说，可转换债券不能视为公司的资本金融资。可转换债券作为股票的一个主要衍生品种，纳入股票上市规则管理。可转换债券的发行条件与一般企业债券类似，但由于附加有可转换为股权的权利，通常可转换债券的利率较低。

8.3.2.3　租赁方式融资

租赁主要分为经营租赁和融资租赁两种。将租赁作为一种融资方式，主要是针对融资租赁而言的。典型的融资租赁是指长期的、完全补偿的、不可撤销的、由承租人负责维护的租赁。

融资租赁最主要的特征是：（1）以融资为目的。租赁物一般由承租人向出租人提出正式申请，出资人筹集资金购买设备，设备的质量和技术上的检验由承租方负责。因此，融资租赁的主要目的在于融通资金。（2）租赁期限长。按照国际惯例，租赁期超过租赁资产经济寿命75%的，即为融资租赁。（3）承租人负责维护。在租赁期内，出租方通常不提供维修和保养服务。（4）租赁合同稳定。租赁双方一般不得提出提前解除租赁合同。在租赁期内，承租人必须连续支付租金，未经双方同意，中途不得退租。（5）租赁期满后，承租方可以将租赁物退还给出租方，也可以作价将租赁物买下，还可以续租。（6）融资租赁的出租人不能将租赁资产列入资产负债表。与此相适应，也不能对租赁资产中的固定资产提取折旧。承租人作为融资活动的债务人，应当采用与自有固定资产相一致的折旧政策计提租赁资产折旧。

融资租赁作为一种融资方式，其优点主要有：（1）融资租赁是一种融资与融物相结合的融资方式，能够迅速获得所需资产的长期使用权。（2）融资租赁可以避免长期借款筹资所附加的各种限制性条款，具有较强的灵活性。（3）融资租赁的融资与引进设备都由有经验和对市场熟悉的租赁公司承担，可以减少设备引进费，从而降低设备取得成本。

租金是承租企业占用出租人的资产而向出租人付出的成本，是租赁决策的重要因素。融资租赁的租金包括三大部分：（1）租赁资产的成本，大体由资产的购买价、运杂费、运输途中的保险费等项目构成。（2）租赁资产的利息，即承租人所实际承担的购买租赁设备的贷款利息。（3）租赁手续费，包括出租人承办租赁业务的费用以及出租人向承租人提供租赁服务所赚取的利润。

8.4　项目融资方案的评估

项目的融资方案研究是在投资估算的基础上进行的。其任务一是调查项目的融资环境、融资形式、融资结构、融资成本、融资风险，拟订一套或几套可行的融资方案；二是经过比选优化，推荐资金来源可靠、资金结构合理、融资成本低、融资风险小的方案。

8.4.1　编制项目资金筹措方案

通过对项目融资方案的系统研究，要编制出一套完整的项目资金筹措方案。资金筹措方案是对资金来源、资金筹措方式、融资结构和数量等作出的整体安排。这一方案应当在项目分年投资计划的基础上编制。项目的资金筹措需要满足项目投资资金使用的要求。

一个完整的项目资金筹措方案由两部分内容构成：项目资金来源计划表和总投资使用计划与资金筹措表。

8.4.1.1　编制项目资金来源计划表

项目资金来源计划表主要反映项目资本金及债务资金来源的构成。每一项资金来源的融资条件和融资可信程度在表中都要加以说明和描述，或放在表的附注中。其格式详见表 8 – 3 和表 8 – 4。

【例 8 – 2】
新设法人项目资金来源计划表 ▪▪▪

表 8 – 3 为某新设法人项目资金来源计划表，表中简要说明了项目各项资金的来源及条件。

表 8 – 3　某新设法人项目资金来源计划表

序号	资金来源	金额（万元）	融资条件	融资可信程度
1	资本金	2800		
1.1	股东 A 股本投资	1700		公司书面承诺
1.2	股东 B 股本投资	600		董事会书面承诺
1.3	股东 C 股本投资	500		公司预计

续表

序号	资金来源	金额（万元）	融资条件	融资可信程度
2	债务资金	6820		
2.1	某国买方信贷	3320	①	公司意向
2.2	××银行长期贷款	3500	②	银行书面承诺、各股东公司书面承诺担保

注：①贷款期限为8年，其中宽限期3年，宽限期内只付息不还本；还款期内等额分期偿还本金；年利率为6%，按季度付息；国内商业银行转贷手续费费率为0.4%；无其他银行附加费用；以进口设备抵押，抵押率为70%。

②贷款期限为6年，其中宽限期2年；还款期内等额还本付息；年利率为8%，按季度付息；由公司股东按股权比例担保，担保费率为1%；无其他财务费用。

 【例8-3】
既有法人项目资金来源计划表 ▮▮▮

表8-4为某既有法人项目资金来源计划表，表中简要说明了项目各项资金的来源及条件。

表8-4 某既有法人项目资金来源计划表

序号	资金来源	金额（亿元）	融资条件	融资可信程度
1	项目资本金			
1.1	自有法人内部融资	2.0		来自既有公司现有现金流、建设期内的经营净现金流、资产变现
1.2	新增资本金（股东增加股本投资）	2.0		股东承诺书
2	新增债务资金			
2.1	增加长期借款			
	××银行长期贷款	5.0	①	银行贷款承诺书
2.2	增加流动资金借款	1.0	②	银行贷款承诺书、股东担保承诺书
2.3	发放债券			
2.4	融资租赁			
3	合计	10.0		

注：①贷款期限为6年，其中宽限期3年；还款期内等额还本，执行国家基准利率，年利率为6%，按季度付息；以项目财产及权益抵押；贷款要与资本金同比例支用。

②贷款期限为1年，可循环周转使用；利率执行国家基准利率，按季度付息，年利率为5%，由控股母公司担保，担保费率为1%；无其他银行附加费用。

8.4.1.2 编制总投资使用计划与资金筹措表

总投资使用计划与资金筹措表是根据项目资金来源计划表反映的各项资金来源和条件，按照项目投资的使用要求所进行的规划与安排。该表是投资估算和融资方案两部分的衔接点。其表格格式详见表 8 - 5。

项目的总投资使用计划与资金筹措表编制时应注意以下几个问题。

1. 各年度的资金平衡。项目实施的各年度中，资金来源必须满足投资使用的要求，即编制的总投资使用计划与资金筹措表应做到资金的需求与筹措在时序、数量两方面都能平衡。资金来源的数量规模最好略大于投资使用的要求。

2. 建设期利息。建设期利息首先要按照与建设投资用款计划相匹配的筹资方案来计算。

根据债务融资条件的不同，建设期利息的计算主要分为三种情况：一是在建设期内只计不付（统一在还款期内偿付），这时可将建设期利息复利计算后计入债务融资总额中，将建设期利息视为新的负债；二是在建设期内采用项目资本金按约定偿付（如按年、按季度付息），这时债务融资总额不包括建设期利息在内；三是若使用债务资金偿还同种债务资金的建设期利息，等于增加债务融资的本金总额。

【例 8 - 4】

某生物制药项目的总投资使用计划与资金筹措表 ⅠⅠⅠⅠⅠⅠⅠⅠⅠⅠⅠⅠⅠⅠⅠⅠⅠⅠⅠⅠⅠⅠⅠⅠⅠⅠⅠⅠ

某生物制药项目的总投资使用计划与资金筹措表见表 8 - 5。

表 8 - 5　项目总投资使用计划与资金筹措表　　　　　　　　单位：万元

序号	项目	合计	计算期				
			第 1 年	第 2 年	第 3 年	第 4 年	第 5 年
1	项目总投资	15210.2	3977.7	5193.6	2630.2	1460.9	1947.8
1.1	建设投资	8871.0	3907.4	4963.6			
1.2	建设期利息	300.3	70.3	230.0			
1.3	流动资金	6038.9			2630.2	1460.9	1947.8
2	资金筹措	15210.2	3977.7	5193.6	2630.2	1460.9	1947.8
2.1	项目资本金	5660.4	1633.3	2215.4	789.1	438.2	584.4
2.1.1	用于建设投资	3548.4	1563.0	1985.4			
2.1.2	用于支付建设期利息	300.3	70.3	230.0			
2.1.3	用于流动资金	1811.7			789.1	438.2	584.4
2.2	银行借款	9549.8	2344.4	2978.2	1841.1	1022.7	1363.4
2.2.1	用于建设投资	5322.6	2344.4	2978.2			
2.2.2	用于流动资金	4227.2			1841.1	1022.7	1363.4

8.4.2 项目资金成本分析

8.4.2.1 项目资金成本的构成

在市场经济条件下，企业筹集和使用资金都是要付出代价的，如银行借款、发行债券要向债权人支付利息；吸收投资、发行股票要向投资者分配利润、股利。资金成本是指项目使用资金所付出的代价，由资金占用费和资金筹集费两部分组成，即

$$资金成本 = 资金占用费 + 资金筹集费 \qquad (8-1)$$

资金占用费是指使用资金过程中发生的向资金提供者支付的代价，包括支付资金提供者的无风险报酬和风险报酬两部分，如借款利息、债券利息、优先股股息、普通股红利及权益收益等。

资金筹集费是指资金筹集过程中所发生的各种费用，包括律师费、资信评估费、公证费、证券印刷费、发行手续费、担保费、承诺费、银团贷款管理费等。

资金占用费与占用资金的数量、时间直接相关，可看作变动费用；而资金筹集费通常在筹集资金时一次性发生，与使用资金的时间无关，可看作固定费用。

资金成本的产生是资金所有权与资金使用权分离的结果。资金作为一种特殊的商品，也有其使用价值，即能保证生产经营活动顺利进行，能与其他生产要素相结合而使自己增值。企业筹集资金以后，暂时取得了这些资金的使用价值，就要为资金所有者暂时丧失其使用价值而付出代价，因而要承担资金成本。

资金成本通常以资金成本率来表示。资金成本率是指能使筹得的资金同筹资期间及使用期间发生的各种费用（包括向资金提供者支付的各种代价）等值时的收益率或贴现率。不同来源资金的资金成本率的计算方法不尽相同，但理论上均可用下列公式表示：

$$\sum_{t=0}^{n} \frac{F_t - C_t}{(1+i)^t} = 0 \qquad (8-2)$$

其中，F_t 为各年实际筹措资金流入额；C_t 为各年实际资金筹集费和对资金提供者的各种付款，包括借款、债券等本金的偿还；i 为资金成本率；n 为资金占用期限。

8.4.2.2 权益资金成本分析

权益资金成本是指企业所有者投入的资本金，对于股份制企业而言，即为股东的股本资金。股本资金又分为优先股和普通股。两种股本资金的资金成本是不同的。

1. 优先股资金成本。优先股的成本包括支付给优先股股东的股息和发行费用。优先股通常有固定的股息，优先股股息用税后净利润支付，这一点与贷款、债券利息等的支付不同。此外，股票一般是不还本的，因此可将它视为永续年金。优先股资金成本的计算公式为

$$K_P = \frac{D_P}{P-F} = \frac{P_0 \times i}{P_0(1-f)} = \frac{i}{1-f} \qquad (8-3)$$

其中，K_P 为优先股资金成本；D_P 为年支付优先股股息；P_0 为优先股股票面值；i 为股息率；f 为优先股融资费用率。

这一公式可由上述理论上的通用式（8-2）推导得出（推导过程略），在这里资金占用期限 n 为 $+\infty$。

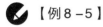【例 8-5】

某公司为某项目发行优先股股票，票面按正常市价计算为 400 万元，筹资费率为 4%，股息年利率为 14%，计算其资金成本。

答：

$$\frac{i}{1-f} = \frac{14\%}{1-4\%} = 14.58\%$$

2. 普通股资金成本。普通股资金成本可以按照股东要求的投资收益率确定。如果股东要求项目评价人员提出建议，普通股资金成本可采用资本资产定价模型法、税前债务成本加风险溢价法和股利增长模型法等方法进行估算，也可参照既有法人的净资产收益率估算。

（1）资本资产定价模型法。按照资本资产定价模型法，普通股资金成本的计算公式为

$$K_s = R_f + \beta(R_m - R_f) \tag{8-4}$$

其中，K_s 为普通股资金成本。R_f 为社会无风险投资收益率；我国的国债利率相对固定，所以一般把国债利率作为无风险投资收益率。β 为项目的投资风险系数；β 是一个反映本项目投资收益率相对于行业平均收益率变化响应能力的参数，$\beta<1$，表示项目风险小于平均风险；$\beta=1$，表示项目风险等于平均风险；$\beta>1$，表示项目风险大于平均风险。R_m 为市场投资组合预期收益率。

用"资本资产定价模型法"估算的资金成本包含了对项目整体风险的考虑。

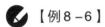【例 8-6】

设社会无风险投资收益率为 3%（长期国债利率），市场投资组合预期收益率为 12%，某项目的投资风险系数为 1.2，采用资本资产定价模型法计算普通股资金成本。

答：

普通股资金成本为 $K_s = R_f + \beta(R_m - R_f) = 3\% + 1.2 \times (12\% - 3\%) = 13.8\%$

（2）税前债务成本加风险溢价法。根据"投资风险越大，要求的报酬率越高"的原理，投资者的投资风险大于提供债务融资的债权人，因而会在债权人要求的收益率上再

要求一定的风险溢价。据此，普通股资金成本的计算公式为

$$K_s = K_b + R \times P_c \qquad\qquad (8-5)$$

其中，K_b 为税前债务资金成本；$R \times P_c$ 为投资者比债权人承担更大风险所要求的风险溢价。

风险溢价是凭借经验估计的。一般认为，某企业普通股的风险溢价对其自己发行的债券来讲在 3% ~ 5% 之间，当市场利率达到历史性高点时，风险溢价较低，在 3% 左右；当市场利率处于历史性低点时，风险溢价较高，在 5% 左右；通常情况下，一般采用 4% 的平均风险溢价（特殊情况除外）。

（3）股利增长模型法。股利增长模型法是依照股票投资的收益率不断提高的思路来计算普通股资金成本的方法。一般假定收益以固定的增长率递增，其普通股资金成本的计算公式为

$$K_s = \frac{D_1}{P_0} + G \qquad\qquad (8-6)$$

其中，D_1 为预期年股利额；P_0 为普通股市价；G 为股利期望增长率。

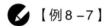 【例 8-7】

▪▪

某上市公司普通股目前市价为 16 元，预期年末每股发放股利 0.8 元，股利年增长率为 6%，计算该普通股资金成本。

答：

该普通股资金成本为 $K_s = \dfrac{D_1}{P_0} + G = \dfrac{0.8}{16} + 6\% = 5\% + 6\% = 11\%$

8.4.2.3 债务资金成本分析

1. 所得税前的债务资金成本。

（1）借款资金成本计算。向银行及其他各类金融机构以借贷方式筹措资金时，应分析各种可能的借款利率水平、利率计算方式（固定利率或者浮动利率）、计息（单利、复利）和付息方式，以及偿还期和宽限期，计算借款资金成本，并进行不同方案的比选。借款资金成本的计算举例如下。

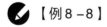 【例 8-8】

▪▪

期初向银行借款 100 万元，年利率为 6%，按年付息，期限为 3 年，到期一次还清借款，资金筹集费为借款额的 5%。计算该借款资金成本。

答：

按式（8 -2）计算：

$100 - 100 \times 5\% - 100 \times 6\%/(1 + i)^1 - 100 \times 6\%/(1 + i)^2 - 100 \times 6\%/(1 + i)^3$

$- 100/(1 + i)^3 = 0$

用试算法计算：$i = 7.94\%$

该借款资金的资金成本为 7.94%。

（2）债券资金成本计算。债券的发行价格有三种：①溢价发行，即以高于债券票面金额的价格发行；②折价发行，即以低于债券票面金额的价格发行；③等价发行，即按债券票面金额的价格发行。调整发行价格可以平衡票面利率与购买债券收益之间的差距。债券资金成本的计算与借款资金成本的计算类似。

【例 8 -9】

面值 100 元的债券，发行价格为 100 元，票面利率年率为 4%，3 年期，到期一次还本付息，发行费为 0.5%，在债券发行时支付，兑付手续费为 0.5%。计算债券资金成本。

答：

按式（8 -2）计算：

$100 - 100 \times 0.5\% - 100 \times (1 + 3 \times 4\%)/(1 + i)^3 - 100 \times 0.5\%/(1 + i)^3 = 0$

用试算法计算：$i = 4.18\%$

该债券的资金成本为 4.18%。

（3）融资租赁资金成本计算。采取融资租赁方式所支付的租赁费一般包括类似于借贷融资的资金占用费和对本金的分期偿还额。其资金成本的计算举例如下。

【例 8 -10】

融资租赁公司提供的设备融资额为 100 万元，年租赁费费率为 15%，按年支付，租赁期限为 10 年，到期设备归承租方，忽略设备余值的影响，资金筹集费为融资额的 5%。计算融资租赁资金成本。

答：

按式（8 -2）计算：$100 - 100 \times 5\% - 100 \times 15\% \left[\dfrac{(1 + i)^{10} - 1}{i(1 + i)^{10}} \right] = 0$

用试算法计算：$i = 9.30\%$

该融资租赁的资金成本为 9.30%。

2. 所得税后的债务资金成本。借贷、债券等的筹资费用和利息支出均发生在缴纳所得税前，对于股权投资方，可以取得所得税抵减的好处。

（1）借贷、债券等融资所得税后资金成本的常用简化计算公式为

$$所得税后资金成本 = 所得税前资金成本 \times (1 - 所得税税率) \qquad (8-7)$$

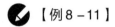 【例 8 – 11】

采用【例 8 – 8】的数据，如所得税税率为 25%，计算所得税后资金成本。

答：

税后资金成本为 7.94% × （1 – 25%） = 5.96%。

（2）考虑利息和本金的不同抵税作用后的税后资金成本计算。对资金提供者的各种付款不是都能取得所得税抵减的好处，如利息在税前支付，具有抵税作用，而借款本金偿还要在所得税后支付。考虑利息和本金的不同抵税作用后，其税后资金成本的计算举例如下。

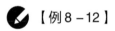 【例 8 – 12】

采用【例 8 – 8】的数据，只考虑利息的抵税作用，如所得税税率为 25%，计算税后借款资金成本。

答：

按式（8 – 2）计算：

$$100 - 100 \times 5\% - 100 \times 6\% \times (1 - 25\%)/(1+i)^1 - 100 \times 6\% \times (1-25\%)/$$
$$(1+i)^2 - 100 \times 6\% \times (1-25\%)/(1+i)^3 - 100/(1+i)^3 = 0$$

用试算法计算：$i = 6.38\%$

该借款资金的税后资金成本为 6.38%。

（3）考虑免征所得税年份的影响后的税后资金成本计算。在计算所得税后债务资金成本时，还应注意在项目建设期和项目运营期内的免征所得税年份，利息支付并不具有抵税作用。因此，含筹资费用的所得税后债务资金成本可按下式采用试算法计算：

$$P_0(1-F) = \sum_{i=1}^{n} \frac{P_i + I_i(1-T)}{(1+K_d)^i} \qquad (8-8)$$

其中，P_0 为债券发行额或长期借款金额，即债务的现值；F 为债务资金筹资费用率；P_i 为约定的第 i 期末偿还的债务本金；I_i 为约定的第 i 期末支付的债务利息；T 为所得税税

率；K_d 为含筹资费用的税后债务资金成本；n 为债务期限，通常以年表示。

式（8-8）中，等号左边是债务人的实际现金流入；等号右边为债务引起的未来现金流出的现值总额。该公式中未计入债券兑付手续费。使用该公式时应根据项目具体情况确定债务期限内各年的利息是否应乘以（$1-T$），如前所述，在项目的建设期内不应乘以（$1-T$），在项目运营期内的免征所得税年份也不应乘以（$1-T$）。

3. 扣除通货膨胀影响的资金成本。借贷资金利息等通常包含通货膨胀因素的影响，这种影响既来自近期实际通货膨胀，也来自未来预期通货膨胀。扣除通货膨胀影响的资金成本可按下式计算：

$$扣除通货膨胀影响的资金成本 = \frac{1+未扣除通货膨胀影响的资金成本}{1+通货膨胀率} - 1$$

$$(8-9)$$

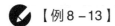

【例 8-13】

∷∷∷∷∷∷∷∷∷∷∷∷∷∷∷∷∷∷∷∷∷∷∷∷∷∷∷∷∷∷∷∷∷∷∷

续【例 8-8】和【例 8-12】，如果通货膨胀率为 -1%（存在通货紧缩），试计算扣除通货膨胀影响的资金成本。

答：

税前：（1+7.94%）/（1-1%）-1=9.03%

税后：（1+6.38%）/（1-1%）-1=7.45%

注：在计算扣除通货膨胀影响的资金成本时，应当先扣除所得税的影响，然后扣除通货膨胀的影响，次序不能颠倒，否则会得到错误结果。这是因为所得税也受到通货膨胀的影响。【例 8-13】中，如果先扣除通货膨胀影响，税前资金成本为 9.03%，再扣除所得税抵减，税后扣除通货膨胀影响的资金成本为 9.03%×（1-25%）=6.77%（与 7.45% 相比产生了显著的偏差）。

∙∙∙

8.4.2.4 加权平均资金成本

项目融资方案的总体资金成本可以用加权平均资金成本来表示，将融资方案中各种融资的资金成本以该融资额占总融资额的比例为权数加权平均，得到该融资方案的加权平均资金成本，即

$$I = \sum_{t=1}^{n} i_t \times f_t \qquad (8-10)$$

其中，I 为加权平均资金成本；i_t 为第 t 种融资的资金成本；f_t 为第 t 种融资的融资额占融资方案总融资额的比例，$\sum f_t = 1$；n 为各种融资类型的数目。

加权平均资金成本可以作为选择项目融资方案的重要条件之一。在计算加权平均资金成本时应注意需要先把不同来源和筹集方式的资金成本统一为税前或税后再进行计算。

【例8 – 14】

加权平均资金成本的计算 ▪▪▪

表8 – 6　加权平均资金成本计算表

资金来源	融资额（亿元）	f_t	i_t	$f_t \times i_t$
长期借款	30	0.3	7.00%	2.10%
短期借款	10	0.1	5.00%	0.50%
优先股	10	0.1	12.00%	1.20%
普通股	50	0.5	16.00%	8.00%
合计	100	1		11.80%
加权平均资金成本	11.80%			

注：表中长期借款和短期借款的资金成本均为税后资金成本。

8.4.3　项目资金结构分析

在项目融资方案的设计及优化中，资金结构的分析是一项重要内容。项目的资金结构是指项目筹集资金中项目资本金、债务资金的形式、各种资金的占比、资金的来源以及资本金结构、债务资金结构。资金结构的合理性和优化由各方利益平衡、风险性、资金成本等多种因素决定。

8.4.3.1　项目资本金与债务资金的比例

项目资金结构的一个基本比例是项目资本金与债务资金的比例。在项目总投资和投资风险一定的条件下，项目资本金比例越高，权益投资人投入项目的资金越多，承担的风险越高，而提供债务资金的债权人承担的风险越低。从权益投资人的角度考虑，项目融资的资金结构应追求以较少的资本金投资争取较多的债务融资，同时要争取尽可能低的对股东的追索。而提供债务资金的债权人则希望债权得到有效的风险控制，项目有较高的资本金比例时可以承担较高的市场风险，有利于债权得到有效的风险控制。同时，项目资本金比例越高，贷款的风险越低，贷款利率越低；反之，贷款利率越高。当项目资本金比例降低到银行不能接受的水平时，银行将会拒绝贷款。合理的资金结构需要由各个参与方的利益平衡来决定。

8.4.3.2　项目资本金结构

资本金结构包含两方面内容：投资产权结构和资本金比例结构。这里着重叙述项目资本金的比例结构。参与投资的各方投资人占有多大的出资比例对于项目的成败有着重要影响。公司的控股形式可以是绝对控股或相对控股。各方投资比例需要考虑各方的利益需要、资金及技术能力、市场开发能力、已经拥有的权益等。不同的权益比例决定着各投资人在项目及公司中的作用、承担的责任义务、收益分配。不同的投资人，由于其背景和特长不同，对项目的成功有不同的贡献。各个投资人之间的优势互补可以使项目的成功得到更好的保障。但如果出资比例处理不当，某些方面的利益没有得到合理分配，可能会造成项目实施中的困难。

8.4.3.3 债务资金结构

债务资金结构分析中需要分析各种债务资金的占比、负债的方式及债务期限的配比。合理的债务资金结构需要考虑融资成本、融资风险，应合理设计融资方式、币种、期限、偿还顺序及保证方式。

1. 债务期限配比。项目负债结构中，长短期负债借款需要合理搭配。短期借款的利率低于长期借款，适当安排一些短期融资可以降低总的融资成本，但如果过多采用短期融资，会使项目公司的财务流动性不足，财务稳定性下降，产生过高的财务风险。债务融资的期限应当与项目的经营期限相协调。

2. 境内外借贷占比。对于借款公司来说，使用境外借款或国内银行外汇贷款，如果贷款条件一样，并没有什么区别。但是对于国家来说，项目使用境外贷款，对国家的外汇收支有影响。项目投资中如果有国外采购，可以附带寻求国外的政府贷款、出口信贷等优惠融资。

3. 外汇币种选择。不同币种的外汇汇率总是在不断地变化。如果条件许可，项目使用外汇贷款时需要仔细选择外汇币种。外汇贷款的借款币种与还款币种有时可能不同。通常应当考虑的是还款币种。为了降低还款成本，应选择币值较为软弱的币种作为还款币种。但币值软弱的外汇贷款利率通常较高。币种选择中需要对汇率与利率进行预测，在汇率变化与利率差异之间作出权衡和抉择。

4. 偿债顺序安排。负债融资安排中，除了负债种类、期限、币种等计划外，偿债顺序也需要妥善安排。偿债顺序安排包括偿债的时间顺序及不同债务的受偿优先顺序。通常在多种债务中，对于借款人来说，在时间上应当先偿还利率较高的债务，后偿还利率低的。由于有汇率风险，通常应当先偿还硬货币的债务，后偿还软货币的债务。

多种债务的受偿顺序安排对于取得债务融资有着重要影响，如果提供信贷融资的金融机构感觉到资金的债权受偿顺序对己不利，可能会拒绝提供贷款。项目的融资安排应当尽可能使所有的债权人对于受偿顺序均可以接受。通常，安排所有的债权人以相同的受偿顺序受偿是一种可行的办法。受偿顺序通常受借款人项目财产的抵押及公司账户的监管安排所限定。融资方案中需要对此妥善安排。

8.4.3.4 融资结构方案比选方法

最佳融资结构是指在适度的财务风险条件下，预期的加权平均资金成本率最低，同时收益及项目价值最大的资金结构。确定项目的最佳融资结构时，可以采用比较资金成本法和息税前利润—每股利润分析法。

1. 比较资金成本法。比较资金成本法是指在适度财务风险的条件下，测算可供选择的不同资金结构或融资组合方案的加权平均资金成本率，并以此为标准相互比较，确定最佳资金结构的方法。

项目的融资可分为创立初始融资和发展过程中追加融资两种情况。相应地，项目资金结构决策可分为初始融资的资金结构决策和追加融资的资金结构决策。

（1）初始融资的资金结构决策。项目公司对拟订的项目融资总额可以采用多种融资方式和融资渠道来筹集，每种融资方式的融资额也可有不同安排，因而形成多个资金结构或融资方案。在各融资方案面临相同的环境和风险的情况下，利用比较资金成本法，可以通过加权平均融资成本率的测算和比较来作出选择。

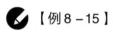 【例8-15】

某公司创建时，拟筹资5000万元，现有如下两个筹资方案可供选择，见表8-7。

表8-7　某公司筹资方案

筹资方式	资金成本（%）	方案（万元）	
		A	B
长期借款	10	1000	1500
股票（优先股）	12	4000	3500
合计		5000	5000

根据上述资料，分别计算A、B筹资方案的综合资金成本率，并比较其大小，从而确定最佳资金结构方案。

答：A方案的综合资金成本率为10%×1000/5000+12%×4000/5000=11.6%

B方案的综合资金成本率为10%×1500/5000+12%×3500/5000=11.4%

B方案的综合资金成本率小于A方案，在其他条件相同的情况下，B方案为最佳筹资方案。

（2）追加融资的资金结构决策。项目有时会因故需要追加筹措新资，即追加融资。因追加融资以及融资环境的变化，项目原有的最佳资金结构需要进行调整，在不断变化中寻求新的最佳资金结构，实现资金结构的最优化。

项目追加融资有多个融资方案可供选择。按照最佳资金结构的要求，在适度财务风险的前提下，选择追加融资方案可用两种方法：一种方法是直接测算各备选追加融资方案的边际资金成本率，从中比较选择最佳融资方案；另一种方法是分别将各备选追加融资方案与原有的最佳资金结构汇总，测算比较各个追加融资方案下汇总资金结构的加权资金成本率，从中比较选择最佳融资方案。

2. 息税前利润—每股利润分析法。将企业的盈利能力与负债对股东财富的影响结合起来，去分析资金结构与每股利润之间的关系，进而确定合理的资金结构的方法叫息税前利润—每股利润分析法（EBIT　EPS分析法），也称每股利润无差别点法。

息税前利润—每股利润分析法是利用息税前利润和每股利润之间的关系来确定最优资金结构的方法，也即利用每股利润无差别点来进行资金结构决策的方法。所谓每股利润无差别点是指两种或两种以上融资方案下普通股每股利润相等时的息税前利润点，也称息税前利润平衡点或融资无差别点。根据每股利润无差别点，可分析判断在什么情况下利用什么方式融资，以及安排调整资金结构，这种方法确定的最佳资金结构也即每股利润最大的资金结构。每股利润无差别点的计算公式如下：

$$\frac{(EBIT - I_1)(1 - T) - D_{P_1}}{N_1} = \frac{(EBIT - I_2)(1 - T) - D_{P_2}}{N_2} \qquad (8-11)$$

其中，$EBIT$ 为息税前利润平衡点，即每股利润无差别点；I_1、I_2 分别为两种增资方式下的长期债务年利息；D_{P_1}、D_{P_2} 分别为两种增资方式下的优先股年股利；N_1、N_2 分别为两种增资方式下的普通股股数；T 为所得税税率。

分析者可以在依据式（8-11）计算出不同融资方案间的无差别点之后，通过比较相同息税前利润下的每股利润值大小，分析各种每股利润值与临界点之间的距离及其发生的可能性，来选择最佳的融资方案。当息税前利润大于每股利润无差别点时，增加长期债务的方案要比增发普通股的方案有利；而当息税前利润小于每股利润无差别点时，增加长期债务的方案则不利。所以这种分析方法的实质是寻找不同融资方案之间的每股利润无差别点，找出对股东最为有利的最佳资金结构。

这种方法既适用于既有法人项目融资决策，也适用于新设法人项目融资决策。对于既有法人项目而言，应结合公司整体的收益状况和资本结构，分析何种融资方案能够使每股利润最大；对于新设法人项目而言，可直接分析不同融资方案对每股利润的影响，从而选择适合的资本结构。

8.4.4　融资风险分析

融资风险分析是项目风险分析中非常重要的一个组成部分，并且与项目其他方面的风险分析紧密相关。融资风险分析的基本步骤包括识别融资风险因素、估计融资风险程度、提出融资风险对策。融资风险分析既涉及因融资活动而产生的投资风险问题，也涉及融资方案的实施所遇到的风险。项目的融资风险分析主要包括资金运用风险、项目控制风险、资金供应风险、资金追加风险、利率及汇率风险。

8.4.4.1　资金运用风险

资金运用风险主要是项目运用所筹资金投资失败而带来的风险。项目投资的失败与融资活动有关，如融资成本太高、资金不落实等，但不一定就是由融资活动导致的。项目投资活动的很多方面一旦失当都可能导致投资失败。投资失败产生的损失往往可以利用融资活动全部或部分转移给资金提供者即出资人。

融资风险与出资风险既有关联，又有区别。融资风险是从筹资人的角度看待风险，出资风险是从出资人的角度看待风险。如果出资人承受的风险大，就会要求筹资人承担比较高的融资成本；如果出资人承受的风险较小，筹资人承担的融资成本也相应比较低。

因此，在制订融资方案时，需要详细分析项目的整体风险情况，评估项目投资失败的可能性，进而考虑融资过程中对此风险的对策和措施。如果风险较大，就可以通过股权融资等方式让更多的出资人来共同承担风险，或利用项目融资模式限定筹资人或项目发起人的风险承受程度。

8.4.4.2 项目控制风险

融资带来的项目控制风险主要表现在经过融资活动后，筹资人有可能会失去对项目的某些控制权，如项目的收益权、管理权、经营权等。特别是通过股权等涉及项目控制权的资本金融资方式，项目在获得资金的同时，筹资人会相应地失去一定的项目控制权；也可能会丧失项目的部分预期收益。如果丧失的收益高于以其他融资方式获得资金的机会成本，就可以视为筹资人的一种损失。但是，筹资人在丧失这种机会收益的同时，也向股权投资人转嫁了未来这部分投资失败的风险。因此，不同方面的融资风险和应对风险的对策之间存在相互关联性。筹资人需要综合权衡以定取舍。如果未来投资的风险很大，筹资人就可以较多地运用股权融资等方式，在筹措资金的同时也转移了部分风险；如果未来投资的风险较小，筹资人就应尽量使用不涉及项目控制权的融资方式，如银行借款等债务融资方式。

8.4.4.3 资金供应风险

资金供应风险是指在融资方案实施过程中，可能会出现资金不落实，导致建设工期拖长，工程造价升高，原定投资效益目标难以实现的风险。比如，（1）已承诺出资的投资者中途出现变故，不能兑现承诺。（2）原定发行股票、债券计划不能落实。（3）既有法人融资项目由于企业经营状况恶化，无力按原定计划出资。（4）其他资金不能按建设进度足额及时到位。

导致资金供应风险的一个非常重要的原因是预定的投资人或贷款人没有实现预定计划或承诺而使融资计划失败。预定的项目股本投资人及贷款人应当具有充分的出资能力。在项目融资方案的设计中应当对预定的出资人出资能力进行调查分析。出资人的出资能力变化大多来自出资人自身的经营风险和财务能力，也可能来自出资人公司的经营和投资策略的变化。有时可能来自出资人所在国家的法律、政治、经济环境的变化。世界经济状况、金融市场行情的变化也可能导致出资人出资能力和出资意愿的变化。

对于股本投资方来说，项目的吸引力如何，会影响和调动出资人的出资能力和出资意愿。项目是否具有足够的吸引力，取决于项目的投资收益和风险。项目所在国家的经济环境、法律、政治的变化可能也会导致项目筹资吸引力的变化，从而带来出资人的出资风险。考虑到出资人的出资风险，在选择项目的股本投资人及贷款人时，应当选择资金实力强、既往信用好、风险承受能力强、所在国政治及经济稳定的出资人。

8.4.4.4 资金追加风险

项目实施过程中会出现许多变化，包括设计的变更、技术的变更、市场的变化、某些预定出资人变更、投资超支等导致项目的融资方案变更，需要追加融资额。如果不能解决追加资金的要求，很可能导致项目无法继续进行，以致失败。为规避这方面的风险，一方面，需要加强项目前期的分析论证及科学合理的规划，加强项目实施过程的管理和监控；另一方面，项目需要具备足够的再融资能力。在出现融资缺口时应有及时取得补充融资的计划及能力。在项目的融资方案设计中应当考虑备用融资方案，主要包括项目公司股东的追加投资承诺，贷款银团的追加贷款承诺，银行贷款承诺高于项目计划使用的资金数额，以取得备用的贷款承诺。融资方案设计中还要考虑在项目实施过程中追加取得新的融资渠道和融资方式。另外，项目的融资计划与投资支出计划应当平衡，必要时应当留有一定的富余量。

8.4.4.5 利率及汇率风险

1. 利率风险。利率风险是项目融资中需要考虑的因素之一。未来市场利率的变动会引起项目资金成本的不确定性。采取浮动利率贷款时，贷款的利率随市场利率的变动而变动，如果未来利率升高，项目的资金成本将随之上升。反之，未来利率下降，项目的资金成本也将随之下降。采取固定利率贷款时，贷款利率不随市场利率变动，但如果未来市场利率下降，项目的资金成本不能相应下降，相对资金成本将变高。

事实上，无论采取浮动利率还是固定利率都存在利率风险。采取何种利率，应当从更有利于降低项目的总体风险和降低融资成本两方面考虑。为了规避利率风险，有些情况下可以采取利率掉期，将固定利率转换为浮动利率，或者反过来将浮动利率转换为固定利率，转移利率风险。

2. 汇率风险。在国际金融市场上，各国货币的比价时刻都在变动。项目使用某种外汇借款，未来汇率的变动将会使项目的资金成本发生变动，从而产生汇率风险。为了防范汇率风险，对于未来有外汇收入的项目，可以根据项目未来的收入币种选择借款外汇和还款外汇币种，还可以通过外汇掉期转移汇率风险。

8.5 本章小结

项目融资方案评估是项目决策的重要依据之一。本章介绍了项目融资的概念、融资主体和常见的项目融资模式。并阐述了投资项目的主要资金来源，包括资本金和债务资金。其中围绕资本金的筹措，说明了我国工程项目资本金制度，并分别针对既有法人项目和新设法人项目的资本金筹集开展论述。在项目资金筹集方案部分说明了资金成本估算的方法，包括权益资金成本、债务资金成本和加权平均资金成本的计算方法；结合项目资本金结构和债务资金结构介绍了项目融资结构方案优选方法。最后，对融资风险分析的一般过程进行了解释。

第9章
项目的财务分析

财务分析是项目评估的重要组成部分，是在国家现行财税制度及有关法规的基础上，分析项目可行性研究报告提出的投资、成本、收入、税金和利润等财务费用和效益，从项目的角度，测算和考察项目建成投产后的获利能力、偿债能力、生存能力等财务状况，以评价和判断项目财务上是否可行的一种经济可行方法。

9.1 财务分析概述

9.1.1 财务分析的含义及目的

9.1.1.1 财务分析的含义

财务分析是在现行会计规定、税收法规和价格体系下，通过财务效益与费用（收益与支出）的预测，编制财务报表，计算评价指标，考察和分析项目的财务盈利能力、偿债能力和财务生存能力，据以判断项目的财务可行性，明确项目对财务主体及投资者的价值贡献。

财务分析是项目决策分析与评价中为判定项目财务可行性所进行的一项重要工作，是项目经济评价的重要组成部分，是项目投融资决策的重要依据。

9.1.1.2 财务分析的目的

财务分析的主要目的是评估项目的盈利能力、偿债能力和财务生存能力。

1. 盈利能力。盈利能力是反映项目财务效益的主要标志。在财务分析中，应当考虑拟建项目建成投产后是否有盈利，盈利能力有多大，其盈利能力是否足以使项目可行。建设项目的盈利主要是指其建成投产后所产生的利润和税金等。

2. 偿债能力。拟建项目的偿债能力包括两个层次：一是指项目的财务偿债能力，即项目收回全部投资的能力。理性的投资者总是希望能在最短的时间内收回全部投资。二是指债务偿还能力，主要指项目偿还固定资产投资借款的能力。提供贷款的银行应考察项目是否具有偿债能力，还应考察投资贷款的偿还期限是否符合银行的有关规定。

3. 财务生存能力。在项目（企业）运营期间，确保从各项经济活动中得到足够的净现金流量是项目能够持续生存的条件。财务分析中应根据财务计划现金流量表，综合考察项目计算期内各年的投资活动、融资活动和经营活动所产生的各项现金流入和流出，计算净现金流量和累计盈余资金，分析项目是否有足够的净现金流量维持正常运营。因此，财务生存能力分析也可称为资金平衡分析。

9.1.2　财务分析的作用

财务分析对企业投资决策、银行提供贷款及有关部门审批项目具有十分重要的意义。

首先，财务分析是企业进行投资决策的重要依据。企业进行长期投资与从事生产活动的目标是一致的，主要是为了盈利。通过财务分析，就可以科学地分析拟建项目的盈利能力，进而作出是否进行投资的决策。

其次，财务分析是银行确定贷款的重要依据。固定资产投资贷款具有数额大、风险大、周期长等特点，稍有不慎，就有可能不能按期收取贷款利息，甚至不能收回贷款本金。通过财务分析，银行可以科学地分析拟建项目的贷款偿还能力，进而确定是否予以贷款。

最后，财务分析是有关部门审批拟建项目的重要依据。在我国，企业投资项目的财务效益如何，不仅与企业自身的生存和发展息息相关，而且还会对国家税收以及地区发展产生影响。因此，有关部门在审批拟建项目时，应将财务效益好坏作为决策的重要依据。

9.1.3　财务分析的程序

9.1.3.1　选取财务评估基础数据与参数

包括主要投入品和产出品的财务价格、税率、利率、汇率、计算期、固定资产折旧率、无形资产和递延资产摊销年限、生产负荷及基准收益率等基础数据与参数。

9.1.3.2　分析和估算项目的财务数据

包括对项目总投资、资金筹措方案、成本费用、营业收入，以及其他与项目有关的财务数据进行鉴定、分析和评估。首先是对可行性研究报告提出的数据进行分析审查，然后与评估人员所掌握的信息资料进行对比分析。若有必要可重新进行估算。

9.1.3.3　评估财务基本报表

财务基本报表是根据财务数据填列的，财务基本报表又是计算反映项目盈利能力、偿债能力等技术经济指标的基础。所以，在分析和估算财务数据之后，需要对财务基本报表进行分析和评估，主要是对财务现金流量表、利润和利润分配表、资金来源与运用表、借款偿还计划表等进行复核分析和评估。一是要审查财务基本报表的格式是否符合规范要求，二是要审查所填列的数据是否准确。如果格式不符合要求或者数据不准确，要重新编制表格，填列评估人员所估算的财务数据。

9.1.3.4　评估财务效益指标

反映项目财务效益的指标包括反映项目盈利能力的指标和偿债能力的指标。反映项目盈利能力的指标包括静态指标（如投资回收期、投资利润率、投资利税率以及借款偿还期等）和动态指标（如财务内部收益率、财务净现值、财务净现值率等）；反映项偿债能力的指标有资产负债比率、流动比率和速动比率。

对上述财务效益指标进行鉴定、分析和评估，一是要审查计算方法是否准确；二是要审查计算结果是否准确。如果计算方法不准确或者计算结果不准确，则需要重新进行计算。

9.1.3.5 给出项目财务效益分析的结论

将计算的有关指标值与有关部门公布的基准值或者经验标准、历史标准等进行比较，并从财务的角度提出项目可行与否的结论。

财务分析的步骤以及各部分的关系，包括财务分析与投资估算和融资方案的关系，见图9-1所示的项目财务分析流程。

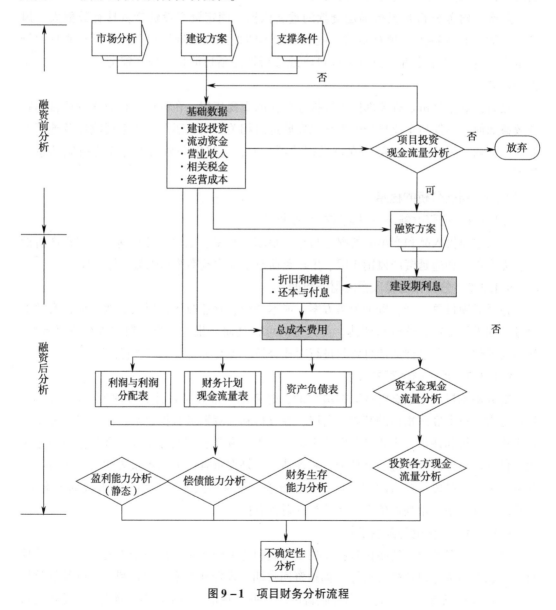

图9-1 项目财务分析流程

投资估算和融资方案是财务分析的基础。在实际操作过程中，三者互有交叉。投资决策和融资决策的先后顺序与相辅相成的关系也促成了这种交叉，在财务分析的分析方法和指标体系设置上体现了这种交叉。

首先要做的是融资前的项目投资现金流量分析，其结果体现项目或方案本身设计的合理性，用于投资决策以及方案或项目的比选。也就是说用于考察项目是否基本可行，并值得去为之融资，这对项目发起人、投资者、债权人和政府部门都是有用的。

如果第一步分析的结论是"可"，才有必要进一步考虑融资方案，进行项目的融资后分析，包括项目资本金现金流量分析、偿债能力分析和财务生存能力分析等。融资后分析是比选融资方案，是进行融资决策和投资者最终出资的依据。

如果融资前分析结果不能满足要求，可返回对项目建设方案进行修改；若多次修改后分析结果仍不能满足要求，甚至可以作出放弃或暂时放弃项目的建议。

9.1.4 财务分析的基本原则

9.1.4.1 费用与效益计算范围的一致性原则

为了正确评价项目的获利能力，必须遵循项目的直接费用与直接效益计算范围的一致性原则。如果在投资估算中包括了某项工程，那么因建设了该工程而使企业增加的效益就应该考虑，否则就会低估了项目的效益；反之，如果考虑了该工程对项目效益的贡献，但投资却未计算进去，那么项目的费用就会被低估，从而导致高估了项目的效益。只有将投入和产出的估算限定在同一范围内，计算的净效益才是投入的真实回报。

9.1.4.2 费用与效益识别的"有无对比"原则

有无对比是项目评价中通用的费用与效益识别的基本原则。项目评价的许多方面都需要遵循这条原则。所谓"有"是指实施项目后的将来状况，"无"是指不实施项目的将来状况。在识别项目的效益和费用时，需注意：只有"有无对比"的差额部分才是由于项目的投资建设增加的效益和费用，即增量效益和增量费用。因为即使不实施该项目，现状也很可能会发生变化。如农业灌溉项目，若没有该项目，将来的农产品产量也会由于气候、施肥、种子、耕作技术的变化而变化；再如计算交通运输项目效益的基础——运输量，在无该项目时，也会由于地域经济的变化而改变。采用有无对比的方法，就是为了识别那些真正应该算作项目效益的部分，即增量效益，排除那些由于其他原因而产生的效益；同时也要找出与增量效益相对应的增量费用，只有这样才能真正体现项目投资的净效益。

有无对比不仅适用于依托老厂进行的改、扩建与技术改造项目的增量盈利能力分析，也同样适用于新建项目。对于新建项目，通常可认为无项目与现状相同，其效益与费用均为零。

9.1.4.3 动态分析与静态分析相结合，以动态分析为主的原则

国际通行的财务分析都是以动态分析方法为主，即根据资金时间价值原理，考虑项目在整个计算期内各年的效益和费用，采用现金流量分析的方法，计算内部收益率和净现值等评价指标。我国分别于 1987 年、1993 年和 2006 年实行的《建设项目经济评价方

法与参数》第一版、第二版及第三版，都采用动态分析与静态分析相结合，以动态分析为主的原则制定出一整套项目经济评价方法与指标体系。2002 年由国家计委办公厅发文试行的《投资项目可行性研究指南》同样采用这条原则。

9.1.4.4 基础数据确定的稳妥原则

财务分析结果的准确性取决于基础数据的可靠性。财务分析中所需要的大量基础数据都来自预测和估计，难免有不确定性。为了使财务分析结果能提供较为可靠的信息，避免人为的乐观估计所带来的风险，更好地满足投资决策需要，在基础数据的确定和选取中遵循稳妥原则是十分必要的。

9.1.5 财务分析的价格及选取原则

9.1.5.1 财务分析的价格体系

1. 影响价格变动的因素。影响价格变动的因素有很多，可归纳为两类：一是相对价格变动因素；二是绝对价格变动因素。

相对价格是指商品间的价格比例关系。导致商品相对价格发生变化的因素很复杂，如供应量的变化、价格政策的变化、劳动生产率的变化等都可能会引起商品间比价的改变；消费水平的变化、消费习惯的改变、可替代产品的出现等都会引起供求关系发生变化，从而使供求均衡价格发生变化，引起商品间比价的改变等。

绝对价格是指用货币单位表示的商品价格水平。绝对价格变动一般体现为物价总水平的变化，即因货币贬值（通货膨胀）而引起的所有商品价格的普遍上涨，或因货币升值（通货紧缩）而引起的所有商品价格的普遍下降。

2. 财务分析涉及的三种价格及其关系。在项目财务分析中，要对项目整个计算期内的价格进行预测，就涉及如何处理价格变动的问题。在整个计算期的若干年内，是采用同一个固定价格呢，还是各年都变动以及如何变动？也就是投资项目的财务分析采用什么价格体系的问题。财务分析涉及的价格体系有三种，即固定价格体系（或称基价体系）、实价体系和时价体系。

（1）基价（Base Year Price）。基价是指以基年价格水平表示的，不考虑其后价格变动的价格，也称固定价格（Constant Price）。如果采用基价，项目计算期内各年价格都是相同的，就形成了财务分析的固定价格体系。一般选择评价当年的年份为基年，也有选择预计开始建设年份的。例如某项目财务分析在 2016 年进行，一般选择 2016 年为基年，假定某货物 A 在 2016 年的价格为 100 元，即其基价为 100 元，是以 2016 年的价格水平表示的。基价是确定项目涉及的各种货物预测价格的基础，也是估算建设投资的基础。

（2）时价（Current Price）。顾名思义，时价是指任何时候的当时市场价格。它包含了相对价格变动和绝对价格变动的影响，以当时的价格水平表示。以基价为基础，按照预计的各种货物的不同价格上涨率（可称为时价上涨率）分别求出它们在计算期内任何一年的时价。时价的计算公式为

$$P_{c_n} = P_b \times (1 + c_1) \times (1 + c_2) \times \cdots \times (1 + c_n) \tag{9-1}$$

其中，P_{c_n} 为第 n 年的时价；P_b 为基价；c_i 为各年时价上涨率，$i = 1, 2, \cdots, n$。

若各年相同，即 $c_i = c$，则有

$$P_{c_n} = P_b \times (1 + c)^n \qquad (9 - 2)$$

（3）实价（Real Price）。实价是以基年价格水平表示的，只反映相对价格变动因素影响的价格。可以由时价中扣除物价总水平变动的影响来求得实价。只有当时价上涨率大于物价总水平上涨率时，该货物的实价上涨率才会大于零，此时说明该货物价格的上涨超过了物价总水平的上涨。实价的计算公式为

$$r_i = \frac{(1 + c_i)^i}{(1 + f_i)^i} - 1 \qquad (9 - 3)$$

其中，r_i 为实价上涨率；f_i 为物价总水平上涨率；其余变量同前。

如果所有货物间的相对价格都保持不变，则实价上涨率为零，每种货物的实价都等于基价，同时意味着各种货物的时价上涨率都相同，也即各种货物的时价上涨率等于各年物价总水平上涨率。

9.1.5.2　财务分析的价格选取原则

1. 财务分析应采用预测价格。财务分析是估算拟建项目未来数年或更长年份的效益与费用，而无论是投入还是产出的未来价格都会发生各种各样的变化，为了合理反映项目的效益和财务状况，财务分析应采用预测价格。该预测价格应是在选定的基年价格基础上测算，至于采用上述何种价格体系，要视具体情况而定。

2. 现金流量分析原则上应采用实价体系。采用实价计算净现值和内部收益率进行现金流量分析是比较通行的做法。这样做便于投资者考察投资的实际盈利能力。因为实价体系排除了通货膨胀因素的影响，消除了因通货膨胀（物价总水平上涨）而带来的"浮肿净现金流量"，能够相对真实地反映投资的盈利能力，为投资决策提供较为可靠的依据。

如果采用含通货膨胀因素的时价进行现金流量分析，计算出来的项目内部收益率包含通货膨胀率，会使显示出的未来收益增加，形成"浮肿净现金流量"，夸大了项目的实际盈利能力。此时采用的财务基准收益率应当包含通货膨胀率才能不影响对项目财务可行性的判断。

3. 偿债能力分析和财务生存能力分析原则上应采用时价体系。用时价进行财务预测，编制利润和利润分配表、财务计划现金流量表及资产负债表，是比较通行的做法。这样做有利于描述项目计算期内各年当时的财务状况，相对合理地进行偿债能力分析和财务生存能力分析。

为了满足实际投资的需要，在投资估算中应该同时包含两类价格变动因素引起投资增长的部分，一般通过计算涨价预备费来体现。同样地，在融资计划中也应考虑这部分费用，在投入运营后的还款计划中应包括该部分费用的偿还。因此，只有采用既包括相对价格变化又包含通货膨胀因素影响在内的时价价值表示的投资费用、融资数额进行计算，才能真实地反映项目的偿债能力和财务生存能力。

4. 对财务分析采用价格体系的简化。在实践中，并不要求对所有项目，或在所有情

况下，都必须全部采用上述价格体系进行财务分析，多数情况下都允许根据具体情况进行适当简化。《建设项目经济评价方法与参数（第三版）》和《投资项目可行性研究指南（第三版）》都提出了简化处理的办法，虽然表述上不尽相同，但实际上两者对财务分析采用价格体系的简化处理基本一致，可以归纳为以下几点：①一般在建设期间既要考虑通货膨胀因素，又要考虑相对价格变化，包括对建设投资的估算和对运营期投入产出价格的预测。②项目运营期内，一般情况下盈利能力分析和偿债能力分析可以采用同一套价格，即预测的运营期价格。③项目运营期内，可根据项目和产出的具体情况，选用固定价格（项目运营期内各年价格不变）或实价，即考虑相对价格变化的变动价格（项目运营期内各年价格不同，或某些年份价格不同）。④当有要求，或通货膨胀严重时，项目偿债能力分析和财务生存能力分析要采用时价价格体系。

9.2 财务效益与费用的估算

项目评估中的财务效益与费用是指项目运营期内企业因项目所获得的收入以及企业为项目所付的支出，主要包括营业收入、成本费用和有关税金等。某些项目可能得到的补贴收入也应计入财务效益。

9.2.1 项目计算期

项目计算期是指对项目进行经济评价应延续的年限，是财务分析的重要参数，包括建设期和运营期。项目财务效益与费用的估算涉及整个计算期的数据。

9.2.1.1 项目建设期

项目建设期是指从项目资金正式投入起到项目建成投产止所需要的时间。建设期的确定应综合考虑项目的建设规模、建设性质（新建、扩建和技术改造）、项目复杂程度、当地建设条件、管理水平与人员素质等因素，并与项目进度计划中的建设工期相协调。项目进度计划中的建设工期是指项目从现场破土动工起到项目建成投产止所需要的时间，两者的终点相同，但起点可能有差异。对于既有法人项目，评价时用建设期与建设工期一般无甚差异。但新设法人项目需要先注册企业，届时就需要投资者投入资金，其后项目才开工建设，因而两者的起点会有差异。因此根据项目的实际情况，评价时用建设期可能大于或等于项目实施进度中的建设工期。

9.2.1.2 项目运营期

项目运营期是指项目从建成投产年份起至项目报废为止所经历的时间。主要取决于项目主要固定资产的寿命期。运营期应根据多种因素综合确定，包括行业特点、主要装置（或设备）的经济寿命期（考虑主要产出物的生命周期、主要装置的物理寿命、综合折旧年限等确定）等。

9.2.2 营业收入

营业收入是指销售产品或提供服务所取得的收入，通常是项目财务效益的主要部分。对于销售产品的项目，营业收入即为销售收入。在估算营业收入的同时，一般还要完成相关流转税金的估算。流转税金主要指增值税、消费税以及税金附加等。

在项目评估中，营业收入的估算通常假定当年的产品（实际指商品，等于产品扣除自用量后的余额）当年全部销售，也就是当年商品量等于当年销售量。

9.2.2.1　运营负荷的确定

要计算营业收入，首先要正确估计各年的运营负荷（或称生产能力利用率、开工率）。运营负荷是指项目运营过程中负荷达到设计能力的百分数，它的高低与项目复杂程度、产品生命周期、技术成熟程度、市场开发程度、原材料供应、配套条件、管理因素等都有关系。在市场经济条件下，如果其他方面没有大的问题，运营负荷的高低应主要取决于市场。在项目决策阶段，通过对市场和营销策略所做的研究，结合其他因素研究确定分年运营负荷，作为计算各年营业收入和成本费用的基础。

运营负荷的确定一般有两种方式：一是经验设定法，即根据以往项目的经验，结合该项目的实际情况，粗估各年的运营负荷，以设计能力的百分数表示。常见的做法是：设定一段低负荷的投产期，以后各年均按达到年设计能力计算，如【例 9 - 1】所示。二是营销计划法，通过制订详细的分年营销计划，确定各种产出各年的生产量和商品量。项目的运营负荷可能先低后高再降低，如【例 9 - 2】所示，也可能是其他形式。根据项目和产品的具体情况，也有的始终达不到年设计能力，如生产季节性强的产品项目。

9.2.2.2　产品或服务价格的选择

为提高营业收入估算的准确性，应遵循前述稳妥原则，采用适宜的方法，合理确定产品或服务的价格。在项目评估中，产品或服务销售价格一般可有三个方面的选择。

1. 选择口岸价格。如果项目产品是出口产品，或替代进口产品，或间接出口产品，可以口岸价格为基础确定销售价格。出口产品和间接出口产品可选择离岸价格，替代进口产品可选择到岸价格。或者直接以口岸价格定价，或者以口岸价格为基础，参考其他有关因素确定销售价格。

2. 选择市场价格。如果同类产品或类似产品已在市场上销售，这种产品既与外贸无关，也不在计划控制的范围，可选择现行市场价格作为项目产品的销售价格。当然，也可以以现行市场价格为基础，根据市场供求关系上下浮动作为项目产品的销售价格。

3. 根据预计成本、利润和税金确定价格。如果拟建项目的产品属于新产品，则可根据下列公式估算其价格：

$$出厂价格 ＝ 计划成本 ＋ 计划利润 ＋ 计划税金 \qquad (9-4)$$

其中，

$$计划利润 ＝ 计划成本 × 产品成本利润率 \qquad (9-5)$$

产品的计划成本可根据预计的产品成本加以估算；产品成本利润率是根据项目所在行业的平均产品成本利润率加以确定的。

以上几种情况下，当难以确定采用哪一种价格时，可考虑选择可供选择方案中价格最低的一种作为项目产品的销售价格。

9.2.2.3 营业收入估算

营业收入是项目建成投产后补偿总成本费用、上缴税金、偿还债务、保证企业再生产正常进行的前提。它是进行利润总额和营业税金估算的基础数据。营业收入的估算公式如下：

$$营业收入 = 产品销售单价 \times 产品年销售量 \tag{9-6}$$

对于生产多种产品和提供多项服务的项目，应分别估算各种产品及服务的营业收入。对于不便按详细的品种分类计算营业收入的项目，也可采取折算为标准产品的方法计算营业收入。

9.2.2.4 营业收入估算表

营业收入估算表的格式可随行业和项目而异。项目的营业收入估算表既可单独给出，也可同时列出各种应纳税金及附加以及增值税。

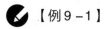
【例9-1】

某拟建工业项目，建设期为2年，运营期为6年。根据市场需求和同类项目生产情况，计划投产当年生产负荷达到90%，投产后第二年及以后各年均为100%。该项目拟生产4种产品，产品价格采用预测的投产初期价格（不含增值税销项税额，以下简称不含税价格），营业收入估算详见表9-1。

表9-1　某拟建工业项目营业收入估算表　　单位：万元

序号	项目	年销量（吨）	单价（元/吨）	运营期 3	4	5	6	7	8
	生产负荷	100%		90%	100%	100%	100%	100%	100%
	营业收入合计	536300		114888	127653	127653	127653	127653	127653
1	产品A	330000	2094	62192	69102	69102	69102	69102	69102
2	产品B	150000	2735	36923	41025	41025	41025	41025	41025
3	产品C	50000	3419	15386	17095	17095	17095	17095	17095
4	产品D	6300	684	388	431	431	431	431	431

注：（1）本表产品价格采用不含税价格，即营业收入以不含税价格表示。

（2）表中数字加和尾数有可能不对应（包括例题中的计算过程），是计算机自动圆整所致。以下表格（或例题）都可能有此问题，不再重复说明。

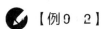
【例9-2】

某公司欲投资生产一种电子新产品，设计生产能力是每年250万只。该项目拟2030年建设，

2031 年投产。由于是新产品，需要大量的营销活动拓展市场，根据市场预测及产品营销计划安排，投产当年（计算期第 2 年）生产负荷可以达到 30%，投产后第二年达到 60%，第三年和第四年均达到 90%。预计第五年开始出现竞争对手或替代产品，生产负荷开始下降；第八年寿命周期结束。价格研究预测结果表明，该产品价格（只考虑相对价格变动因素）将先高后低。各年的生产负荷、价格、营业收入估算见表 9 –2。

表 9 – 2　某项目营业收入估算表

年份	1	2	3	4	5	6	7	8
生产负荷	0	30%	60%	90%	90%	70%	50%	10%
设计生产能力（万只）	250	250	250	250	250	250	250	250
预测销售量（万只）	0	75	150	225	225	175	125	25
产品售价（元/只）	50	39	36	35	35	26	20	18
营业收入（万元）	0	2925	5400	7875	7875	4550	2500	450

注：预测销售量是生产负荷与设计生产能力的乘积，营业收入是预测销售量与产品售价的乘积。

9.2.2.5　补贴收入

按照《企业会计制度》（2001 年），"企业按规定实际收到退还的增值税，或按销量或工作量等依据国家规定的补助定额计算并按期给予的定额补贴，以及属于国家财政扶持的领域而给予的其他形式的补贴"应计入补贴收入科目。按照《企业会计准则》（2017 年），将企业从政府无偿取得的货币性资产或非货币性资产称为政府补助，不包括政府作为企业所有者投入的资本，并按照是否形成长期资产区分为与资产相关的政府补助和与收益相关的政府补助。

在项目财务分析中，作为运营期财务效益核算的往往是与收益相关的政府补助，主要用于补偿项目建成（企业）以后期间的相关费用或损失。按照《企业会计准则》，这些补助在取得时应确认为递延收益，在确认相关费用的期间计入当期损益（营业外收入）。

由于在项目财务分析中通常可忽略营业外收入科目，特别是非经营性项目财务分析往往需要推算为了维持正常运营或实现微利所需要的政府补助，客观上需要单列一个财务效益科目，可称其为"补贴收入"。

9.2.3　项目成本与费用

9.2.3.1　成本与费用的概念

总成本费用是指项目在一定时期内（一般为一年）为生产和销售产品而花费的全部成本费用。企业为生产产品、提供劳务等发生的费用可归属于产品成本、劳务成本；其他符合费用确认要求的支出，应当直接作为当期损益列入利润表（主要有管理费用、财务费用和营业费用）。在项目财务分析中，为了对运营期间的总费用一目了然，将管理费用、财务费用和营业费用这三项期间费用与生产成本合并为总成本费用。这是财务分析相对于会计规定所做的不同处理，但并不会因此影响利润的计算。

9.2.3.2　项目成本与费用估算的要求

1. 成本与费用的估算，原则上应遵循国家现行《企业会计准则》和（或）《企业会计制度》规定的成本和费用核算方法，同时应遵循有关税收法规中准予在所得税前列支科目的规定。当两者有矛盾时，一般应按从税的原则处理。

2. 结合运营负荷，分年确定各种投入的数量，注意成本费用与收入的计算口径对应一致。

3. 合理确定各项投入的价格，并注意与产出价格体系的一致性。

4. 各项费用划分清楚，防止重复计算或低估漏算。

5. 成本费用估算的行业性很强，应注意根据项目具体情况增减其构成科目或改变名称来反映行业特点。

9.2.3.3　总成本费用估算

1. 总成本费用的构成与计算式。财务分析中总成本费用的构成和计算通常由以下两种公式表达。

（1）生产成本加期间费用法。

$$总成本费用 = 生产成本 + 期间费用 \qquad (9-7)$$

其中，

$$生产成本 = 直接材料费 + 直接燃料和动力费 + 直接工资或薪酬$$
$$+ 其他直接支出 + 制造费用^{①} \qquad (9-8)$$
$$期间费用 = 管理费用 + 财务费用 + 营业费用 \qquad (9-9)$$

项目评价中财务费用一般只考虑利息支出，式（9-9）可改写为

$$期间费用 = 管理费用 + 利息支出 + 营业费用 \qquad (9-10)$$

采用这种方法时一般需要先分别估算各种产品的生产成本，然后与估算的管理费用、利息支出和营业费用相加。

（2）生产要素估算法。按照生产要素对总成本进行分析，可以表示为

$$总成本费用 = 外购原材料费 + 外购燃料及动力费 + 工资或薪酬 + 折旧费$$
$$+ 摊销费 + 修理费 + 利息支出 + 其他费用 \qquad (9-11)$$

企业财务核算中，制造费用、管理费用和营业费用中均包括多项费用，且行业间不尽相同。为了估算简便，财务分析中可将其归类估算，式（9-11）中其他费用是指由这三项费用中分别扣除工资或薪酬、折旧费、摊销费、修理费以后的其余部分。

生产要素估算法是从估算各种生产要素的费用入手，汇总得到项目总成本费用，而不管其具体应归集到哪个产品上。即将生产和销售过程中消耗的全部外购原材料、燃料及动力等费用要素加上全部工资或薪酬、当年应计提的全部折旧费、摊销费以及利息支出和其他费用，构成项目的总成本费用。采用这种估算方法时，不必考虑项目内部各生

---

① 直接工资或薪酬项在以往的会计科目中一直被称为"工资及福利费"。2006年《企业会计准则》改为"职工薪酬"。至今两种称谓都有应用，故此处简称为"工资或薪酬"。

产环节的成本结转，同时也较容易计算可变成本、固定成本和增值税进项税额。

2. 总成本费用各分项估算。本书根据生产要素估算法分步说明总成本费用各分项的估算要点。

（1）外购原材料费。原材料成本是总成本费用的重要组成部分，其计算公式如下：

$$外购原材料费 = 全年产量 \times 单位产品原材料成本 \qquad (9-12)$$

其中，全年产量可根据测定的设计生产能力和投产期各年的生产负荷加以确定；单位产品原材料成本是依据对原材料消耗定额和单价的估计或预测确定的。

工业项目生产所需要的原材料种类繁多，在评估时，可根据具体情况，选取耗用量较大的、主要的原材料为估算对象，依据国家有关规定和经验数据估算原材料成本。

（2）外购燃料及动力费。外购燃料及动力费的估算公式为

$$外购燃料及动力费 = 全年产量 \times 单位产品燃料及动力成本 \qquad (9-13)$$

公式中有关数据的确定方法同上。

外购原材料费和外购燃料及动力费的估算需要以下基础数据：

① 相关专业所提出的外购原材料和燃料及动力年耗用量。

② 选定价格体系下的预测价格，应按入库价格计算，即到厂价格并考虑途库损耗；或者按到厂价格计算，同时把途库损耗量换算到年耗用量中。

③ 适用的增值税税率，以便估算进项税额。

（3）工资或薪酬。工资和福利费是成本费用中反映劳动者报酬的科目，是指企业为获得职工提供的服务而给予各种形式的报酬以及福利费，通常包括职工工资、奖金、津贴和补贴以及职工福利费。

按照生产要素估算法估算总成本费用时，所采用的职工人数为项目全部定员。执行《企业会计准则》的项目（企业），应当用"职工薪酬"代替"工资和福利费"。职工薪酬包括：①职工工资、奖金、津贴和补贴；②职工福利费；③医疗保险费、工伤保险费和生育保险费等社会保险费；④住房公积金；⑤工会经费和职工教育经费；⑥非货币性福利；⑦因解除与职工的劳动关系而给予的补偿；⑧其他与获得职工提供的服务相关的支出。

可见职工薪酬包含的范围大于工资和福利费，如原在管理费用中核算的由企业缴付的社会保险费和住房公积金以及工会经费和职工教育经费等都属于职工薪酬的范畴。实际工作中，当用"职工薪酬"代替"工资和福利费"时，应注意核减相应的管理费用。

（4）固定资产原值和折旧费。

① 固定资产与固定资产原值。固定资产是指同时具有下列特征的有形资产：为生产商品、提供劳务、出租或经营管理而持有；使用寿命超过一个会计年度。

要计算折旧需要先计算固定资产原值。固定资产原值是指项目投产时（达到预定可使用状态）按规定由投资形成固定资产的价值，包括工程费用（建筑工程费、设备购置费、安装工程费）和工程建设其他费用中应计入固定资产原值的部分（也称固定资产其他费用）。预备费通常计入固定资产原值。按相关规定，建设期利息应计入固定资产原

值。用生产要素估算法估算总成本费用时，需要按项目全部固定资产原值计算折旧。

根据国家有关规定，计提折旧的固定资产范围是：企业的房屋、建筑物；在用的机器设备、仪器仪表、运输车辆、工具器具；季节性停用和在修理停用的设备；以经营租赁方式租出的固定资产；以融资租赁方式租入的固定资产。

2009年增值税转型改革以及2016年全面试行营改增后，允许抵扣建设投资进项税额。该部分可抵扣的固定资产进项税额不得计入固定资产、无形资产和其他资产原值。

② 固定资产折旧。固定资产在使用过程中的价值损耗，通过提取折旧的方式补偿。在财务分析中，折旧费通常按年计列。按生产要素法估算总成本费用时，固定资产折旧费可直接列支于总成本费用。符合税法的折旧费允许在所得税前列支。

固定资产的折旧方法可在税法允许的范围内由企业自行确定。一般采用直线法，包括年限平均法（原称平均年限法）和工作量法。税法也允许对由于技术进步，产品更新换代较快，或常年处于强震动、高腐蚀状态的固定资产缩短折旧年限或者采取加速折旧的方法。我国税法允许的加速折旧方法有双倍余额递减法和年数总和法。

固定资产折旧年限、预计净残值率可在税法允许的范围内由企业自行确定，或按行业规定。项目评价中可按税法明确规定的分类折旧年限或行业规定的综合折旧年限计算。

- 年限平均法。

$$年折旧率 = \frac{1 - 预计净残值率}{折旧年限} \times 100\% \qquad (9-14)$$

$$年折旧额 = 固定资产原值 \times 年折旧率 \qquad (9-15)$$

或

$$年折旧额 = \frac{固定资产原值 - 预计净残值}{折旧年限} \times 100\% \qquad (9-16)$$

其中，预计净残值率是预计的企业固定资产净残值与固定资产原值的比率，根据行业会计制度的规定，企业净残值率按照固定资产原值的3%~5%确定。特殊情况下，净残值率低于3%或高于5%的，由企业自行确定。在项目评估中，由于折旧年限是根据项目的固定资产经济寿命期决定的，因此固定资产的残余价值较大，净残值率一般可选择10%，个别行业如港口等可选择高于此数。

至于折旧年限的选择，国家有关部门在考虑到现代生产技术发展快，世界各国实行加速折旧的情况下，为能适应资产更新和资本回收的需要，对各类固定资产折旧的最短年限作出规定：房屋、建筑物为20年；火车、轮船、机器、机械和其他生产设备为10年；与生产、经营业务有关的器具、工具、家具等为5年；飞机、火车、轮船以外的运输工具为4年；电子设备为3年。若采用综合折旧，项目的生产期即为折旧年限。在项目评估中，对轻工、机械、电子等行业的折旧年限，一般可确定为8~15年；有些项目的折旧年限可确定为20年；对港口、铁路、矿山等项目的折旧年限可超过30年。

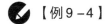【例9-3】

|||||||||||||||||||||||||||||||||||||||||||||||||||||||||||||

一台设备的原值为12000元，预计使用年限为5年，寿命终了时净残值收入预计为500元，试用年限平均法计算设备年折旧额。

答：年折旧额＝（12000－500）/5＝2300（元）

- -

- 工作量法。

对于下列专用设备可采用工作量法计提折旧：

交通运输企业和其他企业专用车队的客货运汽车，按照行驶里程计算折旧费。其计算公式如下：

$$单位里程折旧额 = \frac{固定资产原值 \times (1 - 预计净残值率)}{总行驶里程} \quad (9-17)$$

$$年折旧额 = 单位里程折旧额 \times 年行驶里程 \quad (9-18)$$

大型专用设备，可根据工作小时计算折旧费。其计算公式如下：

$$每工作小时折旧额 = \frac{固定资产原值 \times (1 - 预计净残值率)}{总工作小时} \quad (9-19)$$

$$年折旧额 = 每工作小时折旧额 \times 年工作小时 \quad (9-20)$$

【例9-4】

|||||||||||||||||||||||||||||||||||||||||||||||||||||||||||||

一项生产设备的原值为50000元，在使用了30000小时后的预计净残值率为20%。计算每工作小时的折旧额以及工作10000小时后该设备的账目价值。

答：

$$每工作小时折旧额 = \frac{50000 \times (1 - 20\%)}{30000} = 1.33(元／小时)$$

工作10000小时后的账面价值＝50000－1.33×10 000＝36700（元）

- -

- 双倍余额递减法。

双倍余额递减法是以平均年限法确定的折旧率的双倍乘以固定资产在每一会计期间的期初账面净值，从而确定当期应提折旧的方法。其计算公式为

$$年折旧率 = \frac{2}{折旧年限} \times 100\% \quad (9-21)$$

$$年折旧额 = 年初固定资产净值 \times 年折旧率 \quad (9-22)$$

$$年初固定资产净值 = 固定资产原值 - 以前各年累计折旧 \quad (9-23)$$

实行双倍余额递减法的，应在折旧年限到期前两年内，将固定资产净值扣除净残值后的净额平均摊销。

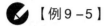【例9-5】

用双倍余额递减法计算【例9-3】的设备年折旧额。一台设备的原值为12000元，预计使用年限为5年，寿命终了时净残值收入预计为500元。

答：年折旧率 =2/5×100% =40%

第一年的折旧额 $D_{双1}$ =12000×40% =4800（元）

第二年的折旧额 $D_{双2}$ =（12000-4800）×40% =2880（元）

第三年的折旧额 $D_{双3}$ =（12000-4800-2880）×40% =1728（元）

此时，固定资产净值为 12000-4800-2880-1728 =2592（元）

第四（五）年的折旧额 $D_{双4}$（$D_{双5}$）=（2592-500）÷2 =1046（元）

- 年数总和法。

年数总和法是以固定资产原值扣除预计净残值后的余额作为计提折旧的基础，按照逐年递减的折旧率计提折旧的一种方法。采用年数总和法的关键是每年都要确定一个不同的折旧率。其计算公式为

$$年折旧率 = \frac{折旧年限 - 已使用年数}{折旧年限 \times (折旧年限 + 1)/2} \times 100\% \qquad (9-24)$$

$$年折旧额 = (固定资产原值 - 预计净残值) \times 年折旧率 \qquad (9-25)$$

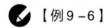【例9-6】

用年数总和法计算【例9-3】的设备年折旧额。一台设备的原值为12000元，预计使用年限为5年，寿命终了时净残值收入预计为500元。

答：计算年折旧率，$N=5$，将 $i=0$，1，2，3，4 分别代入式（9-24）得各年折旧率为5/15、4/15、3/15、2/15、1/15

第一年的折旧额 $D_{年1}$ =（12000-500）×5/15 =3833（元）

第二年的折旧额 $D_{年2}$ =（12000-500）×4/15 =3067（元）

同理，第三、第四、第五年的折旧额分别为2300元、1533元、767元。

几种折旧方法的计算结果略有差异：按年限平均法计算的各年折旧率和年折旧额都相同；而按双倍余额递减法计算的各年折旧率虽相同，但年折旧额随固定资产净值减少

而逐年变小；按年数总和法进行计算时，虽是按原值进行计算，但因各年折旧率逐渐变小，故年折旧额也逐年变小。但无论按哪种方法计算，只要折旧年限相同，所取净残值率也相同，在设定的折旧年限内，总折旧额是相同的。只是按后两种方法，在折旧年限前期折旧额大，以后逐年变小，故称快速折旧法或加速折旧法。

（5）固定资产修理费。固定资产修理费是指为保持固定资产的正常运转和使用，充分发挥其使用效能，在运营期内对其进行必要修理所发生的费用，按其修理范围的大小和修理时间间隔的长短可以分为大修理和中、小修理。

项目评估时修理费可直接按固定资产原值（扣除所含的建设期利息）的一定百分数估算，百分数的选取应考虑行业和项目特点。

（6）无形资产摊销费。无形资产是指企业拥有或者控制的没有实物形态的可辨认非货币性资产，包括专利权、非专利技术、商标权、著作权、土地使用权和特许权等。项目决策分析与评价中可以将项目投资中包括的专利及专有技术使用费、土地使用权费、商标权费等费用直接转入无形资产原值。但房地产开发企业开发商品房时，相关的土地使用权账面价值应当计入所建造房屋的建筑物成本。

按照有关规定，无形资产从开始使用之日起，在有效使用期限内平均摊入成本。法律和合同规定了法定有效期限或者受益年限的，摊销年限可从其规定，同时注意摊销年限应符合税法关于所得税前扣除的有关要求。无形资产的摊销一般采用年限平均法，不计残值。

（7）其他资产摊销费。其他资产原称递延资产，是指除固定资产、无形资产和流动资产之外的其他资产。关于建设投资中哪些费用可转入其他资产，有关制度和规定中不完全一致。项目评估时可将生产准备费、办公和生活家具购置费等开办费性质的费用直接形成其他资产。其他资产的摊销也采用年限平均法，不计残值，其摊销年限应注意符合税法的要求。

（8）其他费用。其他费用包括其他制造费用、其他管理费用和其他营业费用这三项费用，是指由制造费用、管理费用和营业费用中分别扣除工资或薪酬、折旧费、摊销费和修理费等以后的其余部分。

① 其他制造费用。制造费用是产品生产成本的重要组成部分。制造费用指企业为生产产品和提供劳务而发生的各项间接费用，但不包括企业行政管理部门为组织和管理生产经营活动而发生的管理费用。项目评估时为了简化计算通常将制造费用归类为生产单位（分厂或车间）管理人员工资或薪酬、折旧费、修理费和其他制造费用几部分。其他制造费用是指由制造费用中扣除工资或薪酬、折旧费、修理费后的其余部分。项目决策分析与评价中常见的估算方法有：按固定资产原值（扣除所含的建设期利息）的百分数估算；按人员定额估算。

② 其他管理费用。管理费用是指企业行政管理部门为组织和管理企业生产经营活动所发生的费用。为了简化计算，项目评估时将管理费用归类为行政管理部门管理人员工资或薪酬、折旧费、无形资产和其他资产摊销费、修理费和其他管理费用几部分。其他

管理费用是指由管理费用中扣除工资或薪酬、折旧费、摊销费、修理费以后的其余部分。若管理费用中的技术使用费、研究开发费和土地使用税等数额较大，可单独核算后并入其他管理费用，或另外列项计入总成本费用。近年对高危行业企业要求提取的安全生产费用也可同样处理。项目评估中常见的估算方法是取工资或薪酬总额的倍数或按人员定额估算。

③ 其他营业费用。营业费用是指企业在销售商品过程中发生的各项费用以及专设销售机构的各项经费，还包括企业委托其他单位代销产品时所支付的委托代销手续费。为了简化计算，项目评估时将营业费用归类为工资或薪酬、折旧费、修理费和其他营业费用几部分。其他营业费用是指由营业费用中扣除工资或薪酬、折旧费和修理费后的其余部分。常见的其他营业费用估算方法是按营业收入的百分数估算。

(9) 利息支出。按照现行财税规定，可以列支于总成本费用的财务费用，是指企业为筹集所需资金等而发生的费用，包括利息支出（减利息收入）、汇兑损失（减汇兑收益）以及相关的手续费等。在项目评估时，一般只考虑利息支出。利息支出的估算包括长期借款利息（建设投资借款在投产后需支付的利息）、流动资金借款利息和短期借款利息三部分。

① 建设投资借款利息。建设投资借款一般是长期借款。建设投资借款利息是指建设投资借款在还款起始年年初（通常也是运营初期）的余额（含未支付的建设期利息）应在运营期支付的利息。建设投资借款的还本付息方式要由借贷双方约定，通行的还本付息方法主要有等额还本付息和等额还本、利息照付两种，有时也可约定采取其他方法。

- 等额还本付息方式。

等额还本付息方式是在指定的还款期内每年还本付息的总额相同，随着本金的偿还，每年支付的利息逐年减少，同时每年偿还的本金逐年增多。每年还本付息额的计算公式如下：

$$A = I_c \times \frac{i(1+i)^n}{(1+i)^n - 1} \tag{9-26}$$

其中，A 为每年还本付息额（等额年金）；I_c 为还款起始年年初的借款余额（含未支付的建设期利息）；i 为年利率；n 为预定的还款期；$\frac{i(1+i)^n}{(1+i)^n - 1}$ 为资金回收系数，可以自行计算或查复利系数表。

每年还本付息额 A 中包含的支付利息和偿还本金的数额计算公式如下：

$$每年支付利息 = 年初借款余额 \times 年利率 \tag{9-27}$$

$$每年偿还本金 = A - 每年支付利息 \tag{9-28}$$

其中，非还款起始年各年年初借款余额等于 I_c 减去本年以前各年偿还的本金累计。

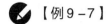 【例9-7】

::

某项目建设期为1年，建设期投资借款400万元，年利率为6%，假定借款在年中支用，投产后五年内等额偿还本息，则运营期第三年支付的利息是多少?((A/P, 6%, 5)=0.23740)

答：在运营期年初（第1年年末）应还本付息总额=400+（400/2×6%）=412（万元）

五年等额偿还的金额=412×(A/P, 6%, 5)=412×0.23740=97.8（万元）

第1年 利息支付=412×6%=24.7（万元）

本金偿还=97.8-24.7=73.1（万元）

第2年 利息支付=（412-73.1）×6%=20.3（万元）

本金偿还=97.8-20.3=77.5（万元）

第3年 利息支付=（412-73.1-77.5）×6%=15.7（万元）

等额还本付息表如表9-3所示。

表9-3 等额还本付息表　　　　　　　　　　　　　　单位：万元

年份	2	3	4	5	6
年初借款余额	412.0	338.9	261.4	179.3	92.3
当年还本付息	97.8	97.8	97.8	97.8	97.8
其中：还本	73.1	77.5	82.1	87.0	92.3
付息	24.7	20.3	15.7	10.8	5.5
年末借款余额	338.9	261.4	179.3	92.3	0

- 等额还本、利息照付方式。

等额还本、利息照付方式是在每年等额还本的同时，支付逐年相应减少的利息。每年还本付息额的计算公式如下：

$$A_t = \frac{I_c}{n} + I_c \times \left(1 - \frac{t-1}{n}\right) \times i \qquad (9-29)$$

其中，A_t为第t年的还本付息额；$\frac{I_c}{n}$为每年偿还本金额；$I_c \times \left(1 - \frac{t-1}{n}\right) \times i$为第$t$年的支付利息额。

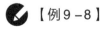 【例9-8】

::

某项目建设期为2年，生产期为8年。项目建设投资（含工程费、其他费用、预备费用）3100万元，预计全部形成固定资产。建设期第1年投入建设资金的60%，第2年投入40%，其中每年投资的50%为自有资金，50%由银行贷款。贷款年利率为7%，建设期只计息不还款。建设单位与银行约定：从生产期开始的 6 年间，按照每年等额本金偿还法进行偿还，同时偿还当年发生的利息。请计算还款期的利息并编制项目还本付息表。

答：第 1 年应计利息：（0 +3100/2 ×60% ×50%）×7% =32.55（万元）

第 2 年应计利息：（3100 ×60% ×50% +32.55 +3100 ×40% ×50%/2）×7% =89.08（万元）

第 3 年累计借款：（3100 ×60% ×50% +32.55 +3100 ×40% ×50% +89.08）= 930 +620 +32.55 +89.08 =1671.63（万元）

运营期每年偿还贷款本金 =1671.63 ÷6 =278.61（万元）

还本付息表如表 9 -4 所示。

表 9 -4　等额还本、利息照付还本付息表　　　　　　单位：万元

年份	1	2	3	4	5	6	7	8
年初累积借款		962.55	1671.63	1393.02	1114.41	835.8	557.19	278.58
本年新增借款	930	620						
本年应计利息	32.55	89.08	117.01	97.51	78.01	58.51	39	19.5
本年应还本金			278.61	278.61	278.61	278.61	278.61	278.58
本年应还利息			117.01	97.51	78.01	58.51	39	19.5

② 流动资金借款利息。项目评价中估算的流动资金借款从本质上说应归类为长期借款，但在财务分析中往往设定年终偿还，下年年初再借的方式，并按一年期利率计息。现行银行流动资金贷款期限分为短期（1 年以内）、中期（1 年以上至 3 年），财务分析中也可以根据情况选用适宜的利率。财务分析中对流动资金的借款偿还一般设定在计算期最后一年，也可在还完建设投资借款后安排。流动资金借款利息一般按当年年初流动资金借款余额乘以相应的借款年利率计算。

③ 短期借款利息。项目评估时的短期借款是指项目运营期间为了满足资金的临时需要而发生的短期借款，短期借款的数额应在财务计划现金流量表中有所反映，其利息应计入总成本费用表的利息支出中。计算短期借款利息所采用的利率一般可为一年期借款利率。短期借款的偿还按照随借随还的原则处理，即当年借款尽可能于下年偿还。

9.2.3.4　经营成本

经营成本是项目评估的现金流量分析中所采用的一个特有概念，是运营期内的主要现金流出。经营成本与融资方案无关。因此在完成建设投资和营业收入估算后，就可以估算经营成本，为项目融资前的现金流量分析提供数据。

经营成本的构成可用式（9 -30）表示：

经营成本 = 外购原材料费 + 外购燃料及动力费 + 工资或薪酬 + 修理费 + 其他费用

　　　　　　　　　　　　　　　　　　　　　　　　　　　　　　　　　　（9 -30）

经营成本与总成本费用的关系如下：

　　　　　经营成本 = 总成本费用 - 折旧费 - 摊销费 - 利息支出　　　（9 -31）

经营成本涉及产品生产及销售、企业管理过程中的物料、人力和能源的投入费用，反映企业的生产和管理水平，同类企业的经营成本具有可比性。在项目评估的财务分析中，它被应用于现金流量分析中。

9.2.3.5 固定成本与可变成本

根据成本费用与产量的关系可以将总成本费用分解为固定成本、变动成本和混合成本三类。固定成本是指在一定的产量范围内不随产量的变化而变化的成本费用，如固定资产折旧费、计时工资及修理费等。变动成本是指随着产量的变化而变化的成本费用，如原材料费用、燃料及动力费用等。混合成本是指介于固定成本和变动成本之间，随着产量变化又不成比例变化的成本费用，又被称为半可变（或半固定）成本，即同时具有固定成本和变动成本的特征。

在项目评估中，一般可以根据行业特点进行简化处理。通常可变成本主要包括外购原材料、燃料及动力费和计件工资等。固定成本主要包括工资或薪酬（计件工资除外）、折旧费、摊销费、修理费和其他费用等。此外，长期借款利息应视为固定成本，流动资金借款和短期借款利息可能部分与产品产量相关，其利息可视为半可变（或半固定）成本，为简化计算，一般也将其作为固定成本。

划分固定成本与可变成本的主要目的是为盈亏平衡分析提供前提条件。进行盈亏平衡分析时，需要将总成本费用分解为固定成本和可变成本。

9.2.3.6 项目成本与费用估算的有关表格

在分项估算上述各成本费用科目的同时，应编制相应的成本费用估算表，包括总成本费用估算表和各分项成本费用估算表。这些报表都属于财务分析的辅助报表。生产要素估算法下总成本费用估算表参考格式见表9－5。为了编制总成本费用估算表，还需配套编制下列表格："外购原材料费估算表""外购燃料及动力费估算表""固定资产折旧费估算表""无形资产和其他资产摊销费估算表""长期借款利息估算表"（可与"借款还本付息计划表"合二为一）等。这些表格的编制应符合有关规定，并体现行业特点。

表9－5 总成本费用估算表（生产要素估算法）

序号	项目	合计	计算期					
			1	2	3	4	⋯	N
1	外购原材料费							
2	外购燃料及动力费							
3	职工薪酬							
4	修理费							
5	其他费用							
5.1	其中：其他制造费							
5.2	其他营业费							
5.3	其他管理费							
6	经营成本（1＋2＋3＋4＋5）							

续表

序号	项目	合计	计算期					
			1	2	3	4	...	N
7	折旧费							
8	摊销费							
9	利息支出							
9.1	长期借款利息							
9.2	流动资金借款利息							
9.3	短期借款利息							
10	总成本费用合计（6＋7＋8＋9）							
	其中：变动成本（1＋2＋5.2）							
	固定成本（3＋4＋5－5.2＋7＋8＋9）							

注：本表适用于新设法人项目，以及既有法人项目的"有项目""无项目"和增量总成本费用的估算。

9.2.4 相关税费估算

财务分析中涉及多种税费的估算，不同项目涉及的税费种类和税率可能各不相同。税费计取得当是正确估算项目费用乃至净效益的重要因素。要根据项目的具体情况选用适宜的税种和税率。这些税金及相关优惠政策会因时而异，部分会因地而异，项目评价时应密切注意当时、当地的税收政策，适时调整计算，使财务分析比较符合实际情况。

财务分析中涉及的税费主要包括增值税、消费税、资源税、所得税、关税、城市维护建设税和教育费附加等，有些行业还涉及土地增值税、矿产资源补偿费、石油特别收益金和矿区使用费等。此外还有车船使用税、房产税、土地使用税、印花税、契税和环境保护税等。财务分析时应说明税种、征税方式、计税依据、税率等。如有减免税优惠，应说明减免依据及减免方式。在会计处理上，消费税、资源税、土地增值税、城市维护建设税、教育费附加和地方教育附加等包含在"税金及附加"科目中。

9.2.4.1 增值税

对适用增值税的项目，财务分析中应按税法规定计算增值税，并应按照规定正确计算可抵扣固定资产增值税。

《中华人民共和国增值税暂行条例》规定："在中华人民共和国境内销售货物或者提供加工、修理修配劳务以及进口货物的单位和个人，为增值税的纳税人，应当依照本条例缴纳增值税"。纳税人销售货物或者提供应税劳务（以下简称销售货物或者应税劳务），应纳税额为当期销项税额抵扣当期进项税额后的余额。应纳税额计算公式为

$$应纳税额 = 当期销项税额 - 当期进项税额 \qquad (9-32)$$

当期销项税额小于当期进项税额不足抵扣时，其不足部分可以结转下期继续抵扣。

$$销项税额 = 销售额 \times 税率 \qquad (9-33)$$

"销售额为纳税人销售货物或者应税劳务向购买方收取的全部价款和价外费用但是不包括收取的销项税额。"

"纳税人购进货物或者接受应税劳务（以下简称购进货物或者应税劳务）支付或者负担的增值税额为进项税额。下列进项税额准予从销项税额中抵扣：

（1）从销售方取得的增值税专用发票上注明的增值税额。

（2）从海关取得的海关进口增值税专用缴款书上注明的增值税额。……"

根据《中华人民共和国增值税暂行条例》（2017年国务院第191次常务会议通过修改），增值税税率分为五档，如表9-6所示。

表9-6　增值税税率分档表

类别	税率
销售或者进口货物、提供加工及修理修配劳务	13%
农产品（含粮食）、自来水、天然气、图书、报纸、杂志、音像制品、电子出版物等产品，交通运输服务（包括铁路、公路、航空等）、销售不动产以及转让土地使用权等	9%
增值电信、金融、文化、咨询，旅游、医疗、餐饮等现代服务业	6%
出口货物、航天运输服务、向境外单位提供的完全在境外消费的技术转让等特殊业务	0
小规模纳税人	3%

9.2.4.2　消费税

消费税是对工业企业在我国境内生产、委托加工和进口的部分应税消费品按差别税率或税额征收的一种税。

1. 纳税人。根据《中华人民共和国消费税法（征求意见稿）》的规定，在中华人民共和国境内销售、委托加工和进口应税消费品的单位和个人，为消费税的纳税人。"单位"指各种不同所有制企业和行政单位、事业单位、军事单位、社会团体及其他单位。"个人"指个体经营者及其他个人。

2. 税目、税率。征收消费税的消费品包括烟、酒及酒精、化妆品、护肤护发品、贵重首饰及珠宝玉石、鞭炮焰火、汽油、柴油、汽车轮胎、小汽车、摩托车11个税目；有的税目，如烟、酒及酒精，还下设若干个子税目。

上述11个税目的货物除普遍征收增值税外，还要在出厂环节、进口环节和委托加工环节再征收一次消费税。金银首饰改在零售环节征税。

消费税的税率按产品设计，适用比例税率和定额税率两种性质的税率。其中，黄酒、啤酒按吨规定定额税率；汽油、柴油按升规定定额税率，其他应税产品适用比例税率。税率的高低根据应税消费品的盈利水平而定。

3. 应纳税额的计算。

（1）计算方法。分为从价及从量两种计算方式。

① 实行从价定率办法计算消费税的公式如下：

$$应纳税额 = 销售额 \times 税率 \qquad (9-34)$$

② 实行从量定额办法计算消费税的公式如下：

$$应纳税额 = 销售数量 \times 单位税额 \qquad (9-35)$$

（2）销售额的确定。销售额是纳税人销售应税消费品向购买方收取的全部价款和价外费用，包括消费税但不包括增值税。价外费用是指价外收取的基金、集资费、返还利润、补贴、违约金（延期付款利息）和手续费、包装费、储备费、优质费、运输装卸费、代收款项、代垫款项以及其他各种性质的价外收费。但承运部门的运费发票开具给购货方的，纳税人将该项发票转交给购货方的代垫运费不包括在内。

以外汇结算销售额的，其销售额的人民币折合率可以选择结算的当天或者当月 1 日的国家外汇牌价（原则上为中间价）。

（3）销售数量的确定。

① 销售应税消费品的，为应税消费品的销售数量。

② 自产自用应税消费品的，为应税消费品的移送使用数量。

③ 委托加工应税消费品的，为纳税人收回的应税消费品数量。

9.2.4.3　土地增值税

土地增值税是按转让房地产（包括转让国有土地使用权、地上的建筑物及其附着物）取得的增值额征收的税种，房地产项目应按规定计算土地增值税。

9.2.4.4　资源税

资源税是国家对开采特定矿产品或者生产盐的单位和个人征收的税种。当前对资源税的征收大多采用从量计征的方式，但对原油和天然气等采用从价计征的方式，将来有可能对资源税的计征方式进行全面改革。

9.2.4.5　企业所得税

企业所得税是针对企业应纳税所得额征收的税种，项目评估中应注意按有关税法对所得税前扣除项目的要求，正确计算应纳税所得额，并采用适宜的税率计算企业所得税，同时注意正确使用有关的所得税优惠政策，并加以说明。企业所得税的计算公式为

$$应纳所得税税额 = 应纳税所得额 \times 比例税率 \qquad (9-36)$$
$$应纳税所得额 = 利润总额 \pm 税收调整项目 \qquad (9-37)$$

9.2.4.6　城市维护建设税

城市维护建设税以纳税人实际缴纳的增值税和消费税税额为计税依据，分别与增值税和消费税同时缴纳。城市维护建设税税率根据纳税人所在地不同而不同，在市区、县城或镇，或不在市区、县城或镇的，税率分别为 7%、5% 或 1%。

9.2.4.7　教育费附加

包括教育费附加和地方教育附加两种。

1. 教育费附加。以各单位和个人实际缴纳的增值税和消费税税额为计征依据，教育费附加费率为 3%，分别与增值税、消费税同时缴纳。

2. 地方教育附加。为贯彻落实《国家中长期教育改革和发展规划纲要（2010—2020年)》，进一步规范和拓宽财政性教育经费筹资渠道，支持地方教育事业发展，根据国务院有关工作部署和具体要求，2010 年财政部发布《关于统一地方教育附加政策有关问题的通知》（财综〔2010〕98 号）。一是要求统一开征地方教育附加，二是统一地方教育

附加征收标准。地方教育附加征收标准统一为单位和个人（包括外商投资企业、外国企业及外籍个人）实际缴纳的增值税和消费税税额的2%。

9.2.4.8 关税

关税是以进出口应税货物为纳税对象的税种。项目评估中涉及应税货物的进出口时，应按规定正确计算关税。引进设备材料的关税体现在投资估算中，而进口原材料的关税体现在成本中。

9.2.4.9 税金及附加的有关表格

将财务分析（含建设投资）涉及的主要税种和计税时涉及的费用效益科目归纳于表9-7。

表9-7 财务分析涉及税种表

税种名称	建设投资	总成本费用	税金及附加	增值税	利润分配
进口关税	√	√			
增值税	√	√		√	
消费税	√		√		
资源税		自用√	销售√		
土地增值税			√		
耕地占用税	√				
企业所得税					√
城市维护建设税			√		
教育费附加			√		
地方教育附加			√		
车船税	√	√			
房产税		√			
土地使用税		√			
契税	√				
印花税	√	√			
环境保护税	√	√			

在分项估算上述各项税费后，应编制相应的税金及附加估算表。其中，企业所得税通常在利润及利润分配表中体现，其他与营业有关的税费可单独制表（见表9-8）或与营业收入合并。

表9-8 税金及附加估算表

序号	项目	运营期					
		3	4	5	6	…	N
	生产负荷						
1	税金及附加						
1.1	消费税						

序号	项目	运营期					
		3	4	5	6	...	N
1.2	城市维护建设税						
1.3	教育费附加						
1.4	地方教育附加						
1.5	其他						
2	增值税						
2.1	产出销项税额						
2.2	运营投入进项税额						
2.3	抵扣固定资产进项税额						
2.4	应纳增值税						

9.3 财务盈利能力的分析

盈利能力分析是项目财务分析的主要内容之一，可以分为静态评价指标与动态评价指标两类。其中，财务内部收益率、财务净现值、项目投资回收期为项目的主要盈利能力评价指标，其他指标根据项目的特点及财务分析的目的、要求等选用。

9.3.1 静态指标的计算与分析

9.3.1.1 静态分析的指标

1. 项目投资回收期。项目投资回收期也称返本期，是指以项目的净收益回收项目投资所需要的时间，一般以年为单位，并从项目建设开始时算起，若从项目投产开始时算起的，应予以特别注明。《建设项目经济评价方法与参数（第三版）》只规定了计算静态项目投资回收期。若需要计算动态投资回收期，也可借助项目投资现金流量表，依据经折现的净现金流量及其累计净现金流量计算。其表达式为

$$\sum_{i=1}^{P_t} (CI - CO)_t = 0 \qquad (9-38)$$

其中，P_t 为静态投资回收期；CI 为现金流入量；CO 为现金流出量；$(CI - CO)_t$ 为第 t 年的净现金流量。

投资回收期可借助项目投资现金流量表，依据未经折现的净现金流量和累计净现金流量计算，项目投资现金流量表中累计净现金流量由负值变为零时的时点，即为项目投资回收期。其计算公式如下：

$$P_t = 累计净现金流量开始出现正值的年份数 - 1 + \frac{上一年累计净现金流量的绝对值}{当年净现金流量}$$

$$(9-39)$$

投资回收期越短，表明项目投资回收越快，抗风险能力越强。投资回收期 (P_t) 要与行业基准投资回收期 (P_c) 比较：若 $P_t \leq P_c$，可以考虑接受该项目；若 $P_t > P_c$，可以考虑拒绝该项目。基准投资回收期的取值可根据行业水平或投资者的要求确定。

静态投资回收期的主要优点是能反映项目本身的资金回收能力，比较容易理解、直观、计算简单。对于那些技术上更新迅速的项目进行分析特别有用。其主要缺点：一是过分强调迅速获得财务效益，没有考虑回收资金后的情况，而且没有评价项目计算期内的总收益和获利能力；二是没有考虑资金时间价值，因而在使用这个指标进行方案选择和项目排队时，必须与其他指标（如财务内部收益率或财务净现值）合并使用，否则可能导致错误的结论。

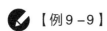 【例9 - 9】

某项目现金流量如表9 - 9所示，基准投资回收期为5年，试用静态投资回收期法评价方案是否可行。

表9 - 9　某项目现金流量表　　　　　　　　　　　单位：万元

年份	1	2	3	4	5	6	7
投资	1000						
收入		500	300	200	200	200	200

答：该项目的累计净现金流量计算见表9 - 10。

表9 - 10　某项目累计净现金流量计算　　　　　　　单位：万元

年份	1	2	3	4	5	6	7
净现金流量	- 1000	500	300	200	200	200	200
累计净现金流量	- 1000	- 500	- 200	0	200	400	600

$P_t = 3 < 5$，方案可行。

2. 总投资收益率。总投资收益率表示总投资的盈利水平，是指项目达到设计生产能力后正常年份息税前利润与项目总投资之比。其计算公式为

$$总投资收益率 = \frac{年息税前利润}{总投资} \times 100\% \qquad (9 - 40)$$

其中，

$$息税前利润 = 利润总额 + 支付的全部利息 \qquad (9 - 41)$$

或

$$息税前利润 = 营业收入 - 税金及附加 - 经营成本 - 折旧和摊销 \qquad (9 - 42)$$

式中的息税前利润，可选择项目达产后正常年份的年息税前利润，也可以计算出平

均年息税前利润。选择前者还是后者，应根据项目的运营期长短和年息税前利润总额波动的大小而定。若项目运营期较短，且年息税前利润波动较大，原则上要选择运营期的平均年利润总额；若项目运营期较长，年息税前利润在运营期没有较大的波动，可选择正常运营年份的年息税前利润。式中的总投资为建设投资、建设期利息和流动资金之和。

总投资收益率高于同行业的收益率参考值，表明用总投资收益率表示的盈利能力满足要求。

3. 项目资本金净利润率。项目资本金净利润率表示项目资本金的盈利水平，是指项目达到设计能力后正常年份的年净利润或运营期内年平均净利润与项目资本金的比率。其计算公式为

$$\text{项目资本金净利润率} = \frac{\text{年净利润}}{\text{项目资本金}} \times 100\% \tag{9-43}$$

式中的年净利润是选择正常生产年份的税后利润，还是选择运营期平均年税后利润，与总投资收益率的选择相同。式中的资本金是指项目的全部注册资本金。项目资本金净利润率高于同行业的净利润率参考值，表明用项目资本金净利润率表示的盈利能力满足要求。则认为项目是可以考虑接受的，否则是不可行的。资本金净利润率应该是投资者最关心的一个指标，因为它反映了投资者自己的出资所带来的净利润。

9.3.1.2　静态分析依据的报表

静态分析指标计算所依据的报表主要是"项目总投资使用计划与资金筹措表"（格式参见第 7 章表 7-18）和"利润及利润分配表"（见表 9-11）。此外，投资回收期的计算主要依据现金流量表，见表 9-12 和表 9-13。

表 9-11　利润及利润分配表

序号	项目	计算期					
		3	4	5	6	…	N
	生产负荷						
1	营业收入						
2	税金及附加						
3	总成本费用						
4	补贴收入						
5	利润总额（1-2-3+4）						
6	弥补以前年度亏损						
7	应纳税所得额（5-6）						
8	所得税						
9	净利润（5-8）						
10	期初未分配利润						
11	可供分配的利润（9+10）						

续表

序号	项目	计算期					
		3	4	5	6	…	N
12	提取法定盈余公积金						
13	可供投资者分配的利润（11−12）						
14	应付优先股股利						
15	提取任意盈余公积金						
16	应付普通股股利（13−14−15）						
17	各投资方利润分配：						
	其中：××方						
	××方						
18	未分配利润（13−14−15−17）						
19	息税前利润						

注：（1）对于外商出资项目由第11项减去储备基金、职工奖励与福利基金和企业发展基金后得出可供投资者分配的利润。对于中外合作经营项目如要用利润归还投资，也应由第11项减去。

（2）第15项至第17项根据企业性质和具体情况选择填列。

9.3.2 动态指标的计算与分析

动态分析采用现金流量分析方法，在项目计算期内，以相关效益费用数据为现金流量，编制现金流量表，考虑资金时间价值，采用折现方法计算净现值、内部收益率等指标，用于分析考察项目投资盈利能力。现金流量分析又可分为项目投资现金流量分析、项目资本金现金流量分析和投资各方现金流量分析三个层次。项目投资现金流量分析是融资前分析，项目资本金现金流量分析和投资各方现金流量分析是融资后分析。

9.3.2.1 项目投资现金流量分析

1. 项目投资现金流量分析的含义。项目投资现金流量分析也称为"全部投资现金流量分析"，是从融资前的角度，即在不考虑债务融资的情况下，确定现金流入和现金流出，编制项目投资现金流量表，计算财务内部收益率和财务净现值等指标，进行项目投资盈利能力分析，考察项目对财务主体和投资者总体的价值贡献。

项目投资现金流量分析是从项目投资总获利能力的角度，考察项目方案设计的合理性。不论实际可能支付的利息是多少，分析结果都不发生变化，因此可以排除融资方案的影响。项目投资现金流量分析计算的相关指标可作为初步投资决策的依据和融资方案研究的基础。

根据需要，项目投资现金流量分析可从所得税前和（或）所得税后两个角度进行考察，选择计算所得税前和（或）所得税后分析指标。

2. 项目投资现金流量识别与报表编制。进行现金流量分析，首先要正确识别和确定现金流量，包括现金流入和现金流出。识别原则是看该费用效益是否与融资方案无关。从该角度识别的现金流量也被称为自由现金流量。按照上述原则，项目投资现金流量分析的现金流入主要包括营业收入（必要时还可包括补贴收入），在计算期的最后一年，还包括回收资产余值及回收流动资金。该回收资产余值应不受利息因素的影响，它区别于项目资本金现金流量表中的回收资产余值。现金流出主要包括建设投资（含固定资产进项税）、流动资金、经营成本、税金及附加。如果运营期内需要投入维持运营投资，也应将其作为现金流出（见图9－2）。

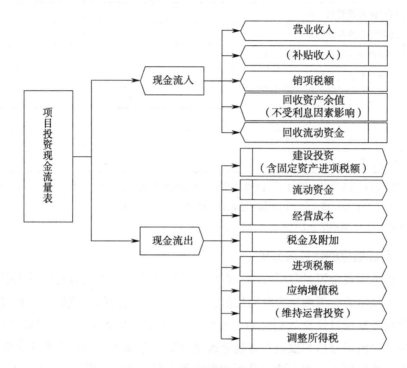

图9－2　项目投资现金流量的构成

2009年执行新的《增值税暂行条例》以后，为了体现固定资产进项税抵扣导致企业应纳增值税额降低进而致使净现金流量增加的作用，应在现金流入中增加销项税额，同时在现金流出中增加进项税额（指运营投入的进项税额）以及应纳增值税。

所得税后分析中还要将所得税作为现金流出。由于是融资前分析，该所得税应与融资方案无关，其数值应区别于其他财务报表中的所得税。该所得税应根据不受利息因素影响的息税前利润（EBIT）乘以所得税税率计算，称为调整所得税，也可称为融资前所得税。

净现金流量（现金流入与现金流出之差）是计算评价指标的基础。根据上述现金流量编制的现金流量表称为项目投资现金流量表，其格式见表9－12。

表9－12　项目投资现金流量表

序号	项目	计算期					
		1	2	3	4	…	N
	生产负荷						

序号	项目	计算期					
		1	2	3	4	…	N
1	现金流入						
1.1	营业收入						
1.2	销项税额						
1.3	回收资产余值						
1.4	回收流动资金						
2	现金流出						
2.1	建设投资						
2.2	流动资金						
2.3	经营成本						
2.4	进项税额						
2.5	应纳增值税						
2.6	税金及附加						
2.7	维持运营投资						
3	所得税前净现金流量						
4	累计税前净现金流量						
5	调整所得税						
6	所得税后净现金流量						
7	累计税后净现金流量						

3. 项目投资现金流量分析的指标。依据项目投资现金流量表可以计算项目投资财务内部收益率（$FIRR$）、项目投资财务净现值（$FNPV$），这两项指标通常被认为是判断项目财务是否可行的主要指标。

另外，还可借助项目投资现金流量表计算项目投资回收期，可以分别计算静态或动态的投资回收期，我国《建设项目经济评价方法与参数（第三版）》只规定了计算静态项目投资回收期。

各指标的含义、计算和判断简述如下。

（1）项目投资财务净现值。项目投资财务净现值是指把项目计算期内各年的净现金流量，按设定的折现率 i_c 折算到期初的现值之和。其表达式为

$$FNPV = \sum_{t=1}^{n} (CI - CO)_t (1 + i_c)^{-t} \tag{9-44}$$

其中，CI 为现金流入；CO 为现金流出；$(CI - CO)_t$ 为第 t 年的净现金流量；n 为计算期年数；i_c 为设定的折现率，通常可选用财务内部收益率的基准值（可称为财务基准收益率、最低可接受收益率等）。

项目投资财务净现值是考察项目盈利能力的绝对量指标，它反映项目在满足按设定折现率要求的盈利之外所能获得的超额盈利的现值。当 $FNPV > 0$ 时，说明项目用其净效益抵付了相当于用折现率计算的利息以后，还有盈余，从财务的角度考虑，项目是可

以考虑接受的。当 $FNPV = 0$ 时，说明拟建项目的净效益正好抵付了用折现率计算的利息，这时，判断项目是否可行，要看评价所选用的折现率。在财务评价中，若选择的折现率大于银行长期贷款利率，项目是可以考虑接受的；若选择的折现率等于或小于银行长期贷款利率，一般可判断项目不可行。当 $FNPV < 0$ 时，说明拟建项目的净效益不足以抵付用折现率计算的利息，甚至有可能是负的效益，一般可判断项目不可行。

财务净现值指标计算简便，只要编制好现金流量表，确定好折现率，净现值的计算仅是一种简单的算术方法。另外，该指标的计算结果稳定，不会因算术方法的不同而带来任何差异。财务净现值指标有两个缺陷：①需要事先确定折现率，而折现率的确定又是非常困难和复杂的，选择的折现率过高，可行的项目可能被否定；选择的折现率过低，不可行的项目就可能被选中。特别是对那些投资收益水平居中的项目。所以，在运用财务净现值指标时，要选择一个比较客观的折现率，否则，评价的结果往往"失真"，可能造成决策失误。②财务净现值指标是一个绝对数指标，只能反映拟建项目是否有盈利，并不能反映拟建项目的实际盈利水平。

（2）项目投资财务内部收益率。项目投资财务内部收益率是指能使项目在整个计算期内各年净现金流量现值累计等于零时的折现率，它是考察项目盈利能力的相对量指标。其表达式为

$$\sum_{t=1}^{n} (CI - CO)_t (1 + FIRR)^{-t} = 0 \qquad (9-45)$$

其中，$FIRR$ 为项目投资财务内部收益率；其他参数同前。

项目投资财务内部收益率一般通过计算机软件中配置的财务函数计算，若需要手算时，可根据现金流量表中的净现金流量采用人工试算法计算。将求得的项目投资财务内部收益率与设定的基准参数（i_c）进行比较，当 $FIRR \geq i_c$ 时，即认为项目的盈利性能够满足要求，该项目财务效益可以被接受。

4. 所得税前分析和所得税后分析的作用。按项目投资所得税前的净现金流量计算的相关指标，即所得税前指标，是投资盈利能力的完整体现，可用于考察项目的基本面，即由项目方案设计本身所决定的财务盈利能力，它不受融资方案和所得税政策变化的影响，仅仅体现项目方案本身的合理性。该指标可以作为初步投资决策的主要指标，用于考察项目是否基本可行，并值得去为之融资。所谓"初步"是相对而言的，意指根据该指标可以作出项目方案一旦实施即能实现投资目标的判断，可以决策投资。在此之后再通过融资方案的比选分析，有了较为满意的融资方案后，投资者才能最终出资。所得税前指标应该得到项目有关各方（项目发起人、项目业主、银行和政府相关部门）广泛的关注。该指标还特别适用于建设方案研究中的方案比选。政府投资和政府关注项目必须进行所得税前分析。

项目投资所得税后分析也是一种融资前分析，所采用的表格同所得税前分析，只是在现金流出中增加了调整所得税，根据所得税后的净现金流量来计算相关指标。所得税后分析是所得税前分析的延伸。由于其净现金流量中剔除了所得税，有助于判断在不考

虑融资方案的条件下项目投资对企业价值的贡献。

9.3.2.2　项目资本金现金流量分析

1. 项目资本金现金流量分析的含义和作用。项目资本金现金流量分析是在拟订的融资方案下，从项目资本金出资者的角度，确定其现金流入和现金流出，编制项目资本金现金流量表，计算项目资本金内部收益率指标，考察项目资本金可获得的收益水平。

项目资本金现金流量分析是融资后分析，以投资者的出资额作为计算基础，把借款本金偿还和利息支付作为现金流出，用于计算资本金的财务内部收益率、财务净现值等评价指标的表格，是比较和取舍融资方案的重要依据。在通过融资前分析已对项目基本获利能力有所判断的基础上，通过项目资本金现金流量分析结果可以进而判断项目方案在融资条件下的合理性，因此可以说项目资本金现金流量分析指标是融资决策的依据，有助于投资者在其可接受的融资方案下最终决策出资。

2. 项目资本金现金流量识别和报表编制。项目资本金现金流量分析需要编制项目资本金现金流量表，该表的现金流入包括营业收入（必要时还可包括补贴收入），在计算期的最后一年，还包括回收资产余值及回收流动资金；现金流出主要包括建设投资和流动资金中的项目资本金（权益资金）、经营成本、税金及附加、还本付息和所得税。该所得税应等同于利润表等财务报表中的所得税，而区别于项目投资现金流量表中的调整所得税。如果计算期内需要投入维持运营投资，也应将其作为现金流出（通常可设定维持运营投资由企业自有资金支付）。可见该表的净现金流量包括了项目（企业）在缴税和还本付息之后所剩余的收益（含投资者应分得的利润），也即企业的净收益，又是投资者的权益性收益（见图 9 - 3）。

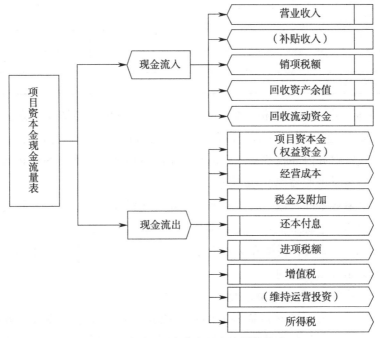

图 9 - 3　项目资本金现金流量的构成

同样，在执行新的《增值税暂行条例》以后，为了体现固定资产进项税抵扣导致应纳增值税额降低进而致使净现金流量增加的作用，应在现金流入中增加销项税额，同时在现金流出中增加进项税额（指运营投入的进项税额）以及应纳增值税。项目资本金现金流量表的格式详见表 9 – 13。

表 9 – 13　项目资本金现金流量表

序号	项目	计算期					
		1	2	3	4	…	N
	生产负荷						
1	现金流入						
1.1	营业收入						
1.2	销项税额						
1.3	回收资产余值						
1.4	回收流动资金						
2	现金流出						
2.1	项目资本金						
2.2	长期借款本金偿还						
2.3	流动资金借款本金偿还						
2.4	借款利息支付						
2.5	经营成本						
2.6	进项税额						
2.7	增值税						
2.8	税金及附加						
2.9	维持运营投资						
2.10	所得税						
3	净现金流量						

3. 项目资本金现金流量分析指标。按照我国《建设项目经济评价方法与参数（第三版)》的要求，一般可以只计算项目资本金财务内部收益率一个指标，其表达式和计算方法同项目投资财务内部收益率，只是所依据的表格和净现金流量的内涵不同，判断的基准参数（财务基准收益率）也不同。

项目资本金财务基准收益率应体现项目发起人（代表项目所有权益投资者）对投资获利的最低期望值（也称最低可接受收益率）。当项目资本金财务内部收益率大于或等于该最低可接受收益率时，说明在该融资方案下，项目资本金获利水平超过或达到了要求，该融资方案是可以接受的。

9.3.2.3　投资各方现金流量分析

对于某些项目，为了考察投资各方的具体收益，还需要进行投资各方现金流量分析。投资各方现金流量分析是从投资各方实际收入和支出的角度，确定现金流入和现金流出，分别编制投资各方现金流量表，计算投资各方的内部收益率指标，考察投资各方可能获得的收益水平。

投资各方现金流量表中的现金流入和现金流出科目需根据项目具体情况和投资各方因项目发生的收入和支出情况选择填列。依据该表计算的投资各方财务内部收益率指标，其表达式和计算方法同项目投资财务内部收益率，只是所依据的表格和净现金流量内涵不同，判断的基准参数也不同。投资各方现金流量表的格式详见表9-14。

表9-14　投资各方现金流量表

序号	项目	计算期					
		1	2	3	4	…	N
1	现金流入						
1.1	实分利润						
1.2	资产处置收益分配						
1.3	租赁费收入						
1.4	技术转让或使用收入						
1.5	其他现金流入						
2	现金流出						
2.1	实缴资本						
2.2	租赁资产支出						
2.3	其他现金流出						
3	净现金流量（1-2）						

注：本表可按不同投资方分别编制。

在仅按股本比例分配利润和分担亏损与风险的情况下，投资各方的利益是均等的，可不进行投资各方现金流量分析。投资各方有股权之外的不对等的利益分配时，投资各方的收益率将会有差异，比如其中一方有技术转让方面的收益，或一方有租赁设施的收益，或一方有土地使用权收益的情况。另外，不按比例出资和进行分配的合作经营项目，投资各方的收益率也可能会有差异。计算投资各方的财务内部收益率可以看出各方收益的非均衡性是否在一个合理的水平上，有助于促成投资各方在合作谈判中达成平等互利的协议。

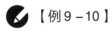【例9-10】

▪▪

某拟建工业生产项目，基础数据如下：

① 建设投资为5000万元（其中含无形资产630万元，包含可抵扣固定资产进项税280万元）。建设期为2年，运营期为8年。运营期第1年达到设计生产能力的80%，第2年之后均达到100%。

② 资金来源为银行贷款和项目资本金。贷款总额为 2000 万元，在建设期内每年均匀投入贷款资金 1000 万元。贷款年利率为 10%。贷款按照等额还本、利息照付方式在项目投产后 3 年内还清（年末支付）。无形资产在运营期 7 年内，均匀摊入成本。固定资产残值为 230 万元，按照直线折旧法折旧，折旧年限为 8 年。

③ 建设项目的资金投入、收入、成本相关数据见表 9 – 15（流动资金全部由项目资本金解决）。

④ 满负荷运营时的销项税额为 550 万元，进项税额为 200 万元，税金及附加按增值税的 10% 计算；企业所得税税率为 25%。

表 9 – 15　建设项目资金收入、收益、成本费用　　　　　　　单位：万元

序号	项目	计算期						
		1	2	3	4	5	6	7 ~ 10
1	建设投资	2500	2500					
1.1	项目资本金	1500	1500					
1.2	银行贷款	1000	1000					
2	流动资金			500	125			
3	销售收入（不含增值税）			4000	5000	5000	5000	5000
4	税金及附加			41	51	51	51	51
5	经营成本（不含增值税）			2000	2500	2500	2500	2500

问题：

1. 识别并计算各年的现金流量，编制项目投资现金流量表（现金流量按年末发生计）。

2. 计算项目投资财务内部收益率和财务净现值（所得税前和所得税后），并由此评价项目的财务可行性（折现率为 12%）。

3. 识别并编制项目资本金现金流量表，试根据该表计算项目资本金财务内部收益率，并评价项目资本金的盈利能力是否满足要求（投资者整体要求的最低可接受收益率为 13%）。

答：

1. 编制项目投资现金流量表

（1）第 1 年年末现金流量

现金流入：0

现金流出：建设投资 2500 万元

（2）第 2 年年末现金流量

现金流入：0

现金流出：建设投资 2500 万元

（3）第 3 年年末现金流量

现金流入：

① 销售收入：4000 万元；

② 销项税额：550 × 11% = 440（万元）。

现金流出：

① 流动资金：500 万元；

② 经营成本：2000 万元；

③ 进项税额：200 ×80% =160（万元）；

④ 应纳增值税：440 −160 −280 =0；

⑤ 税金及附加：0；

⑥ 调整所得税：要计算调整所得税，必须先计算折旧和摊销，再计算出息税前利润。

先计算折旧（融资前，固定资产原值不含建设期利息）和摊销。

固定资产折旧：

固定资产原值 =形成固定资产的费用 −可抵扣固定资产进项税 =5000 −630 −280 =4090（万元）

年折旧额 =（4090 −230）/8 =482.5（万元）

摊销：

无形资产摊销 =630/7 =90（万元）

再计算息税前利润（EBIT，该 EBIT 不受建设期利息影响，与利润表下附的 EBIT 数值不同）：

息税前利润 =销售收入 −经营成本 −折旧 −摊销 −税金及附加

　　　　　　=4000 −2000 −482.5 −90 −0 =1427.5（万元）

最后计算调整所得税：

调整所得税 =息税前利润 ×所得税税率 =1427.5 ×25% =356.875（万元）

（4）第 4 年年末现金流量

现金流入：

① 销售收入：5000 万元；

② 销项税额：550 万元。

现金流出：

① 流动资金增加额：125 万元；

② 经营成本：2500 万元；

③ 进项税额：200 万元；

④ 应纳增值税：550 −200 =350（万元）；

⑤ 税金及附加：350 ×10% =35（万元）；

⑥ 调整所得税：

息税前利润 =5000 −2500 −482.5 −90 −35 =1892.5（万元）

调整所得税 =1892.5 ×25% =473.125（万元）

（5）第 5、第 6、第 7、第 8、第 9 年年末现金流量

现金流入：

① 销售收入同第 4 年；

② 销项税额同第 4 年。

现金流出：

① 流动资金增加额：0；

② 经营成本同第 4 年；

③ 进项税额同第 4 年；

④ 应纳增值税同第 4 年；

⑤ 税金及附加同第 4 年；

⑥ 调整所得税同第 4 年。

（6）第 10 年年末现金流量

现金流入：

① 销售收入同第 4 年至第 9 年；

② 销项税额同第 4 年至第 9 年；

③ 回收资产余值：230 万元（融资前）；

④ 回收流动资金：500 + 125 = 625（万元）。

现金流出：所得税前现金流出同第 5 年至第 9 年；

调整所得税：

因无形资产 630 万元在前 7 年已经摊销完，本年不再摊销，摊销减少 90 万元。

息税前利润 = 5000 − 2500 − 482.5 − 35 = 1982.5（万元）

调整所得税 = 1982.5 × 25% = 495.625（万元）

将所计算的各年现金流量汇入，编制项目投资现金流量表，见表 9 – 16。

表 9 – 16　项目投资现金流量表　　　　　　　　　　　　单位：万元

序号	项目	计算期									
		1	2	3	4	5	6	7	8	9	10
	生产负荷			80%	100%	100%	100%	100%	100%	100%	100%
1	现金流入	0	0	4440	5550	5550	5550	5550	5550	5550	6405
1.1	营业收入			4000	5000	5000	5000	5000	5000	5000	5000
1.2	销项税额			440	550	550	550	550	550	550	550
1.3	回收资产余值										230
1.4	回收流动资金										625
2	现金流出	2500	2500	2660	3210	3085	3085	3085	3085	3085	3085
2.1	建设投资	2500	2500								
2.2	流动资金			500	125						
2.3	经营成本			2000	2500	2500	2500	2500	2500	2500	2500
2.4	进项税额			160	200	200	200	200	200	200	200
2.5	应纳增值税			0	350	350	350	350	350	350	350
2.6	税金及附加			0	35	35	35	35	35	35	35
3	所得税前净现金流量	−2500.00	−2500.00	1780.00	2340.00	2465.00	2465.00	2465.00	2465.00	2465.00	3320.00
4	累计税前净现金流量	−2500.00	−5000.00	−3220.00	−880.00	1585.00	4050.00	6515.00	8980.00	11445.00	14765.00
5	调整所得税			356.875	473.125	473.125	473.125	473.125	473.125	473.125	495.625
6	所得税后现金流量	−2500.00	−2500.00	1423.13	1866.88	1991.88	1991.88	1991.88	1991.88	1991.88	2824.38
7	累计税后净现金流量	−2500.00	−5000.00	−3576.88	−1710.00	281.88	2273.75	4265.63	6257.50	8249.38	11073.75

2. 依据项目投资现金流量表计算相关指标。

所得税前：

$$FNPV(i = 12\%) = -2500 \times (1.12)^{-1} - 2500 \times (1.12)^{-2} + 1780.00 \times (1.12)^{-3}$$
$$+ 2340.00 \times (1.12)^{-4} + 2465.00 \times (1.12)^{-5} + 2465.00(\times 1.12)^{-6}$$
$$+ 2465.00 \times (1.12)^{-7} + 2465.00 \times (1.12)^{-8} + 2465.00 \times (1.12)^{-9}$$
$$+ 3320.00 \times (1.12)^{-10} = 5244.97(万元)$$

$FIRR$ 计算：

采用人工试算法，经计算，$FNPV(i = 33\%) = 216.74$，$FNPV(i = 37\%) = -158.45$，$FIRR$ 必在 33% 和 37% 之间，插值计算的所得税前 $FIRR$ 如下：

$$FIRR = 33\% + \frac{216.74}{216.74 + 158.45} \times (37\% - 33\%) = 35\%$$

所得税前财务内部收益率大于设定的财务基准收益率 12%，所得税前财务净现值（$i = 12\%$）大于零，项目财务效益是可以接受的。

所得税后指标：

$$FNPV(i = 12\%) = -2500 \times (1.12)^{-1} - 2500 \times (1.12)^{-2} + 1423.13 \times (1.12)^{-3}$$
$$+ 1866.88 \times (1.12)^{-4} + 1991.88 \times (1.12)^{-5} + 1991.88(\times 1.12)^{-6}$$
$$+ 1991.88 \times (1.12)^{-7} + 1991.88 \times (1.12)^{-8}$$
$$+ 1991.88 \times (1.12)^{-9} + 2824.38 \times (1.12)^{-10} = 3446.82(万元)$$

$FIRR$ 计算：

采用人工试算法，经计算，$FNPV(i = 26\%) = 255.76$，$FNPV(i = 30\%) = -197.5$，$FIRR$ 必在 26% 和 30% 之间，插值计算的所得税后 $FIRR$ 如下：

$$FIRR = 26\% + \frac{255.76}{255.76 + 197.5} \times (30\% - 26\%) = 28\%$$

所得税后财务内部收益率大于设定的财务基准收益率 12%，所得税后财务净现值（$i = 12\%$）大于零，项目财务效益是可以接受的。

3. 编制项目资本金现金流量表。

现金流入部分与表 9 - 16 相同。

（1）第 1 年年末现金流出：建设投资中自有资金 1500 万元。

（2）第 2 年年末现金流出：建设投资中自有资金 1500 万元。

（3）第 3 年年末现金流出：

① 流动资金：250 万元；

② 经营成本：与表 9 - 16 相同；

③ 进项税额：与表 9 - 16 相同；

④ 应纳增值税：与表 9 - 16 相同；

⑤ 税金及附加：与表 9 - 16 相同；

⑥ 所得税：与表 9 - 16 中的调整所得税不同，应以销售收入减去总成本费用和税金及附加之后得出的利润总额为基数计算。

由于折旧中的固定资产原值需包含建设期利息，需先计算建设期利息：

第 1 年建设期利息 = （0 +1000/2） ×10% =50 （万元）

第 2 年建设期利息 = ［ （1000 +50） +1000/2］ ×10% =155 （万元）

建设期利息 =50 +155 =205 （万元）

第 3 年至第 5 年每年还本额 = （1000 +50 +1000 +155） /3 =735 （万元）

第 3 年应计利息 = （1000 +50 +1000 +155） ×10% =220. 50 （万元）

第 4 年应计利息 = （2205 −735） ×10% =198. 45 （万元）

第 5 年应计利息 = （2205 −735 −735） ×10% =73. 5 （万元）

固定资产折旧：

固定资产原值 =形成固定资产的费用 −可抵扣固定资产进项税 +建设期利息

＝5000 −630 −280 +205 =4295 （万元）

年折旧额 = （4295 −230） /8 =508. 125 （万元）

摊销：

无形资产摊销 =630/7 =90 （万元）

再计算利润：

利润 =销售收入 −总成本费用 −税金及附加

＝销售收入 − （经营成本 +折旧 +摊销 +利息支出） −税金及附加

＝4000 − （2000 +508. 125 +90 +220. 50） −0 =1181. 375 （万元）

最后计算所得税：

所得税 =利润 ×所得税税率 =1427. 5 ×25% =356. 875 （万元）

（4）第 4 年年末现金流出：

① 流动资金增加额：125 万元；

② 经营成本：与表 9 −16 相同；

③ 进项税额：与表 9 −16 相同；

④ 应纳增值税：与表 9 −16 相同；

⑤ 税金及附加：与表 9 −16 相同；

⑥ 所得税：

利润 =5000 −2500 −508. 125 −90 −198. 45 −35 =1668. 425 （万元）

所得税 =1668. 425 ×25% =417. 11 （万元）

（5）第 5 年年末现金流出：

① 流动资金增加额：0；

② 经营成本：与表 9 −16 相同；

③ 进项税额：与表 9 −16 相同；

④ 应纳增值税：与表 9 −16 相同；

⑤ 税金及附加：与表 9 −16 相同；

⑥ 所得税：

利润 =5000 −2500 −508. 125 −90 −73. 50 −35 =1793. 375 （万元）

所得税 =1793. 375 ×25% =448. 34 （万元）

（6）第 6、第 7、第 8、第 9 年年末现金流出：

① 流动资金增加额：与表 9 – 16 相同；

② 经营成本：与表 9 – 16 相同；

③ 进项税额：与表 9 – 16 相同；

④ 应纳增值税：与表 9 – 16 相同；

⑤ 税金及附加：与表 9 – 16 相同。

⑥ 所得税：

利润 =5000 –2500 –508. 125 –90 –35 =1866. 875（万元）

所得税 =1866. 875 ×25% =466. 72（万元）

（7）第 10 年年末现金流出：所得税前现金流出同第 5 年至第 9 年；

所得税：

因无形资产 630 万元在前 7 年已经摊销完，本年不再摊销，摊销减少 90 万元。

利润 =5000 –2500 –508. 125 –35 =1956. 875（万元）

调整所得税 =1956. 875 ×25% =489. 22（万元）

将所计算的各年现金流量汇入，编制项目资本金现金流量表，见表 9 –17。

表 9 –17 项目资本金现金流量表 单位：万元

序号	项目	计算期									
		1	2	3	4	5	6	7	8	9	10
	生产负荷			80%	100%	100%	100%	100%	100%	100%	100%
1	现金流入			4440	5550	5550	5550	5550	5550	5550	6405
1.1	营业收入			4000	5000	5000	5000	5000	5000	5000	5000
1.2	销项税额			440	550	550	550	550	550	550	550
1.3	回收资产余值										230
1.4	回收流动资金										625
2	现金流出	1500	1500	3910. 84	4560. 56	4341. 84	3551. 72	3551. 72	3551. 72	3551. 72	3574. 22
2.1	项目资本金	1500	1500	500	125						
2.2	长期借款本金偿还			735. 00	735. 00	735. 00					
2.3	流动资金借款本金偿还										
2.4	借款利息支付			220. 50	198. 45	73. 50					
2.5	经营成本			2000	2500	2500	2500	2500	2500	2500	2500
2.6	进项税额			160	200	200	200	200	200	200	200
2.7	增值税				350	350	350	350	350	350	350
2.8	税金及附加				35	35	35	35	35	35	35
2.9	维持运营投资										
2.1	所得税			295. 34	417. 11	448. 34	466. 72	466. 72	466. 72	466. 72	489. 22
3	净现金流量	–1500	–1500	529. 16	989. 44	1208. 16	1998. 28	1998. 28	1998. 28	1998. 28	2830. 78

注：若固定资产残值为百分比，则回收固定资产余值应按融资后固定资产原值的比例计算。

FIRR 计算：

采用人工试算法，经计算，$NPV(i=35\%)=159.09$，$NPV(i=31\%)=-121.04$，$FIRR$ 必在 31% 和 35% 之间，插值计算的项目资本金 $FIRR$ 如下：

$$FIRR = 31\% + \frac{159.09}{159.09 + 121.04} \times (35\% - 31\%) = 33\%$$

项目资本金财务内部收益率大于要求的财务基准收益率（最低可接受收益率）13%，说明项目资本金获利水平超过了要求，从项目权益投资者整体的角度看，在该融资方案下项目财务效益是可以接受的。

9.4 偿债能力和财务生存能力的分析

偿债能力分析主要是通过编制相关报表，计算利息备付率、偿债备付率等比率指标，分析企业（项目）是否能够按计划偿还为项目所筹措的债务资金，判断其偿债能力。

财务生存能力分析是在财务分析辅助报表和利润及利润分配表的基础上编制财务计划现金流量表，通过考察项目计算期内各年的投资、融资和经营活动所产生的各项现金流入和现金流出，计算净现金流量和累计盈余资金，分析项目是否能为企业创造足够的净现金流量维持正常运营，进而考察实现财务可持续性的能力。项目（企业）的利润表以及资产负债表在偿债能力分析和财务生存能力分析中也起着相当重要的作用。

9.4.1 相关报表编制

9.4.1.1 借款还本付息计划表

应根据与债权人商定的或预计可能的债务资金偿还条件和方式计算并编制借款还本付息计划表，其简要格式参见表 9-18 或表 9-19。

表 9-18 借款还本付息计划表

序号	项目	运营期					
		3	4	5	6	7	8
1	借款余额						
2	本年借款						
3	本年应计利息						
4	本年应还利息						
	其中：还本						
	付息						
5	年末借款本息累计						

表 9-19 借款还本付息计划表

序号	项目	计算期				
		1	2	3	4	5
1	长期借款					
1.1	年初本息余额					
1.2	本年借款					
1.3	本年应计利息					
1.4	本年还本付息					
	其中：还本					
	付息					
1.5	年末本息余额					
4	还本资金来源					
4.1	当年可用于还本的利润					
4.2	当年可用于还本的折旧和摊销					
4.3	以前年度结余可用于还本的资金					
4.4	用于还本的短期借款					
4.5	可用于还款的其他资金					

9.4.1.2 财务计划现金流量表

财务计划现金流量表是国际上通用的财务报表，用于反映计算期内各年的投资活动、融资活动和经营活动所产生的现金流入、现金流出和净现金流量，考察资金平衡和余缺情况，是表示财务状况的重要财务报表。财务计划现金流量表的格式如表 9-20 所示，表中绝大部分数据可来自其他表格。

表 9-20 财务计划现金流量表

序号	项目	建设期		运营期			
		1	2	3	4	…	N
	生产负荷						
1	经营活动净现金流量						
1.1	现金流入						
1.1.1	营业收入						
1.1.2	增值税销项税额						
1.1.3	补贴收入						
1.1.4	其他流入						
1.2	现金流出						
1.2.1	经营成本						
1.2.2	增值税进项税额						
1.2.3	税金及附加						
1.2.4	增值税						

序号	项目	建设期		运营期			
		1	2	3	4	…	N
1.2.5	所得税						
2	投资活动净现金流量						
2.1	现金流入						
2.2	现金流出						
2.2.1	建设投资						
2.2.2	维持运营投资						
2.2.3	流动资金						
3	筹集活动净现金流量						
3.1	现金流入						
3.1.1	项目资本金投入						
3.1.2	维持运营投资						
3.1.3	建设投资借款						
3.1.4	流动资金借款						
3.1.5	短期借款						
3.2	现金流出						
3.2.1	各种利息支付						
3.2.2	偿还长期借款本金						
3.2.3	偿还流动资金借款本金						
3.2.4	偿还短期借款本金						
3.2.5	股利分配						
4	净现金流量						
5	累计盈余资金						

根据投资项目业务活动的性质和现金流量的来源，财务计划现金流量表在结构上将项目一定期间产生的现金流量分为三类：经营活动产生的现金流量、投资活动产生的现金流量和筹资活动产生的现金流量。

9.4.1.3 资产负债表

资产负债表通常按企业范围编制，企业资产负债表是国际上通用的财务报表，表中数据可由其他报表直接引入或经适当计算后列入，以反映企业某一特定日期的财务状况。编制过程中应实现资产与负债和所有者权益两方面的自然平衡。

与实际企业相比，财务分析中资产负债表的科目可以适当简化，反映的是各年年末的财务状况，必要时也可以按"有项目"范围编制。按增量数据编制的资产负债表无意义。资产负债表的格式如表 9 - 21 所示。

表9-21 资产负债表

序号	项目	建设期		运营期					
		1	2	3	4	5	6	7	8
1	资产								
1.1	流动资产总额								
1.1.1	货币资金								
	现金								
	累计盈余资金								
1.1.2	应收账款								
1.1.3	预付账款								
1.1.4	存货								
1.1.5	其他								
1.2	在建工程								
1.3	固定资产净值								
1.4	无形及其他资产净值								
2	负债及所有者权益								
2.1	流动负债总额								
2.1.1	短期借款								
2.1.2	应付账款								
2.1.3	预收账款								
2.1.4	其他								
2.2	建设投资借款								
2.3	流动资金借款								
2.4	负债小计								
2.5	所有者权益								
2.5.1	资本金								
2.5.2	资本公积								
2.5.3	累计盈余公积金								
2.5.4	累计未分配利润								
计算指标	资产负债率								

根据企业资产负债表的数据可以计算资产负债率、流动比率、速动比率等比率指标，用于考察企业的财务状况。《建设项目经济评价方法与参数（第三版）》只要求计算"有项目"的资产负债率指标。

9.4.2 偿债能力分析

根据借款还本付息计划表中的数据与利润表以及总成本费用表的有关数据可以计算利息备付率、偿债备付率指标，各指标的含义和计算要点如下。

9.4.2.1 利息备付率

利息备付率是指在借款偿还期内的息税前利润与当年应付利息的比值，它从付息资金来源的充裕性角度反映支付债务利息的能力。利息备付率的含义和计算公式均与财政部对企业绩效评价的"已获利息倍数"指标相同。息税前利润等于利润总额和当年应付利息之和，当年应付利息是指计入总成本费用的全部利息。利息备付率的计算公式如下：

$$利息备付率 = \frac{息税前利润}{应付利息额} \tag{9-46}$$

利息备付率应分年计算，分别计算在债务偿还期内各年的利息备付率。若偿还前期的利息备付率数值偏低，为分析所用，也可以补充计算债务偿还期内的年平均利息备付率。

利息备付率表示利息支付的保证倍率，对于正常经营的企业，利息备付率至少应当大于1，一般不宜低于2，并结合债权人的要求确定。利息备付率高，说明利息支付的保证度大，偿债风险小；利息备付率低于1，表示没有足够的资金支付利息，偿债风险很大。

9.4.2.2 偿债备付率

偿债备付率是从偿债资金来源的充裕性角度反映偿付债务本息的能力，是指在债务偿还期内，可用于计算还本付息的资金与当年应还本付息额的比值，可用于计算还本付息的资金是指息税折旧摊销前利润（EBITDA，息税前利润加上折旧和摊销）减去所得税后的余额；当年应还本付息金额包括还本金额及计入总成本费用的全部利息。国内外也有其他略有不同的计算偿债备付率的公式。

$$偿债备付率 = \frac{息税折旧摊销前利润 - 所得税}{应还本付息额} \tag{9-47}$$

如果运营期间支出了维持运营的投资费用，应从分子中扣减。偿债备付率应分年计算，分别计算在债务偿还期内各年的偿债备付率。偿债备付率表示偿付债务本息的保证倍率，至少应大于1，一般不宜低于1.3，并结合债权人的要求确定。偿债备付率低，说明偿付债务本息的资金不充足，偿债风险大。当这一指标小于1时，表示可用于计算还本付息的资金不足以偿付当年债务。

【例9-11】

某项目建设期为2年，生产期拟定为15年。项目建设投资为10000万元，其中固定资产费用为 8900 万元（含可抵扣的固定资产进项税 910 万元），无形资产费用为 800 万元，其他资产费用为 300 万元。建设投资在建设期第 1 年和第 2 年分别按 40% 和 60% 的比例均匀投入。生产期第 1 年需要流动资金 600 万元，达产年份需要 850 万元，流动资金在各年年初投入。

建设期各年建设投资的 35% 由资本金投入，其余由银行贷款在各年年中投入，贷款年利率为 7%，每年计息一次。建设期内不支付利息，自投产后 4 年内采取等额还本、利息照付方式偿还贷款。流动资金的 30% 来自资本金；70% 来自银行贷款，贷款年利率为 6%，每年计息一次，生产期不偿还流动资金借款。

本项目固定资产折旧年限为 15 年，按年限平均法计提折旧，残值为零。无形资产在 10 年内平均摊销，其他资产在 5 年内平均摊销。

项目投产第 1 年达到设计生产能力的 70%，自第 2 年起各年均达到设计生产能力。达产年销售收入为 15000 万元，经营成本为 4500 万元，其中 3600 万元为原材料、辅助材料和燃料动力等可变成本。

以上收入、成本数据均为含税价格。本项目适用的增值税税率为 17%，税金及附加按增值税的 12% 计算，企业所得税税率为 25%，建设期利息计入固定资产。

问题：

（1）计算项目的建设期利息；

（2）计算项目总投资（含全部流动资金）；

（3）计算项目计算期第 3 年的增值税、税金及附加；

（4）计算项目计算期第 5 年的偿债备付率，并据此判断项目当年的偿债能力。

（注：计算结果保留两位小数）

答：

（1）第 1 年建设期利息：$10000 \times (1 - 35\%) \times 40\% \div 2 \times 7\% = 91.00$（万元）

第 2 年建设期利息：$(10000 \times 65\% \times 40\% + 91 + 10000 \times 65\% \times 60\% \div 2) \times 7\% = 324.87$（万元）

建设期利息：$91 + 324.87 = 415.87$（万元）

（2）项目总投资 = 建设投资 + 建设期利息 + 流动资金 $= 10000 + 415.87 + 850$
$$= 11265.87（万元）$$

（3）第 3 年销项税额：$15000 \times 70\% \times 17\% \div (1 + 17\%) = 1525.64$（万元）

第 3 年进项税额：$3600 \times 70\% \times 17\% \div (1 + 17\%) = 366.15$（万元）

因为 $1525.64 - 366.15 = 1159.49 > 910$

所以第 3 年增值税：$1525.64 - 366.15 - 910 = 249.49$（万元）

第 3 年税金及附加：$249.49 \times 12\% = 29.94$（万元）

（4）首先，计算第 5 年增值税和税金及附加：

计算期第 5 年的不含税销售收入：$15000 \div (1 + 17\%) = 12820.51$（万元）

计算期第 5 年的不含税经营成本：$(4500 - 3600) + 3600 \div (1 + 17\%) = 3976.92$（万元）

计算期第 5 年应纳增值税：$(12820.51 \times 17\%) - (3600 \times 17\%) \div (1 + 17\%) = 1656.41$（万元）

计算期第 5 年应纳税金及附加：1656.41 ×12% =198.77（万元）

其次，计算总成本费用：

固定资产原值：8900 +415.87 −910 =8405.87（万元）

年折旧额：8405.87 ÷15 =560.39（万元）

无形资产摊销：800 ÷10 =80.00（万元）

其他资产摊销：300 ÷5 = 60.00（万元）

计算期第 5 年应还建设投资本金：（10000 ×65% + 415.87） ÷4 = 1726.97（万元）

计算期第 5 年应还建设投资利息：（10000 ×65% + 415.87） ×2 ÷4 ×7% =242.06（万元）（还剩2/4贷款额）

计算期第 5 年应还流动资金利息：850 ×70% ×6% =35.7（万元）

最后，计算调整所得税：

计算期第 5 年息税前利润：12820.51 −3976.92 −560.39 −80.00 − 60.00 − 198.77 = 7944.43（万元）

计算期第 5 年的调整所得税：7944.43 ×25% = 1 986.11（万元）

计算期第 5 年应还本付息额：1726.97 + 242.06 +35.7 = 2006.72（万元）

计算期第 5 年的偿债备付率： （7944.43 + 560.39 + 80.00 +60.00 − 1986.11） ÷ 2006.72 =3.32

据此判断，项目具有当年的偿债能力。

9.4.2.3 资产负债率

资产负债率是指企业（或"有项目"范围）的某个时点负债总额同资产总额的比率，其计算公式如下：

$$资产负债率 = \frac{负债总额}{资产总额} \times 100\% \qquad (9-48)$$

当资产负债率大于100%时，表明企业（项目）已资不抵债，已达到破产的警戒线，合适的资产负债率一般在60% ~70%。项目财务分析中通常按年末数据进行计算，在长期债务还清后的年份可不再计算资产负债率。

此外，改扩建项目还应计算流动比率和速动比率，以考察企业层面的财务状况。

9.4.3 财务生存能力分析

9.4.3.1 财务生存能力分析的作用

财务生存能力分析旨在分析考察"有项目"时（企业）在整个计算期内的资金充裕程度，分析财务可持续性，判断其在财务上的生存能力。财务生存能力分析主要根据财务计划现金流量表，同时兼顾借款还本付息计划和利润分配计划进行。

非经营性项目财务生存能力分析还兼有寻求政府补助维持项目持续运营的作用。

9.4.3.2 财务生存能力分析的方法

财务生存能力分析应结合偿债能力分析进行，项目的财务生存能力的分析可通过以下两个方面进行。

1. 分析是否有足够的净现金流量维持正常运营。在项目（企业）运营期间，只有能够从各项经济活动中得到足够的净现金流量，项目才能得以持续生存。财务生存能力分析中应根据财务计划现金流量表，考察项目计算期内各年的投资活动、融资活动和经营活动所产生的各项现金流入和现金流出，计算净现金流量和累计盈余资金，分析项目是否有足够的净现金流量维持正常运营。

拥有足够的经营净现金流量是财务上可持续的基本条件，特别是在运营初期。一个项目具有较大的经营净现金流量，说明项目方案比较合理，实现自身资金平衡的可能性大，不会过分依赖短期融资来维持运营；反之，一个项目不能产生足够的经营净现金流量，或经营净现金流量为负值，说明维持项目正常运行会遇到财务上的困难，实现自身资金平衡的可能性小，有可能要靠短期融资来维持运营，有些项目可能需要政府补助来维持运营。

通常因运营期前期的还本付息负担较重，故应特别注重运营期前期的财务生存能力分析。如果拟安排的还款期过短，致使还本付息负担过重，导致为维持资金平衡必须筹借的短期借款过多，可以设法调整还款期，甚至寻求更有利的融资方案，减轻各年还款负担。所以财务生存能力分析应结合偿债能力分析进行。

财务生存能力还与利润分配的合理性有关。利润分配过多、过快都有可能导致累计盈余资金出现负值。出现这种情况时，应调整利润分配方案。

2. 各年累计盈余资金不出现负值是财务上可持续的必要条件。各年累计盈余资金不出现负值是财务上可持续的必要条件。在整个运营期间，允许个别年份的净现金流量出现负值，但不能容许任一年份的累计盈余资金出现负值。出现负值时应适时进行短期融资，该短期融资应体现在财务计划现金流量表中，同时短期融资的利息也应纳入成本费用和其后的计算。较大的或较频繁的短期融资，有可能导致以后的累计盈余资金无法实现正值，致使项目难以持续运营。

9.5 本章小结

财务分析是在国家现行财税制度、现行价格和有关法规的基础上，鉴定、分析项目可行性研究报告提出的投资、成本、收入、税金和利润等财务费用和效益，从项目（企业）的角度，测算和考察项目建成投产后的获利能力、偿债能力和财务生存能力等财务状况。

财务效益分析结果的好坏，一方面取决于基础数据的可靠性，另一方面取决于所选取的指标体系的合理性。财务效益分析指标是指用于衡量和比较投资项目可行性优劣、便于进行方案决策的定量化标准和尺度，是由一系列综合反映长期投资的效益和项目投入产出关系的量化指标构成的指标体系。

本章介绍了项目财务效益分析中的几种基本报表和财务效益分析的指标体系，它们之间的关系可以总结为表 9 – 22。

表 9 – 22　财务效益分析指标与基本报表的关系

分析内容	基本报表	静态指标	动态指标
盈利能力分析	项目投资现金流量表	静态投资回收期	财务内部收益率 财务净现值 动态投资回收期
	项目资本金现金流量表	静态投资回收期	资本金内部收益率
	利润表	投资利润率 资本金净利润率	
偿债能力分析	借款还本付息表 资金来源与运用表 资产负债表	利息备付率 偿债备付率 资产负债率	
财务生存能力分析	财务计划现金流量表	经营净现金流量 累计盈余资金	
其他		价值指标、实物指标或比率指标	

第 10 章
项目的不确定性与风险分析

风险与不确定性广泛存在于社会经济生活的方方面面，项目评价所采用的数据大部分来自预测和估算，如项目产品的市场需求量、市场竞争者的供给量、原材料的价格等，有一定程度的不确定性。只有考虑了各种不确定因素的不良影响后，有关主要技术经济指标仍然不低于基准值的项目，经济上才算是可行的。项目评估时应深入开展不确定性分析与风险分析，找出主要的不确定因素和风险因素，并分析其影响，制定有效措施，合理应对其不利影响。本章介绍了不确定性与风险的概念、产生原因、区别及联系，阐述了盈亏平衡分析、敏感性分析和风险分析的基本内容和主要方法。

10.1 概述

10.1.1 风险的概念

人们对风险（risk）的研究由来已久，目前存在多种对风险的定义。狭义的风险总是与灾害或损失联系在一起，风险的本质是有害的或是不利的。例如，英国风险管理学会（IRM）将风险定义为"不利结果出现或不幸事件发生的机会"。在不同的行业，风险也有着不同的定义。如在保险界，风险被定义为可保以规避事故或损失的项目或条款，它表明承担保险责任的保险公司存在损失的可能；在管理术语中，风险被视为变化或不确定性；在加工工业特别是化学工业中，风险指火灾、泄漏、爆炸、人员伤亡、财产损失、环境损害、经济损失等灾害事件。而广义的风险则认为风险也可能是有利的和可以利用的，将给项目带来机会。越来越多的国际性项目管理组织开始接受"风险是中性的"这一概念，英国项目管理学会（APM）将风险定义为"对项目目标产生影响的一个或若干个不确定事件"，英国土木工程师学会（ICE）更明确定义"风险是一种将影响目标实现的不利威胁或有利机会"。国际标准化组织（ISO）则定义风险为"某一事件发生的概率和其后果的组合"。概括起来，广义的风险可以定义为：风险是未来变化偏离预期的可能性以及其对目标产生影响的大小。

投资项目评估主要侧重于分析、评价风险带来的不利影响，因此本章涉及的风险内容主要针对的是狭义风险。

259

10.1.2 不确定性的概念

10.1.2.1 不确定性的概念

不确定性（Uncertainty）是与确定性（Certainty）相对的一个概念，是指某一事件、活动在未来可能发生，也可能不发生，其发生状况、时间及其结果的可能性或概率是未知的。1921年，美国经济学家弗兰克·奈特对风险进行了开拓性的研究，他首先将风险与不确定性区分开来，认为风险是介于确定性和不确定性之间的一种状态，其出现的可能性是可以知道的，而不确定性的概率是未知的。由此，出现了基于概率的风险分析以及未知概率的不确定性分析两种决策分析方法。

概括起来，确定性是指在决策涉及的未来期间内一定要发生或者一定不发生，其关键特征是只有一种结果。不确定性则指不可能预测未来将要发生的事件。因为存在多种可能性，其特征是可能有多种结果。由于缺乏历史数据或类似事件信息，不能预测某一事件发生的概率，因而该事件发生的概率是未知的。

10.1.2.2 不确定性产生的原因

1. 未来事件的不确定性。项目评估是对未来投资效益的分析，而未来事件的发展总是不确定的，通货膨胀和价格的调整变化，政府政策和规定的变化，项目生产能力的变化，社会的发展状况、技术的进步程度、资源开发利用的过程，这些未来事件总是给投资项目的建设经营带来各种各样的影响。未来事件的发展与变化的不确定性不可避免地导致投资项目的不确定性。

2. 主观判断的影响。投资项目的成本效益分析与评价有时需要依靠项目评估者个人的主观判断，市场未来的发展趋势与相关评价基准的确定总是主观判断与客观数据的结合。而主观判断总是因人而异，对于同一个投资项目或同一个投资项目中的同一个数据，不同的评估者在评估时也可能得到不同的结论，导致项目判断的不确定性。对于一些项目中无法量化的外部效果的确定更是主观判断的产物。

3. 信息的不完全。项目评估是在客观信息搜集与整理的基础上建立的分析方法，项目评估者所掌握的信息总是有限的，不可能掌握完全的信息。项目的成本效益分析是在不完全信息基础上进行的推断与预测，由此而获得的项目分析结果是基于大量的假设，这必然会影响项目分析的结果，产生不确定性。

4. 数据测算误差。即使能够收集到项目经济效益分析的数据，依然有可能存在着不确定性，因为数据存在着测不准的性质。在确定项目规模、市场规模等方面，数据的测不准原理都将影响项目的分析与判断。

10.1.3 不确定性分析与风险分析

不确定性分析是对影响项目的不确定因素进行分析，测算它们的增减变化对项目效益的影响，找出最主要的敏感因素及其临界点的过程；风险分析则是识别风险因素、估计风险概率、评价风险影响并制定风险对策的过程。

10.1.3.1 不确定性分析与风险分析的作用

相对于一般经济活动而言，只要能在决策前正确地认识到不确定性和相关的风险，并在实施过程中加以控制，大部分不确定性和风险的影响是可以降低和防范的。

投资决策时充分考虑风险分析的结果，有助于在可行性研究的过程中，通过信息反馈，改进或优化项目研究方案，能直接起到降低项目风险的作用，避免因在决策中忽视风险的存在而蒙受损失。风险分析应贯穿项目分析的各个环节和全过程。即在项目可行性研究的主要环节，包括市场、技术、环境、财务、经济及社会分析中进行相应的风险分析，并进行全面的综合分析和评价，可见风险分析是一种系统分析。

因此，充分利用风险分析的成果，建立风险管理系统，有助于为项目全过程风险管理打下基础，防范和规避项目实施和经营中的风险。

10.1.3.2　不确定性分析与风险分析的区别与联系

两者的目的是共同的，都是识别、分析、评价影响项目的主要因素，以防范不利影响，从而提高项目的成功率。两者的主要区别在于分析方法不同，不确定性分析是对投资项目受不确定因素的影响进行分析，并粗略地了解项目的抗风险能力，其主要方法是敏感性分析，《建设项目经济评价方法与参数（第三版）》也将盈亏平衡分析归为不确定性分析；而风险分析则要对投资项目的风险因素和风险程度进行识别和判断，主要方法有概率树分析、蒙特卡洛模拟（Monte - carlo Simulation）等。

不确定性与风险的区别体现在以下四个方面。

1. 可否量化。风险是可以量化的，即其发生概率是已知的或通过努力可以知道；而不确定性则是不可以量化的。因而，风险分析可以采用概率分析方法，分析各种情况发生的概率及其影响；而不确定性分析只能进行假设分析，假定某些情况发生后，分析不确定因素对项目的影响。

2. 可否保险。风险是可以保险的，而不确定性是不可以保险的。由于风险概率是可以知道的，理论上保险公司就可以计算确定的保险收益，从而提供有关保险产品。

3. 概率可获得性。不确定性的发生概率未知，而风险的发生概率是可知的，或是可以测定的，可以用概率分布来描述。

4. 影响大小。不确定性代表不可知事件，因而有更大的影响。而如果同样事件可以量化风险，则其影响可以防范并得到有效降低。

不确定性分析与风险分析之间也有一定的联系。风险则是介于不确定性与确定性之间的一种状态，其概率是可知的或已知的。由敏感性分析可以得知影响项目效益的敏感因素和敏感程度，但不知这种影响发生的可能性，如需得知可能性，就必须借助于概率分析。而敏感性分析所找出的敏感因素又可以作为概率分析风险因素的确定依据。在项目评估中，虽然对项目要进行全面的风险分析，但重点在于风险的不利影响和防范对策研究上。

10.2 项目的盈亏平衡分析

10.2.1 盈亏平衡分析的基本原理

10.2.1.1 盈亏平衡分析的概念

盈亏平衡分析是在一定市场和经营管理条件下，根据达到设计生产能力时的成本费用与收入数据，通过求取盈亏平衡点，研究分析成本费用与收入平衡关系的一种方法。随着产品产量、生产成本、营业收入等因素的变化，投资项目的盈利与亏损会有一个转折点，称为盈亏平衡点（Break – Even Point，BEP）。在这一点上，项目产品的营业收入等于项目的总费用，即项目刚好盈亏平衡。项目盈亏平衡分析就是要找出这个盈亏平衡点，并据此判断投资项目对不确定因素变化的承受能力，为项目投资决策提供依据。

盈亏平衡分析可以分为线性盈亏平衡分析和非线性盈亏平衡分析，投资项目评估中一般仅进行线性盈亏平衡分析。

盈亏平衡点的表达形式有多种，可以用产量、产品售价、单位可变成本和年总固定成本等绝对量表示，也可以用某些相对值表示，如生产能力利用率。投资项目评估中最常用的是以产量和生产能力利用率表示的盈亏平衡点，也有采用产品售价表示的盈亏平衡点。

10.2.1.2 盈亏平衡分析的作用

通过盈亏平衡分析可以找出盈亏平衡点，考察企业（或项目）对市场导致的产出（销售）量变化的适应能力和抗风险能力。用产量和生产能力利用率表示的盈亏平衡点越低，表明企业适应市场需求变化的能力越大，抗风险能力越强；用产品售价表示的盈亏平衡点越低，表明企业适应市场价格下降的能力越大，抗风险能力越强。盈亏平衡分析只适宜在财务分析中应用。

10.2.1.3 线性盈亏平衡分析的条件

进行线性盈亏平衡分析要符合以下条件。

1. 所采用的数据均为正常年份（达到设计生产能力生产期）的数据。

2. 产量等于销售量，即当年生产的产品（扣除自用量）当年完全销售。

3. 产量变化，单位可变成本不变，从而总成本费用是产量的线性函数。即可变成本随产量成正比例变化。

4. 在所分析的产量范围内，固定成本保持不变。

5. 产量变化，产品售价不变，从而销售收入是销售量的线性函数。

6. 只计算一种产品的盈亏平衡点，如果是生产多种产品的项目，则计算产品组合的盈亏平衡点，但生产数量的比率保持不变。

10.2.2 盈亏平衡分析的计算方法

盈亏平衡点的确定，可以采用代数分析法和图解法。

10.2.2.1　代数分析法

代数分析法也称为公式法，通过代数方程式表达产品销售量、成本、利润之间的数量关系，根据这些代数方程式之间的关系进一步确定盈亏平衡点。盈亏平衡点根据表示的变量不同，计算的公式有所不同。

1. 线性盈亏平衡分析的函数关系。建立销售收入、总成本、税金及附加的代数方程式，并依此建立产品利润的表达式：

$$S = P \times Q \tag{10-1}$$

$$C = C_v \times Q + F \tag{10-2}$$

$$T = T_v \times Q \tag{10-3}$$

其中，S 为年销售收入；P 为单位售价；Q 为年销售量；C 为年总成本；C_v 为单位变动成本；F 为年固定成本；T 为年税金及附加；T_v 为单位税金及附加。

综合上述关系，可得

$$R = P \times Q - (C_v \times Q + F) - T_v \times Q = (P - C_v - T_v) \times Q - F \tag{10-4}$$

其中，R 为年利润。

2. 盈亏平衡点的计算。

（1）产量表示的盈亏平衡点。令利润 $R = 0$，此时的产量 Q 即为盈亏临界点生产量 Q_{BEP}，即

$$Q_{BEP} = \frac{F}{P - C_v - T_v} \tag{10-5}$$

（2）生产能力利用率表示的盈亏平衡点。生产能力利用率表示的盈亏平衡点 R_{BEP}，是指盈亏平衡点占设计生产能力的百分比。

$$R_{BEP} = \frac{Q_{BEP}}{Q} \times 100\% = \frac{F}{(P - C_v - T_v) \times Q} \times 100\% \tag{10-6}$$

以上计算公式中的收入和成本均为不含增值税销项税额和进项税额的价格（不含税价格）。如采用含税价格，式（10-5）、式（10-6）分母中应再减去单位产品增值税。

通过盈亏平衡分析获得了盈亏平衡点，该点的高低在一定程度上表明项目抵御风险的能力大小。盈亏平衡点低，说明项目生产少量产品即可不发生亏损，表示项目适应市场变化的能力和抗风险能力都比较强，但是要注意，在多方案选择过程中，不同方案的盈亏平衡点的高低不能说明项目之间的优劣。盈亏平衡分析的公式还表明，项目的固定成本、产品销售收入和可变成本是盈亏平衡点的决定性因素。因此，在对同一项目的不同投资方案进行盈亏平衡分析时，要注意这些关键因素的变化对项目效益的影响。

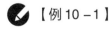 【例 10-1】

某钢铁联合企业，设计规模为 800 万吨/年，估计正常年份的年固定总成本为 25464 万元，年

可变总成本费用为 18193 万元，年销售收入为 79390 万元，年税金及附加为 2948 万元，试求出该方案的盈亏平衡点产量和生产能力利用率。

解：

$$Q_{BEP} = \frac{F}{P - C_v - T_v} = \frac{25464}{(79390 - 18193 - 2948)/800} = 349.72（万吨）$$

$$R_{BEP} = \frac{Q_{BEP}}{Q} \times 100\% = \frac{349.72}{800} = 43.72\%$$

该项目的盈亏平衡点产量是 349.72 万吨，盈亏平衡点的生产能力利用率是 43.72%。

10.2.2.2 图解法

图解法是通过图示的方法，把项目的销售收入、总成本费用、产量三者之间的变动关系反映出来，从而确定盈亏平衡点。其中，以销售量为横坐标，以总成本费用或销售收入的金额为纵坐标，所绘制出的图称为盈亏平衡图，如图 10 – 1 所示。

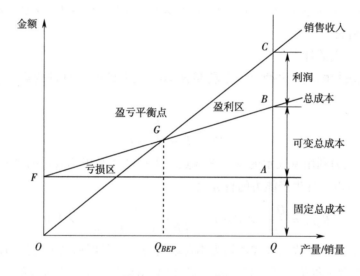

图 10 – 1　盈亏平衡图

图 10 – 1 中销售收入线（OC）与总成本费用线（FB）的交点 G 是盈亏平衡点，即项目盈利与亏损的临界点。在项目评估中，税金及附加通常可以看作必要的固定支出，如果考虑该部分内容将使盈亏平衡点上移。同时，如果销售收入和成本费用都是按含税价格计算的，销售收入中还应减去增值税。在盈亏平衡点 G 右侧，销售收入线与总成本线之间的区域，表示项目可能获得利润的区域，销售收入大于总成本费用。在盈亏平衡点 G 左侧，销售收入线与总成本线之间的区域，表示项目可能发生亏损的区域。在 G 点时，项目盈亏平衡，Q_{BEP} 是项目盈亏平衡点的产量。

盈亏平衡图的绘制步骤如下。

（1）画平面直角坐标图。以产量/销量为横坐标，总成本费用或销售收入的金额为纵坐标。

（2）根据数据资料，确定所分析的某一产量 Q 的固定总成本、可变总成本和目标利润。

（3）绘制在该产量 Q 的固定总成本、可变总成本和目标利润的点 A、B、C。

（4）连接固定总成本费用线 FA、总成本费用线 FB 和销售收入线 OC。

（5）总成本费用线 FB 和销售收入线 OC 的交点 G 即为所求的盈亏平衡点。G 点所对应的产量即为盈亏平衡时的产量 Q_{BEP}。

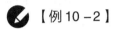【例 10 - 2】

•••

某新建项目，设计生产能力为年产量 4200 台，预计销售价格为 6000 元/台，总固定成本费用为 630 万元，单位产品可变成本费用为 3000 元（未考虑税金及附加）。试用图解法表示盈亏平衡点的产量。

解：（1）画出直角坐标图，如图 10 - 2 所示

（2）确定产品产量为 4200 台时的总固定成本费用（630 万元）、可变总成本费用（3000 × 4200 元 =1260 万元）和利润

销售利润 =销售收入 –可变总成本费用 –固定成本

　　　　　=6000 ×4200 – 12600000 – 6300000

　　　　　=630（万元）

（3）确定 A、B、C 三点

（4）连接 FA、FB、OC 三条线

（5）确定 FB 与 OC 的交点 G，其对应的产量 2100 台，即为所求的盈亏平衡点产量

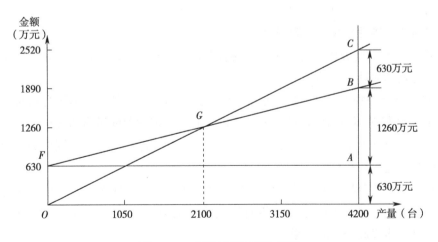

图 10 - 2　盈亏平衡图解法示例

•••

10.2.3 盈亏平衡分析注意要点

1. 盈亏平衡点应按项目达产年份的数据计算，不能按计算期内的平均值计算。这是由于盈亏平衡点表示的是相对于设计生产能力下，达到多少产量或负荷率多少才能盈亏平衡，或为保持盈亏平衡最低价格是多少，因此必须按项目达产年份的销售收入和成本费用数据计算，如按计算期内的平均数据计算就失去了意义。

2. 当计算期内各年数值不同时，最好按还款期间和还完借款以后的年份分别计算。即便在达产后的年份，由于固定成本中的利息各年不同，折旧费和摊销费也不是每年都相同的，所以成本费用数值可能因年而异，具体按哪一年的数值计算盈亏平衡点，可以根据项目情况进行选择。一般而言，最好选择还款期间的第一个达产年和还完借款以后的年份分别计算，以便分别给出最高的盈亏平衡点和最低的盈亏平衡点。

10.2.4 盈亏平衡分析的优点和局限

10.2.4.1 盈亏平衡分析的优点

投资项目在建设、试制、生产直至投放市场的过程中，需要投入大量资金和精力。如果项目管理者不能很好地理解总成本费用、销售量和利润之间的相互依存关系，当产品销售量低于一定的界限时，项目就可能无利可图，甚至亏损。从传统的观点来看，如果先计算产量和成本，然后确定利润，则利润处于被动的地位。项目管理与传统的做法相反，先制订一个利润计划，然后按照利润的要求，制订相应的产量计划和成本计划，它可以变被动管理为主动管理。盈亏平衡分析通过找出产量、成本、利润三者的最佳结合点，分析拟建项目适应市场变化的能力和风险大小，是项目评估控制成本和预测利润的有效手段。

盈亏平衡分析的思路除了应用在产量—成本—利润分析之外，还可以对项目的投资、收入、费用、残值、折现率、寿命周期等进行盈亏平衡分析。例如，财务内部收益率（FIRR）就是项目盈亏平衡点的折现率。

10.2.4.2 盈亏平衡分析的局限

1. 由于盈亏平衡分析是建立在一系列假设条件的基础上，如果假定条件与实际情况有出入，分析结果就难以准确。

2. 它只分析一些因素对项目盈亏的影响，无法对项目的盈利能力进行判断。

3. 它虽然能对项目的风险进行定性分析，但难以定量测度风险的大小。

4. 盈亏平衡分析是静态分析，不考虑资金的时间价值和项目寿命期内的现金流量变化，因而分析是比较粗糙的。

尽管盈亏平衡分析有着上述不足，但是由于计算简单，并能直接对项目关键因素进行分析，它仍然是进行不确定性分析时广泛采用的方法，如果能够与其他方法结合使用，可以进一步提高分析的效果。

10.3 项目的敏感性分析

10.3.1 敏感性分析的基本原理

10.3.1.1 敏感性分析的主要内容

敏感性分析是研究分析与投资项目有关的一个或多个不确定因素发生变化时，导致评估项目基本方案经济评价指标发生变动程度的一种分析方法。其目的是找出敏感因素，估计项目效益对它们的敏感程度，粗略预测项目可能承担的风险，为进一步的风险分析打下基础。

敏感性分析包括单因素敏感性分析和多因素敏感性分析。单因素敏感性分析是指每次只改变一个因素的数值来进行分析，估算单个因素的变化对项目效益产生的影响；多因素敏感性分析则是同时改变两个或两个以上因素进行分析，估算多因素同时发生变化的影响。为了找出关键的敏感因素，通常多进行单因素敏感性分析。必要时，可以同时进行单因素敏感性分析和多因素敏感性分析。

敏感性分析方法对项目财务分析和经济分析同样适用。

10.3.1.2 敏感性分析的目的和作用

敏感性分析可以使决策者了解不确定因素对项目经济效益指标的影响，从而提高决策的准确性，还可以启发评估人员对那些较为敏感的因素重新进行分析研究，以提高预测的可靠性，降低投资风险。通过敏感性分析可以达到下列目的。

1. 通过敏感性分析可研究不确定因素的变动对投资项目经济效益指标的影响程度，即引起经济效益指标的变动幅度和变动方向。

2. 通过敏感性分析找出影响投资项目经济效益的敏感因素，并确定其影响程度，建立不确定因素与经济效益指标之间的对应定量关系（敏感度系数），进行项目风险估计，进一步分析与敏感性大的因素有关的预测或估算数据可能产生不确定性的根源，采取有效措施，进行重点监督和防范。

3. 通过敏感性分析，比较不同的项目方案对某关键因素的敏感程度，进行排序，以便选取对关键因素敏感性小的方案，降低投资项目风险。

4. 通过敏感性分析可找出项目方案中最好与最坏的经济效益的变化范围，使决策者全面了解建设项目投资方案可能出现的经济效益变动情况和风险程度，以便通过深入分析可能采取的有效控制措施，来选择最现实的项目方案或寻找替代方案，达到减少或避免不利因素的影响，改善和提高项目的投资效果，为最后确定有效可行的投资方案提供可靠的决策依据。

5. 预测项目经济效益指标达到临界点（如财务内部收益率达到基准收益率，财务净现值等于零）时，主要不确定因素允许变化的最大幅度（极限值），如果超过此极限，就认为项目不可行。

6. 敏感性分析可以用在项目规划阶段和方案选择上，如用敏感性分析区别出敏感性大的和敏感性小的方案，在经济效益相似的情况下，选取敏感性小的方案，即风险小的方案。

10.3.2 敏感性分析的方法与步骤

10.3.2.1 选取不确定因素

进行敏感性分析首先要选定不确定因素，并确定其偏离基本情况的程度。不确定因素是指那些在项目决策分析与评价过程中涉及的对项目效益有一定影响的基本因素。敏感性分析不可能也不需要对项目涉及的全部因素都进行分析，而只是对那些可能对项目效益影响较大的重要的不确定因素进行分析。不确定因素通常根据行业和项目的特点，参考类似项目的经验特别是项目后评价的经验进行选择和确定。导致投资项目存在不确定性的主要因素包括以下几项。

1. 价格。项目的产品价格或原材料价格，即项目产出物和投入物的价格，是影响其经济效益的最基本因素。它通过投资费用、生产成本和产品售价反映到经济效益指标上。投资项目的寿命期一般都在 10～20 年之间，由于价值规律的作用，项目寿命期内各种原材料或产品的价格必然会发生变动，因此，价格因其变动的不确定性而成了项目评估中重要的不确定因素。

2. 投资费用。如果项目的总投资额估算不足，或者是由于其他原因而延长了建设期，都将引起投资项目经济效益的变化，导致项目的投资规模、总成本费用和利润总额等项经济指标的变化。

3. 项目计算期。项目计算期通常以主要固定资产的寿命期为基础，因此经济效益分析中的许多指标都是以此为基础计算的，但是随着科学技术的发展，投资项目所采用的工艺、技术、设备等很可能被新技术所替代或淘汰，从而使整个项目的技术寿命期缩短。同时，随着经济的发展和市场需求的变动，项目产出物的生命周期也日趋缩短，这些都会导致投资项目经济效益的变化。

4. 项目的生产能力。若生产能力达不到设计生产能力，将导致投资项目的营业收入、成本、税金等发生变化，从而对项目经济效益产生影响。生产能力没有达到设计生产能力，是由种种原因造成的，如原材料供应不足、能源或动力的保证不到位、运输条件限制、无法掌握新技术、管理水平不足和市场变化等。由于达不到设计生产能力，将使营业收入下降，而预期的经济效益可能无法实现。

经验表明，通常应进行敏感性分析的因素包括建设投资、产出价格、产品产量、主要投入价格或可变成本、运营负荷、建设期以及人民币外汇汇率等，根据项目的具体情况也可选择其他因素。

10.3.2.2 确定不确定因素变化程度

敏感性分析通常同时针对不确定因素的不利变化和有利变化进行，以便观察各种变化对效益指标的影响，并编制敏感性分析表或绘制敏感性分析图。一般需选择不确定因素变化的百分率，为了作图的需要可分别选取 ±5%、±10%、±15%、±20%

等。对于那些不便用百分数表示的因素，如建设期，可采用延长一段时间表示，如延长一年。百分数的取值其实并不重要，因为敏感性分析的目的并不在于考察项目效益在某个具体的百分数变化下发生变化的具体数值，而只是借助它进一步计算敏感性分析指标，即敏感度系数和临界点。

10.3.2.3　选取分析指标

建设项目经济评价有一整套指标体系，敏感性分析可选定其中一个或几个主要指标进行。最基本的分析指标是内部收益率或净现值，根据项目的实际情况也可选择投资回收期等评价指标，必要时可同时针对两个或两个以上的指标进行敏感性分析。通常财务分析的敏感性分析中必选的分析指标是项目投资财务内部收益率；经济分析中必选的分析指标是经济净现值或经济内部收益率；静态投资收益率常用于制定项目规划阶段的评价分析；借款偿还期适用于贷款项目和合资项目，可分析贷款和资金短缺对投资偿还能力的影响。

10.3.2.4　计算敏感性分析指标

1. 敏感度系数。敏感度系数是项目效益指标变化的百分率与不确定因素变化的百分率之比。敏感度系数高，表示项目效益对该不确定因素敏感程度高，提示应重视该不确定因素对项目效益的影响。敏感度系数的计算公式如下：

$$E = \frac{\Delta A/A}{\Delta F/F} \tag{10-7}$$

其中，E 表示评价指标 A 对于不确定因素 F 的敏感度系数；$\Delta A/A$ 为不确定因素 F 发生 $\Delta F/F$ 变化时，评价指标 A 的相应变化率（%）；$\Delta F/F$ 为不确定因素 F 的变化率（%）。

$E > 0$，表示评价指标与不确定因素同方向变化；$E < 0$，表示评价指标与不确定因素反方向变化，E 的绝对值越大，对应的不确定因素的敏感度系数越高。

敏感度系数的计算结果可能受到不确定因素变化率取值不同的影响，所以以敏感度系数的数值会有所变化。但其数值大小并不是计算该项指标的目的，重要的是各不确定因素敏感度系数的相对值，借此了解各不确定因素的相对影响程度，以选出敏感度较大的不确定因素。因此，虽然敏感度系数有以上缺陷，但在判断各不确定因素对项目效益的相对影响程度上仍然具有一定的作用。

2. 临界点。临界点是指不确定因素的极限变化，即不确定因素的变化使项目由可行变为不可行的临界数值。也可以说是该不确定因素使内部收益率等于基准收益率或净现值变为零时的变化率，当该不确定因素为费用科目时为其增加的百分率；当该不确定因素为效益科目时为其降低的百分率。临界点也可用该百分率对应的具体数值（转换值，Switching Value）表示。当不确定因素的变化超过了临界点所表示的不确定因素的极限变化时，项目效益指标将会转而低于基准值，表明项目将由可行变为不可行。

临界点的高低与设定的基准收益率有关，对于同一个投资项目，随着设定基准收益率的提高，临界点就会变低（临界点表示的不确定因素的极限变化变小）；而在一定的基准收益率下，临界点越低，说明该因素对项目效益指标影响越大，项目对该因素就越敏感。

可以通过敏感性分析图求得临界点的近似值，但由于项目效益指标的变化与不确定因素的变化之间不完全是直线关系，有时误差较大，因此最好采用试算法或函数求解。

10.3.2.5　敏感性分析的结果

1. 编制敏感性分析表。将敏感性分析的结果汇总于敏感性分析表，在敏感性分析表中应同时给出基本方案的指标数值、所考虑的不确定因素及其变化、在这些不确定因素变化的情况下项目效益指标的计算数值，并据此编制各不确定因素的敏感度系数与临界点，也可将其与敏感性分析表合并成一张表，如表 10 - 1 所示。

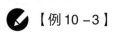【例 10 - 3】

某项目的敏感性分析见表 10 - 1。

表 10 - 1　敏感性分析表

序号	不确定因素	不确定因素变化率	财务内部收益率	敏感度系数	临界点
	基本方案		15.3%		
1	建设投资变化	10%	12.6%	- 1.76	12.3%
		- 10%	18.4%	- 2.04	
2	销售价格变化	10%	19.6%	2.81	- 7.1%
		- 10%	10.6%	3.05	
3	原材料价格变化	10%	13.8%	- 0.95	22.4%
		- 10%	16.7%	- 0.94	
4	汇率变化	10%	14.2%	- 0.71	32.2%
		- 10%	16.4%	- 0.75	
5	负荷变化	10%	17.9%	1.72	- 11.2%
		- 10%	12.4%	1.92	

说明：

（1）表中的基本方案是指项目财务分析中按所选定投入和产出的相关数值计算的指标。

（2）求临界点的基准收益率为 12%。

（3）表中临界点是采用函数计算的结果。临界点为正，表示允许该不确定因素升高的比率；临界点为负，表示允许该不确定因素降低的比率。

（4）表中敏感度系数为负，说明效益指标变化的方向与不确定因素变化的方向相反；敏感度系数为正，说明效益指标变化的方向与不确定因素变化的方向相同。

（5）表中仅列出不确定因素变化率为 ±10% 的情况。为了绘制敏感性分析图，还测算了变化率为 ±20% 和 ±30% 的情况。

（6）以建设投资增加 10% 和销售价格降低 10% 为例，说明表 10 −1 中敏感度系数的计算。

建设投资增加 10% 时：

$$\Delta A/A = (0.126 - 0.153) / 10.153 = -0.176$$

$$E_{建} = -0.176 / 0.1 = -1.76$$

其中，$E_{建}$ 为效益指标对建设投资的敏感度系数。敏感度系数为负，说明建设投资增加导致内部收益率降低。

销售价格降低 10% 时：

$$\Delta A /A = (0.106 - 0.153) / 10.153 = -0.307$$

$$E_{销} = (-0.307) / (-0.1) = 3.07$$

其中，$E_{销}$ 为效益指标对销售价格的敏感度系数。敏感度系数为正，说明销售价格降低导致内部收益率降低。

比较上述两个敏感度系数的绝对值，可以看出 $E_{销}$ 大于 $E_{建}$，说明销售价格比建设投资对项目效益指标的影响程度相对较大，也即项目效益指标对销售价格的敏感程度高于对建设投资的敏感程度。

2. 绘制敏感性分析图。根据敏感性分析表中的数值可以绘制敏感性分析图，横轴为不确定因素变化率，纵轴为项目效益指标。图中曲线可以明确表明项目效益指标变化受不确定因素变化的影响趋势，并由此求出临界点。图 10 −3 是典型的敏感性分析图。

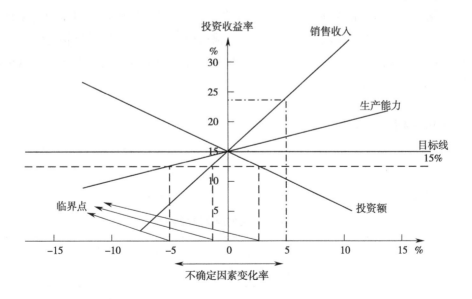

图 10 −3　敏感性分析图

图 10 - 3 的纵轴表示项目效益指标，如投资收益率、回收期等；横轴表示不确定因素的变化率（%），图中按敏感性分析计算结果画出各种因素的变化曲线，选其中与横轴相交的角度大的曲线为敏感性因素变化线。同时，在图上还应标出基准收益率（包括财务基准收益率和社会折现率）。从某种因素对投资收益率的影响曲线与基准收益率或社会折现率线的交点（临界点），可以得知该种因素允许变化的最大幅度。若变化幅度超过极限值，项目就不可行。如果发生这种极限变化的可能性很大，则表明项目承担的风险很大。从图中可以看到，如果销售收入增加 5% ，则将会影响投资收益率从目标值 15% 增加到 23% ；如果生产能力下降 5% ，则将会影响投资收益率从目标值 15% 下降到 13% 。应该说任何一个不确定因素的变动，都必然影响经济效益的评价目标值，只是影响的程度不同而已。图 10 - 3 中，销售收入的变动对投资收益率的影响较大，而投资额的变动对投资收益率的影响较小。

10.3.2.6 对敏感性分析结果进行分析

要对敏感性分析表和敏感性分析图显示的结果进行文字说明，将不确定因素变化后计算的经济评价指标与基本方案的评价指标进行对比分析，分析中应注重以下三个方面。

1. 结合敏感度系数及临界点的计算结果，按不确定因素的敏感程度进行排序，找出哪些因素是较为敏感的不确定因素。可通过直观检测得知或观察其敏感度系数和临界点，敏感度系数较高者或临界点较低者为较为敏感的因素。

2. 定性分析临界点所表示的不确定因素变化发生的可能性。以可行性研究报告前几章的分析研究为基础，结合经验进行判断，说明所考察的某种不确定因素是否可能发生临界点所表示的变化，并作出风险的粗略估计。

3. 归纳敏感性分析的结论，指出最敏感的一个或几个关键因素，粗略预测项目可能的风险。对于不系统进行风险分析的项目，应根据敏感性分析结果提出相应的减轻不确定因素影响的措施，提请项目业主、投资者和有关各方在决策和实施中注意，以尽可能降低风险，实现预期效益。

【例 10 - 4】

某公司要投资一个电钻机项目，该项目的现金流量数据如表 10 - 2 所示。

表 10 - 2　项目的现金流量数据　　　　　　　　　　单位：万元

年份	0	1	2 ~ 10	11
投资	15000			
营业收入			22000	22000
经营成本			15200	15200

续表

年份	0	1	2～10	11
营业税金（营业收入的10%）			2200	2200
期末资产残值				2000
净现金流量			4600	4600 + 2000

该项目的数据是根据项目未来最可能出现的情况预测估算的。由于对未来影响经济环境的某些因素把握不大，投资额、经营成本和产品价格均有可能在 ±20% 的范围内变动。假设基准折现率为 10%，试分别就上述三个不确定因素，对项目的净现值进行敏感性分析。

解：

（1）确定敏感性分析研究的对象。由题意可以看出，不确定因素有投资额、经营成本和产品价格；目标经济效益指标为净现值。

（2）计算项目的目标值。设投资额为 K，年营业收入为 TR，年经营成本为 TC，年营业税金为 TA，期末资产残值为 VL，则根据估计的可能情况，采用项目现金流量数据计算，可得项目的净现值计算结果如下：

$$NPV = -K + \sum_{t=1}^{11} \frac{(TR - TC - TA)}{(1 + i_0)^{11}} + \frac{V_L}{(1 + i_0)^{11}} = 11394（万元）$$

（3）计算变化率和分析敏感因素。将分析的三个不确定因素投资额、经营成本和产品价格分别设为 x、y、z，假定其他因素不变，只变动某一个因素时，计算项目方案的净现值，计算公式分别如下：

$$NPV = -K(1 + x) + \sum_{t=1}^{11} \frac{(TR - TC - TA)}{(1 + i_0)^{11}} + \frac{V_L}{(1 + i_0)^{11}}$$

$$NPV = -K + \sum_{t=1}^{11} \frac{[TR - TC(1 + y) - TA]}{(1 + i_0)^{11}} + \frac{V_L}{(1 + i_0)^{11}}$$

产品价格的变动将导致营业收入和营业税金的变动，营业收入和营业税金变动的比例与产品价格变动的比例相同，故分析产品价格变动对方案净现值影响的计算公式与投资额和经营成本变动对净现值影响的计算公式有所不同。

$$NPV = -K + \sum_{t=1}^{11} \frac{(B - TA)(1 + z) - C}{(1 + i_0)^{11}} + \frac{V_L}{(1 + i_0)^{11}}$$

按照上述三个公式，使用表 10 - 2 中的数据，可计算出不确定因素在不同变动幅度下方案的净现值，计算结果见表 10 - 3 和表 10 - 4。

表 10 - 3　不确定因素的变动对净现值的影响　　　　　单位：万元

不确定因素	变动率								
	-20%	-15%	-10%	-5%	0	5%	10%	15%	20%
投资额	14394	13644	12894	12144	11394	10644	9894	9144	8394
经营成本	28374	24129	19884	15639	11394	7149	2904	-1341	-5586
产品价格	-10725	-5195	335	5864	11394	16924	22453	27983	33513

表 10 - 4　敏感性分析表

序号	不确定因素	变量因素变化率	NPV变化率	内部收益率	敏感度系数	临界点	临界值
基本方案			11396	22%			
1	投资额	−20%	26.33%	28%	−1.32	75.97%	11395.5
		−15%	19.75%	26%	−1.32		
		−10%	13.16%	25%	−1.32		
		−5%	6.58%	23%	−1.32		
		5%	−6.58%	21%	−1.32		
		10%	−13.16%	20%	−1.32		
		15%	−19.75%	19%	−1.32		
		20%	−26.33%	18%	−1.32		
2	经营成本	−20%	149.03%	36%	−7.45	13.42%	17239.84
		−15%	111.77%	33%	−7.45		
		−10%	74.51%	29%	−7.45		
		−5%	37.26%	26%	−7.45		
		5%	−37.26%	18%	−7.45		
		10%	−74.51%	13%	−7.45		
		15%	−111.77%	8%	−7.45		
		20%	−149.03%	2%	−7.45		
3	产品价格	−20%	−194.13%	−7%	9.71	−10.30%	19734
		−15%	−145.59%	3%	9.71		
		−10%	−97.06%	10%	9.71		
		−5%	−48.53%	17%	9.71		
		5%	48.53%	27%	9.71		
		10%	97.06%	31%	9.71		
		15%	145.59%	36%	9.71		
		20%	194.13%	40%	9.71		

（4）绘制敏感性分析图。由敏感性分析图可见，产品价格是最敏感的因素。

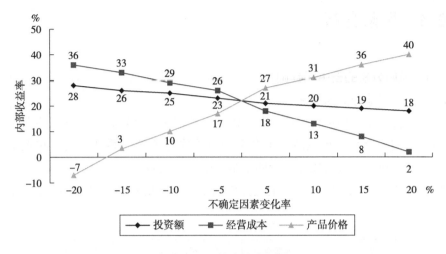

图 10 - 4　敏感性分析图

10.3.3　敏感性分析的优点与局限

10.3.3.1　敏感性分析的优点

1. 敏感性分析使用了项目寿命期内的现金流量及其他经济数据，在一定程度上就各种不确定因素的变动对项目经济效果的影响作出了定量描述，决策者可以从不确定因素中找出对项目经济评价指标敏感的因素及其在项目可行的前提下敏感因素允许变动的范围，从而考察项目的风险程度或承受风险的能力。

2. 敏感性分析提供了在决策前重点对项目的敏感因素进一步精确地进行预测、估算和研究的机会，减少敏感因素的不确定性，把敏感因素可能引起的项目风险尽量降低。

3. 便于在未来项目的实施中，采取有力措施控制敏感因素的变动，降低项目风险，以保证项目获得预期的经济效果。

10.3.3.2　敏感性分析的局限

1. 敏感性分析并没有考虑各种不确定因素在未来发生变动的概率，因而在一定程度上影响了分析结论的准确性。也许另外的、不大敏感的不确定因素未来所发生的对项目不利的变动的概率却相当大，将带来更大的风险。这是敏感性分析无法解决的问题。

2. 敏感性分析只能指出项目经济效益指标对各个不确定因素的敏感程度，但不能表明不确定因素的变化对经济效益指标的这种影响发生的可能性的大小，以及在这种情况下对经济效益指标的影响程度。

10.4 风险分析

10.4.1 风险分析的程序和基础

10.4.1.1 风险分析的程序

项目风险分析是认识项目可能存在的潜在风险因素，估计这些因素发生的可能性及由此造成的影响，研究防止或减少不利影响而采取对策的一系列活动，它包括风险识别、风险估计、风险评价与风险对策四个基本阶段。风险分析所经历的四个阶段，实质上是从定性分析到定量分析，再从定量分析到定性分析的过程。其基本流程如图 10 - 5 所示。

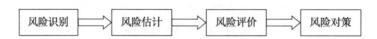

图 10 - 5 风险分析流程

项目评估中的风险分析应遵循以下程序：首先从认识风险特征入手去识别风险因素；其次，根据需要选择适当的方法估计风险发生的可能性及其影响；再次，按照某个标准，评价风险程度，包括单个风险因素风险程度估计和对项目整体风险程度的估计；最后，提出针对性的风险对策，将项目风险进行归纳，提出风险分析结论。

10.4.1.2 风险分析的基础

1. 风险函数。用于描述风险的有两个变量。一是事件发生的概率或可能性（Probability），二是事件发生后对项目目标的影响（Impact）。因此，风险可以用一个二元函数描述：

$$R(P,I) = P \times I \qquad\qquad (10 - 8)$$

其中，P 为风险事件发生的概率；I 为风险事件对项目目标的影响。

显然，风险的大小或高低既与风险事件发生的概率成正比，也与风险事件对项目目标的影响程度成正比。

2. 风险影响。按照风险发生后对项目的影响大小，可以划分为五个影响等级。其说明如下。

（1）严重影响：一旦风险发生，将导致整个项目的目标失败，用 S 表示。

（2）较大影响：一旦风险发生，将导致整个项目的目标值严重下降，用 H 表示。

（3）中等影响：一旦风险发生，对项目的目标造成中度影响，但仍然能够部分达到，用 M 表示。

（4）较小影响：一旦风险发生，项目对应部分的目标会受到影响，但不影响整体目标，用 L 表示。

（5）可忽略影响：一旦风险发生，对项目对应部分的目标的影响可忽略，并且不影响整体目标，用 N 表示。

3. 风险概率。按照风险因素发生的可能性，可以将风险概率划分为五个档次。

（1）很高：风险发生的概率在 81% ~ 100%，意即风险很有可能发生，用 S 表示。

（2）较高：风险发生的概率在 61% ~ 80%，意即发生的可能性较大，用 H 表示。

（3）中等：风险发生的概率在 41% ~ 60%，意即可能在项目中预期发生，用 M 表示。

（4）较低：风险发生的概率在 21% ~ 40%，意即不可能发生，用 L 表示。

（5）很低：风险发生的概率在 0 ~ 20%，意即非常不可能发生，用 N 表示。

4. 风险评价矩阵。风险的大小可以用风险评价矩阵，也称概率—影响矩阵（Probability – Impact Matrix，PIM）来表示，它以风险因素发生的概率为横坐标，以风险因素发生后对项目的影响大小为纵坐标，发生概率大且对项目影响也大的风险因素位于矩阵的右上角，发生概率小且对项目影响也小的风险因素位于矩阵的左下角，如图 10 – 6 所示。

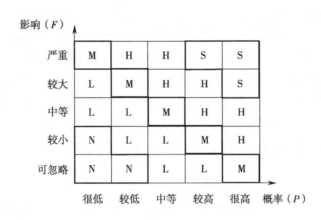

图 10 – 6　风险概率—影响矩阵

5. 风险等级。根据风险因素对投资项目影响程度的大小，采用风险评价矩阵方法，可将风险程度分为微小风险、较小风险、一般风险、较大风险和重大风险五个等级。

（1）微小风险。风险发生的可能性很小，且发生后造成的损失较小，对项目的影响很小。对应图 10 – 6 的 N 区域。

（2）较小风险。风险发生的可能性较小，或者发生后造成的损失较小，不影响项目的可行性。对应图 10 – 6 的 L 区域。

（3）一般风险。风险发生的可能性不大，或者发生后造成的损失不大，一般不影响项目的可行性，但应采取一定的防范措施。对应图 10 – 6 的 M 区域。

（4）较大风险。风险发生的可能性较大，或者发生后造成的损失较大，但造成的损失是项目可以承受的，必须采取一定的防范措施。对应图 10 – 6 的 H 区域。

（5）重大风险。风险发生的可能性大，风险造成的损失大，将使项目由可行转变为不可行，需要采取积极有效的防范措施。对应图 10 – 6 的 S 区域。

10.4.2 风险识别

风险因素识别首先要认识和确定项目究竟可能存在哪些风险因素，这些风险因素会给项目带来什么影响，具体原因又是什么。在对风险特征充分认识的基础上，识别项目潜在的风险和引起这些风险的具体风险因素，只有把项目主要的风险因素揭示出来，才能进一步通过风险评估确定损失程度和发生的可能性，进而找出关键风险因素，提出风险对策。

10.4.2.1 风险识别的主要方法

投资项目可行性研究阶段涉及的风险因素较多，各行业和项目又不尽相同。风险识别要根据行业和项目的特点，采用适当的方法进行。风险识别要采用分析和分解原则，把综合性的风险问题分解为多层次的风险因素。常用的方法主要有风险解析法、专家调查法、流程图法、故障树、事件树、问卷调查和情景分析法等。下面主要介绍风险解析法和专家调查法。

1. 风险解析法。风险解析法，也称风险结构分解法（Risk Breakdown Structure，RBS），是风险识别的主要方法之一。它是将一个复杂系统分解为若干子系统进行分析的常用方法，通过对子系统的分析进而把握整个系统的特征。如市场风险可以分解为市场供求、竞争力、价格偏差三类风险。对于市场供求总量的偏差，首先将其分为供方市场和需方市场，然后各自进一步分解为国内和国外。其风险可能来自区域因素、替代品的出现以及经济环境对购买力的影响等；产品市场竞争力风险因素又可细分为品种质量、生产成本以及竞争对手因素等；价格偏差因素可分解为诸多影响国内价格和国际价格的因素，随项目和产品的不同可能有很大的不同。市场风险解析如图 10-7 所示。

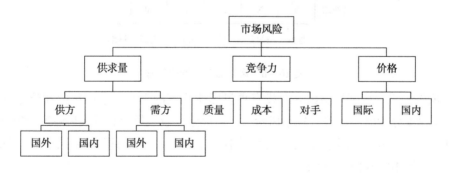

图 10-7 市场风险解析图

2. 专家调查法。专家调查法是基于专家的知识、经验和直觉，通过发函、开会或其他形式向专家进行调查，发现项目的潜在风险，对项目风险因素及其风险程度进行评定，将多位专家的经验集中起来形成分析结论的一种方法。它适用于风险分析的全过程，由于专家调查法比一般的经验识别法更具有客观性，因此应用更为广泛。采用专家调查法时，所聘请的专家应熟悉该行业和所评估的风险因素，并能做到客观公正。专家的人数取决于项目的特点、规模、复杂程度和风险的性质，没有绝对规定。但是为了减少主观性，专家应有合理的规模，人数一般应在 10~20 位左右。

专家调查法有很多，其中头脑风暴法、德尔菲法、风险识别调查表、风险对照检查表和风险评价表是最常用的几种方法。头脑风暴法和德尔菲法在《现代咨询方法与实务》（第四册）中有详细介绍。这里只重点介绍后面三种方法。

（1）风险识别调查表。主要定性描述风险的来源与类型、风险特征、对项目目标的影响等，典型的风险识别调查表如表 10 - 5 所示。

表 10 - 5　典型的风险识别调查表

编号：　　　　　　　　　　　　　　　　　　　　　　　　时间：

项目名称	
风险类型	
风险描述	
风险对项目目标的影响（费用、质量、进度、环境等）	
风险的来源、特征	

（2）风险对照检查表。风险对照检查表是一种规范化的定性风险分析工具，具有系统、全面、简单、快捷、高效等优点，容易集中专家的智慧和意见，不容易遗漏主要风险；对风险分析人员有启发思路、开拓思路的作用。当有丰富的经验和充分的专业技能时，项目风险识别相对简单，并可以取得良好的效果。显然，对照检查表的设计和确定是建立在众多类似项目经验基础上的，需要大量类似项目的数据，而对于新的项目或完全不同环境下的项目则难以适应，有可能导致风险识别的偏差。因此，需要针对项目的类型和特点制定专门的风险对照检查表。国际上许多项目管理组织如美国项目管理学会、欧洲国际项目管理协会等都制定了规范的风险清单，大大提高了风险识别的工作效率。表 10 - 6 给出了投资项目风险对照检查表的一个示例。

表 10 - 6　风险对照检查表示例

风险因素	可能的原因	可能的结果	可能性 高	可能性 中	可能性 低
项目进度	资金不足 设计变更 施工能力不足 ……	进度延误		* *	*
投资估算	工程量估计不准 设备价格变化 材料价格变动 土地成本增加 ……	投资超支	*	* 	* *
项目管理	项目复杂程度高 业主缺乏经验 可行性研究深度不足 ……	影响质量		*	* *

（3）风险评价表。专家凭借经验独立地对各类风险因素的风险程度进行评价，最后将各位专家的意见归集起来。风险评价表通常的格式如表10-7所示，表中的风险种类应随行业和项目特点而异，其层次可视情况细分，同时重在说明。说明中应对程度判定的理由进行描述，并尽可能明确最悲观值（或最悲观情况）及其发生的可能性。

表 10-7 风险评价表

风险因素名称	风险程度					说明
	重大	较大	一般	较小	微小	
1. 市场风险						
市场需求量						
竞争能力						
价格						
2. 原材料供应风险						
可靠性						
价格						
质量						
3. 技术风险						
可靠性						
适用性						
经济性						
4. 工程风险						
地质条件						
施工能力						
水资源						
5. 投资与融资风险						
汇率						
利率						
投资						
工期						
6. 配套条件						
水、电、气配套条件						
交通运输配套条件						
其他配套工程						
7. 外部环境风险						
经济环境						
自然环境						
社会环境						
8. 其他						

10.4.2.2 投资项目的主要风险

1. 市场风险。市场风险是竞争性项目常遇到的重要风险。它的损失主要表现在项目产品销路不畅、产品价格低迷等，以致产量和销售收入达不到预期的目标。细分起来，市场方面涉及的风险因素较多，可分层次予以识别。市场风险一般来自四个方面：一是由于消费者的消费习惯、消费偏好发生变化，导致市场需求发生重大变化，导致项目的市场出现问题，市场供需总量的实际情况与预测值发生偏离；二是由于市场预测方法或数据错误，导致市场需求分析出现重大偏差；三是市场竞争格局发生重大变化，竞争者采取了进攻策略，或者出现了新的竞争对手，对项目的销售产生重大影响；四是由于市场条件的变化，项目产品和主要原材料的供应条件和价格发生较大变化，对项目的效益产生了重大影响。

2. 技术与工程风险。在可行性研究中，虽然对投资项目采用技术的先进性、可靠性和适用性进行了必要的论证分析，选定了认为合适的技术，但是由于各种主观原因和客观原因，仍然可能会发生预想不到的问题，使投资项目遭受风险损失。可行性研究阶段应考虑的技术方面的风险因素主要有：对技术的适用性和可靠性认识不足，运营后达不到生产能力，质量不过关或消耗指标偏高，特别是高新技术开发项目这方面的风险更大。

3. 组织管理风险。组织风险是指由于项目存在众多参与方，各方的动机和目的不一致将导致项目合作的风险，影响项目的进展和项目目标的实现。还包括项目组织内部各部门对项目的理解、态度和行动的不一致而产生的风险。完善项目各参与方的合同，加强合同管理，可以降低项目的组织风险。

管理风险是指由于项目管理模式不合理，项目内部组织不当、管理混乱或者主要管理者能力不足、人格缺陷等，导致投资大量增加、项目不能按期建成投产而造成损失的可能性。包括项目采取的管理模式、组织与团队合作以及主要管理者的道德水平等。因此，合理设计项目的管理模式，选择适当的管理者和加强团队建设是规避管理风险的主要措施。

4. 政策风险。政策风险主要指国内外政治经济条件发生重大变化或者政策调整，项目原定目标难以实现的可能性。项目是在一个国家或地区的社会经济环境中存在的，国家或地方的各种政策，包括经济政策、技术政策、产业政策等，以及税收、金融、环保、投资、土地、产业等政策的调整都会对项目带来各种影响。特别是对于海外投资项目，由于不熟悉当地政策，规避政策风险更是项目评估阶段的重要内容。

5. 环境与社会风险。环境风险是指由于对项目的环境生态影响分析深度不足，或者是环境保护措施不当，带来重大的环境影响，引发社会矛盾，从而影响项目的建设和运营。

社会风险是指由于对项目的社会影响估计不足，或者项目所处的社会环境发生变化，给项目建设和运营带来困难和损失的可能性。有的项目由于选址不当，或者因对利益受损者补偿不足，都可能导致当地居民和组织的不满和反对，从而影响项目的建设和运营。社会风险的影响面非常广泛，包括宗教信仰、社会治安、文化素质、公众态度等方面。

6. 其他风险。对于某些项目，还要考虑其特有的风险因素。例如，对于矿山、油气开采等资源开发项目，资源风险是很重要的风险因素，矿山和油气开采等项目受勘探的技术、时间和资金的限制，实际储量可能会有较大的出入；对于投资巨大的项目，还存在融资风险，或由于利率、汇率变化导致融资成本升高造成损失的可能性；大量消耗原材料和燃料的项目，还存在原材料和燃料供应量、价格和运输保障三个方面的风险；在水资源短缺地区的建设项目，或者项目本身耗水量大，水资源风险因素也应予重视；对于中外合资项目，要考虑合资对象的法人资格和资信问题，还有合作的协调性等问题；对于农业投资项目，还要考虑因气候、土壤、水利、水资源分配等条件的变化对收成产生不利影响的风险因素。

上面只是列举出投资项目可能存在的一些风险因素，并非涵盖所有投资项目的全部风险因素；也并非每个投资项目都同时存在这么多风险因素，而可能只是其中的几种，要根据项目具体情况予以识别。

10.4.3　风险估计

风险估计是估计风险发生的可能性及其对项目的影响。投资项目涉及的风险因素有些是可以量化的，可以通过定量分析的方法对它们进行分析；同时客观上也存在着许多不可量化的风险因素，它们有可能给项目带来更大的风险，因此有必要对不可量化的风险因素进行定性描述。因此，风险估计应采取定性描述与定量分析相结合的方法，从而对项目面临的风险作出全面的估计。应该注意定性与定量不是绝对的，在深入研究和分解之后，有些定性因素可以转化为定量因素。

风险估计的方法包括风险概率估计、期望值分析、蒙特卡洛模拟等方法。

10.4.3.1　风险概率估计

风险概率估计包括客观概率估计和主观概率估计。在项目评价中，风险概率估计中较常用的是正态分布、三角形分布、贝塔分布等概率分布形式，由项目评价人员或专家进行估计。

1. 客观概率估计。客观概率是实际发生的概率，它并不取决于人的主观意志，可以根据历史统计数据或大量的试验来推定。有两种方法：一是将一个事件分解为若干子事件，通过计算子事件的概率来获得主要事件的概率；二是通过足够量的试验，统计出事件的概率。由于客观概率是基于同样事件的历史观测数据的，它只能用于完全可重复事件，因而并不适用于大部分现实事件。应用客观概率对项目风险进行的估计称为客观估计，它利用同一事件的历史数据，或是类似事件的数据资料，计算出客观概率。该方法的最大缺点是需要足够的信息，但通常是不可得的。

当项目的某些风险因素可以找到比较多的历史数据时，就可以基于已有的数据资料进行统计分析，从而得出这些风险因素出现的概率。

如某风险因素有 $Q_1, Q_2, Q_3, \cdots, Q_m$ m 个状态，对应的出现次数分别是 $n_1, n_2, n_3, \cdots,$

n_m ，则第 i 种状态出现的概率是

$$P(x = Q_i) = \frac{n_i}{n}, i = 1, 2, 3, \cdots, m \qquad (10-9)$$

其中， $n = n_1 + n_2 + n_3 + \cdots + n_m$ 。

2. 主观概率估计。主观概率是基于个人经验、预感或直觉而估算出来的概率，是一种个人的主观判断，反映了人们对风险现象的一种测度。当有效统计数据不足或是不可能进行试验时，主观概率是唯一选择，基于经验、知识或类似事件比较的专家推断概率便是主观估计。在实践中，许多项目的风险是不可预见，并且不能精确计算的。主观概率估计的具体步骤如下。

（1）根据需要调查问题的性质组成专家组。专家组成员由熟悉该风险因素的现状和发展趋势的专家、有经验的工作人员组成。

（2）估计某一变量可能出现的状态数或状态范围、各种状态出现的概率或变量发生在状态范围内的概率，由每个专家独立使用书面形式反映出来。

（3）整理专家组成员的意见，计算专家意见的期望值和意见分歧情况，并反馈给专家组。

（4）专家组讨论并分析意见分歧的原因，再由专家组成员重新背靠背地独立填写变量可能出现的状态或状态范围、各种状态出现的概率或变量发生在状态范围内的概率，如此重复进行，直至专家意见分歧程度满足要求值为止。这个过程最多经历三个循环，超过三个循环将会引起厌烦，不利于获得专家们的真实意见。

3. 风险概率分析指标。描述风险概率分布的指标主要有期望值、方差、标准差、离散系数等。

（1）期望值。期望值是风险变量的加权平均值。对于离散型风险变量，其期望值为

$$\bar{x} = \sum_{i=1}^{n} x_i P_i \qquad (10-10)$$

其中， n 为风险变量的状态数； x_i 为风险变量的第 i 种状态下变量的值； P_i 为风险变量的第 i 种状态出现的概率。

对于等概率的离散随机变量，其期望值为

$$\bar{x} = \frac{1}{n} \sum_{i=1}^{n} x_i \qquad (10-11)$$

（2）方差和标准差。方差和标准差都是描述风险变量偏离期望值程度的绝对指标。对于离散型变量，方差 S^2 为

$$s^2 = \sum_{i=1}^{n} (x_i - \bar{x})^2 P_i \qquad (10-12)$$

方差的平方根为标准差，记为 S 。

对于等概率的离散随机变量，方差为

$$s^2 = \frac{1}{n-1} \sum_{i=1}^{n} (x_i - \bar{x})^2 \qquad (10-13)$$

当 n 足够大（通常 n 大于30）时，可以近似为

$$s^2 = \frac{1}{n} \sum_{i=1}^{n} (x_i - \bar{x})^2 \qquad (10-14)$$

（3）离散系数。离散系数是描述风险变量偏离期望值的离散程度的相对指标，记为 β，即

$$\beta = \frac{s}{\bar{x}} \qquad (10-15)$$

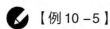 【例10－5】

某投资项目评估中采用的市场销售量为100吨。为分析销售量的风险情况，请了15位专家对该种产品的销售量可能出现的状态及其概率进行预测，专家意见整理见表10－8。请依据该表计算销售量的概率分布指标。

表10－8　专家调查意见汇总

专家	销量				
	80 吨	90 吨	100 吨	110 吨	120 吨
1	10%	15%	50%	15%	10%
2	15%	25%	40%	15%	5%
3	10%	15%	60%	10%	5%
4	5%	12.5%	65%	12.5%	5%
5	10%	15%	55%	15%	5%
6	10%	15%	50%	15%	10%
7	5%	15%	55%	15%	10%
8	5%	10%	60%	15%	10%
9	5%	15%	50%	20%	10%
10	0	15%	70%	15%	0
11	10%	15%	75%	0	0
12	10%	25%	60%	5%	0
13	10%	20%	60%	10%	0
14	0	10%	60%	20%	10%
15	5%	20%	60%	15%	0

答：

（1）首先分别计算专家估计值的平均概率，$P_i = \frac{1}{n} \sum_{i=1}^{n} P_{ij}$，其中 n 为专家人数，$n=15$。

专家估计销售量为80吨的平均概率为 =（10% +15% +10% +5% +10% +10% +5% +5% +5% +0 +10% +10% +10% +0 +5%）/15 =7.33%，同样可以计算出销售量分别为90吨、100吨、110吨和120吨的概率。结果见表10－9。

表 10 - 9　专家预测销售量的概率分布

销售量（吨）	80	90	100	110	120
概率（%）	7.33	16.17	58.00	13.17	5.33

（2）计算出专家估计销售量的期望值：

$$x = \sum_{i=1}^{n} x_i P_i = 80 \times 7.3\% + 90 \times 16.17\% + 100 \times 58.00\% + 110 \times 3.17\% + 120 \times 5.33\%$$

$$= 99.30 (吨)$$

（3）计算销售量的方差、标准差和离散系数：

$$s^2 = \sum_{i=1}^{n} (x_i - \overline{x})^2 P_i = (80 - 99.30)^2 \times 7.33\% + (90 - 99.30)^2 \times 16.17\% + (100 - 99.30)^2$$

$$\times 58.00\% + (110 - 99.30)^2 \times 13.17\% + (120 - 99.30)^2 \times 5.33\% = 79.46$$

标准差 $S = 8.91$，离散系数 $\beta = 0.09$。

从表 10 - 9 可以看出，专家意见比较集中。若专家意见分歧程度在 0.1 以上，需进行第二轮甚至第三轮讨论，消除因误解而产生的分歧。以最终调查的结果作为被调查变量的概率分布。

10.4.3.2　期望值分析

不确定因素可能发生的变化值为随机变量，其出现的可能性大小为随机变量的概率。期望值是随机事件的各种变量与相应概率的加权平均值，它代表了不确定因素在实际中最可能出现的数值。概率分析所包括的内容较广，通常只计算净现值的期望值和净现值的累计概率。前者是以概率为权数计算出来的各种不同情况下净现值的加权平均值；后者是指在各种可能的情况下净现值大于或等于零时的累计概率。根据计算结果，可以编制净现值累计概率表和绘制净现值累计概率图。一般的计算步骤如下。

（1）确定一个或两个不确定因素或风险因素（如投资、收益）。

（2）设想各不确定因素可能发生的情况，即其数值发生变化的若干情况。

（3）估算每个不确定因素可能出现的概率，每种不确定因素可能发生情况的概率之和必须等于 1。这种估算需要借助历史统计资料和专家预测。

（4）分别求出各可能发生事件的净现值，加权净现值，然后求出净现值的期望值。

（5）求出净现值大于或等于零的累计概率，即 $p(NPV > 0) = \sum p_i(NPV_i > 0)$。在具体计算中，是将所有财务净现值与相应概率按照财务净现值的升序排列，然后依次计算每一个财务净现值的累计概率，可以将财务净现值与相应累计概率值画在一个二维坐标图中，直接从图中读出财务净现值小于零的概率。其中财务净现值等于零的概率可用插值法确定。

期望值分析是在假设财务净现值服从标准正态分布的基础上进行的，即

$$NPV \sim N[E(NPV), \sigma^2] \tag{10 - 16}$$

此时，财务净现值小于零的概率可以按照下面的公式计算：

$$P(NPV < 0) = P\left[Z < -\frac{E(NPV)}{\sigma}\right] = 1 - P\left[Z < \frac{E(NPV)}{\sigma}\right] = 1 - \Phi\left[\frac{E(NPV)}{\sigma}\right]$$

$$\tag{10 - 17}$$

其中，$\Phi(x)$ 是标准正态分布的概率分布函数，可以直接从数学用表中查到。

【例 10 −6】

某公用事业公司拟建一个火力发电厂，投资规模要视筹资情况而定，如果金融市场上有大量游资，可能筹集资金 3000 万元，概率为 0.5；若资金市场资金供需均衡，能筹资 2000 万元，概率为 0.4；若资金供应紧张，能筹资 1000 万元，概率为 0.1。项目建成后的年收入与发电规模有直接关系，同时还受到电力市场供求状况的影响，在市场状况良好时，年收入为投资规模的 40%，概率为 0.3；市场状况一般时，年收入为投资规模的 30%，概率为 0.5；市场萧条时，年收入为投资规模的 20%，概率为 0.2。该发电厂的年运行费受到煤炭供求关系影响，煤炭供应充足时，年运行费为投资规模的 5%，概率为 0.2；煤炭供求平衡时，年运行费为投资规模的 10%，概率为 0.5；煤炭供应紧张时，年运行费为投资规模的 15%，概率为 0.3。该项目的基准贴现率为 10%，项目计算期为 10 年，期末无残值，试计算该项目的期望值及净现值非负的累计概率。

解：

（1）项目不确定因素的变化范围及其概率如表 10 −10 所示。

表 10 −10　不确定因素的概率分布

不确定因素	变化范围	概率分布
投资 I	3000 万元	0.5
	2000 万元	0.4
	1000 万元	0.1
年收入 B	40%I	0.3
	30%I	0.5
	20%I	0.2
年运行费 C	15%I	0.3
	10%I	0.5
	5%I	0.2

（2）利用决策树技术确定每一种状态的概率及净现值，如图 10 −8 所示，共有 $3^3 = 27$ 个分支，每个分支都表示在上述不确定条件下可能发生的事件，圆圈内的数字为各不确定因素发生变化的概率。例如，第一分支是投资 3000 万元，年收入为投资规模的 40% 和年运行费为投资规模的 15% 时的情况。可以很容易地计算得出第一分支在发生概率下的项目净现值：

$$P_1 = P(I = 3000) \times P(B = 1200) \times P(C = 450) = 0.5 \times 0.3 \times 0.3 = 0.045$$

$$NPV_1 = (B - C)(P/A, 10\%, 10) - I = (1200 - 450) \times 6.415 - 3000 = 1608.75（万元）$$

其他各状态的概率与净现值计算同上，如图 10 −8 所示。

（3）计算期望净现值：

$$E(NPV) = \sum_{i=1}^{27} NPV_i \times P_i = 646.75（万元）$$

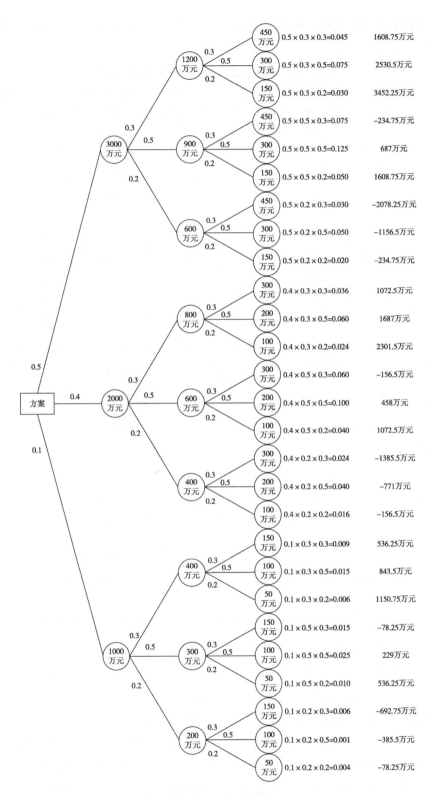

图 10 - 8　概率树图

（4）估计项目风险。将各种不同状态组合所产生的 NPV 按从小到大排列，并将它们发生的概率依次累计（见表10－11）。

表 10－11　项目各状态组合的 NPV 及累计概率

状态	NPV	概率	累计概率	状态	NPV	概率	累计概率
1	-2078.25	0.03	0.03	15	536.25	0.009	0.484
2	-1385.5	0.024	0.054	16	536.25	0.01	0.494
3	-1156.5	0.05	0.104	17	687	0.125	0.619
4	-771	0.04	0.144	18	843.5	0.015	0.634
5	-692.75	0.006	0.15	19	1072.5	0.036	0.67
6	-385.5	0.01	0.16	20	1072.5	0.04	0.71
7	-234.75	0.075	0.235	21	1150.75	0.006	0.716
8	-234.75	0.02	0.255	22	1608.75	0.045	0.761
9	-156.5	0.06	0.315	23	1608.75	0.05	0.811
10	-156.5	0.016	0.331	24	1687	0.06	0.871
11	-78.25	0.015	0.346	25	2301.5	0.024	0.895
12	-78.25	0.004	0.35	26	2530.5	0.075	0.97
13	229	0.025	0.375	27	3452.25	0.03	1
14	458	0.1	0.475				

则净现值非负的累计概率为

$$P(NPV \geqslant 0) = 1 - \sum P_i(NPV_i < 0) = 65\%$$

财务净现值等于零的概率用插值法确定，由表 10－11 可知，净现值为 -78.25 万元的概率为 0.019，229 万元的概率为 0.025。应用该数据采用插值法计算净现值为零时对应的概率为

$$0.35 + \frac{|-78.25|}{|-78.25| + 229} \times (0.375 - 0.35) = 0.3564$$

经过计算可知项目的期望值为 646.47 万元，净现值非负的累计概率为 65%，等于零时的概率为 35.64%，说明项目的风险较大。

10.4.3.3　蒙特卡洛模拟

当项目评价中输入的随机变量个数多于 3 个，每个输入变量都可能出现 3 个以上乃至无限多种状态时（如连续随机变量），就不能用理论计算法进行风险分析了，这时就必须采用蒙特卡洛模拟技术。这种方法的原理是用随机抽样的方法抽取一组输入变量的数值，并根据这组输入变量的数值计算项目评价指标，如内部收益率、净现值等，用这样的办法抽样计算足够多的次数可获得评价指标的概率分布及累计概率分布、期望值、方差、标准差，计算项目由可行转变为不可行的概率，从而估计项目投资所承担的风险。

1. 蒙特卡洛模拟的步骤。

（1）确定风险分析所采用的评价指标，如净现值、内部收益率等。

（2）确定对项目评价指标有重要影响的输入变量及其概率分布。一般比较实用的方法，是用一个适当的理论分布（如均匀分布、正态分布等）来描述随机变量的经验概率分布。如果没有可直接引用的理论分布，则可根据历史统计资料或主观预测判断来估计研究对象的一个初始概率分布。

（3）为各输入变量独立抽取随机数，并组成一组项目评价基础数据。先以任意一组随机数为样本空间，依次抽取随机数，并由累计概率分布求得对应的不确定因素的可能值。随机数既可以用一位数字来表示，也可以用两位数字来表示。它们可以通过计算机按一定的随机数发生程序计算产生，也可利用现有的随机数表获取。

（4）根据抽样值所组成的基础数据计算出评价指标值。根据每组输入变量的抽样值，计算项目经济效益指标。

（5）重复第 3 步和第 4 步，直至预定模拟次数。将每组不确定因素值逐一计算，即可得到一系列足够多的经济效益指标值，然后根据有限模拟次数的平均值，就可以分析和判断项目经济效益指标的期望值。这里应该指出的是，模拟的次数越多，模拟结果的可靠性越高，项目净现值的平均值越接近其实际值。同理，模拟的次数越多，项目净现值大于或等于零出现次数的相对概率与实际概率越接近。

（6）整理模拟结果所得评价指标的期望值、方差、标准差和期望值的概率分布，绘制累计概率图。计算项目由可行转变为不可行的概率。

蒙特卡洛模拟的工作流程如图 10-9 所示。

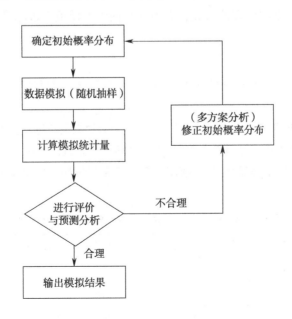

图 10-9　蒙特卡洛模拟工作流程

2. 应用蒙特卡洛模拟法时应注意的问题。

（1）应用蒙特卡洛模拟法时，需假设输入变量之间是相互独立的。在风险分析中会遇到输入变量的分解程度问题，一般而言，变量分解得越细，输入变量的个数也就越多，模拟结果的可靠性也就越高；变量分解程度低，变量个数少，模拟可靠性降低，但能较快获得模拟结果。对一个具体项目，在确定输入变量分解程度时，往往与输入变量之间的相关性有关。变量分解过细往往会造成变量之间有相关性，如产品销售收入与产品结构方案中各种产品数量和价格有关；而产品销售往往与售价存在负相关关系，各种产品的价格之间同样存在或正或负的相关关系。如果输入变量本来是相关的，模拟中视为独立地进行抽样，就可能导致错误的结论。为避免此问题，可采用以下办法处理。

① 限制输入变量的分解程度，如不同产品虽有不同价格，如果产品结构不变，可采用平均价格，又如销量与售价之间存在相关性，则可合并销量与价格作为一个变量，但是如果销量与售价之间没有明显的相关关系，还是把它们分为两个变量为好。

② 限制不确定变量的个数，模拟中只选取对评价指标有重大影响的关键变量，除关键变量外，其他变量被认为保持在期望值上。

③ 进一步搜集有关信息，确定变量之间的相关性，建立函数关系。

（2）蒙特卡洛模拟法的模拟次数要达到一定的数量。从理论上讲，模拟次数越多，随机数的分布就越均匀，变量组合的覆盖面越广，结果的可靠性越高。实际中应根据不确定变量的个数和变量的分解程度确定模拟次数，不确定变量的个数越多，变量分解得越细，需要模拟的次数就越多。蒙特卡洛模拟法一般都需要借助于计算机来完成，在模拟过程中所选取的样本数据可以成百上千，可望得到满意的模拟结果。但应注意，模拟次数的多少与原始数据的可靠性有关，而不是片面强调模拟次数越多越好。

【例 10 −7】

某企业计划投资 50 万美元建立某产品生产线，为此要对未来的利润进行预测。产品的利润取决于售价、成本和年销售量。经有关生产、计划、销售人员分析，考虑到原材料供应、市场竞争和价格浮动等因素的作用，估计售价、成本与总销售量可能出现的情况及其发生的概率如表 10 −12 所示。

表 10 −12　项目产品售价、成本与总销售量分布估计

售价（元）	发生概率	成本（元）	发生概率	总销售量（万件）	发生概率
5	0.3	2	0.1	35	0.2
6	0.5	3.5	0.6	40	0.4
6.5	0.2	4.5	0.3	45	0.4

若限定项目的投资利润为 30 万元，项目评估小组认为可接受的项目利润基准是不低于限定投

资利润的 80%，试用蒙特卡洛（Monte – Carlo）模拟分析该项目能否被接受。

解：

首先构造出预测模型：

利润 = （单价 – 成本）×销售量 – 50 万元

根据该模型，进行随机数模拟，模拟次数 n 应不小于：

$$n = \frac{4 s_{\bar{x}}^2}{\Delta^2} = \frac{\sum_{i=1}^{n} (x_i - \bar{x})^2}{4n \Delta^2}$$

其中，$s_{\bar{x}}^2$ 为随机变量的方差，Δ 为给定误差值，用模拟方法求随机变量的数学期望时，要求模拟误差不大于给定的误差值 Δ。

本例为简化起见，只以 20 次的随机模拟演示，随机数的确定如表 10 – 13 所示。

表 10 – 13　随机变量的概率分布及其随机数

随机变量	取值	概率	代表随机变量取值的随机数
售价（元）	5	0.3	0，1，2
	6	0.5	3，4，5，6，7
	6.5	0.2	8，9
成本（元）	2	0.1	0
	3.5	0.6	1，2，3，4，5，6
	4.5	0.3	7，8，9
总销售量（万件）	35	0.2	0，1
	40	0.4	2，3，4，5
	45	0.4	6，7，8，9

根据表 10 – 12、表 10 – 13 的资料，计算并填列表 10 – 14 的蒙特卡洛模拟结果。

表 10 – 14　蒙特卡洛模拟结果示例

模拟编号	抽样的随机数	售价（元）	成本（元）	总销售量（万件）	实现利润（万元）	平均利润（万元）
1	554	6	3.5	40	50	
2	135	5	3.5	40	10	
3	575	6	4.5	40	10	
4	691	6	4.5	35	2.5	
5	538	6	3.5	45	62.5	
6	294	5	4.5	40	– 30	
7	317	6	3.5	45	62.5	
8	674	6	4.5	40	10	
9	460	6	3.5	35	37.5	
10	587	6	4.5	45	17.5	
11	012	5	3.5	40	10	
12	725	6	3.5	40	50	

续表

模拟编号	抽样的随机数	售价（元）	成本（元）	总销售量（万件）	实现利润（万元）	平均利润（万元）
13	864	6.5	3.5	40	70	
14	157	5	3.5	45	17.5	
15	238	5	3.5	45	17.5	
16	798	6	4.5	45	17.5	
17	146	5	3.5	45	17.5	
18	257	5	3.5	45	17.5	
19	340	6	3.5	35	37.5	
20	154	5	3.5	40	10	24.875

模拟的平均利润是 24.875 万元，大于项目基准利润的 80%，即 24 万元。故认为该项目的风险可以被接受。

10.4.4　风险评价

风险评价是在风险估计的基础上，通过相应的指标体系和评价标准对风险程度进行划分，以揭示影响项目成败的关键风险因素，以便针对关键风险因素采取防范对策。工程项目风险评价的依据主要有工程项目类型、风险管理计划、风险识别的成果、工程项目进展状况、数据的准确性和可靠性、概率和影响程度等。

常用的风险评价方法有风险综合评价法和模糊综合评价法。

10.4.4.1　风险综合评价法

风险综合评价有许多方法，这里介绍一种最常用、最简单的分析方法。即通过调查专家的意见，获得风险因素的权重和发生概率，进而获得项目的整体风险程度。其步骤主要包括以下几个。

1. 建立风险调查表。在风险识别完成后，建立投资项目主要风险清单，将该投资项目可能遇到的所有重要风险全部列入表中。

2. 判断风险权重。利用专家经验，对这些风险因素的重要性及风险对项目的影响大小进行评价，计算各风险因素的权重。

3. 确定每个风险发生的概率。可以采用 1~5 标度，分别表示可能性很小、较小、一般、较大、很大，代表 5 种程度。

4. 计算每个风险因素的等级。将每个风险的权重与发生的可能性相乘，所得分值即为每个风险因素的等级。

5. 最后将风险调查表中全部风险因素的等级相加，得出整个项目的综合风险等级。分值越高，项目的整体风险越大。如表 10-15 所示，某投资项目整体风险得分为 3.2，介于一般风险（分值 = 3）和较大风险（分值 = 4）之间，属于较大风险。

表 10 – 15　某投资项目风险调查表

风险因素	对项目目标的影响程度（I）	风险因素发生可能性（P）					风险程度（I×P）
		很大（5）	较大（4）	一般（3）	较小（2）	很小（1）	
地质条件	0.30		×				1.20
技术风险	0.15			×			0.45
投资超支	0.15	×					0.75
环境影响	0.25				×		0.50
运营收入	0.15				×		0.30
合计	1.00						3.2

10.4.4.2　模糊综合评价法

模糊综合评价法是一种基于模糊数学的综合评价方法。该方法根据模糊数学的隶属度理论把定性评价转化为定量评价，即用模糊数学对受到多种因素制约的事物或对象作出一个总体的评价。它具有结果清晰、系统性强的特点，能较好地解决模糊的、难以量化的问题，适合各种非确定性问题决策。以下就是通过模糊综合评价法对实施方案的综合风险进行分析比较的过程。

1. 确定评价对象的评价指标 F。设有 n 个评价指标，则 $F = (f_1, f_2, \cdots f_n)$。

2. 确定评判集 V。设评价者对某个评价指标作出的评价结果组合中有 m 个选项，则 $V = (v_1, v_2, \cdots, v_m)$，每一个可对应一个模糊子集。

3. 建立模糊关系矩阵 R（隶属度矩阵）。在构造了等级模糊子集后，要逐个对被评事物从每个因素上进行量化，即确定从单因素来看被评事物对等级模糊子集的隶属度，从而得到模糊关系矩阵：

$$R = \begin{bmatrix} r_{11} & \cdots & r_{1m} \\ \vdots & \ddots & \vdots \\ r_{n1} & \cdots & r_{nm} \end{bmatrix}$$

矩阵 R 中第 i 行第 j 列元素 r_{ij}，表示某个被评事物从因素 f_i 来看对 v_j 等级模糊子集的隶属度，所以 R 也称为隶属度矩阵。一个被评事物在某个因素 f_i 方面的表现，是通过模糊关系矩阵 R 来体现的，而在其他评价方法中多是由一个指标值来体现，因此，从这个角度讲，模糊评价要求更多的信息。

4. 确定评价因素的权重 W。在模糊综合评价中，可使用多种方法确定评价因素的权向量：$W = (w_1, w_2, \cdots, w_n)$，且 $\sum_{i=1}^{n} w_i = 1$。常使用层次分析法确定因素之间的相对重要性，从而确定权系数，并且在合成之前归一化。

5. 计算综合评定向量 S。通常 $S = W \times R = (w_1, w_2, \cdots, w_n) \times \begin{bmatrix} r_{11} & \cdots & r_{1m} \\ \vdots & \ddots & \vdots \\ r_{n1} & \cdots & r_{nm} \end{bmatrix} = (s_1,$

$s_2, \cdots, s_m$）。

6. 确定综合评定值 μ。实际中最常用的方法是最大隶属度原则，即选择综合评定向量中的最大值所对应的评级中的等级来代表综合评定值，即

$$\mu = \max\{s_1, s_2, \cdots, s_m\}$$

但这种方法的缺点是在某些情况下会损失较多信息，甚至得出不合理的结果。因此还可以使用加权平均求隶属度等级的方法，对于多个被评事物可以依据其等级位置进行排序，给出评价等级权重 $W_v = (w_{v1}, w_{v2}, \cdots, w_{vm})$。将 W_v 与 S 加权求和得到各被评事物的模糊综合评价值，即

$$\mu = W_v \times S^T$$

10.4.5　风险对策

在投资项目决策前的可行性研究中，不仅要了解项目可能面临的风险，而且要提出针对性的风险对策，避免风险的发生或使风险损失降低到最低程度，才能有助于提高投资的安全性，促使项目获得成功。同时，可行性研究阶段的风险对策研究可为投资项目实施过程的风险监督与管理提供依据。另外，风险对策研究的结果应及时反馈到可行性研究的各个方面，并据此修改部分数据或调整方案，进行项目方案的再设计。

10.4.5.1　风险对策研究的基本要求

1. 风险对策研究应贯穿可行性研究的全过程。可行性研究是一项复杂的系统工程，而风险因素又可能存在于技术、市场、工程、经济等各个方面。在正确识别出投资项目各方面的风险因素之后，应从方案设计上就采取规避防范风险的措施，防患于未然。因此，风险对策研究应贯穿可行性研究的全过程。

2. 风险对策应具有针对性。投资项目可能涉及各种各样的风险因素，且各个投资项目又不尽相同。风险对策研究应有很强的针对性，并结合行业特点，针对特定项目主要的或关键的风险因素提出必要的措施，将其影响降低到最低程度。

3. 风险对策应有可行性。可行性研究阶段所进行的风险对策研究应立足于现实客观的基础上，提出的风险对策应是切实可行的。所谓可行，不仅指技术上可行，还要在财力、人力和物力方面可行。

4. 风险对策必须具有经济性。规避防范风险是要付出代价的，如果提出的风险对策所花费的费用远大于可能造成的风险损失，该对策将毫无意义。在风险对策研究中应将规避防范风险所付出的代价与该风险可能造成的损失进行权衡，旨在寻求以最少的费用获取最大的风险效益。

5. 风险对策研究是项目有关各方的共同任务。风险对策研究不仅有助于避免决策失误，而且是投资项目以后风险管理的基础，因此它应是投资项目有关各方的共同任务。项目发起人和投资者应积极参与和协助进行风险对策研究，并真正重视风险对策研究的结果。

10.4.5.2　常用的风险对策

应对风险的对策可以归纳为消极风险或威胁的应对策略及积极风险或机会的应对策

略。前者的具体对策一般包括风险回避、风险减轻、风险转移和风险接受，针对的是可能对项目目标带来消极影响的风险；后者针对的是可以给项目带来机会的某些风险，采取的策略是着眼于对机会的把握和充分利用。由于大多数投资项目决策过程中更为关注的是可能给项目带来威胁的风险，因此下面陈述的主要风险对策仅涉及消极风险或威胁的应对策略。

1. 风险回避。风险回避是彻底规避风险的一种做法，即断绝风险的来源。对投资项目可行性研究而言就意味着提出推迟或否决项目的建议或者放弃采纳某一具体方案。在可行性研究过程中，通过信息反馈彻底改变原方案的做法也属于风险回避方式。如风险分析显示产品市场方面存在严重风险，若采取回避风险的对策，就会作出缓建（待市场变化后再予以考虑）或放弃项目的决策。这样固然避免了可能遭受损失的风险，同时也放弃了投资获利的可能，因此风险回避对策的采用一般都是很慎重的，只有在对风险的存在与发生，对风险损失的严重性有把握的情况下才有积极意义。所以，风险回避一般适用于两种情况：一是某种风险可能造成相当大的损失，且发生的频率较高；二是应用其他的风险对策防范风险代价昂贵，得不偿失。

2. 风险减轻。风险减轻是指把不利风险事件发生的可能性和（或）影响降低到可以接受的临界值范围内，这是绝大部分项目应用的主要风险对策。提前采取措施以降低风险发生的可能性和（或）可能给项目造成的影响，比风险发生后再设法补救要有效得多。可行性研究报告的风险对策研究应十分重视风险减轻措施的研究，应就识别出的关键风险因素逐一提出技术上可行、经济上合理的预防措施，以尽可能低的风险成本来降低风险发生的可能性，并将风险损失控制在最小程度。在可行性研究过程中所做的风险减轻措施可运用于方案的再设计；在可行性研究完成之时的风险对策研究中可针对决策、设计和实施阶段提出不同的风险减轻措施，防患于未然。典型的风险减轻措施包括通过降低技术方案复杂性的方式降低风险事件发生的概率，通过增加那些可能出现风险的技术方案的安全冗余度以降低日后一旦风险发生可能带来的负面效果。风险减轻措施必须针对项目具体情况提出，既可以是项目内部采取的技术措施、工程措施和管理措施等，也可以采取向外分散的方式来减少项目承担的风险。例如，银行为了减少自己的风险，只贷给投资项目所需资金的一部分，让其他银行和投资者共担风险。

3. 风险转移。风险转移是试图将项目业主可能面临的风险转移给他人承担，以避免风险损失的一种方法。风险转移是把风险管理的责任简单地推给他人，并非消除风险。一般情况下，采用风险转移策略需要向风险承担者支付风险费用。风险转移有两种方式，一是将风险源转移出去，二是只把部分或全部风险损失转移出去。就投资项目而言，第一种风险转移方式是风险回避的一种特殊形式。如将已做完前期工作的项目转给他人投资。第二种风险转移方式又可细分为保险转移方式和非保险转移方式两种。保险转移是采取向保险公司投保的方式将项目风险损失转嫁给保险公司承担，如对某些人力难以控制的灾害性风险就可以采取保险转移方式，但应注意，保险公司承保的风险并不涵盖所有人力难以控制的灾难性风险。无论采用何种风险转移方式，风险的接收方应具有更强的风险承受能力或更有力的处理能力。

4. 风险接受。风险接受就是将风险损失留给项目业主自己承担。风险接受措施可能是主动的，也可能是被动的。一种情况是已知有风险但由于可能获利而需要冒险，而且此时无法采用其他的合理应对策略，必须被动地保留和承担这种风险。另一种情况是已知有风险，但若采取某种风险措施，其费用支出会大于自担风险的损失时，常常主动接受风险，最常见的主动接受策略是建立应急储备，安排一定的时间、资金或资源来应对风险。

以上所述的风险对策不是互斥的，实践中常常组合使用。比如在采取措施降低风险的同时并不排斥其他的风险对策，如向保险公司投保。可行性研究中应结合项目的实际情况，研究并选用相应的风险对策。

10.5 本章小结

本章重点讨论了项目的不确定性分析和风险分析问题，分析了不确定因素对经济评价指标的影响，从而估计项目可能承担的风险。不确定性产生的原因包括未来事件的不确定性、主观判断的影响、信息的不完全和数据的测不准原理。不确定因素的主要内容包括价格、投资费用、项目计算期、项目的生产能力、经济形势。不确定性分析的基本方法包括盈亏平衡分析、敏感性分析和概率分析。其中，盈亏平衡分析只用于财务效益分析，敏感性分析和概率分析可以同时用于财务效益分析和国民经济评价。

第 11 章
项目的经济分析

项目的经济分析，又称国民经济评价，是对投资项目进行决策分析与评价，判定其国民经济合理性的一项重要工作。从经济活动的视角来看，投资项目可行性研究有三个主体，一个是投资方，通常以企业的形式存在；一个是项目融资方，一般指金融机构，特别是银行；还有一个就是政府机构，代表国家来权衡投资项目对国民经济的整体影响。不同的评价主体评价投资项目的范围、方法等都有区别。本章主要介绍项目经济分析的作用、适用范围、基本方法、经济效益与费用识别和估算、经济费用效益分析方法以及经济影响分析等内容。

11.1 项目经济分析概述

11.1.1 项目经济分析的含义和作用

11.1.1.1 项目经济分析的含义

项目经济分析是按合理配置资源的原则，采用社会折现率、影子汇率、影子工资和货物影子价格等经济分析参数，从项目对社会经济所做贡献以及社会经济为项目付出代价的角度，识别项目的效益和费用，分析计算项目对社会经济（社会福利）的净贡献，评价项目投资的经济效率，也即经济合理性。项目经济分析的理论基础是新古典经济学有关资源优化配置的理论。从经济学的角度来看，经济活动的目的是通过配置稀缺经济资源用于生产产品和提供服务，满足社会需要。当经济体系功能发挥正常，社会消费的价值达到最大时（社会福利最大），就认为是取得了"经济效率"，达到了帕累托最优。

11.1.1.2 项目经济分析的作用

1. 正确反映项目对社会福利的净贡献，评价项目的经济合理性。前述财务分析主要是从企业（财务主体）和投资者的角度考察项目的效益。由于企业利益并不总是与国家和社会利益完全一致，项目的财务盈利性至少在以下几个方面可能难以全面正确地反映项目的经济合理性：（1）国家给予项目补贴；（2）企业向国家缴税；（3）某些货物市场价格可能的扭曲；（4）项目的外部效果（间接效益和间接费用）。因而需要从项目对社会资源增加所做贡献和项目引起社会资源耗费增加的角度进行项目的经济分析，以便正确反映项目对社会福利的净贡献。

2. 为政府合理配置资源提供依据。合理配置有限的资源（包括劳动力、土地、各种自然资源、资金等）是人类经济发展所面临的共同问题。在完全的市场经济状态下，可通过市场机制调节资源的流向，实现资源的优化配置。在非完全的市场经济中，需要政府在资源配置中发挥调节作用。但是由于市场本身的原因及政府不恰当的干预，可能导致市场配置资源的失灵。

项目的经济分析是对项目的资源配置效率，也即项目的经济效益（或效果）进行分析评价，可为政府的资源配置决策提供依据，提高资源配置的有效性。主要体现在以下两个方面：（1）对那些本身财务效益好，但经济效益差的项目实行限制。政府在审批或核准项目的过程中，对那些本身财务效益好，但经济效益差的项目实行限制，使有限的社会资源得到更有效的利用。（2）对那些本身财务效益差，而经济效益好的项目予以鼓励。对那些本身财务效益差，而经济效益好的项目，政府可以采取某些支持措施鼓励项目的建设，促进对社会资源的有效利用。

因此，项目评估时应对项目的经济效益费用流量与财务现金流量存在的差别以及造成这些差别的原因进行分析。对一些国计民生急需的项目，若经济分析合理，但财务分析不可行，应提出相应的财务政策方面的建议，调整项目的财务条件，使项目具有财务可持续性。

3. 政府审批或核准项目的重要依据。在我国新的投资体制下，国家对项目的审批和核准重点放在项目的外部性、公共性方面，而经济分析强调对项目的外部效果进行分析，可以作为政府审批或核准项目的重要依据。

4. 为市场化运作的基础设施等项目提供制订财务方案的依据。对部分或完全市场化运作的基础设施等项目，可通过经济分析来论证项目的经济价值，为制订财务方案提供依据。

5. 在比选和优化项目（方案）中发挥重要作用。在项目决策分析与评价的全过程中强调方案比选，为提高资源配置的有效性，方案比选应根据能反映资源真实经济价值的相关数据进行，这只能依赖于经济分析，因此经济分析在方案比选和优化中可发挥重要作用。

6. 有助于实现企业利益、地区利益与全社会利益的结合和平衡。国家实行审批和核准的项目，应当特别强调要从社会经济的角度进行评价和考察，支持和发展对社会经济贡献大的产业项目，并特别注意限制和制止对社会经济贡献小甚至有负面影响的项目。正确运用经济分析方法，在项目决策中可以有效地察觉盲目建设、重复建设项目，有效地将企业利益、地区利益与全社会利益有机地结合起来。

11.1.2 项目经济分析的适用范围和步骤

11.1.2.1 项目经济分析的适用范围

1. 市场自行调节的行业项目一般不必进行经济分析。在理想的市场经济条件下，依赖市场调节的行业项目，通常由投资者自行决策是否投资建设。对于这类项目，政府调控的主要作用发挥在构建合理有效的市场机制上，而不在具体的项目投资决策。因此，除特别要求外，这类项目一般不必进行经济分析，而是由市场竞争决定其生存，由市场竞争的优胜劣汰机制促进生产力的不断发展和进步。

2. 市场配置资源失灵的项目需要进行经济分析。在现实经济中，由于市场本身的原因及政府不恰当的干预，都可能导致市场配置资源的失灵，市场价格难以反映项目各项效益和费用的真实经济价值，需要通过经济分析来予以正确反映，判断项目的经济合理性，为投资决策提供依据。

市场配置资源的失灵主要体现在以下几类项目上：（1）具有自然垄断特征的项目。（2）产出具有公共产品特征的项目。（3）外部效果显著的项目。（4）国家控制的战略性资源开发和关系国家经济安全的项目。（5）受过度行政干预的项目。

3. 需要进行经济分析的项目类别。根据目前我国的实际情况和需要，以及前述两个方面的原则，一般应对下列类型的建设项目进行经济分析：（1）政府预算内投资用于关系国家安全、国土开发和市场不能有效配置资源的公益性项目和公共基础设施项目、保护和改善生态环境项目、重大战略性资源开发项目。（2）政府各类专项建设基金投资用于交通运输、农林水利等基础设施、基础产业建设项目。（3）利用国际金融组织和外国政府贷款，需要政府主权信用担保的建设项目。（4）法律、法规规定的其他政府性资金投资的建设项目。（5）企业投资建设的涉及国家经济安全，影响环境资源、不可再生自然资源和公众利益，可能出现垄断，涉及整体布局等公共性问题，需要政府核准的建设项目，主要是产出品不具备实物形态且明显涉及公众利益的无形产品项目，如水利水电、交通运输、市政建设、医疗卫生等公共基础设施项目，以及具有明显外部性影响的有形产品项目，如污染严重的工业产品项目等。

11.1.2.2 项目经济分析的步骤

投资项目的经济分析由于涉及的内容和范围较广，测算数据较复杂，根据以往经验的总结，采取程序化的步骤进行评价，对顺利进行项目评估工作无疑是有巨大帮助的。一般可按下列5个主要步骤进行。

1. 对项目经济费用和经济效益的识别和计算。项目的经济费用与效益的识别主要依据项目评估目标及其性质、类型的不同而有所区别。经济效益是指项目对国民经济所作出的贡献，包括项目本身获得的直接效益和由项目引起的外部效益；经济费用则是指国民经济为项目所付出的代价，包括项目本身支出的直接费用和由项目引起的外部费用。其中应注意对项目转移支付的处理和对外部效果的鉴定、分析和评估。

2. 项目主要产出物和投入物的各种合理经济价格的确定与评估。必须选择既能反映资源本身的真实社会价值，又能体现供求关系、稀缺物资的合理利用和国家经济政策的经济价格（如影子价格、效率价格）。按照国家规定和定价原则，合理选用和确定项目产出物和投入物的影子价格和国家参数，并对其进行评估。

3. 对项目费用和效益等经济基础数据的调整和评估。对于已划定的项目经济费用和经济效益的各项财务基础数据，按照已确定的影子价格和国家参数进行调整，重新计算项目的营业收入、投资和生产成本等支出，以及项目投资收益的经济价值。

4. 项目经济分析基本报表的编制与评估。在项目经济费用和经济效益数据调整的基础上，编制项目经济分析的基本报表。如"项目经济费用效益流量表""项目直接效益估算表""项目间接效益估算表"等，并对这些报表进行评估。

5. 经济分析指标评估。遵照国家统一测定颁发的国家参数（如社会折现率、影子汇率和影子工资率等），依据经济评估基本报表中的各项经济数据，估算项目经济评估的各项主要经济效益指标，考察项目给国民经济带来的净效益（净贡献），主要对项目经济盈利能力、外汇效果及经济偿还能力进行静态和动态的定量分析和评估；对难以用货币价值量化的外部效果做定性分析和评估。

11.1.3 项目经济分析与财务分析的区别与联系

11.1.3.1 项目经济分析与财务分析的主要区别

1. 分析角度和出发点不同。财务分析是从项目的财务主体、投资者甚至债权人的角度，分析项目的财务效益和财务可持续性，分析投资各方的实际收益或损失，分析投资或贷款的风险及收益；经济分析则是从全社会的角度分析评价项目对社会经济的净贡献。

2. 效益和费用的含义及范围划分不同。财务分析只根据项目直接发生的财务收支计算项目的直接效益和费用，称为现金流入和现金流出；经济分析则从全社会的角度考察项目的效益和费用，不仅要考虑直接的效益和费用，还要考虑间接的效益和费用，称为效益流量和费用流量。同时，从全社会的角度考虑，项目的有些财务收入或支出不能作为效益或费用，如企业向政府缴纳的大部分税金和政府给予企业的补贴等。

3. 采用的价格体系不同。财务分析使用预测的财务收支价格体系，可以考虑通货膨胀因素；经济分析则使用影子价格体系，不考虑通货膨胀因素。

4. 分析内容不同。财务分析包括盈利能力分析、偿债能力分析和财务生存能力分析三个方面；而经济分析只有盈利性分析，即经济效率的分析。

5. 基准参数不同。财务分析最主要的基准参数是财务基准收益率，经济分析的基准参数是社会折现率。

6. 计算期可能不同。根据项目实际情况，经济分析的计算期可长于财务分析的计算期。

表 11 – 1　经济分析与财务分析的主要区别

项目	财务分析	经济分析
目标	企业利润最大化	国民经济效益最大化
范围	直接效益和费用	直接 & 间接效益和费用
价格	现行价格	影子价格
折现率	基准收益率	社会折现率
主要计算指标	财务内部收益率、财务净现值和投资回收期等 资产负债率、偿债备付率、利息备付率等 累计盈余资金等	经济内部收益率、经济净现值等
计算期	建设期 + 运营期	可长于财务分析

11.1.3.2　项目经济分析与财务分析的相同之处

1. 评估的目的相同，两者都寻求以最小的投入获得最大的产出。

2. 评估基础相同，两者都是在完成产品需求预测、工程技术方案、资金筹措、厂址选定等可行性研究的基础上进行评估的。

3. 经济寿命期相同，两者都要计算包括建设期、生产期到项目终止的全过程的费用和效益。

4. 评估基本方法和指标相同，两者都采用现金流量分析方法，通过基本报表的编制，计算项目的净现值和内部收益率等指标。

11.2　项目经济效益与费用识别

11.2.1　项目直接效益与直接费用

11.2.1.1　项目直接效益

项目直接效益是指由项目产出（包括产品和服务）带来的，并在项目范围内计算的，体现为生产者和消费者受益的经济效益，一般表现为项目为社会生产提供的物质产品、科技文化成果和各种各样的服务所产生的效益。如工业项目生产的产品，运输项目提供运输服务满足人流、物流的需要，医院提供医疗服务满足人们增进健康减少死亡的需求，学校提供的学生就学机会满足人们对文化、技能提高的要求等。项目直接效益的表现主要包括以下几个方面。

1. 当项目的产出用于满足国内新增加的需求时，项目直接效益表现为国内新增需求的支付意愿。

2. 当项目的产出用于替代其他厂商的产品或服务时，使被替代厂商减产或停产，从而使其他厂商耗用的社会资源得到节省，项目直接效益表现为这些资源的节省。

3. 当项目的产出直接出口或者可替代进口商品，从而导致进口减少，项目直接效益还表现为国家外汇收入的增加或支出的减少。

以上所述的项目直接效益大多数在财务分析中能够得到反映，但有时这些反映会有一定程度的价值失真，因此，对于价值失真的直接效益在经济分析中应按影子价格重新计算。

4. 对于一些旨在提供社会服务的行业项目，其产生的经济效益与在财务分析中所描述的营业收入无关。例如，交通运输项目产生的经济效益体现为时间节约、运输成本降低等，教育项目、医疗卫生和卫生保健项目等产生的经济效益体现为人力资本增值、生命延续或疾病预防等。

11.2.1.2　项目直接费用

项目直接费用是指项目使用社会资源投入所产生并在项目范围内计算的经济费用，一般表现为投入项目的各种物料、人工、资金、技术以及自然资源而带来的社会资源的消耗。项目直接费用有多种表现，主要可概括为以下几个方面。

1. 当社会扩大生产规模满足项目对投入的需求时，项目直接费用表现为社会扩大生产规模所增加耗用的社会资源价值。

2. 当社会不能增加供给时，导致其他人被迫放弃使用这些资源来满足项目的需要，项目直接费用表现为社会因其他人被迫放弃使用这些资源而损失的效益。

3. 当项目的投入导致进口增加或减少出口时，项目直接费用还表现为国家外汇支出的增加或外汇收入的减少。

直接费用一般在项目的财务分析中已经得到反映，当这些反映有一定程度的价值失真时，我们在经济分析中按影子价格重新计算。

11.2.1.3 转移支付

项目的有些财务收入和支出是社会经济内部成员之间的"转移支付"。"转移支付"是指那些既不需要消耗国民经济资源，又不增加国民经济收入，只是一种归属权转让的款项。从社会经济的角度来看，并没有造成资源的实际增加或减少，不应计入经济效益或费用。在经济分析中，转移支付主要包括：项目（企业）向政府缴纳的所得税、增值税、消费税和税金及补贴等，政府给予项目（企业）的各种补贴，项目向国内银行等金融机构支付的贷款利息和获得的存款利息。在财务分析基础上调整进行经济分析时，要注意从财务效益和费用中剔除转移支付部分。

1. 税金。列为转移支付的税金包括所得税、增值税、消费税、税金及附加、房产税、土地使用税和车船使用税等。在财务效益分析中，房产税、土地使用税和车船使用税在管理费用中列支，计为项目的支付；所得税、增值税、消费税、税金及附加是企业将营业收入和利润按一定比例计算的款项上缴给国家财政，也是项目的支付。但经济费用效益分析是站在国民经济的角度考察项目的，以是否增加国民经济的资源消耗或增加国民经济收入价值来判定费用或效益，各种税金支付，实际上并不花费任何资源，只是项目所在部门把这笔款项转付给了财政部门。因此，在经济费用效益分析中，这些税金不列入项目的费用，否则就会高估项目的经济代价，从而降低项目的效益。

需要注意的是，有些税费体现的是资源价值的补偿，当没有更好的方式体现资源的真实价值时，一般可暂不作为转移支付处理。这些税费主要有体现资源稀缺价值的资源税和补偿费、体现环境价值补偿的税费等。

2. 补贴。补贴是指根据国家政策的规定给某种产品的价格补贴。我国在价格体系不合理的条件下，往往采取价格补贴的方式，鼓励人们消耗或购买某种产品。这种补贴，对作为使用者的项目来讲，它少支付了相当于补贴金额的款项，意味着项目降低了成本，增加了效益。因此，在财务效益分析中，这部分价格补贴金额表现为项目的效益。但从国民经济的角度考察项目，可以看出，为生产这些包含价格补贴的产品所消耗的资源并没有因价格补贴而减少，国民经济收入也没有因此而增加。所以，这种补贴实质上是与税金方向相反的转移支付。在经济分析中，不应把这种补贴作为项目的效益，以免低估项目的经济代价，人为地增加项目的效益。

3. 国内借款利息。在财务分析中，国内贷款利息是作为项目的费用来处理的，但从国民经济的角度考察项目，它也属于一种转移性支付，即由项目拿出一部分款项转付给国家的金融机构。这种转付并没有增加国民经济的收入或增加国民经济的资源消耗。因此在经济分析中，不把国内贷款利息列入项目费用。

在项目经济评估时，应复核可行性研究报告的经济分析中是否从项目原效益和费用中剔除了增值税、营业税、消费税、所得税、进口环节的关税、土地税、城市维护建设税、资源税以及企业支付的国内借款利息和国家给企业的各种形式补贴等转移支付部分。

11.2.2　项目间接效益与间接费用

在经济分析中应关注项目外部效果。拟建项目会对项目以外产生诸多影响，包括正面影响和负面影响，可将这些影响统称为外部效果。外部效果是指项目的产出或投入给他人（生产者和消费者之外的第三方）带来了效益或费用，但项目本身却未因此获得收入或付出代价。习惯上也把外部效果分为间接效益（外部效益）和间接费用（外部费用）。

11.2.2.1　项目间接效益

项目间接效益是指由项目引起的，在直接效益中没有得到反映的效益。主要包括以下几个方面。

1. 劳动力培训效果。项目使用了劳动力，使非技术劳动力经训练而转变为技术劳动力，引起人力资本增值的效果。但这类外部效果通常难以定量计算，一般只做定性说明。

2. 技术扩散效果。随着先进技术项目的实施，由于技术人员的流动，技术在社会上开始扩散和推广，整个社会都将受益。这类外部效果影响明显，并可以用货币衡量，应予定量计算，否则可只做定性说明。

3. 环境改善的效益。某些项目在为社会提供产品或服务的同时，有可能会对环境产生有利影响，如林业项目对气候的影响进而导致农业增产的效益，某些旨在提高质量、降低成本的项目，由于技术、设备或原料的改变导致环境质量的改善、污染物处理费用的降低等。这类间接效益应尽可能量化和货币化。例如兴建大型水利工程，除了发电外，还能给当地农田灌溉、农产品加工业、防洪、养鱼业和旅游业带来好处；交通运输建设项目会对附近工厂、居民、商业，以及为该项目配套和有关的项目带来收益等。

4. "上、下游"企业相邻效果。"上、下游"企业相邻效果指项目对上、下游产业链的影响。项目的"上游"企业是指为该项目提供原材料或半成品的企业。项目的实施可能会刺激这些上游企业得到发展，增加新的生产能力或是使原有生产能力得到更充分的利用。如兴建汽车厂会对为汽车厂生产零部件的企业产生刺激，对钢铁生产企业产生刺激。项目的"下游"企业是指使用项目的产出作为原材料或半成品的企业。项目的产出可能会对下游企业的经济效益产生影响，使其闲置的生产能力得到充分利用，或使其节约生产成本。如兴建大型乙烯联合企业，可满足对石化原料日益增长的需求，刺激乙烯下游加工行业的发展。

很多情况下，项目对"上、下游"企业的相邻效果可以在项目的投入和产出的影子价格中得到反映，不再计算间接效果。如大型乙烯项目的产品价格已经市场化或以进口替代计算其影子价格，就不应再计算下游加工行业受到刺激增加生产带来的间接效益。也有些间接影响难以反映在影子价格中，需要作为项目的外部效果计算。

5. 乘数效果。这是指项目的实施使原来闲置的资源得到利用，从而产生一系列的连锁反应，刺激该地区经济发展乃至影响其他地区。在对经济尚不发达地区的项目进行经济分析时可能需要考虑这种乘数效果，特别应注意选择乘数效果大的项目作为扶贫项目。需注意不宜连续扩展计算乘数效果。如果拟同时对该项目进行经济影响分析，该乘数效果可以在经济影响分析中体现。

【例 11 – 1】

上海市磁悬浮列车示范运营线经济评价 ▌▌

2000 年 1 月 5 日，国家发展计划委员会将《国家计委关于审批建设上海浦东机场至陆家嘴磁悬浮列车示范线工程项目建议书的请示》（计办〔2000〕1102 号）上报国务院，并得到立项批复。该项目西起地铁二号线龙阳路站，东到浦东国际机场，沿线经过花木、康桥、孙桥、黄楼、川沙和机场等乡镇及单位，正线全长 30 双线公里，另有出入段线长约 5 公里。

全线共设车站 2 座，即龙阳路站和浦东机场站。在清东机场北端设综合维修基地，即一个运营控制中心及相应的车辆、线路结构、驱动供电系统、运行控制系统、维护设施和运营基础设施等，并考虑必要的基础附属设施。同时预留远期向两端延伸及中间设站的可能性。

上海申通集团有限公司作为上海市城市轨道交通网络规划实施单位，根据市政府常务会议通过的上海市轨道交通投融资体制改革方案，按照国家投资体制改革关于对重大项目实行项目法人制、组建项目公司的要求，联合申能（集团）公司、上海国际集团公司、上海宝钢集团公司、上海汽车工业（集团）公司、上海电气（集团）总公司、上海电器股份有限公司和上海巴士股份有限公司等 8 家企业，根据《中华人民共和国公司法》共同投资组建了上海磁悬浮交通发展有限公司，注册资本为 20 亿元，后调整为 30 亿元。

上海磁悬浮交通发展有限公司主营上海磁悬浮交通线项目的投资建设、经营和管理，以及沿线路、站区的综合开发。同时兼营机车车辆、物业租赁和管理、商品经营、停车场业务、技术咨询服务和旅游餐饮等业务。其中，磁悬浮交通线项目建成投入运营后，按照投资、建设、运营、监管"四分开"的改革要求，由上海磁悬浮交通发展有限公司成立专门的运营公司负责经营。

1. 可量化的社会效益

（1）节约在途时间效益

磁悬浮列车最高时速可达 505 公里/小时，而地面公交由于交通工具性能及道路交通限制，时速仅为 45 公里/小时，按同等的 30 公里乘距计算，每次乘车可节约时间 33 分钟。具体测算如下：

节约时间效益 = 年客流量 × 人次节约时间 × 工作客流系数 × 人均小时收入

（2）代替地面公交车的效益

磁悬浮列车运量大，按 5 辆/列的编组，额定乘员可达 500 人。而公交车运能一般是 45 人/标台，仅是磁悬浮列车的 1/11 弱，假如公交车利用率为 10 车次/日标台，按磁悬浮列车预测的 3.24 双向、万人次日客流量，需新增加公交车数量 72 标台，假如每标台车辆购置价格为 35 万元，则可节约车辆购置费 2520 万元（增加公交车数量 = 日客流量/公交车能力/公交车利用率；节约车辆购置费 = 增加公交车数量 × 车辆购置价格）。

除此之外，考虑没有磁悬浮列车，而仅有地面公交车，还需要：①投入公交车配套设施费，假如每标台公交车一次性配套设施费为 10 万元，则可节约公交车配套设施费 720 万元（节约公交车配套设施费 = 增加公交车数量 × 每标台公交车一次性配套设施费）。②道路维修费，以每年 100 万元计。③公交车运营费，以 1.5 元/人次计，每年节约 1458 万元（节约公交车运营费 = 年客流量 × 1.5 元/人次）。

（3）减少交通事故的效益

使用磁悬浮列车可大大减少地面交通事故的损失。假如每人次交通损失为 0.2 元，则年减少交通事故损失 194.4 万元（减少交通事故损失 = 年客流量 × 每人次交通损失）。

（4）地价增值效益

上海市磁悬浮列车示范运营线建成后，将成为浦东地区又一标志性景观，并迅速带动周边地区的土地价值增值，升值区域按其半径 100 米计，价值增值按 50 元/平方米计。

2. 不可量化的社会效益

（1）可改善交通结构，减少能耗和减轻城市污染

上海市磁悬浮列车示范运营线建成后，可以大量减少地面汽车因运量和运距的增加而造成的能源消耗，并由此减少汽车尾气的排放和噪声的干扰，有利于城市生活环境的改善和提高。同时，有利于地面道路通过能力的提高，节约在途时间。

（2）促进浦东旅游事业的发展

上海市磁悬浮列车示范运营线是一条城市交通、观光和旅游并重的商业运营线，如同东方明珠电视塔建成一样，将对浦东旅游事业的发展产生极大的推动力。

（3）促进浦东进一步发展

上海市磁悬浮列车示范运营线的建成，将促进浦东城市经济的进一步发展，尤其是将对改善浦东地区的投资环境起到积极有效的促进作用。

11.2.2.2　项目间接费用

项目间接费用是指由项目引起的，在直接费用中没有得到反映的费用。通常项目对环境及生态的不利影响是不少项目主要的间接费用。如矿业、工业项目通常会对大气、水体和土地造成一定污染，给养殖业带来损失等。严重的甚至会造成生态破坏，进而对人类产生不利影响。尽管我国有严格的环境影响评价制度，要求污染物达标排放，但这种影响仍然会或多或少地存在。又如为新建项目服务的配套和附属工程等相关项目所需的投资支出和其他费用；还包括商业、教育、文化、卫生、住宅和公共建筑等生活福利设施，以及邮政、水、电、气、道路、港口码头等公共基础设施的费用。这种间接费用虽然较难计算，但必须予以重视。可根据环境价值评估方法进行评估。有时也可按同类

企业所造成的损失估计，或按环境补偿费用和恢复环境质量所需的费用估计等。实在不能定量计算的，应做定性描述。

11.2.3　项目经济效益和费用识别的要求

11.2.3.1　对项目经济效益与费用进行全面识别

凡项目对社会经济所做的贡献，均计为项目的经济效益，包括项目的直接效益和间接效益。凡社会经济为项目所付出的代价（社会资源的耗费，或称社会成本），均计为项目的经济费用，包括直接费用和间接费用。因此，经济分析应考虑关联效果，对项目涉及的所有社会成员的有关效益和费用进行全面识别。

此外，还需区分不同的投入物（或产出物）所带来的费用（或效益）状况。因为项目的费用是由投入物而引起的，投入物对国民经济的影响不同，费用的计量方法就有所不同。项目的效益是由产出物提供的，产出物对国民经济的影响不同，效益的计量方法也有所不同。

11.2.3.2　遵循"有无对比"的原则

识别项目的经济效益和费用，要从有无对比的角度进行分析，将"有项目"（项目实施）与"无项目"（项目不实施）的情况加以对比，以确定某项效益或费用的存在。在有些时候，没有项目的情况并不就是现状的简单延续。因为可以预料，产出和投入的增加总会以某一种方式发生。因此说，项目的"有""没有"状况并不对应于项目的"前""后"状况。

11.2.3.3　遵循效益和费用识别和计算口径对应一致的基本原则

效益和费用识别和计算口径对应一致是正确估算项目净效益的基础，特别是经济分析。因为经济分析中既包括直接效益和直接费用，也包括间接效益和间接费用，识别时要予以充分关注。

11.2.3.4　合理确定经济效益与费用识别的时间跨度

经济效益与费用识别的时间跨度应足以包含项目所产生的全部重要效益和费用，不完全受财务分析计算期的限制。不仅要分析项目的近期影响，还可能需要分析项目带来的中期、远期影响。

11.2.3.5　正确处理"转移支付"

正确处理"转移支付"是经济效益与费用识别的关键。对社会成员之间发生的财务收入与支出，应从是否增加社会资源和是否增加社会资源消耗的角度加以识别。将不增加社会资源的财务收入（如政府给企业的补贴）和不增加社会资源消耗的财务支出（如企业向政府缴纳的所得税）视作社会成员之间的"转移支付"，不作为经济分析中的效益和费用。

11.2.3.6　遵循以本国社会成员作为分析对象的原则

经济效益与费用的识别应以本国社会成员作为分析对象。对于跨越国界，对本国之外的其他社会成员也产生影响的项目，应重点分析项目给本国社会成员带来的效益和费用，项目对国外社会成员所产生的影响应予单独陈述。

11.3 项目经济效益与费用估算

11.3.1 项目经济分析参数

项目经济分析参数是经济分析的重要基础。正确理解和使用这些参数，对正确估算经济效益和费用，计算评价指标并进行经济合理性的判断，以及方案的比选和优化是十分重要的。经济分析参数分为两类：一类是通用参数，包括社会折现率、影子汇率、影子工资等，应由专门机构组织测算和发布；另一类是各种货物、服务、土地、自然资源等的影子价格，需要由项目评价人员根据项目具体情况自行测算。

11.3.1.1 影子价格

影子价格是进行项目经济分析专用的计算价格。影子价格依据经济分析的定价原则测定，反映项目投入和产出的真实经济价值，反映市场供求关系，反映资源稀缺程度，反映资源合理配置的要求。进行项目的经济分析时，项目的主要投入和产出，原则上应采用影子价格。影子价格理论最初来自求解数学规划，在求解一个"目标"最大化的数学规划的过程中，发现每种"资源"对于"目标"都有着边际贡献。即这种"资源"每增加一个单位，"目标"就会增加一定的单位，不同的"资源"有着不同的边际贡献。这种"资源"对于"目标"的边际贡献被定义为"资源"的影子价格。经济分析中采用了这种影子价格的基本思想，采取不同于财务价格的影子价格来衡量项目耗用资源及产出贡献的真实价值。

影子价格应当根据项目的投入和产出对社会经济的影响，从"有无对比"的角度研究确定。项目使用了资源，将造成两种影响：对社会经济造成资源消耗或挤占其他用户的使用；项目生产的产品及提供的服务也会造成两种影响：用户使用得到效益或挤占其他供应者的市场份额。

11.3.1.2 社会折现率

社会折现率可反映社会成员对于社会费用效益价值的时间偏好，也即对于现在的社会价值与未来价值之间的权衡。社会折现率又代表着社会投资所要求的最低动态收益率。社会折现率是经济分析中的重要通用参数，既用作经济内部收益率的判别基准，也用作计算经济净现值的折现率。

社会折现率根据社会经济发展的多种因素综合测定，根据社会经济发展目标、发展战略、发展优先顺序、发展水平、宏观调控意图、社会成员的费用效益时间偏好、社会投资的边际收益水平、资金供求状况、资金机会成本等因素的综合分析，由国家专门机构统一组织测定和发布。《建设项目经济评价方法与参数（第三版）》中发布的社会折现率为8%。对于永久性工程或者受益期超长的项目，如水利工程等大型基础设施和具有长远环境保护效益的建设项目，社会折现率可适当降低，但不应低于6%。

11.3.1.3 影子汇率及影子汇率换算系数

影子汇率是指能正确反映外汇真实价值的汇率，即外汇的影子价格。在经济分析中，影子汇率通过影子汇率换算系数计算。影子汇率换算系数是影子汇率与国家外汇牌价的比值，由国家专门机构统一组织测定和发布。2006年根据我国外汇收支情况、进出口结构、进出口环节税费及出口退税补贴等情况发布的影子汇率换算系数取值为1.08。

影子汇率的取值对于项目决策也有着重要的影响。对于那些主要产出是可外贸货物的建设项目，由于产品的影子价格要以产品的口岸价为基础进行计算，外汇的影子价格高低直接影响项目效益价值的高低，影响对项目效益的判断。影子汇率换算系数越高，外汇的影子价格越高，产品是可外贸货物的项目效益较高，评价结论会有利于出口方案。同时外汇的影子价格较高时，项目引进投入的方案费用较高，评价结论会不利于引进方案。

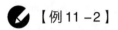 【例 11 - 2】

若美元兑换人民币的外汇牌价为 6.5 元/美元，影子汇率换算系数取值为 1.08，试计算美元兑换人民币的影子汇率。

答：

美元的影子汇率 = 美元的外汇牌价 × 影子汇率换算系数 = 6.5 × 1.08 = 7.02（元/美元）

11.3.1.4 影子工资换算系数

在经济分析中，影子工资将作为项目使用劳动力的费用。影子工资一般是通过影子工资换算系数计算。影子工资换算系数是影子工资与财务分析中的职工薪酬之比。

从事技术性工作的劳动力的职工薪酬一般由市场供求决定，2006年专门机构发布的影子工资换算系数取值为1，即影子工资可等同于财务分析中的职工薪酬。非技术劳动力的影子工资换算系数在 0.25 ~ 0.8。具体可根据当地的非技术劳动力供求状况确定，非技术劳动力较为富余的地区可取较低值，不太富余的地区可取较高值，中间状况可取 0.5。

11.3.2 货物影子价格的估算

11.3.2.1 货物分类

根据货物（广义的货物是指项目的各种投入和产出）的可外贸性，可将货物分为可外贸货物和非外贸货物；根据货物价格机制的不同，可分为市场定价货物和非市场定价货物。可外贸货物通常属于市场定价货物。非外贸货物中既有市场定价货物也有非市场定价货物。土地、劳动力和自然资源有其特殊性，被归类为特殊投入。在明确了货物类型后，即可有针对性地采取适当的定价原则和方法。

11.3.2.2　市场定价货物的影子价格

随着我国市场经济的发展和国际贸易的增长，大部分货物已经主要由市场定价，政府不再进行管制和干预。市场价格由市场形成，可以近似反映支付意愿或机会成本。进行项目经济分析时应采用市场价格作为市场定价货物的影子价格的基础，加上或者减去相应的物流费用作为项目投入或产出的"厂门口"（进厂或出厂）影子价格。

1. 可外贸货物的影子价格。项目使用或生产可外贸货物，将直接或间接影响国家对这种货物的进口或出口。包括：项目产出直接出口、间接出口和替代进口；项目投入直接进口、间接进口和减少出口。外贸货物的影子价格以口岸价格为基础，加减国内长途运输费用和贸易费用来测算。

（1）产出物（以出厂价计）的定价方法

① 直接出口的产出物。直接出口产出物的影子价格以离岸价格为基础，有关的地点是拟建项目与口岸，离岸价格减国内运费和贸易费用为项目产出物的出厂价格，如图 11 −1所示。其计算公式如下：

$$影子价格 = 离岸价格 \times 影子汇率 − 国内运费 − 贸易费用 \qquad (11−1)$$

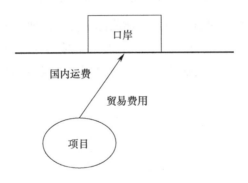

图 11 −1　直接出口货物的影子价格

② 间接出口的产出物。间接出口产出物的影子价格以离岸价格为基础，有关的地点是拟建项目、原供应厂、用户和口岸。离岸价格减原供应厂到口岸的运费及贸易费用为原供应厂的出厂价格，再加上原供应厂到用户的运费及贸易费用为用户的进厂价格，再减去用户到拟建项目的运费及贸易费用，即换算为拟建项目产出物的出厂价格，如图 11 −2所示。

从增加或减少资源消耗来理解，可以看出：若没有拟建项目，就不会发生原供应厂到口岸以及用户到拟建项目的运输费用和贸易费用，但有原供应厂到用户的运输费用及贸易费用发生。若有拟建项目，前者发生了，后者不再发生。显然，作为计算效益的价格应当从中减去增加的资源消耗（前者），加上减少的资源消耗（后者）。其计算公式如下：

影子价格 = 离岸价格 × 影子汇率 − 原供应厂到口岸的国内运费和贸易费用

+ 原供应厂到用户的运费和贸易费用 − 用户到拟建项目的运费和贸易费用

$$(11-2)$$

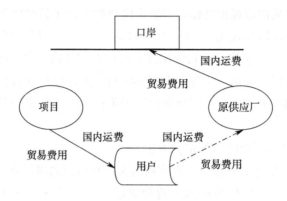

注：实线箭头表示有项目后增加的费用，应从效益中扣除；虚线箭头表示有项目后节约的费用，应在效益中添加。

图 11−2　间接出口货物的影子价格

③ 替代进口的产出物。替代进口产出物的影子价格以到岸价为基础，有关的地点是口岸、用户和拟建项目。到岸价格加口岸到用户的运输费用及贸易费用为用户的进厂价格，再减去用户到拟建项目的运输费用及贸易费用，即换算为项目产出物的出厂价格，如图 11−3 所示。

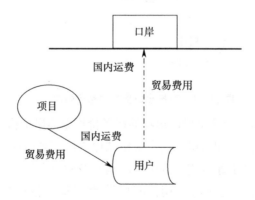

注：实线箭头表示有项目后增加的费用，应从效益中扣除；虚线箭头表示有项目后节约的费用，应在效益中添加。

图 11−3　替代进口货物的影子价格

从增加或减少资源消耗理解，可以看出：若没有拟建项目，就不会发生用户到拟建项目的运输费用和贸易费用，但会发生口岸到用户的运输费用和贸易费用。若有拟建项目，前者发生了，后者不再发生。显然，作为计算效益的价格，应当从中加上节省的资源消耗，减去增加的资源消耗。其计算公式如下：

$$影子价格 = 到岸价格 \times 影子汇率 + 口岸到用户的运费和贸易费用$$
$$- 用户到拟建项目的运费和贸易费用 \qquad (11-3)$$

（2）投入物（以进厂价计）的定价方法。

① 直接进口的投入物。直接进口投入物的影子价格以到岸价为基础，有关的地点是拟建项目和口岸，到岸价格加口岸到拟建项目的运输费用及贸易费用为拟建项目投入物的进厂价格，如图 11-4 所示。其计算公式如下：

$$影子价格 = 到岸价格 \times 影子汇率 + 口岸到拟建项目的运费和贸易费用$$
$$\qquad (11-4)$$

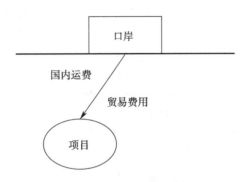

图 11-4　直接进口货物的影子价格

② 间接进口的投入物。间接进口投入物的影子价格以到岸价为基础，有关的地点是口岸、原用户、供应厂和拟建项目，到岸价格加口岸到原用户的运输费用及贸易费用为原用户的进厂价格，再减去原用户到供应厂的运输费用及贸易费用为供应厂的出厂价格，再加上供应厂到拟建项目的运输费用及贸易费用，即换算为拟建项目投入物的进厂价格，如图 11-5 所示。

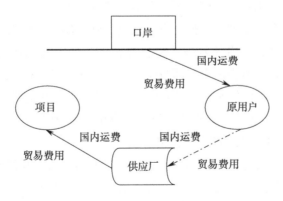

注：实线箭头表示有项目后增加的费用，应在费用中添加；虚线箭头表示有项目后减少的费用，应从费用中扣除。

图 11-5　间接进口货物的影子价格

从增加或减少资源消耗来理解，可以看出：若没有拟建项目，就不会发生口岸到原用户及供应厂到拟建项目的运输费用及贸易费用，但会发生供应厂到原用户的运输费用及贸易费用。若有拟建项目，前者发生了，后者不再发生。显然，作为计算费用的价格，应当从中加上增加的资源消耗，减去节省的资源消耗。其计算公式如下：

影子价格 = 到岸价格 × 影子汇率 + 口岸到原用户的运费和贸易费用

－ 供应厂到原用户的运费和贸易费用

＋ 供应厂到拟建项目的运费和贸易费用 (11 － 5)

③ 减少出口的投入物。减少出口投入物的影子价格以离岸价为基础，有关的地点是口岸、供应厂和项目。离岸价格减去供应厂到口岸的运输费用及贸易费用为供应厂的出厂价格，再加上供应厂到拟建项目的运输费用及贸易费用，即换算为拟建项目投入物的进厂价格，如图 11 -6 所示。

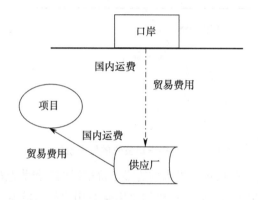

注：实线箭头表示有项目后增加的费用，应在费用中添加；虚线箭头表示有项目后减少的费用，应从费用中扣除。

图 11 － 6　减少出口货物的影子价格

从增加或减少资源消耗来理解，可以看出：若没有拟建项目，就不会发生供应厂到拟建项目的运输费用和贸易费用，但会发生供应厂到口岸的运输费用和贸易费用。若有拟建项目，发生了前者；后者不再发生。显然，作为计算费用的价格，应当从中加前者，即增加的资源消耗，减去后者，即减少的资源消耗。其计算公式如下：

影子价格 = 离岸价格 × 影子汇率 － 供应厂到口岸的运费和贸易费用

＋ 供应厂到拟建项目的运费和贸易费用 (11 － 6)

2. 市场定价的非外贸货物的影子价格。

（1）价格完全取决于市场的，且不直接进出口的项目投入和产出，按照非外贸货物定价，其国内市场价格作为确定影子价格的基础，并按下式换算为到厂价和出厂价：

投入的影子价格(到厂价) = 市场价格 + 国内运杂费 (11 － 7)

产出的影子价格(出厂价) = 市场价格 － 国内运杂费 (11 － 8)

（2）项目产出的影子价格的增值税分析。项目产出的影子价格是否含增值税销项税额（以下简称含税），投入的影子价格是否含增值税进项税额（以下简称含税），应分析货物的供求情况，采取不同的处理。

① 若项目产出需求空间较大，项目的产出对市场价格影响不大，影子价格按消费者的支付意愿确定，即采用含税的市场价格。

② 若项目产出用于顶替原有市场供应，也即挤占其他生产厂商的市场份额，应该用节约的社会成本作为影子价格，这里节约的社会成本是指其他生产厂商减产或停产所带来的社会资源节省。对于市场定价货物，其不含税的市场价格可以看作其社会成本。对于可能导致其他企业减产或停产，产出质量又相同的，甚至可以按被替代企业的分解可变成本定价（定位于不合理重复建设的情况）。

（3）项目投入的影子价格的增值税分析。

① 若该投入的生产能力较富余或较容易扩容来满足项目的需要，可通过新增供应来满足项目需求的，采用社会成本作为影子价格，这里社会成本是指社会资源的新增消耗。对于市场定价货物，其不含税的市场价格可以看作其社会成本。对于价格受到管制的货物，其社会成本通过分解成本法确定。若通过新增投资增加供应的，按全部成本计算分解成本，而通过挖潜增加供应的，按可变成本计算分解成本。

② 若该投入供应紧张，短期内无法通过增产或扩容来满足项目投入的需要，只能排挤原有用户来满足项目需求的，影子价格按支付意愿确定，即采用含税的市场价格。

（4）若没有可能判别出产出是增加供给还是挤占原有供给，或投入供应是否紧张，也可简化处理为：产出的影子价格一般采用含税的市场价格，投入的影子价格一般采用不含税的市场价格。为避免效益高估，从稳妥原则出发，这种方法要慎重采用。

（5）如果项目产出或投入数量大到影响了其市场价格，导致"有项目"和"无项目"两种情况价格不一致，可取两者的平均值作为确定影子价格的基础。

【例 11 −3】

某制造业项目生产的产品中包括市场急需的 C 产品，预测的目标市场价格为 12000 元/吨（含税），项目到目标市场的运杂费为 200 元/吨，在进行经济费用效益分析时，该产品的影子价格应如何确定？

答：经预测，在相当长的时期内，C 产品市场需求空间较大，项目产出对市场价格影响不大，应该按消费者支付意愿确定影子价格，也即采用含增值税销项税额的市场价格为基础确定其出厂影子价格。该项目应该采用的 C 产品出厂影子价格为

12000 −200 =11800（元/吨）

11.3.2.3　不具备市场价格的产出效果的影子价格

某些项目的产出效果没有市场价格，或市场价格不能反映其经济价值，特别是项目的外部效果往往很难有实际价格计量。对于这种情况，应遵循消费者支付意愿和（或）接受补偿意愿的原则，采取以下两种方法测算影子价格。

1. 根据消费者支付意愿的原则，通过其他相关市场信号，按照"显示偏好"的方法，寻找揭示这些影响的隐含价值，间接估算产出效果的影子价格。

2. 按照"陈述偏好"的意愿调查方法，分析调查对象的支付意愿或接受补偿意愿，通过推断，间接估算产出效果的影子价格。

11.3.2.4 政府调控价格货物的影子价格

我国尚有少部分产品或服务，如电、水和铁路运输等，不完全由市场机制决定价格，而是由政府调控价格。政府调控价格包括政府定价、指导价、最高限价等。这些产品或者服务的价格不能完全反映其真实的经济价值。

1. 定价方法。在经济分析中，往往需要采取特殊的方法测定这些产品或服务的影子价格，包括成本分解法、支付意愿法和机会成本法。

（1）成本分解法。成本分解法是确定非外贸货物影子价格的一种重要方法，通过对某种货物的边际成本进行分解并用影子价格进行调整换算，得到该货物的分解成本。分解成本是指某种货物的生产所需要耗费的全部社会资源的价值，包括各种物料、人工、土地等的投入，各种耗费都需要用影子价格重新计算。另外，还包括按资金时间价值原理计算的资金回收费用。

（2）支付意愿法。支付意愿是指消费者为获得某种商品或服务所愿意付出的价格。在经济分析中，常常采用消费者支付意愿测定影子价格。在完善的市场中，市场价格可以正确地反映消费者的支付意愿。应注意在不完善的市场中，消费者的行为有可能被错误地引导，此时市场价格就不能正确地反映消费者支付意愿。

（3）机会成本法。机会成本是指用于拟建项目的某种资源的最佳可行替代用途所能获得的最大净效益。例如资金是一种资源，在各种投资机会中都可使用，一个项目使用了一定量的资金，这些资金就不能用在别的项目中，它的机会成本就是所放弃的所有投资机会中可获得的最大净效益。

在充分的市场机制下，资源会被出价最高的使用者得到，所以该资源的机会成本应该表现为它的市场价格。在经济分析中，机会成本法也是测定影子价格的重要方法之一。

2. 主要的政府调控价格产品及服务的影子价格。

（1）电价。作为项目的投入时，电力的影子价格可以按成本分解法测定。一般情况下，应当按当地的电力供应完全成本口径的分解成本定价。有些地区，若存在阶段性的电力过剩，可以按电力生产的可变成本分解定价。例如，水电的影子价格可按替代的火电分解成本定价。

作为项目的产出时，电力的影子价格应体现消费者支付意愿，最好按照电力对于当地经济的边际贡献测定。无法测定时，可参照火电的分解成本，按高于或等于火电的分解成本定价。例如，目前水电项目经济分析中的发电效益习惯采用最优等效替代项目的费用估算，即按照发电量相同的火电项目的年费用作为水电项目的发电经济效益估算的基础。

（2）交通运输服务。作为项目的投入时，一般情况下按完全成本分解定价。作为项目的产出时，其经济效益的计算不考虑服务收费收入，而是采取专门的方法，按替代运输量（或转移运输量）和正常运输量的时间节约效益、运输成本节约效益、交通事故减少效益以及诱增运输量的效益等测算。

（3）水价。作为项目的投入时，按后备水源的成本分解定价，或者按照恢复水功能的成本定价。作为项目的产出时，水的影子价格按消费者支付意愿或者按消费者承受能力加政府补贴测定。

11.3.3　特殊投入的影子价格

项目的特殊投入主要包括劳动力、土地和自然资源，其影子价格需要采取特定的方法确定。

11.3.3.1　劳动力的影子价格——影子工资

劳动力作为一种资源，项目使用了劳动力，社会就要为此付出代价，经济分析中用"影子工资"来表示这种代价。影子工资是指项目使用劳动力而社会为此付出的代价，包括劳动力的机会成本和劳动力转移而引起的新增资源消耗。

劳动力的机会成本是指拟建项目占用了劳动力，因而不能再用于其他地方或享受闲暇时间而被迫放弃的价值，应根据项目所在地的人力资源市场及就业状况、劳动力来源以及技术熟练程度等方面分析确定。技术熟练程度要求高的、稀缺的劳动力，其机会成本高，反之，机会成本低。劳动力的机会成本是影子工资的主要组成部分。

新增资源消耗是指劳动力在本项目新就业或由原来的岗位转移到本项目而发生的经济资源消耗，包括迁移费、新增的城市基础设施配套等相关投资和费用。

11.3.3.2　土地影子价格

在我国，土地是一种稀缺资源。项目占用了土地，社会就为此付出了代价，无论是否需要实际支付费用，都应根据机会成本或消费者支付意愿计算土地影子价格。土地的地理位置对土地的机会成本或消费者支付意愿影响很大，因此土地的地理位置是影响土地影子价格的关键因素。

土地作为稀缺资源，其影子价格应反映其稀缺价值。我国的土地资源日趋紧缺，政府也因此对土地利用采取更加严格的管理，在这种形势下，土地影子价格的确定应就高不就低。土地影子价格应当不低于项目取得土地使用权的成本加上政府为此付出的补贴或者政府给予的优惠（如果有的话）。

1. 非生产性用地的土地影子价格。项目占用住宅区、休闲区等非生产性用地，市场完善的，应根据市场交易价格确定土地影子价格；市场不完善或无市场交易价格的，应按消费者支付意愿确定土地影子价格。

2. 生产性用地的土地影子价格。项目占用生产性用地（主要指农业、林业、牧业、渔业及其他生产性用地），应按照这些生产用地的机会成本及因改变土地用途而发生的新增资源消耗进行计算，即

$$土地影子价格 = 土地机会成本 + 新增资源消耗 \qquad (11-9)$$

（1）土地机会成本。土地机会成本应按照项目占用土地而使社会成员由此损失的该土地"最佳可行替代用途"的净效益计算。通常该净效益应按影子价格重新计算，并用项目计算期各年净效益的现值表示。

土地机会成本估算中应注意：①原有用途往往不是"最佳可行替代用途"，按原有用途、原有数据估算，往往会造成低估；②要用发展的眼光看待"最佳可行替代用途"。当前，占用农用地建设工程项目的机会很多，应根据当地社会、经济发展规划和土地利用规划来确定"最佳可行替代用途"。如果已规划为建设用地，则应将建设用地作为"最佳可行替代用途"，而不是农用地。农用地土地机会成本的计算过程中应适当考虑净效益的递增速度，以及净效益计算基年距项目开工年的年数。土地机会成本的计算公式如下：

$$OC = NB_0 (1 + g)^{r+1} \times [1 - (1 + g)^n (1 + i_s)^{-n}]/(i_s - g) \qquad (11 - 10)$$

其中，OC 为土地机会成本；n 为项目计算期；NB_0 为基年土地的最佳可行替代用途的净效益（用影子价格计算）；r 为净效益计算基年距项目开工年的年数；g 为土地的最佳可行替代用途的年平均净效益增长率；i_s 为社会折现率（$i_s \neq g$）。

（2）新增资源消耗。新增资源消耗应按照在"有项目"的情况下土地的占用造成原有地上附属物财产的损失及其他资源耗费来计算。在项目经济分析中，补偿费用一般可按相关规定的高限估算。由政府出资拆迁安置的，其费用也应计入新增资源消耗。业主自行开发土地的，土地平整等开发成本通常应计入工程建设投资中，在土地影子费用估算中不再重复计算。由开发区管委会负责开发的，或者政府给予补贴的，其费用应包括在土地影子费用中。

（3）实际征地费用的分解。在实际的项目评价中，土地影子价格可以从投资估算中土地费用的财务价值出发，进行调整计算。由于各地土地征收的费用标准不完全相同，在经济分析中须注意项目所在地区征地费用的标准和范围。一般情况下，项目的实际征地费用可以划分为三部分，分别按照不同的方法调整：① 属于机会成本性质的费用，如土地补偿费、青苗补偿费等，按照机会成本的计算方法调整计算。② 属于新增资源消耗的费用，如征地动迁费、安置补助费和地上附着物补偿费等，按影子价格计算。③ 一般而言，政府征收的税费属于转移支付。但从我国耕地资源的稀缺程度考虑，征地费用中所包括的耕地占用税应当计入土地经济费用。④ 已经在建或正在规划中的经济开发区和工业园区的土地，其用途已不再是农用地，应参照市场价格确定土地影子价格。

11.3.3.3 自然资源影子价格

在经济分析中，各种有限的自然资源也被归类为特殊投入。项目使用了自然资源，社会经济就为之付出了代价。如果该资源的市场价格不能反映其经济价值，或者项目并未支付费用，该代价应该用该资源经济价值的影子价格表示，而不是市场价格。矿产等不可再生资源的影子价格应当按该资源用于其他用途的机会成本计算，水和森林等可再生资源的影子价格可以按资源再生费用计算。为方便测算，自然资源的影子价格也可以通过投入替代方案的费用确定。

当以上方法难以具体应用时，作为投入的不可再生矿产资源的影子价格可简化为：市场价格（含增值税进项税额，也包含资源税）作为其影子价格的最低值，理由是，尽管作为政府征收的资源税有"转移支付"之嫌，但在对资源稀缺价值暂时难以度量的情况下，姑且将资源税作为资源稀缺价值的一种体现，尽管这种体现仍然可能是不充分的。

11.3.4　特殊产出的经济价格确定

11.3.4.1　人力资本和生命价值的估算

某些项目的产出效果表现为对人力资本、生命延续或疾病预防等的影响，如教育项目、医疗卫生项目和卫生保健项目等，应根据项目的具体情况，测算人力资本增值的价值、可能减少死亡的价值，以及减少疾病增进健康等的价值，并将货币量化结果纳入项目经济费用效益流量表中。如果因缺乏可靠依据而难以货币量化，可采用非货币的方法进行量化，也可只进行定性分析。

1. 教育项目的目标是提高人才素质，其效果可以表现为人力资本增值，如通过教育提高了人才素质，引发工资提高。在劳动力市场发育成熟的情况下，其人力资本的增值应根据"有项目"和"无项目"两种情况下的所得税前工资的差额进行估算。例如，世界银行的一项研究成果表明，每完成一年教育可以给受教育者增加约5%的月收入。

2. 医疗卫生项目的目标是维系生命，其效果常常表现为减少死亡和病痛的价值。可根据社会成员为避免死亡和减少病痛而愿意支付的费用进行计算。当缺乏对维系生命的支付意愿的资料时，可采用人力资本法，通过分析人员的死亡导致为社会创造收入的减少来评价死亡引起的损失，以测算生命的价值；或者通过分析伤亡风险高低不同的工种的工资差别来间接测算人们对生命价值的支付意愿。

3. 卫生保健项目的目标是预防疾病，其效果表现为对人们增进健康的影响效果，一般应通过分析疾病发病率与项目影响之间的关系，测算由于健康状况改善而增加的工作收入，发病率降低而减少的看病、住院等医疗成本及其他各种相关支出，并综合考虑人们对避免疾病而获得健康生活所愿意付出的代价，测算其经济价值。

11.3.4.2　时间节约价值的估算

交通运输等项目，其效果可以表现为时间的节约，此时需要计算时间节约的经济价值。应按照"有无对比"的原则分析"有项目"和"无项目"情况下的时间耗费情况，区分不同人群、货物，根据项目的具体特点分别测算旅客出行时间节约和货物运送时间节约的经济价值。

1. 出行时间节约的价值。出行时间节约的价值可以按节约时间的受益者为了获得这种节约所愿意支付的货币数量来度量。在项目经济费用效益分析中，应根据所节约时间的具体性质分别测算。①如果所节约的时间用于工作，时间节约的价值应为因时间节约而进行生产从而引起产出增加的价值。在完善的劳动力市场下，企业支付给劳动者的工资水平，可以看作是劳动者的边际贡献，因此可以将企业负担的所得税前工资、各项保险费用及有关的其他劳动成本用于估算时间节约的价值。②如果所节约的时间用于闲暇，应从受益者个人的角度，综合考虑个人家庭情况、收入水平、闲暇偏好等因素，采用意愿调查评估方法进行估算。

2. 货物时间节约的价值。货物时间节约的价值应为这种节约的受益者为了得到这种节约所愿意支付的货币数量。在项目经济费用效益分析中，应根据不同货物对运输时间的敏感程度以及受益者的支付意愿测算时间节约的价值。

11.4　项目经济分析指标和报表

11.4.1　项目经济分析指标

11.4.1.1　经济净现值

经济净现值（ENPV）是指用社会折现率将项目计算期内各年的经济净效益流量折算到项目建设期初的现值之和，是经济费用效益分析的主要指标。经济净现值的计算公式为

$$ENPV = \sum_{t=1}^{n} (B - C)_t (1 + i_s)^{-t} \qquad (11 - 11)$$

其中，B 为经济效益流量；C 为经济费用流量；$(B - C)_t$ 为第 t 年的经济净效益流量；n 为计算期，以年计；i_s 为社会折现率。

经济净现值是反映项目对社会经济净贡献的绝对量指标。项目的经济净现值等于或大于零表示社会经济为拟建项目付出代价后，可以得到符合或超过社会折现率所要求的以现值表示的社会盈余，说明项目的经济盈利性达到或超过了社会折现率的基本要求，则认为从经济效率看，该项目可以被接受。经济净现值越大，表明项目所带来的以现值表示的经济效益越大。

11.4.1.2　经济内部收益率

经济内部收益率（EIRR）是指使项目在计算期内各年经济净效益流量的现值累计等于零时的折现率，是经济费用效益分析的辅助指标。经济内部收益率可由式（11 - 12）表达：

$$\sum_{t=1}^{n} (B - C)_t (1 + EIRR)^{-t} = 0 \qquad (11 - 12)$$

其中，$EIRR$ 为经济内部收益率，其余符号同前。

经济内部收益率可根据式（11 - 12）采用数值解法求解，手算时可用人工试算法，利用计算机时可使用现成的软件程序或函数求解。

经济内部收益率是从资源配置的角度反映项目经济效益的相对量指标，表示项目占用的资金所能获得的动态收益率，反映资源配置的经济效率。项目的经济内部收益率等于或大于社会折现率时，表明项目对社会经济的净贡献达到或者超过了社会折现率的

要求。

11.4.2　经济费用效益流量表的编制

编制项目经济费用效益流量表，主要用于计算经济内部收益率和经济净现值等评价指标，进行国民经济指标分析。根据投资计算基础不同，选择不同的方法编制经济费用效益流量表，即项目投资经济费用效益流量表和经济费用效益分析投资费用估算调整表。

11.4.2.1　项目投资经济费用效益流量表

"项目投资经济费用效益流量表"不分投资资金来源，以全部投资作为计算基础，用于计算全部投资的经济内部收益率和经济净现值等评价指标，考察项目全部投资的国民经济盈利能力，为各个投资方案（不论其资金来源如何）进行比较建立共同基础，其格式见表 11 - 2。

表 11 - 2　项目投资经济费用效益流量表

序号	项目	建设期		运营期					
		1	2	3	4	5	6	…	N
1	效益流量								
1.1	项目直接效益								
1.2	回收资产余值								
1.3	回收流动资金								
1.4	项目间接效益								
2	费用流量								
2.1	建设投资								
2.2	流动资金								
2.3	经营费用								
2.4	项目间接费用								
3	净效益流量（1-2）								

注：生产期发生的更新改造投资作为费用流量单独列项或列入建设投资中。

效益流量和费用流量中的直接效益和直接费用依据辅助报表的各对应项填列。间接效益和间接费用则要依据所鉴别的间接效益和间接费用中可定量的部分填列。

11.4.2.2　经济费用效益分析投资费用估算调整表

1. 调整直接效益流量。项目的直接效益大多为营业收入。产出需要采用影子价格的，用影子价格计算营业收入。应分析具体供求情况，选择适当的方法确定产出的影子价格。出口产品用影子汇率计算外汇价值。重新计算营业收入，编制营业收入调整表（见表 11 - 3）。

表 11 – 3　营业收入调整表

序号	项目	财务数值	经济数值
	生产负荷		
	营业收入合计		
1	产品 A		
2	产品 B		
3	产品 C		
4	产品 D		

2. 调整建设投资。

（1）将建设投资中的涨价预备费从费用流量中剔除。

（2）根据具体情况，建设投资中的劳动力可按影子工资计算费用，也可不予调整。

（3）有进口用汇的，应按影子汇率换算并剔除作为转移支付的进口关税和进口环节增值税。

（4）建设投资的国内费用中包含的增值税进项税额可根据市场定价的非外贸货物（投入）的影子价格定价原则以及各类投入的市场供求情况决定是否剔除，即决定采用含税价格还是不含税价格。其他费用通常不必调整。

（5）应重视建设投资中土地费用的调整，按照前述土地影子价格确定方法及要求进行调整。

（6）其他费用一般可认为等同于财务价值，通常不必调整。

建设投资调整表见表 11 – 4。

表 11 – 4　建设投资调整表

序号	项目	财务数值			经济数值		
		外币	人民币	合计	外币	人民币	合计
1	建设投资						
1.1	建筑工程费						
1.2	设备购置费						
1.3	安装工程费						
1.4	固定资产其他费用						
1.5	无形资产						
	其中：土地费用						
1.6	其他资产						
1.7	基本预备费						

3. 调整经营费用。经营费用可采取以下方式调整计算：对需要采用影子价格的投入，用影子价格重新计算；对一般投资项目，人工工资可不予调整，即取影子工资换算

系数为 1；人工工资用外币计算的，应按影子汇率调整；对经营费用中的除原材料和燃料及动力费用之外的其余费用，通常不予调整。经营费用调整表见表 11 - 5。

表 11 - 5 经营费用调整表

序号	项目	财务数值	经济数值
	生产负荷		
1	外购原材料		
2	外购辅助材料		
3	外购燃料		
4	外购动力		
5	职工薪酬		
6	修理费		
7	其他费用		
8	经营费用合计		

4. 调整流动资金。如果财务分析中流动资金采用扩大指标估算法，经济分析中仍可按此方法进行估算，但需要将计算基础调整为以影子价格计算的营业收入或经营费用，再乘以相应的系数。如果财务分析中流动资金是按分项详细估算法进行估算的，在剔除了现金、应收账款、预收账款、预付账款和应付账款后，剩余的存货部分要用影子价格重新分项估算。并编制"流动资金调整表"，其格式见表 11 - 6。

表 11 - 6 流动资金调整表

序号	项目	财务数值	经济数值
	生产负荷		
1	流动资产		
1.1	应收账款		
1.2	存货		
1.3	现金		
2	流动负债		
2.1	应付账款		
3	流动资金		

5. 回收资产余值。回收资产余值一般不必调整。

6. 识别并估算间接效益和间接费用。按照前述效益和费用识别和估算的要求，识别项目的间接效益和间接费用，并尽可能予以货币化估算。

最后，在上述各项调整的基础上编制项目经济费用效益流量表，格式与表 11 - 2 相同。

11.5 本章小结

项目经济分析是从国民经济的角度对项目配置资源合理性进行经济评价的方法，关注的主要是涉及国计民生的重大投资项目。在分析的方式上，一种是对项目直接进行经济费用效益分析，另一种是在项目财务效益分析的基础上进行经济费用效益分析。

经济费用效益分析采用费用效益分析法，分析的前提是将投资项目的费用和效益进行鉴别与计量。项目的经济费用和效益根据其与项目本身的关系分为直接费用、直接效益和间接费用、间接效益。项目的直接费用和直接效益统称为项目内部效果，项目的间接费用和间接效益统称为项目外部效果。

在鉴别和计量效益与费用时，要剔除"转移支付"。"转移支付"是指那些既不需要消耗国民经济资源，又不增加国民经济收入，只是一种归属权转让的款项，包括税金、补贴和国内借款利息等。

费用和效益的鉴别与计量应注意以下几个问题：（1）考虑项目"有"或"没有"条件下投入和产出之间的差别；（2）区分不同的投入物（或产出物）所带来的费用（或效益）状况；（3）对外部效果的鉴别做充分的论证，弄清是否真正为项目所产生的；（4）在鉴别时只考虑和所评估项目直接有关的外部效果。

影子价格是投入生产的资源在最优配置和有效利用时所应得到的价格，即商品或生产要素可用量的任一边际变化对国家基本目标——国民收入增长的贡献值。

第 12 章
项目社会评价

项目评估是实现项目决策科学化、民主化的重要措施。从费用与效益的角度来考察，项目评估一般包括财务评价、经济分析和社会评价三个层次。有关项目财务评价和经济分析方法的相关内容，在前面各章已做了详细的阐述，本章从社会的角度，阐述项目社会评价的理论和方法，用于分析和评价投资项目的社会可行性和合理性。

12.1 项目社会评价概述

12.1.1 项目社会评价的含义和特点

国内外投资项目的经验表明，对有些拟建项目如果仅从财务上和经济上进行评价，是不足以对项目作出最优选择的，还必须从项目对社会发展目标的贡献和影响方面分析其利弊得失，使项目得以整体优化，以保证其顺利实施，提高投资效益，促进社会进步。

12.1.1.1 项目社会评价的含义

项目社会评价，是指分析评价项目为实现国家和地方的各项社会发展目标所做的贡献与影响，以及项目与社会的相互适应性的一种系统的调查、研究、分析和评价的方法。概括地讲，社会发展目标基本上有两个：一是经济的增长，又称效率目标；二是公平分配，又称公平目标。二者合称国民福利目标。效率目标要求增加国民收入，而公平目标则要求增加国民收入的分配效果，即收入的时间分配和收入的空间分配。收入的时间分配是指投资和消费之间的分配，收入的空间分配是指收入在不同的收入阶层和地区之间的分配。

国家和地方的各项社会发展目标的实现，有赖于各项社会政策的贯彻执行，如就业政策、公平分配政策、扶贫政策、社会福利政策、社会保障政策等。因此，项目的社会评价是以各项社会政策为基础的，分析研究项目对各项社会政策的效用及其对各项社会发展目标的作用。项目对各项社会发展目标的贡献，是指由于项目的实施给社会创造的效益，或者说是项目对社会的有利影响，如增加人民的卫生设施，使人民的保健水平提高；提高人民的教育、文化水平，改善人民的劳动条件等。

12.1.1.2 项目社会评价的特点

1. 宏观性和长期性。项目社会评价所依据的是社会发展目标，而社会发展目标本身是依据国家和地区的宏观经济与社会发展需要制定的，包括经济增长目标、国家安全目标、人口控制目标、减少失业和贫困目标、环境保护目标等，涉及社会生活的方方面面。进行项目的社会评价时要认真考察与项目建设相关的各种可能的影响因素，无论是正面影响还是负面影响，直接影响还是间接影响。这种分析和考察应该是从所有与项目相关的社会成员角度进行的，是全面、广泛和宏观的。因此，社会评价应高屋建瓴，着眼大局，整体把握，权衡社会影响利弊。

同时，投资项目的社会影响具有长期性。一般经济评价只考察投资项目大约 20 年的经济效果，而社会评价通常要考虑一个国家或地区的中期和远期发展规划及要求，有些领域的影响可能涉及几十年、上百年，甚至是关乎几代人。如建设三峡工程这样的投资项目，在考察项目对生态环境、人民生活、社会发展的影响时考察的时间跨度可能是几代人。

2. 目标的多样性和复杂性。财务分析和经济分析的目标通常比较单一，主要衡量企业的财务盈利能力及资源配置的经济效率；而社会评价的目标则更为多样和复杂。社会评价的目标分析首先是多层次的，需要从国家、地方、社区三个不同的层次进行分析，以各层次的社会政策为基础展开，做到宏观分析与微观分析相结合。通常低层次的社会目标是依据高层次的社会目标制定的，但各层次在就业、扶贫、妇女地位、文化、教育、卫生保健等方面可能存在不同情况，其要求和重点也可能各不相同。社会目标层次的多样性，决定了社会评价需要综合考察社会生活的各个领域与项目之间的相互关系和影响，必须分析多个社会发展目标、多项社会政策、多种社会影响和多样的人文环境等因素。因此，综合考察项目的社会可行性，通常需要采用多目标综合评价的方法。

3. 评价标准的差异性。在投资项目的环境分析、技术分析和经济分析中，往往都有明确的指标判断标准。社会评价由于涉及的社会环境多种多样，影响因素比较复杂，社会目标多元化和社会效益本身的多样性使其难以使用统一的量纲、指标和标准来计算和比较社会影响效果，因而在不同行业和不同地区的项目评价中差异明显。同时，社会评价的各个影响因素，有的可以定量计算，如就业、收入分配等，但更多的社会因素是难以定量计算的，如项目对当地文化的影响，对当地社会稳定的影响，当地居民对项目的支持程度等。这些难以量化的影响因素，通常使用定性分析的方法加以研究。因此在社会评价中，通用评价指标少，专用指标多；定量指标少，定性指标多。这就要求在具体项目的社会评价中充分发挥评价人员的主观能动性。

4. 间接效益多。项目的社会效益与影响虽然有直接的（如就业效益、节能效益、创汇效益，对教育的影响，对文化生活的影响等），但许多社会效益往往是间接效益或外部效益，如工业项目对科学技术进步的作用，对提高用户产品质量的作用；建设某轻工厂对促进当地农业发展的效益；水利项目对地方供水、促进地方工农业发展的效益；新建公路减少相关公路拥挤，节约旅客时间的效益等，都是项目的间接效益或外部效益。

所以，项目社会评估具有间接效益多的特点。

5. 行业特征明显。经济评估可以对各行业项目使用统一的内部收益率、净现值等指标计算项目的经济效益。社会评估则由于项目社会效益的多样性，难以使用统一的指标计算综合社会效益，而且各行业项目对社会发展目标的贡献与影响有很大差异。城市基础设施项目、交通项目、社会事业项目等往往几乎没有直接的财务效益，主要是社会效益；农业、林业、水利项目的社会效益都很广泛，特别是水利项目，影响的地域范围大，时间长，远非其他项目可比；工业项目以经济效益为主，与农业、林业、水利项目相比，其社会效益属于相对次要地位。因此，项目社会评估的指标设置，各行业都能通用的少，往往需要根据行业特点设置专用指标和评价方法，且指标设置时要注意通用与专用相结合的问题。

12.1.2 项目社会评价与财务评价、经济分析的区别

12.1.2.1 评价角度不同

财务评价是从企业或项目的角度进行评价；经济分析是从国民经济的角度评价项目，旨在从经济的角度追求资源最佳配置；而社会评价则是从全社会的角度考察评价项目，旨在从全社会更广泛的领域，实现资源的最佳配置。

12.1.2.2 评价目标不同

财务评价追求的目标是企业财务盈利的最大化，即追求财务盈利目标；经济分析则是以国民收入增长的最大化为追求目标，即追求经济增长目标。财务评价和经济分析的目标是比较单一的。投资项目社会评价的内容涉及国家、地方、社区各层次社会生活各个领域的发展目标，必须分析多个社会发展目标、多个有关的社会政策效用，属于多目标分析。因此，社会评价的目标不仅要求项目产生的国民收入最大化，而且要求这些收入在全社会各收入阶层和地区得到公平分配，从而产生最大的社会效益，因而其目标是多元化的（见表 12 – 1）。

表 12 – 1 财务评价、经济分析与社会评价的主要区别

评价层次	考察范围	评价目标	价格	折现率
财务评价	项目（或企业）	利润增加	现行价格	基准折现率
经济分析	国民经济	国民收入增加	效率影子价格	社会折现率
社会评价	全社会	国民收入的增长和分配	社会价格	计算利率

12.1.2.3 评价采用的价格不同

项目的财务评价使用的是现行价格，经济分析采用的是效率影子价格，而项目的社会评价则是在效率影子价格的基础上，考虑了收入分配的影响，采用的是社会影子价格，简称社会价格。

12.1.2.4 采用的折现率不同

财务评价采用的折现率是该行业的基准收益率或现行贷款利率加风险报酬率，经济分析中所使用的折现率是以资金的边际产出率为依据制定的社会折现率；社会评价采用

的折现率是在社会折现率的基础上，考虑各种形式的收入给社会边际价值的贡献而确定的计算利率。

12.1.3 项目社会评价的必要性

12.1.3.1 项目社会评价的目的

社会评价的主要目的是判断项目的社会可行性，消除或尽量减少项目实施所产生的社会负面影响，使项目更符合所在地区的发展目标、当地具体情况和目标人口的发展需要，为项目地区的区域社会发展目标作出贡献，促进经济与社会的协调发展。社会发展的目标包括提高人们的教育水平、知识和技能，增进人们的健康，促进社会福利增长，以及公平分配等，这就决定了投资项目的社会评价具有多重目的。

12.1.3.2 项目社会评价的作用

1. 项目社会评价是追求国民福利最大化的需要。要判断拟建项目的合理性，就必须考察其所创造的社会价值。经济分析仅仅把国民收入的增加（经济的增长）作为评价的主要内容，考察项目的经济效益，这显然是不够的。作为一个国家、一个社会，其所追求的目标不仅仅是经济的增长，也应该包括国民福利的最大化。在经济效益（如国民收入量）一定的条件下，只有实现公平合理的分配，才能使其产生最大的社会效益。投资项目是实现国民福利最大化的必要手段，因此拟建项目的价值不仅取决于它所产生的经济效益的大小，还取决于对这些效益如何进行分配。显而易见，进行社会评价，从经济增长和收入的公平分配两个方面考察项目的可行性，有利于具有较大社会价值的项目入选，进而使国民福利趋于最优化。

2. 项目社会评价是财政、税收等政策的必要补充。从理论上讲，国家可以通过财政、税收和价格等手段进行合理的经济资源的分配，但由于各方面因素的影响，比如地方局部利益的影响，以及财政、税收和价格制度执行上及财政承受能力上的困难等，并不能完全达到从社会的角度最佳配置资源的目标，所以需要借助于利用资源的一种主要方式——投资项目社会评价，对上述各方面的政策进行必要的补充，以期合理分配有限的资源。

3. 项目社会评价是解决投资资金短缺问题的需要。项目经济分析以经济增长为目标，隐含着这样一个价值判断，即不同用途的项目对国民经济基本目标的贡献都相同，也即用于积累（再投资）和用于消费具有同样的价值，这显然有悖于实践。在某一经济中，当投资水平低于政府所需要的增长目标对它所提出的要求时，就认为投资比消费更有价值。为了实现经济增长、扩大就业和提高人民的生活水平等目标，我国需要大量的投资资金进行建设，但在我国目前的经济条件下，投资资金尤为短缺，特别是国家集中的投资资金，社会可供投资的资金不能满足国家为实现上述目标对其数量的要求。这样，一个项目所产生的新增国民收入中，用于再投资的单位收入比用于目前消费的单位收入有更大的价值。所以需要在进行项目评价时，把项目对投资与消费分配的影响考虑在内，对于分配于目前的项目收入赋予较低的价值。只有通过这样的评价，才能更多地选择产生较多积累资金的项目，增加再投资资金的数量，提高国家的投资水平。

4. 项目社会评价是区域布局合理化的要求。目前，中国比较发达的地区，特别是工业发展水平和生活水平比较高的地区，大都属于"加工型"区域，即工业的支柱主要是加工工业。这些地区原来的基础就比较好，加上体制和政策等方面的原因，增加的投资又多，所以整个区域的产值和收入增长较快，人们的生活水平也有较大幅度的提高。比较落后的地区，特别是工业发展水平和生活水平落后的地区，大都属于"资源型"区域，即工业的支柱主要是矿产工业和其他基础工业，这些地区大都有丰富的矿藏资源，但因投资不足，限制了资源的开发，整个区域的产值增长较慢，人们的收入和生活水平提高缓慢。显然，在这些地区增加单位投资所创造的产值比发达地区增加单位投资所创造的产值有更大的社会效益。同样地，增加单位边际消费所产生的社会效益也大于发达地区增加单位边际消费所产生的社会效益。这种畸形的布局结构的形成，除了历史原因外，主要是由于投资结构不合理造成的。要改变这种布局结构，仅依靠行政和其他经济手段和职能是很难奏效的，而项目社会评价却有助于实现这一目标。在进行项目投资决策时，有利于比较落后的地区拟建项目的入选，从而通过对投资资金流向的调整，逐步改变我国不合理的区域布局。

另外，拟建项目能否取得比较好的经济效益与社会效益，和其与社会环境的协调密切相关。任何投资项目都生存于一定的社会环境中，与社会生活各领域有着诸多联系，社会环境对项目建设的费用与效益，企业的未来生存和发展，必将产生或多或少的影响。这种客观的、现实的存在不容忽视。比如，项目建设与所在地区的文化生活水平的协调，项目建设与当地所有的资源（包括自然资源和人力资源）的协调，项目建设与当地环境保护的协调，等等。这些问题都属于社会问题，项目社会评价应充分考虑这些因素，只有选择社会效益好并与社会环境相协调的项目，才能保证项目的顺利实施，提高投资的经济效益。

总之，项目社会评价的意义在于，在项目决策过程中，使那些有益于落后地区，而不是有益于比较发达地区的项目得到投资；有益于产生较高的积累和进一步增长，而不是有益于产生较高的目前消费的项目易于入选，从而使有限的投资资源产生最大的社会效益。这一点已为世界银行贷款项目实践所证实。由此可见，投资项目社会评价，对提高项目的投资经济效益具有重要意义。

12.1.3.3　项目社会评价的适用范围

由于项目社会评价涉及的社会因素较多，评价目标具有多重性和复杂性，工作量大、要求高，并且需要一定的资金和时间投入，因此并不要求所有项目都进行社会评价。一般而言，主要是针对那些社会因素复杂、社会影响久远（具有重大的负面社会影响或显著的社会效益）、社会矛盾突出、社会风险较大、社会问题较多的项目进行社会评价。这类项目包括引发大规模移民征地的项目，如交通、供水、采矿和油田项目，以及具有明显社会发展目标的项目，如扶贫项目、区域性发展项目和社会服务项目（如教育、文化和公共卫生项目等）。

12.1.4　项目社会评价的原则

12.1.4.1　政策原则

社会评价主要应用于那些对国家、地区和行业能够产生巨大影响的项目。一般而言，大中型项目所产生的经济效益和社会效益会直接影响到所在国的经济发展。因此，进行项目社会经济评价必须认真贯彻该国经济建设有关社会发展的方针、政策，遵循国家有关的法规。

12.1.4.2　计划原则

进行项目社会评价，要以国民经济和社会发展战略和计划期内国家制定的国民经济与社会发展计划的社会发展目标为依据，以近期目标为重点，兼顾远期各项社会发展目标，并考虑项目与当地社会环境的关系，尽可能使分析评价能全面反映该项目投资所引起的各项社会效益与影响。

12.1.4.3　可比原则

社会评价是一项复杂的工作，要求进行充分的数据收集和整理，进行各方面的价值判断比较，并且在进行社会评价时，无论是定量分析还是定性分析，都应注意具有可比性。

12.1.4.4　排序原则

每个投资项目按其功能不同都有主要目标，项目对实现各项社会发展目标的重要程度，依项目建设的目标，结合国家的政策而定。社会评价应根据其重要程度进行分类排序，以作为综合评价的基础。

12.1.4.5　以人为中心原则

投资项目的社会评价强调人是投资项目的主体，项目的各个利益群体都要参与项目的全过程，项目的计划、设计与实施都要考虑项目不同利益群体的意见、要求、对项目的态度，并满足他们的需要。项目社会评价把人放在首位，重视项目对人和社会因素影响的分析，增强项目决策的透明度和民主化，着重考虑项目过程中社会因素的变化，注重人的作用，不仅包括项目的实施者、管理者，而且把重点放在项目影响到的社区的各类人群。

12.2　项目社会评价的内容

12.2.1　项目社会评价的主要内容

项目社会评价是一项系统性分析评价工作，可以归结为社会调查、社会分析、社会管理方案制订三项主要内容。

12.2.1.1　社会调查

社会调查是项目社会评价的重要环节，其主要工作是收集项目相关的社会信息。项目社会评价过程，实质上是以所收集到的社会信息为基础，对相关信息资料进行调查、整理和分析的过程。社会评价所需要的社会信息包括人口统计资料、收入分配、社会服务、宗教信仰、利益相关者对项目的意见和态度等。由于项目不同阶段社会评价的重点不同，所需的社会信息资料也有所不同。不同阶段社会评价所需社会信息可分为四类，如表 12 - 2 所示。

表 12 - 2　社会信息分类列表

类别	社会信息内容	应用阶段
A 类	项目方案设计所需的一般统计信息	项目立项 项目方案制订与评价阶段
B 类	为制定项目目标及实施方案所需要的有关因果关系及动态趋势的信息	项目立项 项目方案制订与评价阶段
C 类	项目监督与评价所需的受项目影响人群信息	项目实施及监测评价阶段
D 类	项目社会影响评价所需的基线（Baseline）信息	项目后评价

12.2.1.2　社会分析

社会分析是指从社会发展的角度，研究项目的实施目标及影响，通过人口因素、社会经济因素、社会组织、社会政治背景和利益相关者需求的系统调查，分析评价社会影响和风险，消除或缓解不利社会影响。一般而言，社会分析的内容包括项目的社会影响分析、社会互适性分析、社会风险分析和社会可持续性分析等方面。

12.2.1.3　社会管理方案制订

社会管理方案是社会评价的重要成果，是对项目实施阶段的社会行动、措施及其保障条件的总体性安排，社会管理方案的制订是在社会影响分析、社会互适性分析、社会风险分析和社会可持续性分析等的基础上，结合所研究项目的社会环境条件进行编制的，目的是强化项目的正面社会影响，化解项目的负面社会影响，使项目社会效果可持续、社会风险可控，社会管理方案包括利益加强计划、负面影响减缓计划、利益相关者参与计划和社会监测评估计划。

12.2.2　项目不同阶段社会评价的工作重点

社会评价适用于项目周期的各个阶段。在项目周期的不同阶段，项目所面临的社会环境和条件会发生变化，其工作内容和重点应有不同要求。

12.2.2.1　项目前期阶段的社会评价重点

1. 项目建议书阶段的社会评价。此阶段进行社会评价，应大致了解项目所在地区社会环境的基本情况，识别主要影响因素，并主要着眼于分析判断负面的社会因素，粗略地预测可能出现的情况及其对项目的影响程度，判断项目社会可行性和可能面临的社会风险。

该阶段的社会评价一般以定性描述和分析为主。根据社会评价的结果，判断是否需要进行详细的社会评价。需要进行详细社会分析的项目通常具有以下特征：（1）项目所在地区的居民无法从以往的发展项目中受益或历来处于不利地位；（2）项目所在地区存在比较严重的社会、经济不公平等现象；（3）项目所在地区存在比较严重的社会问题；（4）项目所在地区面临大规模企业结构调整，并可能引发大规模的失业人口；（5）可以预见到项目会产生重大的负面影响，如非自愿移民、文物古迹的严重破坏；（6）项目活动会改变当地居民的行为方式和价值观念；（7）公众参与对项目效果可持续性和成功实施十分重要；（8）项目评价人员对项目影响群体和目标群体的需求及项目地区发展的制约因素缺乏足够的了解。

2. 项目可行性研究（项目申请报告）阶段的社会评价。项目可行性研究（项目申请报告）阶段社会评价的任务主要是全面深入地分析项目的社会效益与影响，以及项目与社会的相互适应性，以增强项目的有利影响，减轻不利影响，规避社会风险。该阶段采用定量分析和定性分析相结合的方法，结合项目的工程技术方案，进一步研究与项目相关的社会因素和社会影响程度，详细论证风险程度，从社会层面论证项目的可行性，编制社会管理方案。

12.2.2.2　项目准备阶段的社会评价重点

项目准备阶段的社会评价以项目前期阶段完成的社会评价为基础，在分析项目社会环境和条件变化的基础上，结合项目建设的准备情况，对前期阶段完成的评价结论做进一步的分析和修正。

12.2.2.3　项目实施阶段的社会评价重点

项目进入实施阶段后，对项目产生的社会影响逐步显现，受影响利益群体对项目的反应已开始出现并产生作用，社会评价的重点是对已经发生的影响和相关反应作出分析，并对未来的变化进行预测。

12.2.2.4　项目运营阶段的社会评价重点

项目进入运营阶段后，项目已经建成并开始发挥效益和影响。社会评价的重点是对实际发生的影响进行分析，了解掌握项目对当地社区、人口、主要利益相关者造成的实际影响及发展趋势，判断受影响群体对项目的真实反应。

运营阶段的社会评价，是项目后评价的重要组成部分，评价的结果应成为后续类似项目决策的参考依据。

12.2.3　社会评价中特殊关注的弱势群体分析

在项目社会评价中，需要特殊关注的弱势群体有贫困人口、女性、少数民族和非自愿移民等，对这些群体的分析应有不同的侧重点。

12.2.3.1　贫困分析

发展的主要目标就是消除贫困。许多社会科学家已经花费了大量的精力研究贫困问题。贫困的不同方面已经由不同学科的学者从不同的角度进行了分析。经济学家往往从收入、财富等方面来考察贫困，而社会学家则可能从基本需要、社会分化等方面来考察贫困。然而，无论是什么学科，都趋向于用"生活标准"来描述贫困问题；这不仅指收入，而且还指教育、卫生、供水、住房及人们的其他社会经济条件。贫困分析应分析项目可能产生的缓解贫困效果和可能因项目建设与运营而导致的次生贫困影响，包括：

1. 识别受项目影响的贫困群体，了解贫困群体的需求和困难，分析项目给贫困群体带来的影响和社会风险；

2. 建立参与协商机制，在项目方案设计中尽可能避免或减少因项目实施而给贫困群体带来的社会风险，降低他们受项目不利影响的程度；

3. 建立必要的沟通、协商、对话、抱怨申诉机制，保证不同群体都能有机会平等地表达自己的意愿和诉求，平等地参与各项重大问题的决策过程，提高他们通过参与项目获得发展机会的可能性。

12.2.3.2 性别分析

性别分析应以促进性别平等为宗旨，从社会性别的视角进行不同性别群体的社会角色分工、影响、需求的差异性分析，利用性别分析清单和性别分析工具分析男性和女性对项目的不同作用和需求，分析项目对男性和女性可能产生的不同影响。根据性别分析结果，确定项目目标体系中的社会性别目标；确定参与式战略，优化项目设计方案，进行社会性别规划；提出在项目实施中建立性别敏感的监测指标的建议。

12.2.3.3 少数民族分析

少数民族分析应以促进民族团结、共同发展为宗旨，以保证少数民族的传统文化不被项目破坏为基本原则，重点关注项目对当地少数民族风俗习惯和宗教的影响，分析预测项目建设和运营是否符合国家的民族政策，是否充分考虑了少数民族地区的风俗习惯、生活方式、宗教信仰，是否会引起民族矛盾，诱发民族纠纷，影响当地社会的安定团结；分析项目对不同民族或族群产生的影响，在项目方案设计中制定关于少数民族发展的政策，提出减缓项目对少数民族负面影响和扩大正面影响的措施，提出使少数民族参与项目并从中受益的方案。

12.2.3.4 非自愿移民分析

非自愿移民分析应重点关注农村集体土地征收、国有土地使用权收回、城市国有土地上房屋征收与非自愿移民安置导致的社会影响，分析征收行为可能导致非自愿移民土地资源的丧失、劳动生产和管理技能的贬值、社会网络的破坏、社会资本的损失、征收补偿安置过程中的社会矛盾、社区参与和使用公共财产的途径、次生贫困群体和脆弱群体的产生、社会公平、社会性别等的社会影响，提出有针对性的社会管理措施建议，在制订征收补偿方案和实施中予以考虑。

12.3 社会评价的主要方法

项目社会评价涉及的内容比较广泛，面临的社会问题比较复杂，社会评价方法多种多样，按是否量化分为定性分析方法和定量分析方法，按应用领域分为通用方法和专用方法。因此，遵循项目社会评价的原则，能够量化的一定要进行定量分析和评价，不能定量的则要根据国家的方针、政策及当地具体情况和投资项目本身特点进行定性分析。

12.3.1 定性分析方法

12.3.1.1 利益相关者分析

利益相关者是指与项目有直接或间接利害关系，并对项目成功与否有直接或间接影响的有关个人、群体和组织机构。利益相关者分析在社会评价中用于辨认项目利益相关群体，分析他们受项目影响的程度，以及他们对项目的实施及实现目标的影响。

1. 利益相关者分析的重要性。利益相关者分析贯穿社会评价全过程。体现在：（1）通过识别项目利益相关者，确定社会调查的主要调查对象，收集利益相关者对项目的看法和诉求。（2）通过分析和判断与项目有直接和间接利益关系的群体在项目中受到的影响、对项目的反应以及对项目的影响力来评价不同的利益群体在项目建设过程中的地位与作用，并据此判断项目与受影响利益群体之间的相互关系和适应性，利益相关者对待项目的态度是否构成项目所面临的风险，项目利益相关者对项目社会可持续性有何影响，即利益相关者是社会影响分析、社会互适性分析、社会风险分析和社会可持续分析中的主要分析对象。（3）利益相关者参与方案是社会管理方案的重要组成部分，不同利益相关者平等参与项目是社会管理方案制订的目标之一。

2. 利益相关者分析的步骤。利益相关者分析一般按照以下四个步骤进行。

（1）识别利益相关者。项目利益相关者一般划分为：①项目受益人；②项目受害人；③项目受影响人；④其他利益相关者。包括项目的建设单位、设计单位、咨询单位、与项目有关的政府部门与非政府组织。他们可能会对项目产生重大的影响，或者对项目能否达到预定目标起着十分重要的作用。

（2）分析利益相关者的利益构成。在对项目的利益相关者进行识别之后，还需要对他们从项目实施中可能获得的利益以及可能对项目产生的影响进行分析。一般应重点分析以下问题：①利益相关者对项目有什么期望？②项目将为他们带来什么样的益处？③项目是否会对他们产生不利影响？④利益相关者拥有什么资源以及他们是否愿意和能够动用这些资源来支持项目的建设？⑤利益相关者有没有与项目预期目标相冲突的任何利害关系？在很多情况下，一个项目对相关机构的影响程度可以通过分析二手数据来获得答案，而对于有些群体和当地的群众则可能需要进行实地调查访谈才能获得答案。

（3）分析利益相关者的重要性和影响力。利益相关者按其重要程度分为以下几类：①主要利益相关者，是指项目的直接受益者或直接受到损害的人；②次要利益相关者，是指与项目的方案规划设计、具体实施等相关的人员或机构，如银行机构、政府部门、非政府组织等。对利益相关者从以下几个方面分析其影响力及重要程度：①权力和地位的拥有程度；②组织机构的级别；③对战略资源的控制力；④其他非正式的影响力；⑤与其他利益相关者的权利关系；⑥对项目取得成功的重要程度。

（4）制订主要利益相关者参与方案。在已获得利益相关者的相关信息、明晰了不同利益群体之间的关系之后，重点关注主要利益相关者，制订主要利益相关者参与项目方案制订、实施及管理等的方案。

12.3.1.2　社区基层参与评价

社区基层参与评价是调查当地居民的期望、态度和偏好的一种方法，是在项目设计和实施阶段对当地社会情况和利益相关者的态度进行调查，识别所存在的社会问题，促进当地社会成员参与项目实施的一种重要手段，也是沟通项目规划者、实施者和利益相关者的一种重要方式。

进行社区基层参与评价的基本方法是开展各类访谈，可以在一般个人、主要知情者和特定群体之间展开。访谈的提纲或形式应根据所调查问题的不同而有所区别。通过访谈可以发现他们对一般问题或敏感性问题的独特见解，还有可能收集一些一般公众访谈得不到的信息。

社区基层参与评价的过程，重点强调以下活动。

（1）通过与当地个人或家庭会面、召开小组讨论会或召开社区会议等方式，就与项目相关的问题展开讨论。

（2）使用各种辅助工具，以便让文化层次较低的社区群众参与到项目中去。

（3）对问题、偏好、财富等进行排序。对问题进行排序经常采用问题卡片的形式；偏好排序一般需要绘制一个矩阵图，纵向表示受访者，横向列示各种偏好选项，要求参与者根据自己的评价来确定相应的选项，从而得到一个比较图表，从中判断参与者对不同选项的偏好，以便更好地理解不同群体的偏好倾向；财富排序用于分析社区内不同群体的财富状况并进行排序，用于调查当地居民对财富的观点，分析不同人群在社会经济发展中所处的层次，这种排序可以为抽样调查的分层抽样提供依据，也可用于识别贫困家庭。

（4）采用趋势图表、日常活动表等分析有关社会经济活动的特征及其变动趋势。

12.3.1.3　多因素综合评价方法

1. 矩阵分析总结法。矩阵分析总结法是将社会评价的各种定量和定性分析指标列入社会评价综合表（见表 12 – 3），在此基础上进行综合分析和总结评价。

表 12 – 3　项目社会评价综合表

顺序	社会评价指标（定量指标与定性指标）	分析评价结果	简要说明（包括措施、补偿及其费用）
1			
2			
3			
4			
…	……	……	……
总结评价			

将各项定量分析与定性分析的单项评价结果列于矩阵中，可使各单项指标的评价情况一目了然。由评价人员对矩阵中所列的各指标进行分析，阐明每一个指标的评价结果和它对整个项目社会可行性的影响程度。然后将一般可行且影响较小的指标逐步排除，重点考察和分析那些对项目影响大而且存在风险的问题，权衡利弊得失，研究说明对其

的补偿措施情况。最后，进行分析和归纳，指出对项目社会可行性具有关键影响的决定性因素，评价项目的社会可行性，并提出规避社会风险的对策措施。

2. 多目标加权评价法。分析项目的社会可行性时通常要考虑项目的多个社会因素和目标的实现，并选用多目标决策分析评价的方法，根据定量与定性分析指标的重要程度，进行指标打分和加权计算，得出综合评价的结论。

12.3.2 定量分析方法

12.3.2.1 宏观经济效果的总量指标与结构指标

1. 总量指标。项目对宏观经济影响的总量指标主要包括增加值、净产值、社会纯收入等经济指标。

（1）增加值是指项目投产后对国民经济的贡献值，即每年形成的国内生产总值。对项目按收入法计算增加值较为方便，其计算公式为

$$\Delta V = R + D + T + S \tag{12-1}$$

其中，ΔV 为增加值；R 为项目范围内全部劳动者的报酬；D 为固定资产折旧；T 为生产税净额；S 为营业盈余。

（2）净产值是指项目全部效益扣除各项费用（不包括工资及附加费）后的余额。

（3）社会纯收入是指净产值扣除工资及附加费后的余额。增加值、净产值和社会纯收入的年值可分别由各自的总现值折算。在项目评估时，应重点对这些总量指标进行计算与分析，以评价项目对宏观经济的贡献程度。

2. 结构指标。项目对社会经济影响的结构指标主要包括影响力指数、产业结构、就业结构等指标。

（1）影响力系数。影响力系数又称为带动度系数，是指其所在的行业，当它增加产出满足社会需求，每增加一个单位的最终需求时，对国民经济各部门产生的增加产出的影响程度，其计算公式为

$$IPD = \sum_{i=1}^{n} b_{ij} / \left(\sum_{i}^{n} \sum_{i}^{n} b_{ij} / n \right) \tag{12-2}$$

其中，IPD 为影响力系数；b_{ij} 为列昂惕夫逆矩阵系数（Leontief Inverse Matrix Coefficients），即完全消耗系数，表示生产第 j 个部门的一个最终产品对第 i 个部门的完全消耗量；n 为国民经济的产业部门数。

影响力系数如果大于1，则表示该产业部门增加产出对其他产业部门产出的影响程度超过社会平均水平；其数值越大，说明该产业部门对其他产业部门的带动作用越大，对经济增长的影响越大。

（2）产业结构。产业结构可以用各自产业的增加值计算，反映各自产业在国内生产总值中所占份额的大小。

（3）就业结构。就业结构包括就业的产业结构、就业的知识结构等。其中，就业的产业结构是指各产业就业人数的比例，就业的知识结构是指不同知识层次就业人数的比例。

12.3.2.2 收入分配效果

收入分配分析，从国家宏观经济分析来说，是指社会在一定时期内创造的价值，或体现这部分价值的产品，即国民收入在社会集团或社会成员之间的分配效益分析。从项目的微观层次分析来说，即项目的净收益对社区居民的收入分配效益。

收入分配效益主要是分析项目所产生的国民收入净增值在各利益主体之间的分配情况，并评估其是否公平合理。

1. 社会机构分配指标。该类指标表示项目国民收入净增值在社会各阶层的分配情况。

（1）职工分配指数。职工分配指数是指在项目的正常生产年份，职工工资福利在项目年国民收入净增值中所占的比率。其计算公式如下：

$$职工分配指数 = \frac{正常生产年份职工工资福利}{年国民收入净增值} \times 100\% \qquad (12-3)$$

（2）企业分配指数。企业分配指数是指在项目的正常生产年份，企业留存利润、折旧及其他收益总额占项目年国民收入净增值的比率。其计算公式如下：

$$企业分配指数 = \frac{年净利润 + 折旧 + 其他收益}{年国民收入净增值} \times 100\% \qquad (12-4)$$

（3）国家分配指数。国家分配指数是指在项目的正常生产年份，项目向国家缴纳的税金、折旧、利息、保险费等国家收益在项目年国民收入净增值中所占的比率。其计算公式如下：

$$国家分配指数 = \frac{年税金 + 年折旧 + 保险费 + 年利润 + 股息}{年国民收入净增值} \times 100\%$$

$$(12-5)$$

（4）未分配增值指数。未分配增值指数是指在项目的正常生产年份，由国家掌管的扩建基金、后备基金、社会公共福利基金的总额在项目年国民收入净增值中所占的比率。其计算公式如下：

$$未分配增值指数 = \frac{年扩建基金 + 年后备基金 + 社会公共福利基金}{年国民收入净增值} \times 100\%$$

$$(12-6)$$

以上四项分配指数之和等于1。

2. 地区分配指数。地区分配指数是指项目国民收入净增值在各个地区之间的分配情况，表示项目在正常生产年份支付给当地工人工资、当地企业利润、当地政府税收和地区福利收入等增值与项目年国民收入净增值的比率。其计算公式如下：

$$地区分配指数 = \frac{年工资 + 年利润 + 年税金 + 年福利收入}{年国民收入净增值} \times 100\% \qquad (12-7)$$

3. 国内外分配指数。国内外分配指数是指项目净增值在国内外分配的比率，用于评估引进技术和中外合资等涉外投资项目。

（1）国内分配指数。国内分配指数是指项目国民收入净增值留存在国内的比率。其计算公式如下：

$$国内分配指数 = \frac{留存国内的净增值}{项目总净增值} \times 100\% \qquad (12-8)$$

（2）国外分配指数。国外分配指数是指项目国民收入净增值汇出国外的比率。其计算公式如下：

$$国外分配指数 = \frac{汇出国外的净增值}{项目总净增值} \times 100\% \qquad (12-9)$$

其中，汇出国外的净增值 = 国外贷款本息 + 国外投资。

以上国内分配指数和国外分配指数之和应等于1，同时，要求国内分配指数要大于国外分配指数。

4. 贫困地区分配效益指标。社会评价方法可设置"贫困地区分配效益指标"，以促进国家经济在地区间合理布局，并促进国家扶贫目标的实现。贫困地区收益分析效益指标，按下列两步计算。

（1）贫困地区收入分配系数。

$$D_i = \left(\frac{G_0}{G} \right)^m \qquad (12-10)$$

（2）贫困地区收入分配效益。

$$B_i = \sum_{t=1}^{n} (CI - CO)_t \times D_i \times (1 + I_s)^{-t} \qquad (12-11)$$

其中，D_i 为贫困地区 i 的收入分配系数；G_0 为项目评价时的全国人均国民收入；G 为同时期当地居民人均国民收入；I_s 为社会折现率；m 为国家规定的扶贫参数；国家规定的 m 值越高，贫困地区收入分配系数越大。确定的 m 值对贫困地区算出的收入分配系数应大于1。

$\sum_{t=1}^{n} (CI - CO)_t \times (1 + I_s)^{-t}$ 为项目的经济净现值（ENPV）计算式，其年净现金流量乘以 D_i 将使项目的经济净现值增值，有利于在贫困地区建设的项目优先通过经济评价，得以被国家接受。

在国家未发布扶贫参数以前，可按 $m = 1 \sim 1.5$，由评价人员根据具体情况确定 m 值计算，并予以说明。

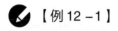 【例12-1】

某项目达到正常生产年份的全部净增值分配如表12-4所示。试分析评估其分配效益。

表12-4　某项目净增值分配表

序号	项目	年份配额（万元）
1	项目国内净增值	40000
2	支付国外费用（含外籍人员工资、原料、设备、利息）	15000

序号	项目	年份配额（万元）
3	国民净增值（含折旧）	25000
4	职工工资福利	3000
5	企业收益（含利润和折旧）	8000
6	国家收益（含所得税、利润、保险费利息）	12000
7	未分配收益（积累部分＝扩建＋后备＋社会福利）	12000
8	地区总收益（工人工资福利＋企业利润＋利息＋税金）	10000

注：地区总收益是分配给建设地区的净收益。

答：

收益分配效果指标计算如下：

（1）职工分配指数 = 3000÷25000×100% = 12%

（2）企业分配指数 = 8000÷25000×100% = 32%

（3）国家分配指数 = 12000÷25000×100% = 48%

（4）未分配增值指数 = 2000÷25000×100% = 8%

分析上述分配效益，符合我国分配原则：国家得大头（48%＋8%＝56%）；企业得中头（32%）；个人得小头（12%）。且4项分配指数之和为1。

（5）地区分配指数 = 10000÷25000×100% = 40%

这说明地区分配占项目国民收入净增值的40%，项目对当地的经济发展促进作用较大，具有较强的吸引力。

（6）国内分配指数 = 25000÷40000×100% = 62.5%

（7）国外分配指数 = 15000÷40000×100% = 37.5%

计算结果表明，国内分配效益较好，国民收入净增值（含折旧）收益占项目整个国内净增值的62.5%，国外占37.5%，说明国内收益大于国外投资者收益，项目是合理而适合的，是可接受的。

12.3.2.3　劳动就业效果

我国是个人口大国，就业问题比较突出，就业问题对社会稳定、安全影响重大。因此，国家劳动就业政策的主要目标是充分就业；其次要求兼顾效果与安定，合理配置劳动力。为促进充分就业的社会发展目标与国家劳动就业政策目标的实现，应设置劳动就业效果指标。劳动就业效果是指项目建成投产后给社会创造的新就业机会，一般用每单位投资所能提供的就业人数多少来计算，或者用提供每个就业机会所需投资的多少来衡量。按项目投资结构和劳动力结构，劳动就业效果指标主要有以下几个。

1. 总就业效果。总就业效果是指项目建设投产后给社会创造的直接就业和间接就业总效果与项目总投资之比，即

$$总就业效果 = \frac{新增总就业人数}{定额指标项目总投资额}\left(\frac{人}{万元}\right) \geq 定额指标 \qquad (12-12)$$

或

$$总就业效果 = \frac{定额指标项目总投资额}{新增总就业人数}\left(\frac{万元}{人}\right) \leq 定额指标 \qquad (12-13)$$

从总就业效果指标中还可派生出直接和间接就业效果指标。

2. 直接就业效果。直接就业效果为项目本身直接投资所提供的直接就业机会。直接就业人数一般指项目投产后正常生产年份新增的固定就业人数。

$$直接就业效果 = \frac{新增直接就业人数}{项目直接投资额}\left(\frac{人}{万元}\right) \qquad (12-14)$$

或

$$直接就业效果 = \frac{项目直接投资额}{新增直接就业人数}\left(\frac{万元}{人}\right) \qquad (12-15)$$

3. 间接就业效果。间接就业效果是指与项目有关联的配套或相关项目，以及项目所在地区和部门所增加的附加投资（间接投资）而创造的间接就业人数。如为旅游宾馆服务的交通运输、商业、房地产、工艺美术服务和当地的生活福利、市政设施等部门所需的附加投资与新增就业人数之比。间接就业效果取决于相关部门的劳动力利用率。计算时应注意新增就业人数与投资的计算，口径要一致。其计算公式如下：

$$间接就业效果 = \frac{新增间接就业人数}{项目间接投资额}\left(\frac{人}{万元}\right) \qquad (12-16)$$

或

$$间接就业效果 = \frac{项目间接投资额}{新增间接就业人数}\left(\frac{万元}{人}\right) \qquad (12-17)$$

式中，新增间接就业人数一般是指项目直接相关的配套项目增加的就业人数，计算时应注意新增就业人数与投资的计算口径一致。

就业效益指标，从国家层次分析，一般是项目单位投资所能提供的就业机会越多越好，即就业效益指标越大，社会效益越大。但项目创造的就业机会，往往与项目采用的技术和经济效益密切相关。劳动密集型企业与资金密集型企业，就业效益相差很大。前者创造的就业机会多，后者增加的就业人数少，但其技术经济效益高。因此，行业不同，产品不同，单位投资创造的就业机会也相差悬殊。项目的就业效益与经济效益常有矛盾。从地区层次分析，我国各地区劳动就业情况不同，有的地区劳动力富余，要求多增加就业机会，有的地区劳动力紧张，希望多建设资金、技术密集型企业。不同地区、不同情况，其就业效果定额指标也应有所不同，国家应分别制定出最低就业效果标准定额，并恰当地处理好提高劳动生产率和提高就业效益指标之间的关系。

因此，在评价就业效益指标时，应根据项目的行业特点，并结合地区劳动就业情况进行具体分析。一般来说，从社会就业的角度考察，在失业率高的地区，特别是经济效益相同的情况下，就业效益大的项目应为优选项目。如果当地劳动力紧张，或拟建项目属高新技术产业，就业效益指标的权重就应减小，可以只作为次要的或供参考的评价指标。

12.3.2.4 环境影响指标

项目对自然环境的影响往往是项目对社区居民生活影响的根源，社会评价常常离不开环境影响评价。我国社会评价中设立的环境影响指标为环境质量指数，此指标是在环保系统工作的基础上，将环境治理的效益与影响纳入社会评价，分析评价由于项目实施对环境影响的后果及由此引发的社会问题。

环境质量指数指标，通过分析评价项目对各项污染物治理达到国家和地方规定标准的程度，从而全面反映项目对环境治理的效果。为了便于计算，环境质量指数采用各项对环境污染物治理的指数的算术平均数。如果项目对环境影响很大，比较复杂，则对各污染物聚集对环境影响的程度给予不同的权重，然后再求平均数。其计算公式为

$$Q = \sum_{i=1}^{n} \frac{Q_i}{Q_{i0} \times n} \qquad (12-18)$$

其中，Q 为环境质量指数；Q_i 为第 i 种有害物质的排放量；Q_{i0} 为国家规定的第 i 种物质最大允许排放量；n 为该项目排出的污染环境的有害物质的种类。

12.3.2.5 社会效益指标评价

以投资项目的经济评价为基础，进行一定的折算和调整，可以计算项目的社会效益指标，作为社会评价的参考依据。其基本方法是：根据效率影子价格，考虑公平分配目标确定出社会价格，然后用社会价格衡量项目的费用与效益，进而计算项目的社会效益指标，进行分析和评价。社会效益分析的主要步骤如下。

1. 确定社会价格。

（1）社会价格的含义。社会价格是在效率影子价格的基础上，考虑收入分配影响所确定的价格，即社会价格等于效率影子价格与收入分配影响之和。

社会价格 = 效益影子价格 + 收入分配影响   （12-19）

收入分配影响是通过对项目收入用于积累和消费，以及分配于不同地区的分配权重来反映的。可见，社会价格是效率影子价格和分配的函数。

（2）确定社会价格的方法。社会价格包含了公平分配的目标，即考虑了项目收入分配对社会的影响。所以，在社会评价中，投入物的效益影子价格不调整，只调整产出物的效益影子价格。产出物的效益影子价格加上收入分配的影响就是所要确定的社会价格，社会价格主要是根据投资和消费或不同地区的项目收入的不同权重来确定的。

项目产品价值分为三部分，即 $C+V+M$，C 代表成本，V 属于目前的消费，M 用于积累。$V+M$ 属于项目的净收入，这样，只需对 V 和 M 部分进行调整就可以了。单位收入用于消费和积累所产生的社会价值是不相等的，特别是在投资资金短缺、投资水平低的情况下，两者的差值尤为突出。所以在产品价值中，分出 V 和 M 部分，给各自赋予不同的权重。如果不考虑收入在地区之间分配的价值差异，用产出物中的 C 部分加上调整

以后的 V 和 M 部分，就是该种产出物的社会价格。

如果既考虑消费和积累分配对社会的影响，又考虑项目收入在不同地区之间的分配对社会的影响，则还要在上述的基础上，再对 V 和 M 进行调整。

【例 12 - 2】

某产出物的效率影子价格是 150 元，价格构成中，C 为 70 元，V 为 40 元，M 为 40 元，现在赋予 V 的权重是 0.95，M 的权重是 1.0，那么 V 的社会价值为 40 元 ×0.95 =38（元），M 的社会价值为 40 元 ×1.0 =40（元），则该种产出物的社会价格为 70 元 +38 元 +40 元 =148 元。

根据上述数据，假定生产该产品的两个项目分别建在 A 地区和 B 地区。A 地区属于边远且比较落后的地区，消费水平和投资水平都比较低；B 地区属于沿海比较发达的地区，相对于 A 地区而言，消费水平和投资水平都比较高。积累和消费分配影响的产品价值构成分别是 C =70 元，V =38 元，M =40 元。现在要考虑的是，项目净收入在两个地区的分配。假定项目的积累皆投资于本地区，消费也只限于本地区，赋予 A 地区消费的权重为 1.2，投资的权重为 1.5，B 地区的消费和投资权重均为 1.2。

则该种产出物在 A 地区的社会价格为 70 + 38 ×1.2 + 40 ×1.5 =175.6（元）

在 B 地区的社会价格为 70 +38 ×1.2 + 40 ×1.2 =163.6（元）

2. 分配权重的估算。

（1）基本原理。项目社会评价中使用分配权重的基本原理在于，项目的收入分配于投资和消费，或分配于不同的地区，对社会具有不同的价值，因而需赋予它们各自不同的权重，以反映其各自的社会价值。权重的大小应根据它们对社会目标贡献的大小来确定，贡献大的，赋予较大的权重；贡献小的，赋予较小的权重。一般情况下，只估算两个方面的权重，即项目收入用于投资和消费的权重和项目收入分配于不同地区的权重。在估算投资和消费的权重时，以投资为计算单位，投资的权重是 1.0，消费的权重小于1.0；在估算地区的权重时，或以比较落后的地区为计算单位，此时比较落后地区的权重是 1.0，比较发达地区的权重小于 1.0；或以比较发达的地区为计算单位，此时比较发达地区的权重是 1.0，比较落后地区的权重大于 1.0。

（2）权重的估算。① 投资和消费的权重的估算。因为计算单位是投资，所以投资的权重为 1.0，消费的权重则以投资价值为基础进行估算。项目所创造的 M 部分，可以用于再投资，可在将来创造一系列的 V' 和 M'，所以可以简单地根据边际资金产出率（边际投资所产生的净产值率）来计算单位消费的社会价值，即消费的权重。估算方法为

$$W_c = \frac{C}{I + R} \qquad (12 - 20)$$

其中，W_c 为消费的权重；C 为单位消费；I 为单位投资；R 为边际投资净产值率。

例如，有关资料表明，我国一段时期内各年的边际投资净产值率在 16.4% ~ 18.09%，五年平均的边际投资净产值率为 17.16%，再综合考虑其他一些因素，可推算出我国的边际投资净产值率在 18% 左右。如果按这一数据计算，消费的分配权重为

$$W_c = \frac{1}{1 + 0.18} = 0.85$$

在国家尚未正式颁布投资和消费的分配权重数据之前，可以用该种方法确定消费的权重。

② 地区分配权重。比较发达地区和比较落后地区的收入分配权重由两个地区的人均投资水平和人均消费水平决定。计算方法如下。

设 W_{RI} 和 W_{RC} 分别代表比较发达地区的投资和消费权重，W_{PI} 和 W_{PC} 分别代表比较落后地区的投资和消费权重。C_R、C_P 分别代表比较发达地区和比较落后地区的人均消费水平；I_R、I_P 分别代表比较发达地区和比较落后地区的人均投资水平。

如果以分配给比较发达地区的收入为计算单位，则

$$W_{RI} = W_{RC} = 1.0$$

$$W_{PI} = \frac{I_R}{I_P}$$

$$W_{PC} = \frac{C_R}{C_P}$$

$$(12 - 21)$$

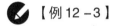【例 12 - 3】

■■

如果两个项目分别建立在 A 地区和 B 地区，A 地区的人均消费水平是 1000 元，人均投资水平是 10 万元；B 地区的人均消费水平是 1500 元，人均投资水平是 13 万元，用上述公式计算得

$$W_{RI} = W_{RC} = 1.0$$

$$W_{PI} = \frac{I_R}{I_P} = \frac{13}{10} = 1.3$$

$$W_{PC} = \frac{C_R}{C_P} = \frac{1500}{1000} = 1.5$$

如果以分配给比较落后地区的收入为计算单位，则

$$W_{PI} = W_{PC} = 1.0$$

$$W_{RI} = \frac{I_P}{I_R} = \frac{10}{13} = 0.77$$

$$W_{RC} = \frac{C_P}{C_R} = \frac{1000}{1500} = 0.67$$

3. 费用和效益的计算。社会评价中的费用是指按效益影子价格计算的物料投入和劳

动力的社会费用，以及项目的外部费用。这些费用与经济分析中的数据是一致的，社会评价中的效益是用社会价格计算的项目产出物的社会价值，即用项目产出物的数量与社会价格之积得出的，产出物的数量与经济分析中的数据是一致的。对于项目所产生的间接效益，可定量的部分，原则上也要用社会价格计算。用项目所产生的社会效益减去社会费用就是社会净效益，即项目的净收入。

4. 评价指标的计算和分析。

（1）社会效益费用流量表。社会评价的主要指标是社会内部收益率和社会净现值。计算这两个指标，首先需要编制社会效益费用流量表。无论项目的投资来源如何，都要编制全部投资的社会效益费用流量表（见表 12 - 5）。

表 12 - 5 社会效益费用流量表

序号		建设期		投产期		达到设计能力生产期					合计
		1	2	3	4	5	6	7	…	n	
	生产负荷（%）										
1	效益流量										
1.1	营业收入										
1.2	回收固定资产余值										
1.3	回收流动资金										
1.4	项目间接效益										
2	费用流量										
2.1	建设投资										
2.2	流动资金										
2.3	物料投入										
2.4	劳动力的社会费用										
2.5	项目间接费用										
3	净效益流量										

（2）评价指标。

① 社会内部收益率（SIRR）。社会内部收益率是指使项目计算期内的社会净效益流量累计为零时的折现率。其表达式为

$$\sum_{t=1}^{n} (B - C)_t (1 + SIRR)^{-t} = 0 \qquad (12-22)$$

其中，B 为效益流入量；C 为费用流出量；n 为计算期 $(1,2,3,\cdots,n)$；$SIRR$ 为社会内部收益率。

一般地说，社会内部收益率大于或等于计算利率的项目是可以考虑接受的。

② 社会净现值（SNPV）。社会净现值是指用计算利率把项目计算期内各年的社会净效益流量折算到第零年的现值之和。其表达式为

$$SNPV = \sum_{t=1}^{n} (B - C)_t (1 + ARI)^{-t} \qquad (12-23)$$

其中，*SNPV* 为社会净现值；*ARI* 为设定的折现率。

一般地说，社会净现值大于或等于零的项目是可以考虑接受的。

12.4　项目社会评价中的公众参与

12.4.1　参与式社会评价方法概述

12.4.1.1　参与式社会评价的概念

参与式社会评价方法简称参与式方法，是通过一系列的方法或措施，促使受项目影响的各个利益相关者积极、全面地介入项目决策、实施、管理和利益分享等过程的一种方法。通过这些措施，使当地居民（农村的和城市的）和外来者（专家、政府工作人员等）一起对当地的社会、经济、文化、自然资源进行分析评价，对所面临的问题和机遇进行分析，从而作出计划、制订行动方案并使方案付诸实施，对计划和行动作出监测评价，最终使当地居民从项目的实施中得到收益。

参与式方法在社会评价中的具体运用包括参与式评价和参与式行动两个方面。

（1）参与式评价。参与式评价是指受影响的利益相关者参与项目评价工作。参与式评价主要强调乡土知识对专家知识的补充和完善，侧重于应用参与式的工具来进行数据的收集、分析和评价，以弥补专家知识的不足。参与式评价包括通过参与式方法来收集主要利益相关者的信息，特别是那些受项目消极影响的人的信息，从而根据这些信息资料制订出能够为他们所接受的项目方案，以便最大限度地优化项目实施方案，扩大项目的实施效果。

（2）参与式行动。参与式行动是指受影响的利益相关者参与项目设计与建设工作，促进各个利益相关者与项目之间的沟通和理解，减缓相互之间的矛盾和冲突，协调各方利益关系，进一步促进受益群体的行动和改善项目建设，使受损群体的利益损失得到更加合理的补偿。参与式行动与参与式评价最主要的区别在于参与式行动更偏重于让项目的利益相关者在决策和项目实施上发挥作用。

12.4.1.2　参与式方法在社会评价中的作用

参与式方法在社会评价中的作用主要体现在：（1）通过相关群体的参与，增强人们对项目的了解和拥有感，使项目更加适合当地实际受益者的需求，有助于项目的成功；（2）有利于通过当地居民对当地情况的深刻了解，更全面地了解到现有统计资料所无法提供的有关社会变迁、当地发展的最新情况，减少社会评价出现偏差的可能性；（3）通过当地居民的参与，社会评价专业人员可以把自己的知识与当地的经验结合在一起，使获得的信息更加充分和完整，有助于减少决策失误；（4）参与式工具的使用有助于帮助当地居民树立信心，提高人们参与的热情和意识；（5）可以掌握与项目有利害关系的不同利益相关者对项目的态度及其可能产生的正、负影响；（6）参与式方法的运用，有助于增强项目的透明度和公平性、公正性；（7）可以吸收更多人的智慧，优化项目方案；

（8）提高当地居民、机构对项目实施的责任感。

12.4.2 利益相关者的参与机制

具体项目的情况不同，利益相关者参与项目社会评价的途径和方法也各有不同。应制定有助于提高项目建设的透明度、确保项目的成功以及项目可持续性的利益相关者参与机制。制定参与机制必须权衡短期目标和长期目标，考虑资源和时间的限制，避免项目延期或管理方面出现的冲突。

12.4.2.1 利益相关者参与机制的三个环节

1. 信息交流。信息交流属于单向信息流动，包括向各有关方面披露有关项目的信息，或者收集项目受益者或受项目影响群体的数据。信息交流意在促使项目各方进行有意义的磋商以及使利益相关者真正参与到项目中来。

2. 磋商。磋商是指利益相关者之间的信息双向交流，如在政府和受益者或者受项目影响群体之间的信息交流。虽然决策者通常就是政府，但利益相关者可以对决策或者规划的项目提出意见。通过磋商收集到的信息和反馈意见必须在项目的规划和实施过程中有所体现，从而使磋商更加真诚有效。社会评价中的参与机制强调信息分享机制的重要性，对于磋商机制则根据评价的要求而有所差别。如果社会评价要求评价内容中包含减轻负面影响的建议，则磋商机制就会显得非常重要。

3. 参与过程。参与是一个过程。在这个过程中，利益相关者共同设定目标、找出问题、寻找并商讨问题解决方案、对规划方案提出优化建议等。参与实际上是分享决策控制权的一个途径。共同进行评价、共同作出决策并在项目的规划和实施过程中通力合作都是参与的应有之义。

12.4.2.2 公众参与的主要形式

公众参与的广度和深度往往直接影响投资项目的实施效果。正当的或适度的组织和个人的参与能推动项目的建设实施，不当的或过度的组织和个人的参与会阻碍项目的顺利实施，甚至破坏社会秩序，影响社会正常生活。公众参与项目的主要形式从不同的侧面可以分类如下。

1. 自主性参与和动员性参与。它们又称主动性参与和被动性参与。自主性参与是指在项目计划和实施过程中参与者主动地、自发地进行的参与，而动员性参与则是指在项目计划和实施过程中参与者在其他参与者动员或胁迫下进行的参与。自主性参与一般更能反映参与者的参与意识和民主程度。但在实际中，自主性参与和动员性参与之间的界限并不十分明显，很多参与都是自主性参与和动员性参与的混合。二者也会相互转化，最初的自主性参与在某些情况下可能被操纵为动员性参与，原来的动员性参与也可能逐渐变为自主性参与。

2. 组织化参与和个体化参与。组织化参与是指利益相关者以一定的组织形式进行的参与，个体化参与是指以个人方式进行的参与。在项目的实施过程中，组织化参与比个体化参与往往更加富有成效。有组织的参与才能更好地维护和促进社会公众的共同长远利益，效果更加明显。

3. 目标性参与和手段性参与。目标性参与是指参与具有明确的目标，人们进行这类参与是为了在参与中实现相应的目标。而手段性参与则不然，参与者主要把它作为实现其政治、经济及其他目标的手段，参与本身不是目的。一般来说，目标性参与反映了参与者具有更多更强的参与意识，而对于手段性参与来说，如果假定的参与者能通过其他途径实现自己的目标，他就有可能不进行参与。很多参与者既是目标性参与又是手段性参与。

4. 支持性参与和非理性参与。支持性参与是指利益相关者为了表示对项目的支持和拥护而进行的参与，至少不是持反对态度的参与。非理性参与主要是指利益相关者为了表示自己的不满而进行的参与，是一种反对态度的参与。

5. 制度化参与和非制度化参与。制度化参与是指利益相关者按照制度规定的要求所进行的参与。非制度化参与则是指参与者不按制度规定的程序或要求而进行的参与。合法参与未必完全是制度化参与。如民众越级反映情况的现象并不违反法律，但是不符合正当程序，因此是合法参与，但同时是非制度化参与。

12.5 社会稳定风险分析

12.5.1 项目社会评价与社会稳定风险分析的关系

自 2012 年以来，我国先后颁发了《中共中央办公厅、国务院办公厅关于建立健全重大决策社会稳定风险评估机制的指导意见（试行）》（中办发〔2012〕2 号）、《国家发展改革委重大固定资产投资项目社会稳定风险评估暂行办法》（发改投资〔2012〕2492号）、《重大固定资产投资项目社会稳定风险分析篇章编制大纲及说明（试行）》（发改办投资〔2013〕428 号）以及相应的政策规定和说明，对投资项目的社会稳定风险分析提出了相关要求和规定。按照我国基本建立的社会稳定风险分析（评估）制度，凡与人民群众切身利益密切相关、牵涉面广、影响深远、易引发矛盾纠纷或有可能影响社会稳定的重大事项（包括重大项目决策、重大改革、重大活动和重点工作领域等），在投资项目实施前，都要开展社会稳定风险分析（评估），重大固定资产投资项目的可行性研究报告或项目申请报告中要对社会稳定风险分析设独立篇章，对特别重大和敏感的项目可单独编制社会稳定风险分析报告。

社会评价与社会稳定风险分析两者关系密切，但也存在一定的差异。

12.5.1.1 项目社会评价与社会稳定风险分析的关系

社会评价与社会稳定风险分析的关系密切，主要体现在以下三个方面。

1. 理论体系相同。两者均以社会学、人类学和项目学的理论和方法，通过调查、收集与项目相关的社会信息、系统分析各种社会因素，对项目建设的合理性、合法性、可行性和风险可控性进行分析论证。评价和分析的理论基础和原则基本一致。

2. 分析方法一致。两者都需要采用参与式方式调查、收集信息，都要运用利益相关者分析法、参与式方法识别利益相关者及其社会风险因素。

3. 工作过程和内容相似。两者的工作过程，均需经历社会调查、社会分析和社会管理方案制订的过程。其工作内容均涉及识别项目的社会风险因素，分析社会风险产生的原因、发生的可能性，提出可能的解决措施和方案等，过程和内容基本相似。

12.5.1.2 项目社会评价与社会稳定风险分析的差异

社会评价是对投资项目中的社会因素、社会事项及其产生的影响等进行的系统分析评价，其中，社会影响分析用于预测和评价由于建设项目所引起的或将会引起的社会变动及影响，包括可能产生的正面影响和负面影响；而社会稳定风险分析，仅作为社会评价的一个方面，在社会影响分析和社会风险分析的基础上，主要针对利益相关者对项目的态度为非支持时，分析项目可能存在的负面社会风险，从而存在较大的差异，主要体现在以下几个方面。

1. 社会分析角度的差异。两者均以社会调查、社会影响分析和社会风险分析为基础，但项目社会评价中的社会影响分析比较全面，既要分析评价项目建设和运营对社会变动的正面影响，又要分析可能引起的负面影响；而项目社会稳定风险分析是围绕项目建设的合法性、合理性、可行性，结合建设方案，在充分调查、识别利益相关者诉求的基础上，从项目实施可能对当地自然、经济、人文、社会发展的负面影响角度，列出社会稳定风险因素负面清单后进行社会影响分析评价。

2. 功能管理的差异。社会评价主要作为项目可行性研究、项目申请报告中评价体系的一个组成部分，与其他评价体系并列进行综合考察评价，政府和投资主管部门对项目管理功能无强制性要求；而社会稳定风险分析需要利用社会学的理论和方法进行社会因素的分析，重点针对识别出的社会因素，运用风险分析的理论和方法，对风险因素发生概率、风险事件结果影响程度、风险等级等进行分析评判，并明确规定对存在高风险或者中风险的项目，国家投资主管部门不予审批、核准；存在低风险但有可靠防控措施的，才可审批、核准。同时，明确规定对投资主管审批部门、实施（评估）主体不按规定程序和要求进行分析（评估）导致决策失误，或者造成较大或者重大损失等后果的，依法追究有关责任人的责任。因此，社会稳定风险分析（评估）制度的建立，更加强调社会管理功能，不仅满足了项目管理的要求，而且也满足了社会管理功能的需要。通过强调社会风险的化解和防范，目的是避免社会矛盾和社会冲突，促进社会稳定和谐发展。

3. 报告编写的差异。在投资项目可行性研究、项目申请报告中，都要求分别编制社会评价和社会稳定风险分析（评估），以独立的研究报告或作为独立的篇章的形式分别进行分析、评价，在其咨询评估报告中也要求作为独立的内容分别进行评估。但相比较而言，目前项目社会评价由于缺乏明确的制度性要求、政策性规定、规范性标准，其评审程序尚未定制，评价内容较为宽泛，指标体系也不规范；而项目社会稳定风险分析（评估）制度基本完善，政策依据较为明确，风险调查、风险因素识别、判据和社会风险防范化解措施、应急预案等过程清晰，相应指标体系基本完善。

12.5.2 社会稳定风险分析的主要内容

社会稳定风险分析的主要内容包括风险调查、风险识别、风险估计、风险防范与化解措施制定、落实风险防范措施后的风险等级判断五项。

12.5.2.1 风险调查

社会稳定风险调查应围绕拟建项目建设实施的合法性、合理性、可行性、可控性等方面展开，调查范围应覆盖所涉及地区的利益相关者，充分听取、全面收集群众和各利益相关者的意见，包括合理和不合理、现实和潜在的诉求等。

1. 合法性。主要分析拟建项目建设实施是否符合现行相关法律、法规、规范以及国家有关政策；是否符合国家与地区国民经济和社会发展规划、产业政策等；拟建项目相关审批部门是否有相应的项目审批权并在权限范围内进行审批；决策程序是否符合国家法律、法规、规章等有关规定。

2. 合理性。主要分析拟建项目的实施是否符合科学发展要求，是否符合经济社会发展规律，是否符合社会公共利益、人民群众的现实利益和长远利益，是否兼顾了不同利益群体的诉求，是否可能引发地区、行业、群体之间的盲目攀比；依法应给予相关群众的补偿和其他救济是否充分、合理、公平、公正；拟采取的措施和手段是否必要、适当，是否维护了相关群众的合法权益等。

3. 可行性。主要分析拟建项目的建设时机和条件是否成熟，是否有具体翔实的方案和完善的配套措施；拟建项目实施是否与本地区经济社会发展水平相适应，是否超越本地区财力，是否超越大多数群众的承受能力，是否能得到大多数群众的支持和认可等。

4. 可控性。主要分析拟建项目的建设实施是否存在公共安全隐患，是否会引发群体性事件、集体上访，是否会引发社会负面舆论、恶意炒作以及其他影响社会稳定的问题；拟建项目可能引发的社会稳定风险是否可控；对可能出现的社会稳定风险是否有相应的防范、化解措施，措施是否可行、有效；宣传解释和舆论引导措施是否充分等。

12.5.2.2 风险识别

风险识别是在风险调查的基础上，针对利益相关者不理解、不认同、不满意、不支持的方面，或在日后可能引发不稳定事件的情形，全面、全程查找并分析可能引发社会稳定风险的各种风险因素。

风险因素包括工程风险因素和项目与社会互适性风险因素。其中，工程风险因素可按政策、规划和审批程序，土地房屋征收及补偿，技术经济，环境影响，项目管理，安全和治安等方面分类。项目与社会互适性风险因素是指项目能否为当地的社会环境、人文条件所接纳，以及当地政府、组织、社会团体、群众支持项目的程度，项目与当地社会环境的相互适应关系方面所面临的风险因素。

12.5.2.3 风险估计

根据各项风险因素的成因、影响表现、风险分布、影响程度、发生可能性，找出主要风险因素，剖析引发风险的直接原因和间接原因，采用定性与定量相结合的方法估计出主要风险因素的风险程度，预测和估计可能引发的风险事件及其发生概率。

对项目风险的可能性、后果和程度按大小高低分为不同的档级。具体赋值需要根据项目性质、评估要求和风险偏好等事先研究确定。根据项目实际涉及的主要风险因素，编制拟建项目的主要风险因素程度表（见表12-6）。其中，影响程度是指风险可能引发群体性事件的参加人数、行为表现、影响范围和持续时间等特性。

表 12-6　主要社会稳定风险因素及其风险程度表

序号	风险类型	发生阶段	风险因素	风险概率	影响程度	风险程度
1						
2						
3						
…						

12.5.2.4　风险防范与化解措施制定

为了从源头上防范、化解拟建项目实施可能引发的风险，应根据拟建项目的特点，针对主要风险因素，阐述采用的风险防范、化解措施策略；阐述提出的综合性和专项性的风险防范、化解措施，明确风险防范、化解的目标，提出落实措施的责任主体、协助单位、防范责任和具体工作内容，明确风险控制的节点和时间，真正把项目社会稳定风险化解在萌芽状态，最大限度地减少不和谐因素。编制并形成风险防范、化解措施汇总表（见表12-7）。

表 12-7　风险防范、化解措施汇总表

序号	风险发生阶段	风险因素	主要防范、化解措施	实施时间和要求	责任主体	协助单位
1						
2						
3						
…						

12.5.2.5　落实风险防范、化解措施后的风险等级判断

对研究提出的风险防范、化解措施的合法性、可行性、有效性和可控性进行分析，根据分析结果预测各主要风险因素可能变化的趋势和结果，结合预期可能引发的风险事件和造成负面影响的程度等，综合判断项目落实风险防范、化解措施后的风险等级。拟建项目的社会稳定风险等级可分为高、中、低等级。

根据国家规定，经风险等级分析，项目存在高风险或者中风险的，国家投资主管部门不予审批、核准和核报；存在低风险但有可靠防控措施的，可以审批、核准或者向上级主管部门报送审批、核准，如果项目风险程度根本无望降至可接受水平，则必须明确提出终止或放弃项目建设的建议。

12.6　本章小结

投资是国民经济与社会发展的重要推动力，投资决策关系到资源的合理配置、国民经济与社会发展目标的实现。本章从社会的角度，探讨了投资项目社会评价的理论和方法，用于分析和评价投资项目的社会可行性和合理性。

社会发展基本上有两个目标：一是经济的增长，又称效率目标；二是公平分配，又称公平目标。二者合称国民福利目标。

项目的社会评价相对于财务评价、经济分析而言，具有宏观性和定量难的特点。投资项目社会评价涉及的内容比较广泛，面临的社会问题比较复杂，因此，遵循项目社会评价的原则，能够量化的一定要进行定量分析和评价，不能定量的则要根据国家的方针、政策及当地具体情况和投资项目本身特点进行定性分析。

第 13 章
投资项目总评估与方案比选

项目总评估是在汇总各分项评估结果的基础上，运用系统分析研究方法，对拟建投资项目的可行性及预期效益进行全面分析和综合评估，提出结论性意见和建议。项目总评估是整个评估工作的最后一个环节。通过对各分项评估内容的系统整理，保证项目评估内容的完整性和系统性，通盘衡量整体项目，作出全面、准确的判断和总评估，提出明确结论。它不仅综合反映了前期各分项评估工作的成果和质量，而且还能直接为项目投资决策提供科学依据。

13.1 项目总评估

13.1.1 项目总评估概述

项目评估工作内容繁多、涉及面广，是由多个子因素构成的系统。前述各章已经从不同的角度分别阐述了各个方面评估项目的具体内容。既有宏观评估，也有微观评估；既有项目（或企业）概况评估、项目必要性评估、建设条件评估和支撑条件评估，也有财务分析、经济分析以及社会分析。在评估过程中采用的分析方法也是多样化的，既有定量方法，也有定性方法；并形成了包括静态指标和动态指标的多样化综合指标体系。由此可见，判断拟建项目是否可行是一个复杂的多层次的论证过程。

但同时也应当看到，各个分项内容具有一定的独立性，且具有较强的专业性，也即尚未形成完整的结论性意见。因此，需要在各分项评估的基础上进行综合分析，提出结论性意见，给投资项目决策者提供一个简明直观的判断依据。

在对项目分项评估结论进行整合的过程中，有可能出现两种不同的情况：一是各分项评估的结论一致，即其结论都认为是可行的或不可行的；二是各分项评估的结论相反或具有一定的差异，即有的分项评估的结论认为项目是可行的，而有的分项评估的结论则认为项目是不可行的，这种"可行"与"不可行"在程度上也往往有一定的差异。第一种情况的总体结论比较容易得出，第二种情况的总体结论则不易得出，应当加以综合分析论证，才能得出正确的结论。在现实经济生活中，有不少项目属于第二种情况。因此，需要在各分项评估的基础上进行总评估，得出总体评估结论，是项目评估中不可缺少的一个工作步骤。

项目评估工作是在可行性研究报告的基础上进行的，可行性研究报告是投资者取舍项目和有关政府部门审批项目的重要依据，也是项目评估工作的重要依据。项目评估人员应当对可行性研究报告进行全面细致的审查分析，但又不能完全拘泥于可行性研究报告，应当充分发挥项目评估人员的主观能动性，对项目提出一些建设性的建议，这些意见或建议不能简单地提出项目可行与否的结论性意见，而是应当针对可行性研究报告中存在的问题，结合项目的具体情况，通过进一步的调查研究与分析论证，得出科学的结论。

例如，某投资项目其他各分项内容评估的结论都认为项目是可行的，不足之处是该项目的财务效益较差（如财务净现值小于零、财务内部收益率小于基准折现率等）。进一步深入分析表明，该项目财务效益较差的原因是项目生产规模过小，没有达到规模经济。针对这一问题，项目评估人员可以提出"重新组合"的建议，扩大该项目的生产规模，使其财务效益得以提高，进而使项目可行。当然，生产规模的扩大，必然会涉及一系列问题，如市场问题、技术问题，项目评估人员应当提出相应的解决措施。"重新组合"要求项目评估人员有较高的素质，确能提出切实可行的建议，使投资资金充分发挥其应有的效益。

总之，对项目进行总评估是十分必要的，是协调各个分项评估结论和提出综合评估结论的客观需要。不能将项目总评估认为是对项目评估各个分项工作的简单汇总，项目总评估是项目评估形成最终结果的创造性工作。

13.1.2　项目总评估的内容

投资项目评估的内容是由项目的特性和总评估的要求决定的，不同的投资项目，技术经济特点不同，总评估的具体内容也就不一样。然而，不同的投资项目也存在共性的内容，所有的投资项目都应该根据国家宏观经济管理的要求，在财务分析和经济分析的基础上，进行综合的计算、分析和论证。这就决定了项目总评估的内容一般包括以下五个方面。

13.1.2.1　综述项目研究评估过程中重大方案的选择和推荐意见

项目评估的重要使命是为项目决策提供依据，因此项目总评估要对决定项目可行性与否的重大方案的选择进行说明并给出推荐意见。主要论述投资项目方案的必要性和可行性。必要性是指项目符合国家的建设方针和投资的优先方向，产品适应市场要求。可行性是指项目的建设条件和生产条件能得到充分保证。要进行工艺设备、生产技术等是否先进、适用、安全，产品方案、建设规模是否可行，项目所需各项投入物的供应能否保证等方面的分析论证工作，并确定相关项目的同步建设问题。

13.1.2.2　综述项目的财务效益和经济效益

项目投资是否必要，是否具有较好的生产建设条件，是否具有先进性、适用性和经济性的特点，都将集中反映到项目的效益上来，从微观上看，就是项目实施的财务效益能否达到要求。进行项目总评估时，要着重检查项目投资和经营的基础数据测算是否准确，评价指标是否完备，评价指标的计算方法是否正确。

微观上包括项目投资来源和筹措方式，以及生产成本、营业收入、利润、税金和贷款还本付息等财务基础数据的估算工作，应写明各项数据的估算依据和评估结果；编制现金流量表、利润及利润分配表、资金来源与运用表和资产负债表等，据此进行各种企业财务效益评估指标的计算、分析和论证工作。宏观上包括国民收入和社会净收益等经济效益指标的计算和分析，还应考虑收入分配效益、劳动就业效益、外汇效益、综合能耗和环境保护等社会效益的计算和分析，以及各种非数量化的社会效益与影响等的定性分析。

13.1.2.3　综述不确定因素对项目的影响以及项目投资的风险程度

为了给项目投资决策提供支持，项目评估还需要检验财务分析和经济分析的可靠性，运用盈亏平衡分析、敏感性分析和概率分析等不确定性分析方法，判断项目经济效益的客观性和真实性，采取积极措施，确保项目投资的可靠性，减少投资的风险程度。

13.1.2.4　综述项目非数量化的社会效益

投资项目的非数量化社会效益越来越受到项目评估的重视，在项目评估中应根据项目的具体情况及特点，确定综合分析投资项目的社会效益内容。一般应包括以下方面。

1. 对提高人民物质文化生活及社会福利的影响。
2. 提高产品质量对产品用户的影响。
3. 对节约及合理利用国家资源（如土地、矿产等）的影响。
4. 对节能的影响。
5. 对节约劳动力消耗或提供就业机会的影响。
6. 对环境保护和生态平衡的影响。
7. 对发展地区经济或部门经济的影响。
8. 对减少进口、增加出口、节约外汇和创造外汇的影响。
9. 对提高国家、地区和部门科学技术水平的影响。
10. 对国民经济长远发展的影响。
11. 对国防建设和国家安全的影响。
12. 对工业布局和产业结构的影响。
13. 对部门、地区公平分配的影响。

13.1.2.5　提出项目评估中存在的问题和有关建议

在对项目经济效益进行综合判断后，要对影响项目各方面的问题提出改进建议，给出肯定或是否定的结论。包括对各种技术方案、总体建设方案、投资方案等进行多方案优选和论证，最后推荐一个以上的可行方案，或者对原方案提出改进或"重新设计"的建议，甚至作出项目不可行的建议。总之，根据上述各项计算、分析的结果，进行综合平衡的分析，将结论提供给上级决策部门，作为项目投资决策的科学依据。

13.1.3　项目总评估的步骤

项目总评估不是简单地罗列和汇总各分项评估的结论，也不能简单地重复可行性研究的内容，而是要以可行性研究和各分项评估为基础依据，将所获数据资料加以检验审核和整理，进行对比分析、归纳判断、"去粗取精、去伪存真、由此及彼、由表及里"的综合分析研究，结合拟建项目的实际情况，提出项目总的最终评估结论和建议。为此，项目总评估一般遵循下列步骤完成。

13.1.3.1 检查和整理各分项评估资料

在进行项目建设必要性、生产建设条件、支撑条件、财务分析、经济分析和社会分析等各分项评估时，已经收集、测算了各项基础数据和评估指标，并作出了判断和结论。因此，到项目总评估阶段，首先应该对各分项评估所取得的数据资料和测算的指标进行检查、审核、整理和归类，剔除重复和不切实的内容，修正错误的数据，调整价格和参数，增补一些遗漏的资料，做到数据准确、内容完整、结论可靠，为编写评估报告打好基础。

13.1.3.2 对比分析

总评估阶段的对比分析主要有两个方面。一是同可行性研究报告的结论进行对比。对比的结果通常可以表示为项目评估前后的基础数据与基本指标对照表，主要经济参数与投入物、产出物价格评估前后对比表。如表 13 - 1 所示。二是各分项评估结论之间的对比分析，考虑各分项评估的质量和深度，纠正各分项评估中某些结论的差误。同时还要通过对比，考虑项目的必要性与可行性之间有无矛盾，项目的技术分析与财务分析、动态分析与静态分析、微观效益分析与宏观效益分析差异如何，进而作出必要的分析论证补充，修正原分项评估结论中不正确、不完善和彼此不协调的地方。

表 13 -1　项目评估前后的主要基础数据与经济指标对比表

序号	名称	单位	可行性研究报告	评估报告	增减	备份
1	基础数据					
1.1	年产量					
1.2	职工人数	人				
1.3	……					
1.4	项目总投资	万元				
1.5	资金筹措					
	……					
2	经济指标					
3	……					
4	……					

13.1.3.3 归纳判断，提出最终结论和建议

将分项评估的初步成果，客观公正地进行分类，归纳出几个主要问题，判断项目建设的必要性及可行性，并对技术、财务、经济、社会等各方面进行多方案比较和择优选择，抓住关键问题，进行深入研究、补充分析，最后进行综合分析论证，作出最终结论和建议。当各分项评估的结论相一致时，则各分项评估的结论即为总评估的结论；当各分项评估的结论不一致时，则应进行综合分析，抓住主要方面，提出结论性意见。例如，有些项目从国民经济的角度来看是必要的，市场前景也比较乐观，但原材料和能源供应有困难，或项目所采用的技术比较落后，在未找出解决问题的办法之前，该项目应予以否决。

13.1.3.4 编写项目评估报告

这是项目总评估的最后一个工作阶段，它体现了整个项目评估的所有成果。评估报告应全面系统地反映各分项评估的内容和结果，提出综合评估结论，写明最终结论和决策建议。

13.2 投资项目方案比选

在项目评估中也会涉及各种方案的比选，通常还要总结出选择方案的理由，为项目的最终决策提供帮助。可行性研究报告中，分析过程往往包括若干个不同方案的选择，并且各方案的投资额、资金筹措条件、建设条件和生产条件、技术水平、生产规模、收入、总成本费用以及产品质量均可能有所不同，应对所造成的财务效益、经济效益和社会效益差异进行分析。在项目评估中，应对可行性研究中提出的各个方案或评估时拟订的若干个有价值的方案进行比较，从中遴选出最优方案。投资项目方案比较与选择（以下简称投资项目方案比选），是在项目评估的过程中，按照一定的方法和程序，对符合拟建项目目标的多个备选方案进行对比评价，并从中确定出最佳投资方案的过程，它贯穿投资决策的始终，是寻求合理的经济决策和技术决策的必要手段，也是项目评估工作的重要组成部分。

13.2.1 投资项目方案比选的原理

13.2.1.1 投资方案的类型

1. 互斥型方案。在没有资源约束的条件下，在一组方案中选择其中的一个方案则排除了接受其他任何一个方案的可能性，则这一组方案称为互斥型多方案，简称互斥多方案或互斥方案。对工程项目进行投资是为了解决一个问题。例如，必须过一条河，因此就必须建一座桥。假设可供选择的设计为使用钢材或使用强化混凝土，这就是互斥型方案，因为仅有一个备选方案将被采纳，修建中采用两种方案是毫无意义的。

2. 独立型方案。在没有资源约束的条件下，在一组方案中选择其中的一个方案并不排斥接受其他的方案，即一个方案是否采用与其他方案是否采用无关，则这一组方案称

为独立型多方案,简称独立多方案或独立方案。例如,某地区的交通部门面临着若干高速公路项目的提案,有数百个参选。建设其中一条高速公路在任何技术方法上并不会妨碍建设另一条。一些提案将获得建筑资格并被允许实施;另一些则不行。关键在于被建造的工程与那些建设资金不足的项目之间没有技术联系。

3. 相互依存型方案。项目也可能是相互依存的。以机器和存放它的厂房为例,如果对其中之一进行投资就得考虑另外一个,那么必须同时分析机器及其厂房。或者可以分别分析它们,因为如果没有厂房,机器就不能正常使用,但是厂房本身可能有其他用途,如作为仓库。

4. 混合型投资。在一组方案中,方案之间有些具有互斥关系,有些具有独立关系,则这一组方案称为混合方案。混合方案在结构上又可组织成两种形式。

(1) 在一组独立多方案中,每个独立方案下又有若干个互斥方案的形式,如图 13 - 1所示。

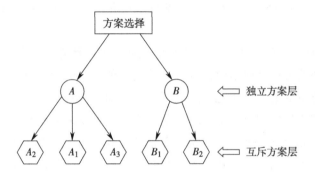

图 13 - 1　独立方案下包含互斥方案示意图

(2) 在一组互斥多方案中,每个互斥方案下又有若干个独立方案的类型,如图 13 - 2所示。

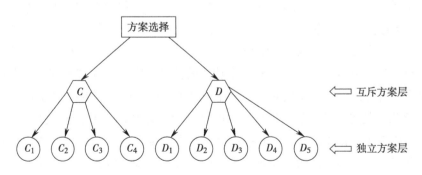

图 13 - 2　互斥方案下包含独立方案示意图

13. 2. 1. 2　投资项目方案比选的基础

投资项目方案的比选是以投资项目方案之间的差异为前提的,项目方案之间如果没有差异也就不需要比选了,而存在差异就意味着不可比。可以说投资项目方案之间的不可比是客观存在的,尤其是一些定性的差异就更加难以比较。为了使不可比的项目能够进行优劣的比较，需要将一些不能直接对比的指标进行修正计算，使其价值等同化，达到可以比较的条件。无论是按方案的全部因素（相同因素和不同因素）计算各方案的全部经济效益和费用，进行全面的分析对比；还是就不同因素计算相对经济效益和费用，进行局部的分析对比，都要遵循效益与费用计算口径对应一致的原则，这是投资项目方案比选的必然思路。对投资项目进行可比性处理，通常是使项目方案在以下四个方面满足可比性。

1. 满足相同的需要。任何一个项目的投资都是有目的的，因此当存在多个项目方案需要进行比较时，首先要解决的就是项目方案的可比性原则，即各个项目方案以满足相同的需要为条件，否则，各个项目方案就不必要进行比较了。投资项目方案一般以其产品或服务的数量、品种、质量、功能等作为满足经济与社会需要的指标，所以不同项目方案满足需要的可比性的条件，就是项目在产品或服务的数量、品种、质量、功能等指标下的可比。在这些指标下的可比有一些修正计算的公式，如产品或服务数量不同的项目，可用单位产品指标进行比较，产品或服务质量不同的项目可用效益系数来修正比较。

2. 消耗费用的可比性。每个投资项目的实现，都需要消耗一定的社会劳动和费用。项目评估的基本评价方法是成本效益分析。满足某种需要的投资项目的效益要可比，那么实现投资项目方案的成本费用也要满足可比性原则。并且要从整个社会和国民经济的观点出发，从全部消耗的观点即综合的、系统的观点出发来分析和计算。概括起来有以下四个方面：（1）从系统的观点及社会全部消耗的观点出发，既要考虑方案本身的消耗费用，也要考虑相关部门的消耗费用。如节能新产品与旧产品两方案的比较，显然，试制节能新产品要多投入一些费用，若不考虑用户使用节能新产品时带来的能源费用的节约，则就不能与旧产品相比。（2）不仅要考虑技术方案的直接消耗费用，还要考虑相关的消耗费用。如发电厂的建设，其消耗费用应包括电站、输电线建设和运行的消耗费用，还应包括煤矿、运输铁路的建设和运输费用。（3）不仅要考虑技术方案的直接消耗费用，还要考虑由此而引起的国民经济其他部门消耗费用的增加。因为一个技术方案的实现，必然会占用资金、劳动力、土地资源、运输能力、能源、原材料，由此引起这些有关部门的消耗费用的增加。（4）对于多功能的技术方案，必须把全部消耗费用按多功能某种权重进行分摊以后，才能同某个只能满足单方面功能需要的技术方案进行比较。

3. 价格指标的可比性。投资项目方案的投资构成有差异，而不同产业的产品价格与社会劳动消耗存在着背离，所以不同的项目方案在价格上缺乏可比性。特别是我国现行价格体系有不合理的部分，如工农业产品价格比价不合理；资料性产品和加工性产品价格比价不合理；公用事业价格比价不合理等。排除价格不可比因素，进行价格修正通常包括三个方面的内容：（1）效益计算中的产出价格。在效益计算中所采用的各种产出价格，必须用统一的价格参数来计算，这些参数是影子汇率、影子工资、影子价格等。对于微观技术经济评价，仍用统一的财务价格。（2）消耗费用中的投入价格。在消耗费用中，如成本费用中的燃料、动力、原料、材料和运输等价格，与计算产出价格一样也采用影子价格等来计算。同理，对于微观技术经济评价，应采用统一的财务价格，不能甲方案用基价，乙方案用时价。（3）不同时期技术方案的比较，应采用相应时期的价格指标。例如，对近期的技术方案进行比较时，应采用近期的价格指标；而对远期的技术方案进行比较时，应采用远期的价格指标。

4. 时间的可比性。进行比较的投资项目方案在寿命周期上不一定是完全相同的，而对项目方案进行比较必须采用相同的计算期作为比较的基础。如甲、乙两个方案，它们的经济寿命周期分别为 10 年和 5 年，不能拿甲方案在 10 年期间的经济效益与乙方案在 5 年期间的经济效益做比较，因为甲、乙两个方案在时间上不可比；只能采用相同的计算期，计算它们在同一时期内的效益与费用消耗，才有可比性。

13.2.1.3 投资项目方案比选的程序

方案比选既可以对项目的规模、产品方案、工艺流程、主要设备选择、原材料和燃料供应方式、厂区和厂址及工厂布置等在分项评估时进行决策，也可以在项目的财务、经济、社会评价中对资金筹措、投资总额、成本费用和投资效益等进行比选决策。因此，进行投资项目方案比选时，可以按各个投资项目方案的全部因素，进行全面的技术经济对比，也可仅就不同因素，计算比较经济效益指标，进行局部的对比。不论是何种情况的投资项目方案比选，比选的原理与规律的总结对投资项目方案的选择是非常重要的。

根据投资项目方案比选的一般过程，可以将方案比选的程序概括如下。

1. 对比项目方案的选择。在进行方案比较时，正确地选择对比方案是关键性的一步。首先要确立方案间的比较基础，方案间要具有内容上的可比性。应根据项目的不同特点，选择适当的对比方案。有的项目侧重质量，有的项目侧重速度，有的项目侧重数量，有的项目侧重于对社会的影响。例如，某个项目是为了使项目技术达到世界先进水平，那么对比就应该在最先进的技术方案间进行，而不能从经济效益高低的角度选择项目方案。注重项目比较的特点并不意味着项目比较能够以偏概全，根据掌握的资料和情况进行全面仔细的考虑是必要的。

2. 分析每个项目方案的优缺点。不同项目方案的优缺点是不同的，对每个方案的优缺点分析得越细致、越透彻、越全面，项目方案评价的结果就越准确。客观的分析是至关重要的，应尽量避免主观愿望与偏向性，对具体项目方案进行具体分析。例如电站建设中水电建设方案和火电建设方案的比选，水电建设方案可以减少电力系统的各种备用电容，减少厂内用电，不需要燃料以及能够发挥电力水利等综合效益，这是水电方案的优点。但是该方案也存在诸多缺点，包括淹没土地、引起土壤盐碱化、造价高、建设期长等。而火电建设方案有建设期短、占用土地面积少、输配电设施少、造价低的优点，缺点是环境污染严重、占用煤炭资源等。充分认识比选方案的优缺点是项目比选的重要内容。

3. 确定项目方案的对比指标体系。为了能够客观地评价所比较的方案，建立全面完整的评价指标体系是重要的，全面的评价指标体系是对投资项目进行多角度的认识，项目方案的优缺点体现在指标体系的对比中，是对项目进行全方位的比较。合理的指标体系应该是带有共性的指标，如数量、品种、时间、成本、投资额与投资效益等，在表现项目的性质方面，既能反映项目的近期效益，又能反映项目的长远效益；既能反映项目的经济效益，又能反映项目的社会效益。

4. 对比项目方案的可比性处理。在进行项目评估时应特别注意项目的可比性，不仅是比选方案间的内容要可比，项目的其他许多方面也要有可比性，当对比方案间的某些方面不可比时，可以通过适当的处理使方案间具有可比性，这一过程称为可比性处理。例如，比较项目指标的使用价值不同时，不能直接进行比较，需要对其进行修正；比较项目方案之间的价格差异、寿命周期差异的可比化处理等。

5. 比较项目方案的综合评价。项目的财务分析固然是评价的核心，但是不能忽略对项目方案的政治、国民效益、社会、技术、环境和资源等方面进行综合的评价。综合评价不仅要进行定性的分析，也应尽可能地对项目进行定量的说明。

6. 选择最优方案。对所有的方案进行综合评价和系统分析后，应遵循一定的原则，选择出最优的方案，但是需要清楚，项目评估是在客观比较的基础上给出项目比较方案的优劣，并不是对项目方案的选择作出决策。

13.2.2 投资项目方案比选的方法

13.2.2.1 互斥方案的选择

在对互斥方案进行评价时，效果评价包含了两部分内容：一是考察各方案自身的经济效果，即进行绝对效果检验，用经济效果评价标准（如投资回收期、净现值、净年值、内部投资收益率）检验方案自身的经济性，叫"绝对（经济）效果检验"。凡通过绝对效果检验的方案，就认为它在经济效果上是可以接受的，否则就应予以拒绝。二是考察哪个方案相对最优，称"相对（经济）效果检验"。一般先以绝对经济效果方法筛选方案，然后以相对经济效果方法优选方案。

1. 寿命周期相同的互斥方案的选择。对于寿命周期相同的互斥方案，计算期通常设定为其寿命周期，这样能满足在时间上的可比性。互斥方案的评价与选择的指标通常采用净现值、净年值和内部收益率比较法。

采用上述效果评价指标可能出现各指标间评价结果相悖的情况。如 A、B 两个寿命期相同的投资方案，经测算可知 $NPV_A > NPV_B$，按净现值最大准则，方案 A 优于方案 B。但计算结果还表明 $IRR_A < IRR_B$，若以内部收益率最大为比选准则，方案 B 优于方案 A，这与按净现值最大准则比选的结论相矛盾。到底按哪种准则进行互斥方案比选更合理呢？要解决这个问题需要分析投资方案比选的实质：投资额不等的互斥方案比选的实质是判断增量投资（或差额投资）的经济合理性，即投资额大的方案相对于投资额小的方案多投入的资金能否带来满意的增量收益。显然，若增量投资能够带来满意的增量收益，则投资额大的方案优于投资额小的方案；反之，则投资额小的方案优于投资额大的方案。

以上分析中采用的通过计算增量净现金流评价增量投资经济效果，对投资额不等的互斥方案进行比选的方法称为增量分析法或差额分析法。这是互斥方案比选的基本方法。本部分介绍差额净现值、差额内部收益率和差额投资回收期三种方法。

（1）差额净现值。对于互斥方案，利用不同方案的差额现金流量来计算分析的方法，称为差额净现值法。设 A、B 为投资额不等的互斥方案，A 方案比 B 方案投资额大，两方案的差额净现值可由下式求出：

$$\Delta NPV = \sum_{t=0}^{n} \left[(CI_A - CO_A)_t - (CI_B - CO_B)_t \right] (1 + i_0)^{-t}$$

$$= \sum_{t=0}^{n} (CI_A - CO_A)_t (1 + i_0)^{-t} - \sum_{t=0}^{n} (CI_B - CO_B)_t (1 + i_0)^{-t} \quad (13-1)$$

其中，ΔNPV 为差额内部收益率；CI_A、CI_B 分别为 A、B 两个项目的现金流入；CO_A、CO_B 分别为 A、B 两个项目的现金流出；i_0 为折现率。

其分析过程是：首先计算两个方案的净现金流量之差，然后分析投资额大的方案相对投资额小的方案所增加的投资在经济上是否合理，即差额净现值是否大于零。若 $\Delta NPV \geqslant 0$，表明增加的投资在经济上是合理的，投资额大的方案优于投资额小的方案；反之，则说明投资额小的方案是更经济的。当有多个互斥方案进行比较时，为了选出最优方案，需要在各个方案之间进行两两比较。当方案很多时，这种比较就显得很烦琐。在实际分析中，可采用简化方法来减少不必要的比较过程。其步骤如下：①按项目方案投资额从小到大将方案排序；②以投资额最低的方案为临时最优方案，计算此方案的绝对经济效果指标，并与判别标准比较，直至找到一个可行方案；③对于绝对效果指标可行的方案，从小到大比较差额净现值，每比较一次就淘汰一个方案，最终取胜者即最优方案。

必须注意的是，差额净现值只能用来检验差额投资的效果，或者说是相对效果。差额净现值大于零只表明增加的投资是合理的，并不表明全部投资是合理的。因此，在采用差额净现值法对方案进行比较时，首先必须保证比选的方案都是可行方案。

（2）差额内部收益率。差额内部收益率法是指通过计算两个方案各年净现金流量差额（$ANCF_t$）的现值之和等于零时的折现率（$AIRR$）来进行方案比选的一种方法。按此方法进行多方案比选的判别原则是：在各个方案都可行的条件下，差额内部收益率大于基准折现率，则说明投资额大的方案较好；反之，则说明投资额小的方案较好。差额内部收益率的计算公式如下：

$$\sum_{t=0}^{n} (\Delta CI - \Delta CO)_t (1 + \Delta IRR)^{-t} = 0$$

$$或 \sum_{t=0}^{n} (CI_A - CO_A)_t (1 + \Delta IRR)^{-t} = \sum_{t=0}^{n} (CI_B - CO_B)_t (1 + \Delta IRR)^{-t}$$

$$(13-2)$$

其中，ΔCI 为差额现金流入；ΔCO 为差额现金流出；ΔIRR 为差额内部收益率；其他变量同前。

【例13-1】

▪▪

项目A和项目B的内部收益率都大于基准折现率（10%），其净现金流量如表13-2所示，请比较A、B方案。

表13-2　差额内部收益率计算表　　　　　　　　单位：万元

年份	项目A	项目B	差额净现金流量
0	-1000000.00	-1050000.00	50000
1	325000.00	100000.00	225000
2	325000.00	100000.00	225000
3	325000.00	150000.00	175000
4	325000.00	150000.00	175000
5	325000.00	1500000.00	-1175000
IRR	19%	16%	12%
NPV	210914.27	245531.77	-34617.49

由于差额净现金流量的内部收益率大于基准折现率，故应该选择投资额较大的项目B，与净现值法的结果一致。

▪▪

需要特别注意的是，只有方案的内部收益率大于或等于基准折现率的方案，才能参加方案比选。

（3）差额投资回收期。差额投资回收期是一个静态评价指标，是指在不计利息的条件下，一个方案比另一个方案多支出的投资，用年经营成本的节约逐年回收所需要的时间。其计算公式如下：

$$P_a = \frac{\Delta K}{\Delta C} = \frac{K_2 - K_1}{C_1 - C_2} \qquad (13-3)$$

其中，P_a 为差额投资回收期；K_1、K_2 分别为两方案的投资额；C_1、C_2 分别为两方案的经营成本。

差额投资回收期法的适用条件是：① 第一种方案的投资额小于第二种方案的投资额；② 第一种方案的经营成本大于第二种方案的经营成本。在实际投资项目中常常出现这样的情况，投资额较大的项目购买的设备更加先进，生产效率较高、质量较好，因此在项目运营阶段能够有效节约成本，使其经营成本较低。

差额投资回收期法的判断依据主要是与行业的基准投资回收期（P_c）相比，当 $P_a < P_c$ 时，选择投资额大的方案；当 $P_a > P_c$ 时，选择投资额小的方案。其原理是用节约的经营费用（$C_1 - C_2$）补偿多花费的投资费用（$K_2 - K_1$），即增加的投资要多少年才能通过经营费用的节约收回来。

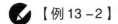 【例 13 - 2】

....

已知两个可供选择的厂址方案，方案甲投资为 2000 万元，年经营成本为 200 万元，方案乙投资为 1600 万元，年经营成本是 250 万元，行业的基准投资回收期 P_c 为 10 年，试确定较优的厂址方案。

答：

$P_a =$ （2000 - 1600）÷（250 - 200）= 8（年）

$P_a < P_c = 10$ 年，说明投资额大的方案甲较优。

....

当两个方案年产量不同时，即 $Q_2 \neq Q_1$，若 $K_2 / Q_2 > K_1 / Q_1$，$C_2 / Q_2 < C_1 / Q_1$，其差额投资回收期为

$$P_a = \frac{\dfrac{K_2}{Q_2} - \dfrac{K_1}{Q_1}}{\dfrac{C_1}{Q_1} - \dfrac{C_2}{Q_2}} \qquad (13 - 4)$$

其中，Q_1、Q_2 分别为两方案的生产规模；其余变量同前。

当 $P_a < P_c$ 时，投资额大的方案为优，否则，投资额小的方案为优。

 【例 13 - 3】

....

已知两个建厂方案，方案 A 投资为 1500 万元，年经营成本为 400 万元，年产量为 1000 件；方案 B 投资为 1000 万元，年经营成本为 360 万元，年产量为 800 件。基准投资回收期 P_c 为 6 年，试问哪个方案较优？

答：

$P_a =$ （1500/1000 - 1000/800）÷（360/800 - 400/1000）= 5（年）

$P_a < P_c = 6$ 年，说明投资额大的方案 A 较优。

....

2. 寿命周期不同的互斥方案的选择。对于寿命周期不同的互斥方案进行比选时，同样要求方案之间具有可比性。为处理寿命周期不同的方案比较，可以采用两种类型的假设处理方案的可比性，一种假设是可重复假设；另一种假设是共同截止假设。其中，可重复假设包括两种条件：一个是方案比较的计算期无限长或者等于不同方案的最小公倍数；另一个是发生在方案最初寿命周期的经济结果可以在其后同样的寿命周期内重复出现。实际上很少有比较方案完全满足这两个条件，但是并不妨碍两种假设在实践中的应用。

（1）年值法。年值法是指将投资方案在计算期内的收入及支出，按一定的折现率换

算为等值年值，用于评价或选择方案的一种方法。在对寿命周期不同的互斥方案进行比选时，特别是参加比选的方案数目较多时，年值法是最简便的方法。年值法通常使用的指标包括净年值和费用年值。设有 m 个互斥方案，其寿命期分别为 n_1，n_2，n_3，…，n_m，方案 $j(j = 1,2,\cdots,m)$ 在其寿命期内的净年值为

$$NAV_j = NPV_j(A/P, i_0, n_j)$$

$$= \left[\sum_{t=0}^{n_j} (CI_j - CO_j)_t (P/F, i_0, t) \right] (A/P, i_0, n_j) \qquad (13-5)$$

其中，NAV_j 为方案 j 的净年值；$(A/P, i_0, n_j)$ 为等额分付资本回收系数；$(P/F, i_0, t)$ 为整付现值系数；其余变量同前。

应用该方法的判别原则是：等额年净回收额最大的方案为优。等额年净回收额等于净现值与相关回收系数的乘积，也等于净现值除以年金现值系数。

【例 13-4】

▪▪

某企业准备购买一套设备，有设备 A 和设备 B 可供选择，两者的产出相同，但寿命期和费用不同，如表 13-3 所示。假设折现率是 10%，购买设备 A 还是设备 B？

表 13-3　设备现金流量表　　　　　　　　　　单位：万元

年份	设备 A	设备 B
0	-8000	-12000
1	-400	-300
2	-400	-300
3		-300
4		-300

答：

由于本例中两个方案的效益相同但费用不同，用方案重复假设，可采用费用年值法，计算结果如表 13-4 所示。

表 13-4　设备现金流量计算表　　　　　　　　单位：万元

年份	设备 A		设备 B	
	原现金流量	年费用	原现金流量	年费用
0	-8000		-12000	
1	-400	-5008	-300	-4080
2	-400	-5008	-300	-4080
3			-300	-4080
4			-300	-4080

续表

年份	设备 A		设备 B	
	原现金流量	年费用	原现金流量	年费用
1. 现值（10%）	-8695	-8695	-12951	-12951
2. 资金回收系数	0.576		0.315	
1×2	-8695×0.576 = -5008		-12951×0.315 = -4080	

设备 B 的年费用低于设备 A，因此应选择设备 A。

（2）现值法。当互斥方案寿命不同时，一般情况下，各方案的现金流在各自寿命期内的现值是不具有可比性的。如果需要使用现值法进行方案比选，需要设定共同的分析期。分析期的设定通常有以下两种方式。

① 最小公倍数法。取各方案寿命周期的最小公倍数为计算期，此期间内各方案重复建设；据此算出各方案的净现值，净现值最大的方案为优。

【例 13-5】

::

某企业技术改造有两个方案可供选择，各方案的有关数据见表 13-5，试在基准折现率为12%的条件下选择最优方案。

表 13-5　备选方案现金流量表

方案	投资（万元）	年净收益（万元）	寿命（年）
A	800	360	6
B	1200	480	8

答：

各方案寿命期的最小公倍数为 24。

$NPV_A = -800 - 800(P/F,12\%,6) - 800(P/F,12\%,12) - 800(P/F,12\%,18) + 360(P/A,12\%,24) = 1287.7$（万元）

$NPV_B = -1200 - 1200(P/F,12\%,8) - 1200(P/F,12\%,16) + 480(P/A,12\%,24) = 1856.1$（万元）

$NPV_B > NPV_A$，因此，方案 B 优于方案 A。

---

② 年值折现法。选取一个共同的计算期 N，不大于最长，不小于最小；将各方案 N 年内的年值折现进行比较，现值最大的方案为优。其计算公式如下：

$$NPV_j = \left[\sum_{t=0}^{n_j} (CI_j - CO_j)_t (P/F, i_0, t) \right] (A/P, i_0, n_j)(A/P, i_0, N) \qquad (13-6)$$

其中，N 为共同计算期；其余变量同前。

【例 13 - 6】

某企业技术改造有两个方案可供选择，各方案的有关数据见表 13 - 6，试在基准折现率为 12% 的条件下选择最优方案。

表 13 - 6 备选方案现金流量表

方案	投资（万元）	年净收益（万元）	寿命（年）
A	800	360	6
B	1200	480	8

答：

取共同的寿命期为 6 年。

$NPV_A = -800 + 360(P/A, 12\%, 6) = 679.96$（万元）

$NPV_B = [-1200(A/P, 12\%, 8) + 480](P/A, 12\%, 6) = 980.23$（万元）

$NPV_B > NPV_A$，因此，方案 B 优于方案 A。

（3）差额内部收益率法。求解寿命期不同的互斥方案的差额内部收益率就是令两个方案净年值相等，如式（13 - 7）所示，求使方程成立的内部收益率，即为差额内部收益率。

$$\sum_{t=0}^{n_A} (CI_A - CO_A)_t (P/F, \Delta IRR, t)(A/P, \Delta IRR, n_A)$$

$$= \sum_{t=0}^{n_B} (CI_B - CO_B)_t (P/F, \Delta IRR, t)(A/P, \Delta IRR, n_B) \tag{13 - 7}$$

若差额内部收益率大于基准折现率，则年均净现金流大的方案为优。该方法的适用条件是：① 初始投资额大的方案年均净现金流大，且寿命周期长；② 初始投资额小的方案年均净现金流小，且寿命周期短。

【例 13 - 7】

设互斥方案 A、B 的寿命分别是 5 年和 3 年，各自寿命期内的净现金流量如表 13 - 7 所示。基准折现率 $i_0 = 10\%$，试用差额内部收益率法比选方案。

表 13 - 7 备选方案现金流量表 单位：万元

方案	0	1	2	3	4	5
A	-300	96	96	96	96	96
B	-100	42	42	42		

答：

先判断单方案的可行性：

$-300 + 96(P/A, IRR_A, 5) = 0, IRR_A = 18.14\% > 10\%$

$-100 + 42(P/A, IRR_B, 3) = 0, IRR_B = 12.53\% > 10\%$

A、B方案均可行。

年均净现金流 A = （-300/5 + 96 = 36）> B = （-100/3 + 42 = 8.7）

寿命期 A = 5 > B = 3，可以用差额内部收益率法。

$[-300 + 96(P/A, \Delta IRR, 5)](A/P, \Delta IRR, 5)$

$= [-100 + 42(P/A, \Delta IRR, 3)](A/P, \Delta IRR, 3)$

$\Delta IRR = 22.77\% > 10\%$，应选择年均净现金流大的方案 A。

13.2.2.2 独立方案的选择

1. 完全不相关的独立方案。独立方案的采用与否，只取决于方案自身的经济性，即只需检验它们是否能够通过净现值、净年值或内部收益率等绝对效益评价指标。因此，多个独立方案与单一方案的评价方法是相同的。对于独立方案而言，经济上是否可行的判断根据是其绝对经济效果指标是否优于一定的检验标准。不论采用净现值、净年值和内部收益率当中哪一种评价指标评价结论都是一样的。

2. 有资源约束的独立方案的选择。这里讨论的独立方案是指方案之间虽然不存在相互排斥或相互补充的关系，但由于资源方面的约束，不可能满足所有方案投资的要求，或者由于投资项目的不可分性，这些约束条件意味着接受某几个方案必须要放弃另一些方案，使之成为相关的互相排斥的方案。

（1）独立方案互斥化法。尽管独立方案之间互不相关，但在约束条件下，它们会成为相关方案。独立方案互斥化的基本思想是把各个独立方案进行组合，其中每一个组合方案代表一个相互排斥的方案，这样就可以利用互斥方案的评选方法，选择最佳的方案组合。

值得注意的是，用内部收益率或净现值率排序来评选独立方案，并不一定能保证获得最佳组合方案。只有当各方案的投资占总投资的比例很小或者入选方案正好分配完总投资时才能保证获得最佳组合方案，因此，没有分配的投资无法产生效益。当方案的个数增加时，其组合数将成倍增加。所以，这种方法比较适用于方案数比较小的情况。当方案数目较多时，可采用效率指标排序法。

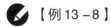 【例13-8】

有3个独立的投资方案 A、B、C，各方案的有关数据如表13-8所示，已知总投资限额为800万元，基准投资收益率为10%，试选择最佳投资方案组合。

表 13 – 8　备选方案财务数据表

方案	投资（万元）	年净收入（万元）	寿命（年）
A	350	62	10
B	200	39	10
C	420	76	10

答：由于 3 个方案的总投资之和 970 万元超过了投资限额 800 万元，因而不能同时立项。

独立方案互斥化的基本步骤如下：① 列出所有投资组合，如果有 m 个独立方案，互斥组合方案数为 $N = 2^m - 1$，这 N 个组合方案相互排斥，本例中有 3 个独立方案，则互斥组合方案共有 $2^3 - 1 = 7$（个）；② 在所有组合方案中，除去不满足约束条件的 A、B、C 组合，并按照投资额从小到大的顺序排列；③ 采用净现值法、差额内部收益率法等选择投资组合方案，本例采用净现值法，净现值最大的组合方案为最佳组合方案，各组合方案的净现值如表 13 –9 所示。

表 13 – 9　组合方案净现值表　　　　　　　　　　单位：万元

序号	方案	投资	净现值	决策
1	B	200	39.6	
2	A	350	30.9	
3	C	420	46.9	
4	B、A	550	70.5	
5	B、C	620	86.5	最佳
6	A、C	770	77.8	
7	A、B、C	970		超出投资额

按净现值最大来决策，则最佳投资方案组合为 B、C，共投资 620 万元。

（2）效率指标排序法。效率指标排序法是通过选取能反映投资效率的指标，用这些指标把投资方案按投资效率的高低顺序排列，在资金约束下选择最佳方案组合，使有限的资金能获得最大的效益。常用的排序指标有内部收益率与净现值率。

① 内部收益率排序法，是将方案按内部收益率的高低依次排序，然后按顺序选取方案。这一方法的目标是达到总投资效益最大。

② 净现值率排序法，是将各方案的净现值率按大小顺序，并依此次序选取方案。这一方法的目标是达到一定总投资的净现值最大。

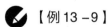

【例 13 –9】

表 13 –10 列示了 7 个独立的投资方案，寿命期均为 8 年，基准折现率为 10%，若资金总额为 380 万元，用净现值率法进行比选。

表 13 –10　7 个独立方案的现金流量　　　　单位：万元

方案	投资额	年净收益
A	80	24.7
B	115	25.6
C	65	15.5
D	90	30.8
E	100	26
F	70	12.2
G	40	8

答：计算各方案的净现值率并排序，如表 13 –11 所示。

表 13 –11　7 个独立方案的净现值率及排序

方案	净现值（万元）	净现值率	排序
A	51.77	0.65	2
B	21.58	0.19	5
C	17.69	0.27	4
D	74.34	0.83	1
E	38.71	0.38	3
F	–4.91	–0.07	7
G	2.68	0.07	6

方案的优先选择顺序为 D – A – E – C – B – G，方案 F 的净现值率小于零，应淘汰。当投资总额为 380 万元时，最优组合方案是 D、A、E、C、G，选择过程如表 13 –12 所示。

表 13 –12　效率指标排序的选择过程　　　　单位：万元

方案组合	投资	累计投资	决策
D	90	90	
D、A	80	170	
D、A、E	100	270	
D、A、E、C	65	335	
D、A、E、C、B	115	450 > 380	超出总投资
D、A、E、C、G	40	375	最佳

13.2.2.3　混合型方案的选择

当方案组合中既包含有互斥方案，也包含有独立方案时，就构成了混合方案独立方案或互斥方案的选择，属于单项决策。但在实际情况下，需要考虑各个决策之间的相互关系。混合型方案的特点就是在分别决策的基础上，研究系统内诸方案的相互关系，从中选择最优的方案组合。混合型方案选择的程序如下：

（1）按组际间的方案互相独立、组内方案互相排斥的原则，形成所有各种可能的方案组合。

（2）以互斥型方案比选的原则筛选组内方案。

（3）在总的投资限额下，以独立型方案比选原则选择最优的方案组合。

13.3　本章小结

项目总评估是项目评估全过程的最后一个阶段，是对拟建项目进行评估的总结，从总体上判断项目建设的必要性、技术的先进性、财务和经济的可行性，进而提出结论性意见和建议。项目各分项评估的结论一般有两种情况：一是各分项评估的结论一致，即其结论都认为项目是可行的或不可行的；二是各分项评估的结论相反或具有一定的差异，即有的分项评估的结论认为项目是可行的，而有的分项评估的结论则认为项目是不可行的，这种"可行"与"不可行"在程度上也往往有一定的差异。

项目总评估的内容包括必要性评估结论、项目产品市场评估结论、建设条件和生产条件评估结论、技术评估结论，以及财务、经济可行性评估结论等。

在项目评估中也会涉及各种方案的比选，本章介绍了投资项目的类型，分析了项目比选的基础是满足相同的需要、消耗费用的可比性、价格指标的可比性和时间的可比性，并给出了投资项目方案比选的原理和方法。

参 考 文 献

［1］王瑶琪，李桂君．投资项目评估［M］．北京：中国金融出版社，2011．

［2］全国咨询工程师（投资）职业资格考试教材编写委员会．现代咨询方法与实务（2019年版）［M］．北京：中国统计出版社，2018．

［3］全国咨询工程师（投资）职业资格考试教材编写委员会．项目决策分析与评价（2019年版）［M］．北京：中国统计出版社，2018．

［4］张阿芬，张启振，傅庆阳．投资项目评估（第五版）［M］．厦门：厦门大学出版社，2019．

［5］苏益．投资项目评估（第3版）［M］．北京：清华大学出版社，2017．

［6］李楠．工程经济学（第五版）［M］．北京：科学出版社，2018．

［7］宋砚秋．项目管理案例分析［M］．北京：中国建筑工业出版社，2018．

［8］投资项目可行性研究指南编写组．投资项目可行性研究指南（第三版）［M］．北京：中国电力出版社，2002．

［9］国家发展改革委，建设部．建设项目经济评价方法与参数（第三版）［M］．北京：中国计划出版社，2006．

［10］周惠珍．投资项目评估理论与实践（第五版）［M］．大连：东北财经大学出版社，2013．

［11］武春友，张米尔．技术经济学［M］．大连：大连理工大学出版社，2003．

［12］汪应洛．系统工程（第4版）［M］．北京：机械工业出版社，2008．

［13］王众托．系统工程（第二版）［M］．北京：北京大学出版社，2015．

［14］戴大双，石磊．项目融资/PPP（第3版）［M］．北京：机械工业出版社，2015．

［15］戴大双，朱方伟，宋砚秋．现代项目管理（第二版）［M］．北京：高等教育出版社，2014．

21 世纪高等学校金融学系列教材

一、货币银行学子系列

★货币金融学（第五版）　　　　　　　朱新蓉　　　主编　69.00 元　2021.05 出版
　　（普通高等教育"十一五"国家级规划教材/国家精品课程教材·2008）

货币金融学　　　　　　　　　　　　张　强　乔海曙　主编　32.00 元　2007.05 出版
　　（国家精品课程教材·2006）

货币金融学（附课件）　　　　　　　吴少新　　　主编　43.00 元　2011.08 出版

货币金融学（第二版）　　　　　　　殷孟波　　　主编　48.00 元　2014.07 出版
　　（普通高等教育"十五"国家级规划教材）

现代金融学　　　　　　　　　　　　张成思　　　编著　58.00 元　2019.10 出版
　　——货币银行、金融市场与金融定价

货币银行学（第二版）　　　　　　　夏德仁　李念斋　主编　27.50 元　2005.05 出版

货币银行学（第三版）　　　　　　　周　骏　王学青　主编　42.00 元　2011.02 出版
　　（普通高等教育"十一五"国家级规划教材）

货币银行学原理（第六版）　　　　　郑道平　张贵乐　主编　39.00 元　2009.07 出版

金融理论教程　　　　　　　　　　　孔祥毅　　　主编　39.00 元　2003.02 出版

西方货币金融理论　　　　　　　　　伍海华　　　编著　38.80 元　2002.06 出版

现代货币金融学　　　　　　　　　　汪祖杰　　　主编　30.00 元　2003.08 出版

行为金融学教程　　　　　　　　　　苏同华　　　主编　25.50 元　2006.06 出版

中央银行通论（第三版）　　　　　　孔祥毅　　　主编　40.00 元　2009.02 出版

中央银行通论学习指导（修订版）　　孔祥毅　　　主编　38.00 元　2009.02 出版

商业银行经营管理（第二版）　　　　宋清华　　　主编　43.00 元　2017.03 出版

商业银行管理学（第五版）　　　　　彭建刚　　　主编　53.00 元　2019.04 出版
　　（普通高等教育"十一五"国家级规划教材/国家精品课程教材·2007/国家精品资源共享课配套教材）

商业银行管理学（第三版）　　　　　李志辉　　　主编　48.00 元　2015.10 出版
　　（普通高等教育"十一五"国家级规划教材/国家精品课程教材·2009）

商业银行管理学习题集　　　　　　　李志辉　　　主编　20.00 元　2006.12 出版
　　（普通高等教育"十一五"国家级规划教材辅助教材）

商业银行管理　　　　　　　　　　　刘惠好　　　主编　27.00 元　2009.10 出版

现代商业银行管理学基础　　　　　　王先玉　　　主编　41.00 元　2006.07 出版

金融市场学（第三版）　　　　　　　杜金富　　　主编　55.00 元　2018.07 出版

现代金融市场学（第四版）　　　　　张亦春　　　主编　50.00 元　2019.02 出版

中国金融简史（第二版）　　　　　　袁远福　　　主编　25.00 元　2005.09 出版
　　（普通高等教育"十一五"国家级规划教材）

货币与金融统计学（第四版）　　　　杜金富　　　主编　48.00 元　2018.07 出版
　　（普通高等教育"十一五"国家级规划教材/国家统计局优秀教材）

金融信托与租赁（第五版）　　　　　王淑敏　齐佩金　主编　45.00 元　2020.06 出版
　　（普通高等教育"十一五"国家级规划教材）

金融信托与租赁案例与习题　　　　　王淑敏　齐佩金　主编　25.00 元　2006.09 出版

（普通高等教育"十一五"国家级规划教材辅助教材）

金融营销学	万后芬		主编	31.00 元	2003.03 出版
金融风险管理	宋清华	李志辉	主编	33.50 元	2003.01 出版
网络银行（第二版）	孙 森		主编	36.00 元	2010.02 出版

（普通高等教育"十一五"国家级规划教材）

银行会计学	于希文	王允平	主编	30.00 元	2003.04 出版

二、国际金融子系列

国际金融学	潘英丽	马君潞	主编	31.50 元	2002.05 出版
★国际金融概论（第五版）	孟 昊	王爱俭	主编	45.00 元	2020.01 出版

（普通高等教育"十二五"国家级规划教材/国家精品课程教材·2009）

国际金融（第三版）	刘惠好		主编	48.00 元	2017.10 出版
国际金融概论（第三版）（附课件）	徐荣贞		主编	40.00 元	2016.08 出版
★国际结算（第七版）（附课件）	苏宗祥	徐 捷	著	70.00 元	2020.08 出版

（普通高等教育"十二五"国家级规划教材/2012—2013 年度全行业优秀畅销书）

各国金融体制比较（第三版）	白钦先		等编著	43.00 元	2013.08 出版

三、投资学子系列

投资学（第三版）	张元萍		主编	56.00 元	2018.02 出版
证券投资学	吴晓求	季冬生	主编	24.00 元	2004.03 出版
证券投资学（第二版）	金 丹		主编	49.50 元	2016.09 出版
现代证券投资学	李国义		主编	39.00 元	2009.03 出版
证券投资分析（第二版）	赵锡军	李向科	主编	35.00 元	2015.08 出版
组合投资与投资基金管理	陈伟忠		主编	15.50 元	2004.07 出版
投资项目评估（第三版）	李桂君 王瑶琪	宋砚秋	主编	60.00 元	2021.06 出版
项目融资（第三版）	蒋先玲		编著	36.00 元	2008.10 出版

四、金融工程子系列

金融经济学教程（第二版）	陈伟忠	陈珩琪	主编	46.00 元	2016.09 出版
衍生金融工具（第二版）	叶永刚	张 培	主编	37.00 元	2014.08 出版
现代公司金融学（第二版）	马亚明		主编	49.00 元	2016.08 出版
金融计量学	张宗新		主编	42.50 元	2008.09 出版
数理金融	张元萍		编著	29.80 元	2004.08 出版
金融工程学	沈沛龙		主编	46.00 元	2017.08 出版

五、金融英语子系列

金融英语阅读教程（第四版）	沈素萍		主编	48.00 元	2015.12 出版

（北京高等教育精品教材）

金融英语阅读教程导读（第四版）	沈素萍		主编	23.00 元	2016.01 出版

（北京高等学校市级精品课程辅助教材）

保险专业英语	张栓林		编著	22.00 元	2004.02 出版
保险应用口语	张栓林		编著	25.00 元	2008.04 出版

注：加★的书为"十二五"普通高等教育本科国家级规划教材。

21 世纪高等学校保险学系列教材

保险学概论	许飞琼		主编	49.80 元 2019.01 出版
保险学（第二版）	胡炳志	何小伟	主编	29.00 元 2013.05 出版
保险精算（第三版）	李秀芳	曾庆五	主编	36.00 元 2011.06 出版
（普通高等教育"十一五"国家级规划教材）				
人身保险（第二版）	陈朝先	陶存文	主编	20.00 元 2002.09 出版
财产保险（第六版）	许飞琼	郑功成	主编	56.00 元 2020.12 出版
（普通高等教育"十一五"国家级规划教材/普通高等教育精品教材奖）				
财产保险案例分析	许飞琼		编著	32.50 元 2004.08 出版
海上保险学	郭颂平	袁建华	编著	34.00 元 2009.10 出版
责任保险	许飞琼		编著	40.00 元 2007.11 出版
再保险（第二版）	胡炳志	陈之楚	主编	30.50 元 2006.02 出版
（普通高等教育"十一五"国家级规划教材）				
保险经营管理学（第二版）	邓大松	向运华	主编	42.00 元 2011.08 出版
（普通高等教育"十一五"国家级规划教材）				
保险营销学（第四版）	郭颂平	赵春梅	主编	42.00 元 2018.08 出版
（教育部经济类专业主干课程推荐教材）				
保险营销学（第二版）	刘子操	郭颂平	主编	25.00 元 2003.01 出版
★风险管理（第五版）	许谨良		主编	36.00 元 2015.08 出版
（普通高等教育"十一五"国家级规划教材）				
保险产品设计原理与实务	石 兴		著	24.50 元 2006.09 出版
社会保险（第四版）	林 义		主编	39.00 元 2016.07 出版
（普通高等教育"十一五"国家级规划教材）				
保险学教程（第二版）	张 虹	陈迪红	主编	36.00 元 2012.07 出版
利息理论与应用（第二版）	刘明亮		主编	32.00 元 2014.04 出版

注：加★的书为"十二五"普通高等教育本科国家级规划教材。